Luz Ascendente

O Livro de Ruth Sob Uma Nova Perspectiva

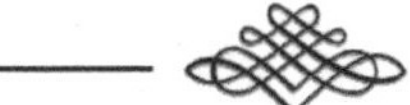

R. Moshe Miller

Título original: **Rising Moon, Unraveling the Book of Ruth**

Copyright © 2015 da edição em inglês: Moshe Miller

Copyright © 2020 e 2022 da edição em português:
Daniel Sztejnhauer
S. Paulo, Brasil
E-mail: d991538513@gmail.com
Tel: 11-99153-8513

Projeto, Diagramação e Revisão: R. Daniel Sztejnhauer
Tradução: Michael Levi Rickheim
Capa: Gabriel Mutnik
Revisão de conteúdo: Sibeli M. Zeitoune

ISBN 978-65-997479-8-4
2ª Edição

Conforme novo acordo ortográfico

A FAMÍLIA **KIGNEL** GENTILMENTE
COLABOROU COM ESSE LIVRO
PARA ELEVAÇÃO DA ALMA DE SEU
MARIDO, PAI E AVÔ:

YOSEF BEN AVRAHAM Z"L

יוסף בן אברהם ז"ל

ת.נ.צ.ב.ה.

"Há rochas bastante profundas, que não importando suas rupturas, nunca virão à superfície. Existe, eu acredito, um temor do amor. Há um temor do amor."

Colum McCann, "*Let the Great World Spin*"

"Quando o medo se dissipa, uma beleza é revelada em seu lugar. O mesmo é dito sobre o amor perfeito, se eu me recordo, e isso significa que a ênfase no ego é removida."

Saul Bellow, "*Henderson the Rain King*"

"David, o Rei de Israel, está vivo e é permanente...Que seja a Sua vontade meu D'us e D'us de meus pais, que preencha as lacunas da Lua para que a mesma não mais seja diminuída. Que a luz da Lua seja como a luz do Sol e como a luz dos sete dias da Criação, como era antes de ser diminuída, como está escrito no verso:" Os dois grandes luminares" (Gênesis 1:16).

Prece pela Santificação da Lua, *Sidur*

Índice

Como Ler este Livro

Apesar de ter escrito esta obra originalmente em inglês para que pudesse ser acessível ao maior número de pessoas, a intenção do autor era escrever um *sefer* tradicional. Portanto, usou a terminologia original sempre que possível. Não se estendeu em longas traduções a fim de facilitar a legibilidade, omitindo também os nomes dos Sábios (exceto onde considerou necessário para intensificar a leitura do trecho). Os nomes aparecem no Hebraico ou Aramaico, uma vez que desta forma aparecem nas fontes originais, e também porque sentiu que o importante princípio Talmúdico de atribuir uma ideia à quem a teve originalmente deveria ser seguido (veja Meguilá 15a).

Há algumas notas de rodapé (indicadas por asterisco), que aparecem na própria página, e notas finais (indicadas por números), que aparecem ao final do livro. As notas de rodapé trazem um sentido mais profundo, "insights", que se colocados no texto podem interromper o fluxo da narrativa. Elas foram escritas com o intuito de servirem como suplementos importantes ao texto. As notas finais geralmente oferecem fontes adicionais, muitas das quais em Hebraico supondo-se que o leitor à procura de fontes primárias estaria familiarizado com a língua.

Todas as traduções são do autor e frequentemente a de alguns versículos, é expandida, pois na fonte original está parcialmente citada.

O autor escolheu usar os nomes Bíblicos em Inglês (Yehonatan e não Yonatan), os nomes dos Sábios são dados em sua forma Hebraica (Yehoshua, e não Joshua). Alguns são mera questão de gosto pessoal (Yishai e não Jessé) e os nomes de lugares Bíblicos, assim como os nomes dos Livros da Torá são na forma inglesa. Os nomes dos tratados Talmúdicos e outras fontes Judaicas, no entanto são trazidos na forma transliterada do Hebraico. As citações Talmúdicas são do Talmud Babilônico e quando do Talmud Yerushalmi, são especificadas.

Transliterações estão em itálico, salvo aquelas palavras que constam nos dicionários em Inglês, como mitzvá, meguilá e halachá.

Ao Leitor

Esta obra foi escrita para um público maduro, pois lida abertamente com a sexualidade humana vista da perspectiva de Chazal (nossos Sábios de abençoada memória).

Apesar de temer que ao tratar destes assuntos poderia causar algum constrangimento a alguns leitores, rezo para que eu tenha tido sucesso em transmitir estas ideias com sensibilidade. Acredito que qualquer pessoa estudando este livro irá concordar que estas ideias são a essência de *malchut* – o tópico principal deste trabalho – e são essenciais à tese do sefer.

וה׳ יִרְאֶה לַלֵּבָב

"Pois o Eterno enxerga o âmago do coração"

(Shmuel I,16:17)

Qualquer dúvida, comentário ou sugestão pode ser enviada para rabbimoshemiller@gmail.com

Agradecimentos

Durante os anos em que desapareci nos "campos de ouro" esperando encontrar a chave para o coração de Ruth, o pensamento que serviu como combustível para minha busca foi que algum dia eu chegaria a esta página. A alegria única de poder agradecer aos que tornaram esta jornada possível e aqueles que me ajudaram a completar esta obra com suas contribuições.

Para meu pai, Harold a"h, por ter despertado em mim a paixão por aprender e por línguas – a forma como se deliciava com frases intrincadas e como eram construídas era contagiante. Tenho certeza de que apesar de que há, no máximo duas ou três frases neste livro que iriam provocar esta alegria nele, senti sua presença sobre meus ombros em cada palavra que escrevi. E para ambos, meu pai e minha mãe, Leah, que ela tenha o mérito de uma vida longa e com saúde, por terem me entendido tão bem, me ajudando a seguir meus sonhos, e por seu exemplo de amor que me ajudou a entender Ruth; para minha sogra, Esther Yuken a"h, por me ajudar a alimentar aqueles sonhos com apoio incansável – eu ofereço meu profundo *hakarat hatov* por me dar vida e ferramentas para chegar aos portões do *derech Eitz Hachayim*, o Caminho para a Árvore da Vida.

A Torá é uma empreitada milenar que nos desafia a explorar corajosamente, buscar novos mundos, e viver vidas pulsantes com a vitalidade de novos insights sobre o Criador e Sua Criação. Com a graça de D'us, eu fui abençoado com uma sucessão de professores que me conduziram nesta iniciativa que demanda coração, paixão, e uma mente aberta. Eles me contagiaram com o entusiasmo de suas próprias descobertas e me fizeram um participante ativo dos diálogos que conduziram com R. Akiva, Abaye e Rava, Rashi, Maimônides, Maharal, e tantos outros gigantes. Primeiramente entre eles estão:

meu influente professor, R. Berel Wein – um aristocrata da Torá em cuja vasta erudição e nobilidade de caráter se juntaram em uma combinação cativante – que provocou em mim um compromisso com o destino judaico além da vontade de sonhar sonhos de grandeza da Torá; R. Baruch Taub, que me inspirou, através de seu exemplo carismático, a compartilhar minha paixão pela Torá com outras pessoas; estudiosos prodigiosos e mestres professores, R. Yochanan Zweig, R. Moshe Eisemann, e R. Nahun Lansky, que me introduziram ao mundo mágico e profundo da Torá através do pensamento; e meu Rosh haYeshiva, R. Shmuel Yaakov Weinberg zt"l – um gadol b'Torah para todos os tempos – que permitiu minha entrada em seu mundo de raciocínio rigoroso e insight aguçado e que foi um modelo a todos os seus alunos da dificuldade enganadora de arte da leitura cuidadosa – a todos, ofereço minha mais profunda reverência e hakarat hatov por terem feito com que me tornasse parte deste continuum vivo.

Porém, a benção maior e o mais fortuito encontro de todos, foi com gigante da Torá que se tornou meu rebbe muvhak, meu primeiro e eterno professor, **R. Matis Weinberg**. Sentei a seus pés por quatro décadas o escutando e ouvindo maravilhado, em êxtase seus insights sobre a Torá que não foram ouvidos nos tempos de Yoshua bin Nun (veja Shabbat 104a). Quarenta anos! Metade do tempo de minha "enorme" vida (veja Salmos 90.10). Quarenta anos de devoção a Ruth (e tantos outros assuntos). Milhares de *shiurim*; dezenas de milhares de horas imerso na *ameilut* (dedicação) da Torá, lidando com cada palavra do texto, questionando cada *Chazal* a fim de extrair cada nuance de sentido, lutando pela verdade como combatentes na eterna *milchamta shel Torah* (veja Kiddushim 30b).

"Assim como Hashem comandou Seu servo Moshe, assim fez Moshe com Yoshua, e assim Yoshua fez; ele não omitiu nada do que D'us havia comandado Moshe" (Yoshua 11:15). Agora, você acha que com cada ensinamento Yoshua dizia a eles, "Assim me disse Moshe"? Ao contrário, Yoshua costumava sentar e expor sem atribuir o que falava a ninguém, mas todos entendiam que eram ensinamentos de Moshe.

Yevamot 96b

Este livro é o produto de um talmid comprometido, trabalhando na tenda da Torá aos pés do Sinai, enquanto seu professor, inspirado, lá do pico da montanha, o ajudou à ascender, meticulosamente.

Batnadiv Weinberg começou seu envolvimento neste projeto como minha editora, mas acabou como minha parceira. Como editora, ela empregou seu considerável intelecto e sensibilidade para melhorar cada página com seus insights esclarecedores, sugestões incisivas, e elegância de estilo. Mas, ao investir seu coração e alma, ao cuidar tão apaixonadamente e profundamente da Torá que esta obra compartilha, ela fez adições importantes a apresentação e elucidação das ideias ao longo deste livro, e especialmente da difícil ideia do *yibum* no quarto ato. Ela também contribuiu com o título inspirador e a arte dramática da capa! Abraçou este projeto como se fosse seu, e como resultado, este livro também é dela.

Para R. Yehuda Copperman, R. Emmanuel Feldman, Dr. David Shatz, e especialmente, para Mrs. Ora Lee Kanner pelo seu tempo gasto em ler e comentar o manuscrito deste livro e por oferecer o encorajamento necessário; para meus filhos, por terem lido e criticado, e me advertido, e me dado conselhos, com uma menção especial a Baruch por suas extensas anotações e assistência indispensável checando as fontes todas; para meu amigo querido, Moshe Wilshinky e a Fondation for Jewish Publications, que me deu um suporte valioso, sem o qual este livro não teria sido terminado; para queridos e velhos amigos Ben e Marion Roth, patronos da Torá, cuja generosidade tornou possível que a série de palestras sobre a Megillat Ruth que deram origem a ideia para este trabalho; para Raphael Freeman da Renana Publishers por produzir um livro tão artístico e por generosamente ir muito além do chamado de responsabilidade. Ele consistentemente me acalmou durante aquela que poderia ter sido uma experiência muito difícil; para Akiva Atwood da Renana Publishers por seus sábios conselhos; para Chaya Boylan, cujo trabalho meticuloso de edição assegurou com que o livro ficasse perto da perfeição; para meu querido amigo R. Barnea Selavan por me emprestar seu talento astuto na revisão além de seus comentários penetrantes; para Deena Glickman por seu excelente trabalho de revisão e para todos os meus alunos, cujas perguntas e entusiasmo me fizeram um professor melhor – eu ofereço a todos vocês meu muito obrigado de coração. E se omiti alguém, por favor aceite minhas sinceras desculpas e esteja certo de que foi um ato completamente involuntário.

Prefácio

O Livro de Ruth é um clássico da literatura mundial extremamente apreciado. Uma história parecida com um conto de fadas, uma princesa suportando terríveis perdas[1], que deixa sua terra natal e é reduzida a uma pobreza extrema e opressiva, descobrindo o amor em uma terra estrangeira para se tornar a mãe da casa real desta terra, que adota como sua. Deixa uma família estruturada e ruma a uma cadência familiar, começando com uma tragédia e terminando com um triunfo.

Inúmeros leitores dos mais variados níveis de conhecimento e cultura ainda se inspiram neste conto enaltecedor, que nutre de esperança e instiga a crença de um futuro brilhante. Seus temas são universais; dedicação e reciprocidade, devoção e recompensa. O amor é transcendente, nos elevando além do fanatismo, da intolerância. Um porto seguro nunca está além de nosso limite de alcance, se amarmos o bastante.

No entanto, por baixo da aparente superficialidade desta história de amor em forma de fábula, o Talmud e o Midrash traçam um emaranhado de assuntos primordiais relacionados. As raízes do Livro de Ruth são primordiais, e se ramificam à um futuro desconhecido. Suas origens estão na narrativa da própria Criação, e seu término na Era Messiânica. Envolvidos nesta emaranhada teia, encontramos Adam e Cain, Avraham e Lot, Sodoma e Guiv'á, Yehudá e Tamar, Shaul e Yehonatan, David e Goliat. O pequeno volume contém somente oitenta e cinco páginas, e, no entanto, o Talmud e o Midrash encontram nele a chave para entender o passado consumando o futuro.

As fontes do Talmud e do Midrash oferecem uma leitura única e surpreendente do Livro de Ruth. Sua abordagem é pan-óptica e abrangente. Estas leituras Judaicas tradicionais podem por vezes parecer disparatadas, com comentários desconexos ou questões arbitrárias ao texto, mas quando vistas juntas, todas as abordagens do Talmud e do Midrash levam a um tema, uma ideia unificada, coerente, justificando então cada versículo, palavra ou nuance do texto. O objetivo deste comentário é traçar aquele tema singular, específico e demonstrar seu poder de unificação e integração. Comentários por vezes perdem o foco do sentido principal para outras questões e se enamoram de um detalhe encantador, divergindo do contexto geral. Eles, em geral, abandonam o ponto sublime que está no campo de visão. Neste comentário, no entanto, mesmo quando houver pausas para admirar belos detalhes, nossa visão permanecerá ampla. Os Sábios do Talmud trazem o paradigma para a perda de perspectiva.

בר׳׳ה כל באי העולם עוברין לפניו כבני מרון : מאי כבני מרון
ריש לקיש אמר כמעלות בית מרון ... אמר רבב׳׳ח א׳׳ר יוחנן
וכולן נסקרין בסקירה אחת

Em Rosh Hashaná todas as criaturas do mundo passarão diante D`Ele (Hashem) como *Bnei Maron*. O que são *Bnei Maron*?...São como viajantes nos caminhos íngremes e estreitos do Monte Meron [estes caminhos eram tão estreitos que somente poderia passar uma pessoa por vez – Rashi[2]]. Mas todos são examinados com um único olhar.

(Rosh Hashaná 18a)

D'us julga, avalia e analisa, nunca perdendo o foco principal. Cada detalhe é individualmente estimado dentro do seu contexto, com total visão do ambiente, mesmo no momento em que o indivíduo é avaliado separadamente. Apesar de nossa visão não ser Divina, a abordagem de D'us é um modelo para o nosso próprio julgamento e avaliação. Um texto, portanto, nunca deve ser desconectado de seu contexto.

Prefácio à Edição Brasileira

Um projeto literário que envolve os conceitos e visão do R. Matis Weinberg é sempre um enorme desafio. Assim foi quando traduzimos seu primeiro livro, "Pautas no Tempo - Chanucá" e ainda mais desafiador no "Pautas no Tempo - Rosh Hashaná". E por quê? Porque essas obras são mais que simples "livros de leitura". São como obras de arte. Não são livros para serem apenas "lidos", mas para serem estudados e apreciados. Eles têm, além do conteúdo profundo e complexo que dão outra visão sobre temas tão comuns, muito sentimento. Com um pano de fundo aveludado e sensível que consegue tocar nos pontos mais profundos da alma de uma forma ímpar. Os pequenos detalhes, sua forma poética, sua visão ampla transformam temas comuns em viagens épicas. Nos transportam desde o fruto proibido no Jardim do Éden até os passos de Mashiach. Passando pelos nossos patriarcas, matriarcas, reis e profetas. Assim como um cego que abre os olhos pela primeira vez para contemplar as belezas e maravilhas do mundo, tal obra nos permite ter uma nova percepção da Torá. De repente, assuntos tão distintos se unem, se completam e fazem parte da mesma trama.

É claro que tal leitura exige dedicação, calma e atenção do leitor para aproveitar a experiência de forma proveitosa. A cada leitura que faço dos livros "Pautas no Tempo" (o que faço todos os anos!) redescubro uma nova visão, percepção e entendimento que antes não havia percebido. Parece que a obra e o leitor vão amadurecendo juntos com o tempo e a parceria vai iluminando percepções mais aguçadas e sutis da Torá.

Essa obra do R. Moshe Miller, aluno do R. Matis Weinberg, não é diferente. Para muitos, o livro de Ruth é um mistério. Muitas dúvidas deixam o livro nebuloso aos que o estudam. Esse livro, além de esclarecer, elucidando cada versículo de forma brilhante, entra em conceitos profundos e atuais que podem ser aplicados nos nossos dias.

Com certeza a visão do leitor sobre Meguilat Ruth, e diversos outros temas da Torá, nunca mais será a mesma.

Certa vez perguntei ao R. Matis Weinberg, numa conversa que tivemos em sua casa na Cidade Velha de Jerusalém, quem era o seu público-alvo. Queria saber em quem ele estava pensando ao escrever seus livros. Quem ele imagina serem as pessoas que leriam suas obras.

Ele me disse que em Devarim 1:5 está escrito: "ao lado do rio Jordão, na terra de Moav, Moshe explicou essa Torá dizendo...". Rashi comenta: "Explicou essa Torá" – em 70 línguas explicou. A Guemará em Massechet Sotá 35b explica em nome de R. Yehuda que escreveram a Torá em 70 línguas sobre pedras e depois cobriram com cal. R Matis perguntou: por que pintaram com cal? Se era para difundir o conhecimento, não deveriam pintar. Se não era para saberem, não deveriam escrever! Ele respondeu que foi coberto, justamente para que quem quiser o conhecimento se esforce e chegue nele. Quem quiser aprender, vai tirar a cal e chegar ao conteúdo. Quem não quiser, nem mesmo dando escrito, a pessoa vai absorver. Ele disse "quando eu escrevo meus livros não penso em nenhum público-alvo. Eu escrevo do meu coração. Me emociono, chorando e rindo em vários trechos, assim como os leitores percebem isso. Aqueles que querem o conhecimento chegarão até ele."

Acredito que o mesmo podemos dizer sobre essa obra. Se ela chegou às suas mãos, agora depende de você tirar a cal e aproveitar o doce sabor do mel que está esperando para ser degustado.

R. Daniel Sztejnhauer

Ato Um

Somente o sentimento de obrigação cria o desprezo mais rapidamente do que a familiaridade.

Rick Atkinson, "An Army at Dawn"
(Um exército ao nascer do dia)

Prelúdio:
O Prólogo de Quatro Palavras

Sobre Juízes e Reis

O Livro de Ruth inicia com uma frase de quatro palavras, estranha e aparentemente destituída de sentido:

וַיְהִי בִּימֵי שְׁפֹט הַשֹּׁפְטִים

E aconteceu nos dias em que os juízes julgavam.

É uma formulação um tanto quanto estranha, que soa como irracional tanto em português, quanto em hebraico. No entanto, apesar de parecer definir nada mais do que um período de tempo impreciso, ela faz uma introdução que coloca no seu devido lugar cada elemento contextual necessário para o entendimento da Meguilá.

Analisemos as partes que constituem este início um tanto vago. Primeiro, a frase "Em que os juízes julgavam" parece uma redundância, pois é óbvio que os juízes julgam!

O que mais eles fariam? A descrição "nos dias em que os juízes julgavam" é problemática também, pois as palavras falham em nos dar qualquer informação histórica e portanto, não exercendo sua função de colocar o livro num ponto específico na linha do tempo:

a era na história Judaica conhecida como o período dos juízes, na verdade se estendeu sobre quase quatro séculos! Então, quando ocorreu a história de Ruth, no começo, no meio ou no fim?

Estas quatro palavras nos deixam sem uma pista e o único personagem no livro cujo nome poderíamos ter usado para fazer uma referência remissiva, aparece sob um pseudônimo, Ivtzan; um juiz mencionado no capítulo 12 do Livro de Ruth que é identificado no Talmud como Boaz,[3] porém nós nunca saberíamos isto simplesmente lendo o texto. Portanto, parece que o contexto histórico não era uma prioridade para o autor.

A chave para entender este impreciso e enigmático início é na verdade a afirmação no Talmud de que o autor do Livro de Ruth era ninguém mais do que o profeta Shmuel.

De acordo com a mesma fonte Talmúdica, Shmuel não foi somente o autor do Livro de Ruth mas também do Livro dos Juízes e do epônimo Livro de Shmuel, que juntos perfazem o que é essencialmente uma trilogia.

שמואל כתב ספרו ושופטים ורות

> Shmuel foi o autor de seu próprio livro, assim como do Livro dos Juízes e do Livro de Ruth.
>
> (Baba Batra 14b)

O primeiro dos três é o Livro dos Juízes, que lida, como sugere o título, com a história dos juízes e as proezas dos *shoftim* / juízes – os líderes tribais independentes que periodicamente unificavam a nação, como Devorá, Guidon e Shimshon. O livro termina com o versículo "Naqueles dias em que Israel não tinha rei; cada um agia como achava por bem." e é seguido pelo Livro de Shmuel, que conta essencialmente a história do começo de *Malchut* Israel / o Reinado de Israel.

O Livro de Shmuel começa com a queda da Casa de Eli, que efetivamente pôs um fim ao período dos juízes e segue com o pedido do povo por um rei; a unção de Shaul; o trágico reinado de Shaul; a ascensão de David e sua vida tumultuada, e finalmente a promessa de um reinado eterno com uma linha monárquica vinda de David. O Livro de Shmuel, portanto, é uma crônica da transição entre o período dos juízes para o período dos reis; uma mudança de quando "Israel não tinha rei e cada um agia como achava por bem" (Juízes 21:25) para os dias de "pacto eterno" com a Casa de David (Shmuel I 23:5).

O terceiro livro da trilogia, o Livro de Ruth, traz a peça que faltava para ligar o Livro dos Juízes e o Livro de Shmuel; o propósito do mesmo sendo o descrever do instrumento de transição, servindo como uma ponte entre juízes e reis. O livro declara este intento nos seus dois versículos finais, começando com uma referência a juízes - "e aconteceu nos dias em que os juízes julgavam" e terminando com o nascimento do rei - "e Yishai foi o progenitor de David".

Shmuel é o homem que poderia ter escrito este livro que faz a conexão, pois além de ser o autor da trilogia sobre a transição, ele viveu a mesma de uma forma intensa e pessoal, personificando e facilitando a mudança para um reinado. Último dos juízes, ele ungiu os dois primeiros reis de Israel.[4] E de acordo com o Talmud, ele, na verdade, reinou juntamente com Shaul durante o primeiro ano.

שנה אחת שמלך שאול ושמואל

Shaul e Shmuel reinaram conjuntamente por um ano.

(TeMurá 15a)

Além do mais, de acordo com o Midrash, a história pessoal de Shmuel o preparou para seu papel fundamental: ele nasceu em uma família profundamente comprometida com a iniciativa de *malchut* – um centro em volta do qual a nação poderia se unir.* Elkaná, pai de Shmuel e ele mesmo um grande líder, dedicou sua vida para criar um centro espiritual nacional em Shilô. Levado por sua dedicação a este local, Elkaná fazia a peregrinação a Shilô, a sede do *Mishkan*, o Tabernáculo, mais vezes do que as três que são mandamentos da Torá nas festas.[5] O Midrash nos traz um relato detalhado de sua campanha de sucesso, a de unir a nação em torno de um local de santidade, enquanto ele viajava pelos quatro cantos do país, encorajando famílias e famílias à segui-lo.

אלקנה היה עולה לשילה ארבעה פעמים בשנה שלשה מן התורה ואחת שקיבל עליו הוא בנדבה שנאמר ועלה האיש ההוא מעירו מימים ימימה להשתחות ולזבוח לה׳ צבאות בשילה וגו׳ עלה אלקנה ואשתו ובניו ובני ביתו ואחיו ואחיותיו וכל קרוביו היו עולין עמו ... וכשעולים עמו בדרך היו לנין ברחובה של עיר ... והיתה המדינה מרגשת והיו שואלים להן להיכן תלכו ואומרים להם לבית האלקים שבשילה שמשם תצא תורה ומעשים טובים ואתם למה לא תבואו עמנו ונלך ביחד מיד עיניהם משגרות דמעות ואומרים להם נעלה עמכם וכן אמר להם עוד הפעם עד שעלו עמו לשנה הבאה חמשה בתים ולשנה האחרת עלו עמו עשרה בתים ולשנה האחרת הרגישו כולם לעלות והיו עולין עמו כמו ששים בתים ובדרך שהיה עולה שנה זו אינו עולה לשנה האחרת

Elkaná costumava viajar para Shilô quatro vezes ao ano: três, de acordo com a Torá e mais uma como um compromisso pessoal, como está escrito, "E o homem foi de sua cidade, ano após ano, para adorar e fazer sacrifícios ao Todo Poderoso em Shilô" (Shmuel I 1:3). Ele ia com suas esposas, filhos e toda a sua gente, seus

---

* *Malchut* é um dos tópicos centrais deste livro, e nosso entendimento do conceito irá ser gradualmente desenvolvido ao longo do comentário. Esta definição limitada é somente o ponto de partida para a discussão.

irmãos e irmãs e parentes iam com ele... Ao longo do caminho, eles dormiam nas ruas... e a cidade ficava polvorosa. Pessoas vinham e perguntavam: "Aonde vocês estão indo?" Eles respondiam, "Estamos indo à Casa de D'us em Shilô, de onde emana Torá e bons atos. Por que não vêm conosco, iremos todos juntos?" Os olhos dos moradores da cidade imediatamente ficavam marejados de lágrimas, e eles diziam, "Nós iremos com vocês." E Elkaná repetia o convite todo ano quando passava pelo local, para que a cada um, mais outras cinco famílias se juntassem a eles; e ano após ano, dez famílias, e no ano seguinte, todos desejavam ir, e sessenta famílias o seguiam. E a cada ano ele tomava uma rota diferente.

(Elyiahu Rabá 8)

Chaná, a mãe de Shmuel, também sentia profundamente a necessidade de *malchut* – e sabia que seu filho teria um papel em estabelecer o mesmo. Para cumprir sua promessa, que ela fez antes de Shmuel ser concebido, Chaná deu à luz a ele em Shilô, a fim de começar uma vida de *avodat Hashem*. Naquele tempo, quando Shmuel era ainda uma criança de três anos de idade, Chaná ofereceu uma prece de agradecimento, que começa da seguinte maneira:

עָלַץ לִבִּי בַּה' רָמָה קַרְנִי בַּהשם

Meu coração se regozija em Hashem. Meu chifre [significando, meu orgulho] se elevou à D'us.

(Shmuel I, 2:1)

Com base nestas palavras, o Talmud a identifica como uma profetisa, explicando que a frase *ramá karni* - "meu chifre se elevou" - é profética por natureza:

רמה קרני ולא רמה פכי דוד ושלמה שנמשחו בקרן נמשכה
מלכותן שאול ויהוא שנמשחו בפך לא נמשכה מלכותן

Meu chifre se elevou, não meu jarro. Isso significa que tanto o reinado de David quanto o de Shlomo teriam continuidade uma vez que os dois foram ungidos usando-se um chifre [que continha azeite].

(Meguilá 14a)

No exato momento quando Chaná dedicou seu filho a Hashem, ela teve uma visão do futuro, onde viu que a conquista de seu filho seria decididamente a de presidir a transição de juízes para reis, tanto em seu triunfo, quanto pesar. No mesmo momento em que ela previu que Shmuel iria ungir a dinastia Davídica, também profetizou a devastadora queda de Shaul – um colapso que teria um efeito tão devastador em Shmuel que ele literalmente morreria como resultado.[*]

Ao centro da transição de *malchut* está uma figura única: Shmuel. O autor do Livro dos Juízes, que termina com as palavras "Naqueles dias não havia rei," ele é também aquele que empresta seu nome ao livro que descreve o fim do período de juízes e o começo de reis. Este é o autor do Livro de Ruth, que começa com as palavras "E aconteceu nos dias em que os juízes julgavam" terminando com o nascimento do rei, David – trazendo então a fusão dos outros dois livros de Shmuel. É então eminentemente razoável supor que o propósito do Livro de Ruth é o de nos instruir como os shoftim se desenvolveram em *melachim*, para nos contar a história das raízes de *malchut*.

---

[*] Veja Taanit 5b, que diz que Shmuel envelheceu e morreu prematuramente para que fosse poupado de testemunhar a desintegração de Shaul e a dissolução de seu reinado.

Relacionamentos e as Raízes de Malchut

Há um outro elemento que une a trilogia de Shmuel, pois estas histórias de transição para reinado são também algumas das grandes histórias de amor do Tanach. Ao considerar os eventos ocorridos no Livro de Ruth ou as histórias de vida David e Shaul vemos que são sagas de profundos relacionamentos interpessoais. Elas transitam, como em nenhuma outra história do Tanach, em torno de ligações intensas, cada vez maiores círculos de casais e triângulos amorosos, traições e paixão – seja a ligação zelosa de Ruth por Naomi ou o amor de Boaz e Ruth; o amor de Shmuel por Shaul ou o relacionamento de Shmuel com David; o amor-ódio de Shaul por David ou seu amor-ódio pelo seu próprio filho Yehonatan; o amor de Yehonatan e David ou a traição de Michal a seu pai, Shaul, a favor de seu marido, David; e talvez o mais famoso de todos, o relacionamento ardente de David e Batsheva, mãe de Shlomo.

Na superfície, os dois temas abrangentes, o de *malchut* e o de relacionamentos não parecem estar conectados - um nacional e político, e o outro, individual e pessoal. No entanto, a íntima ligação de temas é precisamente o que leva à mais profunda percepção quanto a natureza do tema de *malchut*. Esta intrincada matriz formada pela conexão entre *malchut* e relacionamentos é o assunto que marca o equilíbrio deste prelúdio.[*]

Podemos destrinchar esta ideia com um postulado: o *melech*, o rei, não é uma figura meramente política; ele é o líder, cuja função

---

[*]   A letra hebraica que representa relacionamentos é a letra *vav* (ו). Falamos em *vav hachibur* – o vav da conexão. A *Meguilá* consiste de oitenta e cinco versículos. Setenta e sete deles começam com esta letra – um percentual impactante quando comparado à média do Tanach. Pode ser que os oito versículos remanescentes representem o pacto de conexão ou relacionamento – *brit milá* – que acontece no oitavo dia de vida do menino recém-nascido.

principal é a de criar um modo de inter-relação entre os mais diversos elementos do seu reino. O rei integra – então ele inter-relaciona. *Malchut* só pode ser construído através dos mais íntimos e intrincados laços.

Raízes Sombrias: Sedom e Guiv'á

A conexão entre *malchut* e relacionamentos é estabelecida por duas histórias complexas e inter-relacionadas: a de Sodoma, em Gênesis 19, e aquela ao final do Livro dos Juízes, com a história de *pileguesh baGuiv'á*, o incidente da concubina em Guiv'á.[6] Vamos à um rápido resumo da mesma:

Um Levita em seu caminho de casa, com sua concubina oriunda de Beit Lechem,[*] rumo às montanhas de Efraim. Ele decide passar a noite em Guiv'á, na porção tribal de Benjamim, e é recebido friamente; ninguém lhes oferece um lugar para pernoitar. Por fim, um ancião da tribo de Efraim que vivia em Guiv'á, oferece aos viajantes um lugar para dormir, sua casa. Assim que terminam a refeição da noite, os aldeões circundam a casa e exigem que o velho homem chame o Levita para fora, para que possam ter relações sexuais com ele.[**] O homem se nega e oferece sua filha virgem e a concubina do Levita no lugar dele. Os aldeões relutam até que o Levita empurra a mulher para fora da casa, e eles abusam da mesma a noite toda. Ao amanhecer, ela se arrasta até a casa e morre na soleira. Depois que o Levita descobre a atrocidade, ele corta o corpo da morta em doze partes e as envia para todo o Israel, exigindo uma resposta ao ultraje.

---

[*]   O lugar do Livro de Ruth é nada mais nada menos que o local do nascimento de David!

[**]   Isto fortalece ainda mais o paralelo entre Guiv'á e Sodoma. Veja uma discussão mais aprofundada mais à frente deste prelúdio.

Shmuel chama a atenção para esta estranha e perturbadora história com a ajuda de alguns aparatos literários. Primeiramente, uma parte grande desta narrativa é um plágio óbvio e gritante da história de Sodoma em Gênesis[7] – a diferença é que em Gênesis a atrocidade não acontece, ao passo que em Guiv'á, ela acontece de fato. Segundo, a história está cronologicamente fora de lugar: não aparece em seu contexto histórico correto, no início do livro, mas serve como o final do mesmo, criando então a transição para o Livro de Shmuel.[8] Finalmente, a história é colocada a parte com uma moldura linguística: ela se inicia e termina com a frase "Naqueles dias não havia rei em Israel" (Juízes 19:1 e 19:25), deixando implícito que esta observação é algo indispensável para o entendimento do incidente.

O Midrash expressa concretamente estas ligações implícitas que conectam o final do Livro dos Juízes e o início do Livro de Shmuel, ao unir a consequência da história de Guiv'á ao assunto de *malchut*. Após este horrível incidente, houve uma guerra extensa entre as tribos de Benjamim – em cujo território o ultraje havia acontecido – e as outras tribos de Israel. Além do mais, as outras tribos fizeram um juramento de não permitir casamentos com a tribo de Benjamim, embora mais além tenham se arrependido, temendo que a mesma desaparecesse. Foi então que buscaram uma solução legal para anular seu voto.

De acordo com o *Midrash*, a única razão para a sobrevivência da tribo de Benjamim foi o futuro reinado de Shaul: as tribos conseguiram anular seu juramento porque sabiam que o reinado viria desta tribo no futuro.

אמר ר' שמואל בר נחמן מכאן קרבו אותו בשעה שחלקו עליו
ואמרו איש ממנו לא יתן בתו לבנימין לאשה שנידו אותו ואחר
כך חזרו וקבלו אותו אמרו אילולי שהוא מעולה מן השמים לא
היה הקב"ה אומר לעיקב אבינו כשהיה בא מחוצה לארץ ומלכים
מחלציך יצאו הרי מכאן קרבו אותו

Aqui está a base para a reaproximação com Benjamim. Durante a guerra civil, os homens de Israel juraram dizendo, "Nenhum de nós dará sua filha em matrimônio para Benjamim" (Juízes 21:1).

Eles excomungaram Benjamim, para depois aceitá-lo novamente. Eles entenderam que se no *Shamaim* (céu) Benjamim não fosse altamente considerado, Hashem nunca teria prometido à Yaakov, quando de seu retorno do exílio, que "Reis irão surgir de suas entranhas" (Gênesis 35:11). Esta é a base para a reconciliação com Benjamim.

(Midrash Tanchuma, Vayishlach 29)

Como o Midrash explica, a base para rescindir o juramento que bania a tribo de Benjamim de casar seus filhos com as filhas das outras tribos era a promessa feita por D'us para Yaakov quando ele retornou para a terra de seus pais depois de duas décadas exilado - "E D'us disse a ele, Eu Sou *E-l Shadai*. Seja fecundo e multiplique-se; uma nação e uma congregação de nações irão descender de você, e reis surgirão de suas entranhas" (Gênesis 35:11). Como as palavras "e reis surgir**ão** de suas entranhas" foram ditas no tempo futuro, as tribos entenderam que o rei previsto viria de uma criança ainda não nascida na época da promessa, e o único dos filhos de Yaakov ainda não nascido era Benjamim. Na época do incidente de Guiv'á os reis prometidos não haviam aparecido ainda, então as outras tribos perceberam que não poderiam deixar que a de Benjamim fosse extinta.

A conexão mais enigmática entre Guiv'á e o desenvolvimento de *malchut* se torna ainda mais complexa – e fascinante – quando consideramos que a narrativa do evento é plagiada da história de Sodoma, e que Ruth, e finalmente David! - são produtos da história original de Sodoma. Como lemos em Gênesis 19, depois de Lot escapar da cidade em chamas com suas filhas – as mesmas filhas oferecidas por ele à gangue de Sodoma em troca de seus hóspedes (Gênesis 19:8) – os sobreviventes encontram abrigo em uma caverna acima das cidades destruídas. Lá, Moav e Amon são concebidos, frutos da união incestuosa entre Lot e suas filhas (Gênesis 19:30 - 38). São precisamente estes descendentes de Lot que tem um papel central na criação de *Malchut* Israel. Ruth, a bisavó de David, é descendente de Moav – um fato que é enfatizado repetidamente no Livro de Ruth: Naamá, mãe de Rehavam, o herdeiro de Shlomo, é descendente de Amon (veja Reis I 14:21). Mais uma vez, o Midrash desembaraça este emaranhado de temas de forma explícita:

מצאתי דוד עבדי היכן מצאתיו בסדום

"Eu encontrei meu servo David" (Salmos 89:21). Onde o encontrei? Em Sodoma.

(Gênesis Rabá 42:4)

Shaul, o primeiro rei de Israel, é o produto da recriação de Sodoma em Guiv'á; David, o único e futuro rei, é "encontrado" em Sodoma, cujo sangue corria em suas veias. Todos estes fatos apontam para a chocante e inevitável conclusão que exploraremos ao longo deste comentário: o reinado de Israel tinha de ser formado de Sodoma, reis deveriam ter Sodoma em seu DNA.

Sodoma e o Relacionamento com o Outro

Sodoma e a história de Lot e suas filhas irão pairar bastante em nossa história. Por agora, vamos começar com um breve panorama da visão de Sodoma (e também da de Guiv'á) sob a perspectiva do Midrash e tentar traçar a conexão das raízes de *malchut*. As descrições das duas cidades são unificadas pela violenta antipatia em relação aos hóspedes e a tentativa de punir aqueles que mostrassem alguma bondade a outras pessoas. Os habitantes de Sodoma se opunham filosoficamente à *guemilut chassadim* (atos de bondade). Eles eram infectados pela xenofobia e criaram uma sociedade hermeticamente selada. O Midrash resume a situação da seguinte maneira:

אמרו הסדומיים אין אנו צריכין שיבא אדם אצלנו אלא הרי
מזון יוצא מאצלנו וכסף וזהב ואבנים טובות ומרגליות יוצאות
מאצלנו בואו ונשכח תורת רגל מארצנו

As pessoas de Sodoma declaravam que não tinham nenhuma necessidade de se relacionar com outras pessoas. Eles diziam, "Nós produzimos nosso próprio alimento e extraímos nossos próprios minérios. Vamos esquecer-nos de viagens e de viajantes entre nós."

(Mechilta, Parashat HaShirá 2)

Atos de bondade eram estritamente proibidos, e não somente isso, eram considerados crimes capitais.

הויא ההיא רביתא דהות קא מפקא ריפתא לעניא בחצבא
איגלאי מלתא שפיוה דובשא ואוקמוה על איגר שורא אתא
זיבורי ואכלוה

Havia uma moça que costumava levar pão aos pobres [às escondidas] em seu cântaro. Isso foi descoberto pelos Sodomitas [que a condenaram à morte]. Eles a cobriram de mel, a colocaram no topo do telhado do muro da cidade e as abelhas a devoraram

(San'hedrin 109b)

Desvalorizar os relacionamentos humanos era o pilar da visão do mundo Sodomita. O medo e a rejeição ao estrangeiro se tornaram a rejeição a qualquer intimidade. Sodoma também era uma sociedade que se opunha implacavelmente à imigração, e se opunha até mesmo ao turismo.[9] Não é nenhuma coincidência que esta extrema xenofobia terminou em ameaças de estupro e relações sexuais não naturais.

A jornada de Sodoma à Moav, e então para Ruth e para David, é a história da passagem da rejeição para a paixão. Os relacionamentos complexos dos muitos personagens dramáticos que povoam a história da transição de juízes para reis se constituem de um ingrediente – amor. David nos dá um exemplo de amor perfeito: o Talmud cita o relacionamento entre David e Yehonatan como o paradigma de um amor duradouro que "não depende de fatores externos" (Avot 5:16). E como mencionado anteriormente, este é de longe o amor mais intenso na saga de *malchut*. O Livro de Ruth inicia com o amor entre Naomi e suas noras. Ruth imortaliza esta devoção com uma expressão que se tornou um juramento universal - "até que a morte nos separe" (Ruth 1:17). Mais adiante, na história, Boaz e Ruth acolhem o amor com um poder que deixa o leitor sem fôlego. O amor deles é apresentado pelo Midrash e Talmud em toda sua potência sensual.* O livro culmina com uma declaração emocionante do poder de transformação do amor, como os cidadãos de Beit Lechem, que anteriormente a haviam rejeitado,[10] a acolhem com a mais profunda afeição e admiração (Ruth 4:11,12 e 15).

A saga de amor continua no outro livro de Shmuel sobre reinado, nas interconectadas, tortuosas, e dolorosas interações entre Shaul e David. Ninguém amou David tão fervorosamente quanto Shaul, e no entanto, ninguém o perseguiu tão incansavelmente.[11] Este padrão de interconexão de amor e ódio, que se repete, pode ser

---

* Suprimir ou omitir esta informação, faz com que percamos o foco do Livro de Ruth inteiramente. Esta declaração será defendida e o relacionamento deles será abordado amplamente neste comentário.

visto no Livro de Ruth também. As devotadas noras, Ruth e Orpá, se dedicavam aos mesmos ideais; nós as vemos profundamente conectadas, em uma só voz. No entanto, de acordo com o Midrash, seguindo-se à separação das mesmas, quando Orpá retorna à casa de seus pais, elas se tornam não somente inimigas mortais, mas também historicamente antagônicas, e se envolvem em um conflito que culminou com o confronto entre David, descendente de Ruth, e Goliat, filho de Orpá.[12] Então vemos que a espontaneidade de *malchut* não é somente a história de relacionamentos humanos – é a história destes relacionamentos ao extremo. É a história que fala sobre o amor traído e que se torna uma atração fatal, amor que é terno e doído ao mesmo tempo, e passional. Amor de todos os tipos.

Se você ainda não se convenceu de que o amor é a força motriz da saga de *malchut*, reflita sobre a seguinte questão – ao final do Livro de Ruth, o tão esperado rei nasce. Seu nome, David, que significa literalmente, "amor." Considere o versículo abaixo:

אני לדודי ודודי לי

"Eu sou para meu amado e meu amado por mim.

(Cântico dos Cânticos 6:3)

O famoso e brilhante herdeiro de David, Shlomo recebe outro nome de Hashem: Yedidiá (ידידיה) / "O amado de D'us," nome que é derivado da mesma raiz de David (דוד). O Talmud enfatiza a centralidade do amor na conquista de Shlomo, a construção do Templo:

יבא ידיד בן ידיד ויבנה ידיד לידיד בחלקו של ידיד ויתכפרו
בו ידידים יבא ידיד זה שלמה המלך דכתיב (שמואל ב יב-כה)
וישלח ביד נתן הנביא ויקרא שמו ידידיה בעבור ה' בן ידיד זה
אברהם דכתיב (ירמיה יא-טו) מה לידידי בביתי ויבנה ידיד זה
בית המקדש דכתיב (תהילים פד-ב) מה ידידות משכנותיך לידיד

זה הקב''ה דכתיב (ישעיה ה-א) אשירה נא לידידי בחלקו של
ידיד זה בנימין שנאמר (דברים לג-יב) לבנימין אמר ידיד ה' ישכן
לבטח עליו ויתכפרו בו ידידים אלו ישראל דכתיב (ירמיה יב-ז)
נתתי את ידידות נפשי בכף אויביה

O amado filho do amado deveria vir e construir o amado na porção do amado, à fim de redimir os amados. "O amado se refere à Shlomo, com relação a quem está escrito, "Ele mandou dizer através de Natan, o profeta, e o chamou de Yedidiá por causa de Hashem" (Shmuel II 12:25).

"O filho do amado" - este versículo se refere à Avraham, e com relação à ele está escrito, "O que tem Meu amado a fazer no Meu Templo?" (Yirmiahu 11:15).

"E ele construirá o amado" - este versículo se refere ao Templo, e com relação ao mesmo está escrito, "Quão amáveis são Suas moradas" (Salmos 84:2).

"Na porção do amado" - este, se refere à Benjamin e com relação à ele está escrito, "Possa o amado do Eterno morar seguramente perto Dele" (Deuteronômio 33:12).

"Para redimir os amados" - este versículo se refere à Israel sobre quem está escrito, "Eu entreguei a amada da Minha alma na mão dos inimigos dela" (Yirmiahu 12:7).

(Menachot 53a)

De alguma maneira, a transição de juízes para reis é uma transição na concepção das relações humanas e, no fundo, uma transição na natureza do amor. O nascimento do rei é também finalmente o nascimento do amado e do que ama. Por quê?

Malchut e Espontaneidade

Para provocar esta complexa interligação entre reinado e relacionamentos, retornemos à aquelas quatro aparentemente redundantes palavras no início do Livro de Ruth:

וַיְהִי בִּימֵי שְׁפֹט הַשֹּׁפְטִים

"E aconteceu nos dias em que os juízes julgavam."

Como dito anteriormente, é óbvio que juízes julgam! Mas o Talmud explica o porquê da linguagem repetitiva.*

וא''ר יוחנן מאי דכתיב (רות א-א) ויהי בימי שפוט השופטים דור
ששופט את שופטיו אומר לו טול קיסם מבין שיניך אומר לו טול
קורה מבין עיניך

Qual é o sentido do versículo "nos dias em que os juízes julgavam"? Esta repetição implica que havia uma geração de juízes que julgava seus juízes.

---

*   É extremamente interessante ver que só há uma instância no Tanach em que uma redundância como essa aparece: na história de Sodoma! Em Gênesis 19:9, Lot é castigado pelos habitantes da cidade por tentar proteger seus hóspedes. Eles zombam de Lot com as palavras *Ha'echad ba lagur vayishpot shafot* - "Este aí veio morar aqui e já age como juiz!" Alguns versículos antes, Rashi argumenta, baseando-se em Gênesis Rabá 50:3, que naquele dia, as pessoas de Sodoma tinham nomeado Lot como juiz e agora o julgavam. A versão mais precisa deste midrash sobre o qual Rashi se baseia afirma

"אותו היום מינהו שופט על השופטים"

"Naquele dia Lot foi nomeado **juiz dos juízes**."
Estas palavras imitam a linguagem da explicação Talmúdica do versículo de quatro palavras da Meguilá - "uma geração que **julgava os juízes**!"

Se o juiz oferecesse uma contraprova, dizendo, "Remova o fiapo entre seus dentes" [i.e, corrija sua infração menor], o acusado iria contra argumentar, "Remova a viga entre os seus olhos!" [i.e, corrija sua infração maior antes de me criticar].

(Baba Batra 15b)

Perceba a forte conexão temática entre a interpretação do Talmud do versículo e o versículo usado ao final do Livro dos Juízes, que emoldura a história de Guiv'á.

בַּיָּמִים הָהֵם אֵין מֶלֶךְ בְּיִשְׂרָאֵל אִישׁ הַיָּשָׁר בְּעֵינָיו יַעֲשֶׂה

Naqueles dias não havia rei em Israel; cada um agia como achava correto.

(Juízes 21:25)*

Veja quão precisas são as palavras do versículo. A palavra *yashar* significa, na verdade, "aquele que é justo," e então diz o versículo, "Cada homem fazia o que era justo a seus olhos." Seria, portanto, um erro pensar que o período dos juízes era uma época de iniquidade, sem nenhuma disciplina ou restrições.** Este versículo não diz que

---

* Acontece que as últimas quatro palavras desse versículo - "*ish hayashar b'einav yaaseh*" - são precisamente o conceito equivalente das quatro palavras da frase introdutória: "*Vay'hi bimei sh'fot hashof'tim*"!

** A verdade é que não é possível ser esse o significado. Existem dois locais no Tanach (Yoshua 10:13; Shmuel II 1:18) que se referem a um livro místico, O Livro dos Justos (*Sefer HaYashar*). O Talmud (*Avodá* Zará 25a) oferece três possíveis identificações para esse livro misterioso. Uma sugestão é o Livro dos Justos, por causa da repetição no versículo "cada homem fazia o que era justo (*Yashar*) nos

cada homem fazia o que queria indiscriminadamente, mas que fazia de acordo com o que achava justo – *yashar*.[13] Este foi um tempo em que as pessoas levaram muito a sério a injunção da Torá de "fazer o que é bom e justo" (Deuteronômio 6:18).

Juízes fazem o que juízes fazem – eles julgam. Eles oferecem a lei - *mishpat* - a maneira como as coisas devem ser. As pessoas que agiam de acordo com o que achavam justo a seus olhos, o faziam porque queriam moldar o mundo para que fosse da maneira que acreditavam que deveria ser. O período de transição para reinado foi uma era de contra cultura. Era um período de fortes correntes anti-instituições, durante o qual a sociedade experienciou um colapso de valores estabelecidos – valores religiosos e sociais que as pessoas tomavam por certo como significativos e virtuosos. Era um tempo em que havia um sentimento difundido de que cada indivíduo tinha o direito de agir de acordo com o que achava correto e também tinha o direito de criticar toda e qualquer autoridade. Na verdade, os juízes estão entre os personagens mais individualistas do Tanach, se comportando de forma, para dizer, no mínimo altamente não convencional.

O cenário não é aparentemente o caldeirão ideal para o desenvolvimento de *malchut*. Intuitivamente, cada um de nós teria imaginado cada tribo produzindo seus próprios juízes para então gradualmente haver uma unificação das diversas tribos em uma confederação livre. Com o tempo, esta confederação viria a reconhecer suas profundas semelhanças e iriam, finalmente, se fundir em uma nação unificada, um *malchut*. Nunca iríamos imaginar que uma *malchut* se originaria de um caos onde "cada um agia como achava certo!" No prólogo de quatro palavras deste livro sobre as origens de *malchut*, no entanto, Shmuel sugere que a transição verdadeira foi radicalmente diferente do que teríamos imaginado.

---

seus olhos". Se essas palavras fossem pejorativas, nós dificilmente chamaríamos esse livro "Livro dos Justos"!

Fica implícito desta forma que precisamos repensar as premissas que temos em comum sobre *malchut*: *Malchut* não se refere simplesmente à uma posição de muito poder de dominação, não é necessariamente uma presença imperial, um homem régio ou uma mulher coroada e resplandecente. Na verdade, pode ser mais bem representada por uma colmeia ou uma colônia de formigas. Estes são exemplos familiares de sistemas complexos que expressam muito mais que o montante de suas partes. Formigas e abelhas são incapazes de funcionar individualmente; elas não conseguem reproduzir; não conseguem encontrar comida. Elas somente existem enquanto unidades dentro de um contexto maior. Coloque estas unidades conjuntamente, e de repente, como que por mágica, elas começam a se diferenciar, cada uma desenvolvendo uma atividade específica, de acordo com a necessidade de um único sistema, o super organismo. Quando uma colmeia ataca uma pessoa, vem atrás da pessoa como um só organismo; quando formigas marcham, seu movimento incansável por quilômetros e quilômetros é de um poder unificado, um exército. *Malchut* é o nome que usamos para descrever um sistema no qual os componentes trabalham em sinergia para produzir um todo que é maior que seus componentes.[*]

O Talmud expressa esta ideia sobrepondo sua interpretação de "os juízes julgavam" (*shefot hashoftim*) com sua interpretação do termo

---

[*] Esta visão de *malchut* está incorporada em todo e cada aspecto do mundo. Estamos acostumados a pensar sobre o universo como constituído de objetos individuais. Mas, tal universo, na verdade, não existe. Não há coisas distintas, nem mesmo partes distintas. O universo é nada mais do que a inter-relação de várias forças, que juntas trazem a tona a complexidade. Estamos submetidos a elas e até mesmo as usamos para descrever nossas experiências. Falamos de outra pessoa como sendo "atraente". Falamos da eletricidade ao toque de outra pessoa; o magnetismo da personalidade de tal pessoa; a aura que sua presença traz. Estas não são meras metáforas, elas expressam nosso reconhecimento sublime de que somos parte de um universo que existe através da inter-relação mágica entre as coisas. Ao decorrer do tempo, essas inter-relações tornam-se mais sutis e complexas, tornando os resultados mais surpreendentes.

"*Malkat Sheva*" - costumeiramente traduzido como Rainha de Sabá.[14]

ואי''ר יוחנן מאי דכתיב (רות א-א) ויהי בימי שפוט השופטים
דור ששופט את שופטיו ... א''ר שמואל בר נחמני א''ר יונתן כל
האומר מלכת שבא אשה היתה אינו אלא טועה מאי מלכת שבא
מלכותא דשבא

Qual é o sentido de "e aconteceu nos dias em que juízes julgavam"? Isto deixa implícito que havia uma geração que "julgava seus juízes"... Qualquer pessoa que diga que *Malkat Sheva* se refere à uma mulher está enganado. Significa na verdade o Reinado de Sheva.

(Baba Batra 15b)

Em outras palavras, um rei ou uma rainha individualmente não é a essência de *malchut*; o *malchut* permite que a sociedade funcione como uma unidade só, como um reino. Não há Rainha de Sabá como pessoa. Há somente o Reino de Sabá.[*]

Outra afirmação Talmúdica esclarece este conceito.

והרוצה לסוך כל גופו סך ראשו תחילה מפני שהוא מלך על כל
איבריו

Aquele que deseja ungir seu corpo inteiro deve começar pela cabeça, pois a mesma é o rei de todos os órgãos.

(Shabat 61a)

---

[*]   É notório que esses dois comentários Talmudicos aparentemente não relacionados, mas um seguindo imediatamente atrás do outro, forneçam-nos todas as informações de que precisamos para entender a natureza da transição dos *Shoftim* para *Melachim*.

O Talmud se refere a cabeça como sendo o rei dos órgãos não por ser o mais poderoso deles, mas sim por que é o que abriga o cérebro, a mesa de controle que unifica as várias partes do corpo. O cérebro é formado de neurônios. Muitos neurônios, aproximadamente cem bilhões deles. E os mesmos não são inteligentes: eles são simplesmente botões que podem ser ligados ou desligados, assim como os bits de um computador. Botões sozinhos não fazem nada, eles não pensam. Uma pessoa pode colocar um número infinito de neurônios juntos, mas não obterá nenhum pensamento. Então, como é possível que um pensamento surja de nada além de células que absolutamente não pensam? Como pode uma mente surgir de um cérebro que é nada mais do que uma massa de células que também não são? A mente se origina de um contexto que alimenta inter-relações complexas. Veja a fascinante citação de um famoso neurocientista contemporâneo:

> O cérebro humano, como já foi dito, é a estrutura mais complexa estruturalmente falando e para que possamos apreciar este fato devemos observar alguns números. O cérebro se constitui de até cem bilhões de células neurais, que são a estrutura básica e funcional do sistema nervoso. Cada neurônio faz cerca de mil ou dez mil contatos com outros neurônios, que são chamados de sinapses. É assim que ocorre a troca de informações, e baseado nestas, já se calculou que o número de permutações e combinações da atividade cerebral excede o número de partículas no universo que conhecemos.[15]

A mente é um *malchut*. É mais do que a soma de bilhões de neurônios – é uma entidade que traz a oportunidade para estes neurônios se inter-relacionarem para formar o que chamamos de estados cerebrais, dos quais surgem padrões que são tão complexos que nos levam a pensar que não pertencem ao universo físico. Um pensamento não é propriedade de nada que é físico.* No entanto, surge do físico.

De uma maneira parecida, *malchut* parece não ficar em nenhum lugar na sociedade. Parece, emergir dela de maneiras que são infinitamente complexas, inteiramente imprevisíveis, e quase que impossível de rastrear. Cada mente humana é nada mais do que uma pequena parte da vasta inteligência da humanidade através da história, que mostra uma geniosa criatividade coletiva, que é o produto das inter-relações labirínticas entre todos os seus componentes humanos. Este é o poder de *malchut*, que vem como que do nada. Na verdade, há uma palavra em hebraico para algo que surge do nada, *metziá* – מציאה (literalmente, um "achado"). Esta palavra se refere a algo que é encontrado, uma surpresa maravilhosa e totalmente inesperada. De acordo com o Midrash, esta é a palavra que é usada para se referir a David e suas origens. Além disso, quando os anjos vão a Lot para adverti-lo que fugisse de Sodoma com sua família, eles se referem às duas filhas do mesmo como "suas duas filhas que são encontradas (*nimtzaot*)" (Gênesis 19:15) – *nimtzaot* vem da mesma raiz de *metziá*. O Midrash, em um comentário semelhante ao anterior de Gênesis Rabá 41, foca no adjetivo *nimtzaot* para traçar a origem de David,[16] vinculando-o ao versículo que declara, "Encontrei (*matzati*) meu servo David" (Salmos 89:21):

וְאֶת שְׁתֵּי בְנֹתֶיךָ הַנִּמְצָאֹת וגו׳, אָמַר רַבִּי טוֹבִיָּה בַּר רַבִּי יִצְחָק שְׁתֵּי
מְצִיאוֹת, רוּת הַמּוֹאֲבִיָּה וְנַעֲמָה הָעַמּוֹנִית. אָמַר רַבִּי יִצְחָק (תהלים
פט, כא): מָצָאתִי דָוִד עַבְדִּי, הֵיכָן מָצָאתִי אוֹתוֹ בִּסְדוֹם.

[foi dito a Lot,] "Leve sua esposa e suas duas filhas que se *encontram* aqui"- estas duas filhas que "se encontram

---

aqui" se referem à Ruth de Moav e Naamá de Amon [das quais *Malchut* é descendente]. [Isto está sugerido no versículo] "Eu (Hashem) encontrei meu servo David." Onde? Em Sodoma!

(Gênesis Rabá 50,10)

A transição de juízes para reis ocorre ao final de vários séculos durante os quais houve muitas visões diferentes sobre a realidade, além de muitas ideias quanto ao sentido de *yashar*. Não é uma coincidência. O poder de *malchut*, de um sistema, é a função da natureza das partes individuais e a força dos laços entre elas. As organelas que vêm juntas para formar uma célula são menos complexas do que uma abelha – e assim é o *malchut* de uma célula, menos poderoso do que o de uma colmeia; as partes que perfazem a sociedade humana são infinitamente mais complexas do que abelhas, e portanto o *malchut* humano, infinitamente mais rico do que de uma colmeia. No entanto, para desenvolver um *malchut* definitivo – um que incorpore toda e cada possibilidade humana – as "células" deste organismo devem ser extremamente individualistas. Portanto, um *malchut* verdadeiramente humano é o resultado de uma turbulência variada. A criação de *malchut* paradoxalmente demanda a quebra de cada regra e autoridade.

No caso da Monarquia de Israel, o caos dos séculos "quando os juízes julgavam" levou, por fim, as pessoas a exaustão, e a transição inicial para reinado não aconteceu espontaneamente e porque era necessária, mas por encomenda. O povo fez um abaixo-assinado a Shmuel, o último juiz, para que apontasse um rei a fim de restaurar de uma vez por todas a ordem.[17] Contudo, Shmuel ficou desolado com o desenrolar da situação. Hashem consolou-o, dizendo a ele que o pedido não era um repúdio de ordem pessoal; era uma rejeição à D'us.

Há uma grande questão aqui. Nomear um rei é uma das

613 mitzvot, não uma rejeição a Hashem, mas sim um de Seus mandamentos! Nos é dito em Deuteronômio 17:15, "Vocês devem certamente nomear um rei acima de vocês."* Porque então tamanha aflição em Shmuel e a ira e descontentamento ainda maior de Hashem?[18] Iremos abordar esta questão no curso deste comentário e revelar uma abordagem surpreendente à esta velha e contumaz questão. Vamos começar dirigindo nossa atenção a algo simples e óbvio que é comumente negligenciado. Consideremos o nome do primeiro rei falho: Shaul – Shaul literalmente, "aquele pelo qual pediram." Este conceito, é na verdade, o ponto nevrálgico da reprimenda de Shmuel:

וַיֹּאמֶר שְׁמוּאֵל אֵת כָּל דִּבְרֵי ה' אֶל הָעָם הַשֹּׁאֲלִים מֵאִתּוֹ מֶלֶךְ

E Shmuel transmitiu todas as palavras de Hashem para as pessoas que estavam pedindo a ele um rei.

(Shmuel I 8:10)

Todo o problema foi o pedir por um rei e não o "aponte um rei sobre você." Havia uma contradição em termos no ato de pedir por um rei. Um *malchut* não pode ser requerido ou produzido mecanicamente – deve emergir. Por isso, o fato de o primeiro rei ter sido requerido já condenou o primeiro *malchut* ao fracasso. Na verdade, a palavra shaul tem outro sentido - "emprestado"- como vivendo em um tempo emprestado. Shaul se refere a algo que não pertence a ninguém. Neste sentido, o Rei Shaul reinou durante um tempo emprestado.

Malchut em sua essência é uma propriedade que surge, não deve nunca ser requisitada. Deve ser um natural outgrowth de um desenvolvimento que chegou a um estágio que demanda integração. Deve vir de um vasto complexo de inter-relações que insiste que aconteça. Pedir por *malchut* garante seu fracasso. Não se pode organizar arbitrariamente um sistema complexo, efetivo e de sucesso impondo-o à sociedade.* No dia em que "cada um agia de acordo com o que achava correto" é portanto, a matriz perfeita para *malchut*. Ela nunca será o resultado de uma estrutura que é definida e delimitada. Ao contrário, anarquia é o solo ideal para que floresça, por que encoraja o individualismo áspero do qual a complexidade de uma sociedade pode emergir.** Os inter-relacionamentos entre os componentes em separado de um sistema – que no caso é o da sociedade humana – constroem a matriz que permite que algo venha a tona, "os estados do cérebro" que permitem que o pensamento aconteça. Não nos surpreende, que tais inter-relações sejam a matéria prima das narrativas que abordam a transição de juízes para reis: estas histórias de amor são os modelos através dos quais os neurônios / seres humanos formam uma mente chamada *malchut*. Suas raízes

---

*   Considere, por exemplo, sociedades que tentam organizar sua economia artificialmente: elas inevitavelmente falham, às vezes catastroficamente. As economias se desenvolvem através de "cada homem fazendo o que considera correto a seus olhos." Esta ideia foi expressada com louvor por Adam Smith no livro, *Uma Investigação Sobre a Natureza e Causas da Riqueza das Nações*: "Cada indivíduo necessariamente trabalha para gerar a maior renda anual possível da sociedade. Este indivíduo, na verdade, não pretende promover o interesse público, e nem sabe o quanto o está promovendo. Ao dar preferência para o sustento do local ao da indústria estrangeira, ele mira somente na sua própria segurança; e ao dirigir aquela indústria de tal forma que seu produto seja do maior valor possível, ele pretende somente ter seu próprio ganho, e é nisso, como em muitos outros casos, conduzido por uma mão invisível que promove um fim que não era parte de sua intenção. Nem tampouco isso seja sempre o pior para uma sociedade que não fazia parte de todo o esquema. Ao buscar seus próprios interesses, ele frequentemente promove aquele que é o da sociedade com mais eficácia do que quando tem a intenção de fazê-lo. Nunca soube de algo muito bom, feito por aqueles que o fizeram tendo em mente o bem público."

**   Por outro lado, uma autoridade governante que é artificialmente criada e chamada *memshalá* (ממשלה). Este termo terá um papel importante em nossa história.

são profundas, tocam a natureza da Criação, e no entanto, de alguma forma, emerge de uma história que é uma das mais simples do Tanach. Agora voltemo-nos ao Livro de Ruth para descobrir como um conceito de tal complexidade pode ser abordado a um nível aparentemente tão fácil, uma história de amor cuja popularidade se estende através dos tempos e culturas diferentes. Como pode ser que este curto volume esconda este tipo de informação entre suas poucas páginas? Para responder a estas perguntas, vamos começar o estudo do texto.

CENA UM

וַיְהִי בִּימֵי שְׁפֹט הַשֹּׁפְטִים וַיְהִי רָעָב בָּאָרֶץ

1. E aconteceu nos dias em que os juízes julgavam, que havia fome na terra,

Os primeiros versículos da Meguilá dão o contexto: os conceitos, motivos, e personagens introduzidos nestas poucas linhas, criam um pano de fundo para que possamos entender o livro como um todo, e eles reverberam ao todo longo . Vamos começar com um *close*, uma leitura versículo-a-versículo, percebendo cada anomalia textual que demanda uma atenção mais profunda.

Como foi mencionado no prelúdio, o Talmud entende a estranha repetição da expressão "os juízes julgavam" como sendo uma definição contexto cultural: uma época de contracultura, uma geração na qual "juízes julgavam seus juízes."[19] Esta não é uma afirmação histórica, mas sim, psicológica. Não tem o intuito de estabelecer uma cronologia, mas um ambiente. O fato de que a geração julgava seus juízes sugere que a mesma tinha uma demanda por clareza. Implica que nossa história ocorreu em um tempo quando tinha como característica que "cada um agia como achava correto (*yashar*)" (Juízes 17:6, 21:25), que era um época em que as pessoas não aceitavam o que lhes era dito, e desafiavam a autoridade com visões contrárias sobre o que era certo e errado. Retidão moral está implícita em *yashar*. Esta geração que julgava seus juízes não queria saber como a lei obrigava que agissem, e ao invés, eles queriam saber como eles *deveriam* agir.

É interessante perceber que o versículo faz uma conexão entre o pensamento implícito em "quando os juízes julgavam" e a realidade "havia fome na terra." Os fundamentos conceituais desta justaposição ficarão mais claros enquanto formos procedendo.[20]

וַיֵּלֶךְ אִישׁ מִבֵּית לֶחֶם יְהוּדָה לָגוּר בִּשְׂדֵי מוֹאָב

e um homem de Beit Lechem em Yehudá foi morar nos campos de Moav,

É dentro deste contexto que um homem – ainda não identificado – escolhe deixar a cidade de Beit Lechem, na região de Yehudá, para viajar para os campos de Moav. Há uma quantidade de elementos intrigantes neste versículo: Primeiro, o contraste implícito entre a fome descrita no início e o nome Beit Lechem – literalmente, "a Casa do Pão." De alguma forma, tal casa foi esvaziada de comida. Segundo, as ressonâncias textuais dos dois locais mencionados. Beit Lechem não é simplesmente outra cidade em Yehudá. É o local de desova dos reis Judeus. Um outro título para a casa real de David é Beit HaLachmi – Beth Lechemite.[21] Nem tampouco os "campos de Moav" são simplesmente uma região estrangeira. Moav é a nação condenada pela Torá por sua falha em não oferecer pão para o povo Judeu durante sua jornada a Terra Santa. É uma das nações proibidas de entrar na "congregação de D'us":

לֹא יָבֹא עַמּוֹנִי וּמוֹאָבִי בִּקְהַל ה' גַּם דּוֹר עֲשִׂירִי לֹא יָבֹא לָהֶם בִּקְהַל
יְהֹוָה עַד עוֹלָם : עַל דְּבַר אֲשֶׁר לֹא קִדְּמוּ אֶתְכֶם בַּלֶּחֶם וּבַמַּיִם בַּדֶּרֶךְ
בְּצֵאתְכֶם מִמִּצְרָיִם

Nenhum Amonita ou Moabita será admitido na congregação de Hashem; eles nunca poderão entrar para a mesma, mesmo sua décima geração. Isto se deve ao fato de eles não terem recebido vocês com pão e água quando da saída do Egito.

Deuteronômio 23:4 – 5

Esta escolha de destino faz com que a deserção do homem seja preocupante. Ele não somente deixa a esvaziada Beit Lechem em um tempo difícil, ele também se torna anti Beit-Lechem, ao mais alto nível. Ele deixa a "Casa do Pão"[22] pelo local que lhe "negou pão," trocando a "casa" conhecida por "campos" abertos.

Finalmente, é importante perceber que o homem inicialmente planeja sair de lá por um curto espaço de tempo. A mudança seria temporária. A palavra *lagur*, vem da raiz *guer* (estrangeiro), implica transitoriedade.[23] Esta é a interpretação que a Hagadá de Pessach oferece para as palavras *vayagor sham*, do versículo em Deuteronômio 26:5.

מלמד שלא ירד יעקב אבינו להשתקע במצרים אלא לגור שם
שנאמר וַיֹּאמְרוּ אֶל פַּרְעֹה לָגוּר בָּאָרֶץ בָּאנוּ כִּי אֵין מִרְעֶה לַצֹּאן
אֲשֶׁר לַעֲבָדֶיךָ כִּי כָבֵד הָרָעָב בְּאֶרֶץ כְּנָעַן וְעַתָּה יֵשְׁבוּ נָא עֲבָדֶיךָ בְּאֶרֶץ
גֹּשֶׁן

[*Vayagor sham*] nos ensina que nosso patriarca Yaakov não viajou ao Egito com a intenção de se estabelecer lá. Ao contrário, sua intenção era morar lá temporariamente, como o versículo atesta (Gênesis 47:4), "Eles disseram ao Faraó, 'Nós viemos para *morar* (*lagur*) nesta terra, pois aqui há pastos para os rebanhos de seus servos, já que a fome é severa em Canaã. Por favor, deixe-nos, seus servos permanecer na terra de Goshen.'"

הוּא וְאִשְׁתּוֹ וּשְׁנֵי בָּנָיו

ele e sua esposa e seus dois filhos

O homem não identificado está acompanhado de sua esposa e dois filhos, que também não estão identificados. Vale a pena notar que a estrutura gramatical aqui é um tanto estranha, pois nos é dito que um homem foi embora e, no entanto, o versículo continua a nos informar que o sujeito está, na verdade, no plural – não só ele foi embora, mas sua esposa e filhos também. Retornaremos logo a esta estranha forma sintática.

וְשֵׁם הָאִישׁ אֱלִימֶלֶךְ

2. O nome do homem era Elimelech

O anonimato no segundo versículo é de repente substituído por identidades e nomes, e estes não são neutros. O primeiro personagem neste livro sobre as origens de *malchut* tem um nome que fala sobre reinado! O Midrash chama nossa atenção para esta alusão petrificante.

וְשֵׁם הָאִישׁ אֱלִימֶלֶךְ, שֶׁהָיָה אוֹמֵר אֵלַי תָּבוֹא מַלְכוּת

> O nome deste homem era Elimelech, assim chamado porque ele afirmou "*Elai* Melech" - "para mim (*elai*) é o rei (*melech*)" - *malchut*, virá para mim!

(Ruth Rabá 2:5)

וְשֵׁם אִשְׁתּוֹ נָעֳמִי וְשֵׁם שְׁנֵי בָנָיו מַחְלוֹן וְכִלְיוֹן אֶפְרָתִים מִבֵּית לֶחֶם יְהוּדָה

e o nome de sua esposa era Naomi, e os nomes de seus dois filhos eram Machlon e Kilion, nobres de Beit Lechem, em Yehuda.

Depois de ter dado um tom simbólico a introdução de Elimelech, o Midrash lê os nomes dos outros personagens principais, fazendo também alusão aos aspectos importantes de suas personalidades e destinos.

וְשֵׁם אִשְׁתּוֹ נָעֳמִי, שֶׁהָיוּ מַעֲשֶׂיהָ נָאִים וּנְעִימִים

O nome de sua esposa era Naomi (נעמי) pois suas ações eram agradáveis e doces. (*neimim* – נעימים).

(Ruth Rabá 2:5)

ושם שני בניו וגו' אמר ר' יוחנן צריך אתה לחוש לשם מחלון [שהוא] לשון מחילה נזדווגה לו רות המואביה שהיתה רותחת מן העבירה כליון שהוא לשון כלייה נזדווגה לו ערפה שעמד ממנה גלית הפלשתי

Devemos prestar atenção ao nome Machlon (מחלון), que significa ele encontrou perdão (*mechilá* - מחילה). Este é um presságio de seu futuro casamento com [a *tzadeket*] Ruth, a Moabita, que se afastou do pecado [e portanto, a última redenção de Machlon]. O nome Kilion (כליון), por outro lado, implícita destruição total (*kelayá* - כלייה). É um presságio de seu casamento com Orpá, mãe de Goliat, o Filisteu.

(Midrash Zuta, Ruth 1)

וַיָּבֹאוּ שְׂדֵי מוֹאָב וַיִּהְיוּ שָׁם

Eles vieram aos campos de Moav, e permaneceram lá.

Em gritante contraste a intenção original de *lagur*　tornarem se residentes temporários – a família se instala em Moav: "*Vayihyu sham*" - "e eles estarão lá." O Talmud explica que a maneira como o texto foi escrito deixa implícito a permanência existencial:

אמר קרא והיו בהווייתן יהו

O versículo diz: "E eles estarão" (Deuteronômio

6:6). Fica implícito que eles ficarão desta maneira permanentemente.

(Berachot 13a)

Mudar-se para Moav não foi meramente algo que a família fez- foi algo que se tornou.

INTERLÚDIO I: Sobre Alimento, Relacionamentos e *Malchut*

Vale agora revisar estes dois versículos densos desde o início, olhando para os mesmos como um continuum, enquanto resolvendo algumas anomalias textuais que notamos. Este início, na verdade, demanda explicação, pois sob um ponto de vista puramente literário, é ineficiente e deficiente: Por que começar com uma descrição anônima de um evento, para depois retroceder e inserir os nomes?[24] Você poderia ter pensado que os versículos ficariam melhor combinados assim: "Havia um homem chamado Elimelech, oriundo de Beit Lechem, em Yehuda, que pegou sua esposa, Naomi, e seus filhos Machlon e Kilion para viverem nos campos de Moav."

Mesmo assim, esta apresentação estranha e ineficiente, a separação da informação entre dois versículos, formam, na verdade, uma realidade multinível: começamos com o universal – um homem, uma mulher, crianças – para então irmos ao particular, interligando o global com o local. O versículo no início, quando contrastado com o segundo, nos informa que a Meguilá, primeiramente, nos conta uma saga universal de um homem, uma mulher e crianças. Portanto, no primeiro versículo, nomes não são necessários. As pessoas envolvidas não são tão importantes. Inversamente, a Meguilá inicia focando na falta de "pão" e nas causas relevantes ao fato.

O livro começa com a afirmação de que havia fome e este fato levou a família a abandonar a Terra de Israel e escolher o exílio. O Midrash vê a fome como um arquétipo e a inclui na lista das primeiras fomes da história.

עֲשָׂרָה שְׁנֵי רְעָבוֹן בָּאוּ לָעוֹלָם, אֶחָד בִּימֵי אָדָם הָרִאשׁוֹן ... וְאֶחָד בִּימֵי לֶמֶךְ... וְאֶחָד בִּימֵי אַבְרָהָם ... וְאֶחָד בִּימֵי יִצְחָק... וְאֶחָד בִּימֵי יַעֲקֹב... וְאֶחָד בִּימֵי שְׁפֹט הַשֹּׁפְטִים... וְאֶחָד בִּימֵי דָוִד ... וְאֶחָד בִּימֵי אֵלִיָּהוּ... וְאֶחָד בִּימֵי אֱלִישָׁע... וְאֶחָד לֶעָתִיד לָבוֹא,

A fome afetou o mundo dez vezes: a primeira nos tempos de Adam ... outra nos de Lemech ... outra nos de Avraham ... outra nos tempos de Yitzchak ... nos tempos de Yaakov ... outra "nos dias em que juízes julgavam" ... mais uma na época de David ... outra na de Eliahu ... uma na de Elisha ...e finalmente mais uma [quando a fome afligirá o mundo] na era Messiânica.[*]

(Gênesis Rabá 25:3)

A inclusão da fome no versículo 1 entre as fomes protótipicas através da história, dos dias de Adam à Era Messiânica, significa de uma forma implícita que estamos lidando aqui com algo mais significativo do que um problema local em um ponto específico na história, que afeta uma família específica. Há uma falta de pão: alimento. Apesar de seu tom universal, o primeiro versículo anuncia que a primeira aqui é a do Homem – o primeiro, Adam – e que os assuntos tratados pela Meguilá são fundamentais para o desenvolvimento da humanidade.

Maimônides codifica uma lei com aplicação universal baseado no primeiro versículo:

---

[*] A culminante fome final não é como as outras. Veja Amós 8:11 – não é uma fome no sentido convencional. É uma fome pela Torá, que é também central ao tema do Livro de Ruth. Shavuot, o chag quando Ruth é lido, é o aniversário do recebimento da Torá do Sinai, e o Livro de Ruth nos conta a história de uma convertida e sua aceitação pessoal da Torá. Exploraremos esta conexão mais para frente neste texto.

אָסוּר לָצֵאת מֵאֶרֶץ יִשְׂרָאֵל לְחוּצָה לָאָרֶץ לְעוֹלָם. אֶלָּא לִלְמֹד תּוֹרָה
אוֹ לִשָּׂא אִשָּׁה אוֹ לְהַצִּיל מִן הָעַכּוּ"ם. וְיַחֲזֹר לָאָרֶץ. וְכֵן יוֹצֵא
הוּא לִסְחוֹרָה. אֲבָל לִשְׁכֹּן בְּחוּצָה לָאָרֶץ אָסוּר אֶלָּא אִם כֵּן חָזַק
שָׁם הָרָעָב עַד שֶׁנַּעֲשָׂה דִּינָר חִטִּין בִּשְׁנֵי דִּינָרִין. בַּמֶּה דְּבָרִים
אֲמוּרִים כְּשֶׁהָיוּ הַמָּעוֹת מְצוּיוֹת וְהַפֵּרוֹת בִּיקֶר. אֲבָל אִם הַפֵּרוֹת
בְּזוֹל וְלֹא יִמְצָא מָעוֹת וְלֹא בְּמַה יִשְׂתַּכֵּר וְאָבְדָה פְּרוּטָה מִן הַכִּיס.
יֵצֵא לְכָל מָקוֹם שֶׁיִּמְצָא בּוֹ רֶוַח. וְאַף עַל פִּי שֶׁמֻּתָּר לָצֵאת אֵינָה
מִדַּת חֲסִידוּת שֶׁהֲרֵי מַחְלוֹן וְכִלְיוֹן שְׁנֵי גְּדוֹלֵי הַדּוֹר הָיוּ וּמִפְּנֵי צָרָה
גְדוֹלָה יָצְאוּ וְנִתְחַיְּבוּ כְּלָיָה לַמָּקוֹם:

É proibido deixar a Terra de Israel permanentemente.
No entanto, uma pessoa pode sair temporariamente para
casar-se, estudar Torá, ou para poupar [vidas Judaicas ou
propriedade] … Da mesma, uma pessoa pode sair para
fazer negócios. No entanto, estabelecer-se fora de Israel é
proibido, salvo quando há um período de fome tão severo
que o preço do alimento é dobrado. Quando dizemos
isso? No caso de o dinheiro ser suficiente, mas o alimento
escasso. Se, no entanto, há alimento em abundância, mas
o indivíduo não tem dinheiro e não consegue trabalho
para se manter, devido a situação econômica, então tem
permissão para sair para qualquer destino onde possa ser
encontrado alívio. Mas, mesmo com permissão de deixar
Israel quando há falta de alimento, não é considerado
um comportamento sagrado. A prova é que Machlon
e Kilion eram grandes homens da geração e somente
deixaram a Terra sob dificuldade extrema, e mesmo
assim, morreram por decreto dos céus.

(Mishnê Torá, Leis dos Reis 5:9)[*]

---

[*]   A enciclopédia de quatorze volumes de Maimônides sobre halachá,
Mishnê Torá, é melhor descrita como uma estrutura de quatorze níveis para uma

Maimônides olha para o fato de o versículo que inicia o texto introduz uma família genérica e os versículos 3-5 descrevem então o que acontece para aquela família. O fato de que a Meguilá não discute nada em específico no versículo 1 nos apresenta uma equação difícil – um homem e família deixam a Terra de Israel e desastre é o resultado – independentemente dos envolvidos.

De acordo com a interpretação de Maimônides há ainda outra anomalia no texto. O primeiro versículo diz, "Um homem de Beit Lechem… foi morar nos campos de Moav, ele, sua esposa, e seus dois filhos" - uma composição desastrada. Por que precisamos da palavra "ele" (הוא)? Por que não somente dizer, "Um homem, sua esposa, e seus dois filhos deixaram Beit Lechem"? O uso extra da palavra "ele" intensifica o fato de que aquele que foi embora foi "ele" - somente Elimelech se foi por sua própria vontade. Sua esposa e filhos foram compelidos a segui-lo. Assim o Midrash descreve:

הוּא וְאִשְׁתּוֹ וּשְׁנֵי בָנָיו, הוּא עִקָּר, וְאִשְׁתּוֹ טְפֵלָה לוֹ, וּבָנָיו טְפֵלִין לָהֶם

"Ele e sua esposa, e seus dois filhos": [a palavra "ele" indica

---

visão de mundo. A Torá é por si fundamentalmente um mapa da realidade. Esta ideia é expressa pelo Zôhar como o princípio אסתכל באורייתא וברי עלמא - "Hashem olhou na Torá e criou o mundo" (veja Zôhar, Shemot, Terumá 141), e é formatada novamente por Maimônides em Mishnê Torá. Note que as halachot que afirmam o requisito de morar em Israel e as circunstâncias pelas quais uma pessoa tem permissão de deixar a Terra Santa, aparece no final do volume 14, em um conjunto de halachot. Este, que é o último volume, é intitulado Sefer Shoftim, o Livro dos Juízes. A era dos juízes, como vimos no prelúdio deste ato, foi uma busca frenética por yashrut, aquilo que é realmente justo. Este conjunto final de halachot recebe o título de Hilchot Melachim, as Leis dos Reis, refletindo o padrão desta Meguilá. O resultado final desta busca por retidão é *malchut*! A colocação destas halachot é impressionante quando vista através das lentes do prelúdio.

que] "ele" era o principal. Sua esposa era subordinada a ele, e seus dois filhos o eram ao pai e à mãe.

(Ruth Rabá 1:5)

Ou como Maimônides vê a situação: "Machlon e Kilion eram homens importantes da geração e [somente] deixaram [Israel] devido à extrema dificuldade."

Contudo, falta algo na concepção de Maimônides. O midrash citado acima nos diz que os dois filhos foram compelidos a deixar a Terra; a palavra "ele" que está sobressalente nos ensina que os mesmos foram arrastados por Elimelech como subordinados, como meros apêndices. Apesar disso, são descritos como "homens importantes da geração"[25]. Como então, Maimônides lê o versículo? A resposta está em sua afirmação que Machlon e Kilion deixaram a Terra por conta da extrema dificuldade (*tzará guedolá*). Afinal, Maimônides, ele mesmo, afirma na mesma halachá que um indivíduo tem permissão para deixar a Terra de Israel em caso de fome, e a Meguilá atesta que havia "fome na terra." Teria feito mais sentido se Maimônides tivesse afirmado que os dois se foram por causa da fome, não por causa de alguma dificuldade que não está definida no texto. Mas, esta composição desastrada é exatamente a chave para esta brilhante introspecção do mesmo – um insight que é central à tese desta Meguilá.

A "extrema dificuldade" que os compeliu a sair não foi a fome per se, mas o fato de que sua família estava com problemas. Isto é o que o extra "ele" deixa implícito: Naomi foi obrigada a ir por seu marido autoritário, e assim foi com os dois filhos, grandes homens da geração, que não eram dois meninos sendo levados pelo pai. Mas, sentiram-se obrigados a se juntar aos pais, em uma tentativa de manter a família junta.*

---

* Perceba que o midrash citado não diz "Ela e seus dois filhos eram

Esta foi a extrema dificuldade que eles sentiram.* Machlon e Kilion estavam empenhados em preservar os relacionamentos da família.

O primeiro versículo, levanta cada questão saliente à este livro sobre as origens de *malchut*, cada tema que identificamos no prelúdio; "os juízes julgando", "que é o berço ideal do qual *malchut* pode emergir"; a falência dos relacionamentos personificados nas inter-relações assimétricas entre "o homem", "a mulher", e "os filhos" - falências que tornam o desenvolvimento de *malchut* impossível; e a presença de Moav/Sodoma, das quais Ruth e a dinastia de David surgirão. Qual é, então, a conexão entre estes temas e a fome? Por que a justaposição literária entre "E aconteceu nos dias em que os juízes julgavam" e "havia uma fome na terra"? Por que a fome é o termômetro da falência de *malchut*?

Esta não é uma conexão tangencial. A relação entre fome e alimento está no centro da Meguilá. Na verdade, estaríamos certos se afirmássemos que lemos a Meguilat Ruth em Shavuot por causa da relação à agricultura – pois se passa no período de colheita, que em Israel culmina com Shavuot. O tema do alimento é central e irrefutável, permeando cada elemento da configuração: a Meguilá inicia-se em um tempo de fome; a família de Elimelech se muda para os campos de Moav; Naomi e Ruth retornam à Israel durante

---

subordinados a ele;" ao contrário, dá ênfase ao fato de que ela era subordinada ao marido, e então separadamente afirma (em outra sentença), que seus filhos eram subordinados – a eles. Isto indica que tal subordinação da parte da mãe foi o motivo da decisão dos filhos de se subordinar a Naomi e a Elimelech. O intuito era de reparar o relacionamento. Portanto, este midrash pode ser interpretado como dando suporte a visão de Maimônides.

*   "E eles se foram devido a dificuldades extremas" - Maimônides os traz, e não a Elimelech, como prova que apesar de ser permitido deixar a Terra, não é considerado um comportamento sagrado. Elimelech rejeitou Israel e sua comunidade; sua queda e morte não provam nada. Mas, a queda e morte de Machlon e Kilion, que não rejeitaram Israel e a comunidade, provam e muito!

a colheita de cevada; os encontros entre Ruth e Boaz acontecem no campo e no silo; e a história termina durante a colheita de trigo. O período de tempo da Meguilá é também o período entre Pessach e sua colheita anual de cevada e Shavuot e sua colheita anual de trigo.[26] Além do mais, a Meguilá repetidamente nos chama atenção para os presentes em forma de alimento que são dispensados aos pobres nos campos.

A história gira em torno de *gueulat sadê*, a necessidade de redimir campos ancestrais.** Poderíamos ignorar as outras razões oferecidas para a leitura da Meguilá em Shavuot: o nascimento de David, registrado no final da mesma, que, a propósito, aconteceu em Shavuot; a conversão de Ruth e sua aceitação da Torá, que foi outorgada em Shavuot. Nós poderíamos, então, focar nossa total atenção na agricultura e nos justificar ao fazê-lo.

Na verdade, ao fazê-lo, estaríamos simplesmente seguindo o exemplo da Torá, que nos apresenta Shavuot somente em termos de agricultura![27] A oferenda especial levada ao Templo torna esta conexão clara: em Shavuot nós oferecemos os *shetei halechem*, os "dois pães" que consagram a colheita; depois disso, o novo trigo pode ser usado no Templo. Em contraste, temos que realmente investigar no texto da Torá, à procura de dicas morfológicas ou lexicais quanto a conexão entre Shavuot e Sinai.

Esta ênfase não pode ser acidental, e se o Livro de Ruth é o livro das origens de *malchut*, então, seu foco no pão e na agricultura deve estar de alguma forma fundamentalmente relacionado ao desenvolvimento da monarquia. Na verdade, retornemos ao primeiro versículo da Meguilá, que afirma a ligação entre "juízes julgando" e "uma fome na terra," e lembremos que Beit Lechem, a Casa do Pão que serve como pano de fundo desta história, é também o lugar onde David nasceu. Agora o enredo fica mais denso. Por exemplo, o *lechem hapanim*

** Especialmente, a propriedade que havia pertencido à família de Elimelech.

(pão da proposição), os filões especiais de pão colocados no Templo, estão misteriosamente ligados a monarquia: a mesa (*shulchan*) na qual os pães são colocados, é circundada por um borda de ouro que representa o *keter malchut* / a coroa da realeza.[*]

A sobrevivência de David de Beit Lechem finalmente termina tocando o *lechem hapanim*: se torna sua única fonte de sustento quando ele foge de Shaul, que está tentando matá-lo.[28]

A razão para a conexão entre pão e rei é na verdade muito simples, e permeia os mitos de muitas culturas: um país desajustado é um país com fome. Considere, por exemplo o mapa da contemporânea África. Quantos países que não têm um *malchut* que funciona,[**] nem um governo estável e aceito, sofrem pela fome, apesar da abundância de recursos naturais.[29] A República Democrática do Congo (ironicamente assim chamada), por exemplo, é a décima primeira nação mais rica da Terra em recursos pluviais, e no entanto, seu povo está passando fome.[30] Isto se deve ao fato de não haver *malchut* lá: por várias razões, estas nações não se integram. Não há uma organização espontânea que as habilite a agir como uma sociedade.

---

[*]   Veja Yoma 72b: "Há três coroas [douradas] afixadas ao Templo: uma ao altar do incenso; uma à arca; uma à mesa dos *lechem hapanim*... Aaron teve o merecimento da coroa do altar, representando o sacerdócio, e a levou; David mereceu a coroa do *shulchan*, representando a realeza, e a levou; a coroa da arca, representando a Torá, está disponível à qualquer pessoa que deseje levá-la. Não pense que a terceira é inferior às anteriores, pois a Torá afirma, "Através de mim (Torá) reis irão reinar" (Provérbios 8:15). Perceba o relacionamento entre a coroa de *malchut* atribuída a David e a coroa da Torá, recebida em Shavuot e disponível a todos como uma expressão de *malchut* - "através de mim, reis irão reinar"!

Veja também Yevamot 24b para a expressão "A Mesa dos Reis" (*shulchan melachim*). É fascinante que esta apareça em Yevamot (que trata da lei do Levirato, tipo de casamento que tem um papel primordial na nossa Meguilá) e dentro do contexto das leis de conversão – outro tema central no Livro de Ruth!

[**]   *Malchut* em um sentido maior apresentado no prelúdio deste ato, não é necessariamente uma monarquia no sentido convencional, mas, um sistema de inter-relações integrado.

Este é o alicerce conceitual para a conexão entre "juízes julgando" e "fome na terra" na Meguilá: se Tivermos um *malchut* desajustado ou corrupto, um lugar onde juízes são julgados e não há valores em comum, teremos fome.

Elimelech não saiu de Israel em busca de comida porque estava passando fome. Ele era um *Efrati* (1:2), um nobre, um homem rico.[31] O Midrash alega que ele estava incomodado pelas demandas incessantes dos pobres e escapou para Moav,[32] a sucessora de Sodoma – uma sociedade conhecida pela hostilidade aos necessitados. Mas, este desejo de escapar da responsabilidade é sintomático de uma questão mais profunda. A insensibilidade de Elimelech incorpora a falência em criar uma sociedade integrada com um sentido de propósito em comum. Em um nível mais profundo, ele não deixou a Terra por medo de empobrecer, mas por estar vivendo em uma sociedade em colapso, cuja fome era um sinal desta certeza. Seu nome – com seu significado simbólico, "para mim o rei" - indica que ele era sensível a questão. Sua solução, escapar, era superficialmente equivocada.* No entanto, ao buscar *malchut*, ele diagnosticou corretamente o problema que a sociedade enfrentava, e ao fazê-lo, proporcionou o início perfeito para o livro cujo propósito é descrever a natureza de *malchut*.

O assunto fome, ou produtividade insuficiente, é primordial – é traçada pelo Midrash até o começo da humanidade. Como mencionado anteriormente, o anonimato inicial dos personagens no primeiro versículo do Livro de Ruth sugere que em um primeiro nível estamos falando das questões universais inerentes ao Homem – o primeiro homem Adam; a fome do primeiro versículo também evoca a fome com a qual Adam foi amaldiçoado depois de comer da

---

* Não tão equivocado quanto podemos pensar: ele termina trazendo Israel para o nascimento do rei que ele tanto busca. Estranhamente, Moav é precisamente o lugar certo para buscar as raízes de *malchut*, a solução para o problema colocado pelos *shefot hashofetim*. Veja o prelúdio deste ato.

Árvore do Conhecimento: "Amaldiçoada é a Terra por sua causa... você comerá pão pelo suor do seu rosto" (Gênesis 3:17-18). O Paraíso era um sistema perfeitamente integrado no qual o Homem era um só junto com a terra – Adam, Homem, foi retirado do solo, *adamá*. Ao comer a fruta, Adam insistiu em se tornar "como um deus," para criar sua própria utopia, atingir seu próprio paraíso.[33] D'us disse efetivamente ao Homem, "Vá em frente. Faça do seu jeito. Sozinho, desconectado do sistema que lhe deu a vida, você se esforçará por cada migalha de pão, por cada roupa esfarrapada." O Sábio do Talmud, Ben Zomá, em um insight profundo, captura o sentido dos desafios provocados pelo pecado de Adam, assim como a única solução possível para eles.

בן זומא ראה אוכלוסא על גב מעלה בהר הבית אמר ברוך חכם הרזים וברוך שברא כל אלו לשמשני הוא היה אומר כמה יגיעות יגע אדם הראשון עד שמצא פת לאכול חרש וזרע וקצר ועמר ודש וזרה וברר וטחן והרקיד ולש ואפה ואח''כ אכל ואני משכים ומוצא כל אלו מתוקנין לפני וכמה יגיעות יגע אדם הראשון עד שמצא בגד ללבוש גזז ולבן ונפץ וטוה וארג ואחר כך מצא בגד ללבוש ואני משכים ומוצא כל אלו מתוקנים לפני כל אומות שוקדות ובאות לפתח ביתי ואני משכים ומוצא כל אלו לפני

Ben Zomá, de um lugar alto no Monte do Templo, percebeu uma multidão de pessoas e exclamou, "Abençoado seja Ele, Senhor da sabedoria misteriosa, e abençoado seja Ele que criou todas estas pessoas para me servirem!" Ele tinha o hábito de dizer, "Quanta energia Adam gastou até encontrar pão para comer! Ele arou, semeou, colheu, juntou, debulhou, separou o joio, selecionou, moeu, peneirou, sovou e assou. Só então é que comeu o pão. Eu, no entanto, acordo cedo e tudo está pronto para mim. E quanto tempo Adam gastou até encontrar uma vestimenta! Ele tosquiou, limpou, desembaraçou, fiou e teceu. Somente então ele encontrou uma roupa para usar. Eu, acordo cedo e encontro tudo pronto para mim. Todas as nações congregam cedo à minha porta, e eu acordo e as vejo esperando por mim."

(Berachot 58a)

Ben Zomá elaborou sobre a prece que ele fez, observando que a humanidade* tinha que fazer inúmeras descobertas simplesmente para produzir um filão de pão. Teve que descobrir e desenvolver a ciência da agronomia. Imagine as tentativas e erros de incontáveis gerações, todos os experimentos ao longo de milênios! Finalmente, ao trazer o primeiro grão cultivado, a humanidade teve que conceber e desenvolver a arte de fazer pães. (Considere os esforços necessários para a produção de uma camisa... um carro... um computador.)

"No entanto eu," declara Ben Zomá, "não preciso fazer nada mais do que acordar cedo pela manhã, e descubro um pacote de camisas esperando por mim na soleira da minha porta. Mais que isso, todas as nações na terra, a população de um planeta inteiro, está ansioso para suprir minhas necessidades! A produção de um planeta inteiro está na minha porta, à minha disposição." Em um idioma contemporâneo, poderíamos dizer, "Eu busco na Internet, clico com meu mouse, e as camisas são entregues pelo correio na minha porta no dia seguinte."

Pondere sobre o que foi necessário para o universo chegar ao ponto de ter somente que clicar no mouse: uma eternidade de tempo e o desenvolvimento de muitas espécies já esquecidas. Elas foram todas necessárias como parte da história da vida para que os tipos de materiais dos quais uma camisa é feita pudesse evoluir e para que um cérebro inteligente o bastante pudesse se desenvolver para fazer uma camisa. Quando clico com meu mouse, estou, na verdade, clicando na história inteira do universo. O pequeno ato é o resultado

---

* Literalmente, *Adam HaRishon* – o primeiro homem – na passagem Talmúdica.

da inspiração genial de incontáveis e cumulativas interações de todas as criações que resultaram no meu comprar minha camisa. E esta é a única resposta viável à maldição de "Comerás o pão através do suor de seu rosto": Você deve fazer com que o mundo provenha para você e a terra irá prover somente através de uma combinação de esforços da humanidade, através dos resultados integrados da história.

A única solução para os esforços da humanidade é *malchut* – um reino – uma sociedade interativa e funcional. É *malchut* em toda sua glória que Ben Zomá reconheceu de seu pedestal no Monte do Templo enquanto olhava de lá de cima a cidade cheia de gente. Olhe para a multidão de pessoas, exclama Ben Zomá, para a forma como interagem, tinindo com a atividade criativa que emerge da vasta rede de comunicação da humanidade. O contrário de *malchut* é o mundo do solitário Adam – um universo de ilhas, e uma eterna e solitária luta, sem esperança de redenção, *Gueulá*, que é um tema recorrente da Meguilá. *Gueulá* só pode se iniciar com o advento do rei e somente pode ser restaurada com o retorno do mesmo.

A Primeira Cena Reinicia-se

3. E Elimelech, marido de Naomi, morreu;

Duas maldições foram proferidas no Éden: "Para a mulher Ele (D'us) disse, 'Eu aumentarei bastante o desafio de parir uma criança e o sofrimento de uma gravidez; você parirá com grande dor; você desejará seu marido, mas ele irá subjugar você" (Gênesis 3:16). O início da Meguilá faz referência às duas primeiras maldições da humanidade: a maldição da fome e à segunda, dominação e subordinação da mulher. O versículo inicial não descreve somente a fome, mas a dominação masculina que compele sua esposa a agir como ele, deixar a terra de Israel para ir a Moav. Os dois filhos, grandes homens da geração, se juntam a seus pais em uma tentativa de reparar esta brecha.

No entanto, de repente, aqui, no momento da morte, algo muda. Perceba que o título *Ish Naomi* / "o marido de Naomi" é supérfluo – a Meguilá já havia estabelecido no segundo versículo que Elimelech era marido dela. O Talmud encontra um sentido pungente nesta aparente repetição:

תנא אין איש מת אלא לאשתו שנאמר וימת אלימלך איש נעמי

Um homem morre somente para sua esposa. Como está escrito, "E Elimelech, marido de Naomi, morreu."

(San'hedrin 22b)

A finalidade absoluta da morte de um homem é experienciada somente por sua esposa, diz o Talmud. Para qualquer outro amigo ou familiar, a perda, apesar de dolorosa, é temporária. Mesmo profundamente sentida por um tempo, talvez anos, mesmo décadas, para a maioria daqueles que foram próximos ao falecido, o luto por fim termina. É somente para o mais íntimo de todos os relacionamentos de amor, o de marido e esposa, que a perda é continuamente lamentada, que uma mudança fundamental acontece. Isto se deve ao fato de o relacionamento entre marido e esposa ser existencial por natureza. É o único em que uma única identidade surge de duas identidades distintas.

Uma mudança dramática acontece na natureza do relacionamento entre Elimelech e Naomi entre os versículo 2 e 3. De dominação, nós mudamos para conexão existencial – talvez somente e verdadeiramente sentida no momento da perda. Elimelech e sua esposa se tornaram a fonte Talmúdica de aforismos, porque como notamos, relacionamentos – particularmente os de amor – são as raízes das quais *malchut* brota.*

---

*	Rashi nos oferece uma interpretação brilhante de uma troca de palavras ríspida entre Shaul e Yehonatan com relação a aliança do segundo com David, a despeito de seu próprio pai (Shmuel 20:30). Rashi nos relata que Shaul estava entre os homens de Benjamim (cidade) que foram avisados a "tomar" uma esposa das filhas de Shilô, a fim de perpetuar sua tribo erradicada, a de Benjamim (veja o desfecho da história de Guiv'á em Juízes 21:13 – 25). De acordo com Rashi, Shaul estava constrangido em "tomar" uma esposa, e portanto, uma das filhas de Shilô o "tomou" então. Este fato serve para o comentário sobre Gênesis 5:29 do Chatam

וַתִּשָּׁאֵר הִיא וּשְׁנֵי בָנֶיהָ

e ela foi deixada com seus dois filhos.

Novamente, o versículo parece repetitivo: obviamente Ruth e seus dois filhos sobreviveram a Elimelech! No entanto, os Sábios salientam que a palavra *vatishaer* (ותשאר - "e ela foi deixada") é um cognato da palavra *shiraym* (שיריים), que significa "sobras."

וַתִּשָּׁאֵר הִיא וּשְׁנֵי בָנֶיהָ א''ר חנינא בריה דר' אבהו נעשית שיריים

"E Naomi foi deixada com seus dois filhos" - ela se tornou uma "sobra."

(Yalkut Shimoni, Ruth 600)

Ao invés de nos passar a informação técnica, o versículo descreve o impacto existencial que a morte de Elimelech provocou. Naomi é uma sobra destituída – incapaz de recomeçar novamente. As sobras de uma refeição, *shirayim*, não podem ser usadas como parte de uma nova oferenda: sua santidade já foi figurativamente utilizada.[34] Então, Naomi também é deixada sentindo que o que resta de sua vida são anos já "usados," e que não tem mais potencial para renovação.

Sofer (R. Moises Sofer – um líder rabínico da Europa do século 19, uma autoridade haláchica reconhecida e um grande comentarista Bíblico e Talmúdico) no qual ele sugere que Shaul decidiu permitir ser "tomado" como marido por uma das filhas de Shilô, para que ele pudesse se redimir do pecado de ter comido da Árvore do Conhecimento, que levou a maldição de Chavá: "Seu desejo será pelo seu homem, mas ele irá subjugá-la"(Gênesis 5:16). Esta maldição tem um papel central no Livro de Ruth e será discutida ao longo deste livro.

וַיִּשְׂאוּ לָהֶם נָשִׁים מֹאֲבִיּוֹת שֵׁם הָאַחַת עָרְפָּה וְשֵׁם הַשֵּׁנִית רוּת

4. Eles se casaram com mulheres Moabitas. Uma se chamava Orpá e a segunda, Ruth;

Os nomes nesta Meguilá são profundamente simbólicos, e o Midrash identifica as sementes do destino contidas nos mesmos:

שֵׁם הָאַחַת עָרְפָּה, שֶׁהָפְכָה עֹרֶף לַחֲמוֹתָהּ

O nome de uma era Orpá (ערפה) porque ela deu as costas (עורף), virou-se, à sua sogra.

(Ruth Rabá 2:9)

שם האחת ערפה שהייתה ראויה ליערף כעגלה ערופה

Ela se chamava Orpá (ערפה) porque merecia ter tido seu pescoço quebrado, como a bezerra / *eglah arufá* (ערופה עגלה) cujo pescoço é quebrado para expiar um crime que não foi solucionado.

(Yalkut Shimoni, Ruth 600)[35]

וְשֵׁם הַשֵּׁנִית רוּת, שֶׁרָאֲתָה בְּדִבְרֵי חֲמוֹתָהּ

O nome da segunda era Ruth (רות) pois, ela viu a verdade (viu – ראה) nas palavras de sua sogra [as aceitou e se converteu].

(Ruth Rabá 2:9)

ושם השנית רות מרתתת מן העבירה

Ela tremia diante da possibilidade de um pecado devido ao fato de ser temente a Hashem /*yirat shamayim* – (יראת שמים)

(Yalkut Shimoni, Ruth 600)

מאי רות אמר ר' יוחנן שזכתה ויצא ממנה דוד שריוהו להקדוש ברוך הוא בשירות ותשבחות

Ela se chamava Ruth porque David, que satisfez (רוהו) Hashem com músicas de louvor, era descendente dela.

Berachot 7b

Mesmo que o Midrash veja os dois nomes como indicando a superioridade de Ruth com relação a sua irmã, a estrutura do versículo sugere o contrário. O versículo poderia ter afirmado, com eficiência e economia, que Machlon e Kilion se casaram com mulheres Moabitas chamadas Ruth e Orpá. Mas, ao invés disso, usa uma estrutura elaborada para salientar "o nome da primeira [literalmente "aquela"] era Orpá e "o da segunda era Ruth." Isto pode ser lido como indicativo de que Orpá era "aquela" e que Ruth veio depois de Orpá, pelo menos inicialmente, era a maior das duas. Na verdade, mesmo Orpá tendo se casado com o irmão mais jovem, foi dada precedência a ela. Isso faz com que os eventos que estão quase para se desenrolar, sejam ainda mais surpreendentes.

וַיֵּשְׁבוּ שָׁם כְּעֶשֶׂר שָׁנִים

e eles viveram lá por mais ou menos dez anos.

A aproximação "mais ou menos" é estranha no tom simplificado, quase mítico da Meguilá. Qual é o significado desta imprecisão? Uma passagem do Talmud nos traz a luz:

ת''ר נשא אשה ושהה עמה עשר שנים ולא ילדה יוציא ויתן
כתובה שמא לא זכה להבנות ממנה

Se um homem está casado há dez anos e ainda não tem filhos com sua esposa, deve se divorciar dela e pagar-lhe o valor da *ketubá* (o contrato de casamento); talvez ele não teve o mérito de construir uma família com ela.

(Yevamot 64a)

Esta passagem indica que dez anos é um período para medir-se uma possível produtividade: O Talmud recomenda a um casal nesta situação permanecer somente dez anos juntos; depois de dez anos, o relacionamento é tido como fadado. Mas, este período pode ser somente aproximado, pois não temos como afirmar que a esposa era capaz de conceber no primeiro dia de seu casamento – é possível que seu casamento tenha acontecido em um momento inoportuno de seu ciclo ovulatório. Portanto, a Meguilá escreve "mais ou menos dez anos," indicando assim que Machlon e Kilion tinham passado o tempo de se reproduzirem. Eles tiveram todas as oportunidades de construir uma vida, e nada resultou de seus esforços. Deste momento, suas vidas poderiam ser definidas como estéreis.

וַיָּמוּתוּ גַם שְׁנֵיהֶם מַחְלוֹן וְכִלְיוֹן

5. Os dois, Machlon e Kilion, também morreram,

Então, tendo o tempo deles se acabado, Machlon e Kilion morreram também. A palavra *gam* (também) é usada consistentemente ao longo do Tanach para aludir a fatos e ideias que não estão explicitamente colocados no texto.[36] O Midrash então exorta que Machlon e seu irmão perderam outras coisas antes de perderem suas vidas:

לְעוֹלָם אֵין בַּעַל הָרַחֲמִים פּוֹרֵעַ מִן הַנְּפָשׁוֹת תְּחִלָּה... וְאַף בִּנְגָעִים
כֵּן, בַּתְּחִלָּה הֵן בָּאִין עַל בֵּיתוֹ ... וְאִם לָאו בָּאִים עַל הַבְּגָדִים . אַחַר
כָּךְ הֵן בָּאִין עַל גּוּפוֹ... וְאַף בְּמַחְלוֹן וְכִלְיוֹן כָּךְ הָיָה, בַּתְּחִלָּה מֵתוּ
סוּסֵיהֶם, חֲמוֹרֵיהֶם, גְּמַלֵּיהֶם, וְאַחַר כָּךְ, וַיָּמָת אֱלִימֶלֶךְ, וְאַחַר כָּךְ,
וַיָּמֻתוּ גַם שְׁנֵיהֶם מַחְלוֹן וְכִלְיוֹן.

O Senhor da Piedade pune primeiro um indivíduo atingindo aquilo que ele possui; só então é que Ele irá atingir a pessoa. Por exemplo, *tzaraat* (a lepra Bíblica) se instala primeiro nas paredes da casa da pessoa... então, nas suas roupas... e então, na pessoa.

Este foi o caso dos irmãos também. Primeiro seus cavalos, depois seus burros e camelos morreram; depois disso, Elimelech morreu; e somente então, já que não se arrependeram, eles "também" morreram.

(Ruth Rabá 2:10)

Em outra palavras, Hashem concedeu a eles um vislumbre do futuro, advertindo-os para o iminente desastre. Eles tiveram a oportunidade de mudar a situação, mas falharam. O Midrash nos traz uma imagem de dar pena da queda alarmante de uma família nobre. E nos conta como eles começaram do alto:

אלימלך ומחלון וכליון היו פרנסי הדור

Elimelech, Machlon, e Kilion eram os líderes da geração.

(Midrash Tanchuma, Behar 8)

E ao chegarem em Moav, eles se casaram com membros da família real.

רַבִּי בֵּיבַי בְּשֵׁם רַבִּי רְאוּבֵן אָמַר, רוּת וְעָרְפָּה בְּנוֹתָיו שֶׁל עֶגְלוֹן הָיוּ

Ruth e Orpá eram filhas de Eglon [rei de Moav].

(Ruth Rabá 2:9)

No entanto, em um único versículo, nos é contado que eles perderam tudo: posição riqueza, e suas próprias vidas.

וַתִּשָּׁאֵר הָאִשָּׁה מִשְּׁנֵי יְלָדֶיהָ וּמֵאִישָׁה

e a mulher foi deixada sem seus dois filhos e sem seu marido.

E tudo que restou agora é Naomi, sozinha. Mas, porque a palavra *vatishaer* é usada uma segunda vez para descrever sua situação? Nós já tínhamos sido informados no versículo 3 que ela era um "sobra." Além do mais, porque o versículo menciona a perda do marido dela mais uma vez? Dez anos se passaram desde sua morte! O Midrash oferece uma explicação que parece adicionar pouco ao que já nos foi dito:

אָמַר רַבִּי חֲנִינָא נֶעֶשְׂתָה שְׁיָרֵי שִׁירִים

Naomi se tornou *sheyarei shirayim* – a sobra das sobras.

(Ruth Rabá 2:10)

Qual é o acréscimo de sentido de "sobra das sobras"? A resposta está em outra anomalia textual no versículo 3, no qual Machlon e Kilion são referidos como "filhos" de Naomi (*baneha* / בניה), mas de repente são transformados em suas crianças (*yeladeha* / ילדיה). Há uma profunda diferença entre as duas palavras. *Yeled* vem da palavra ילד - "parir," e portanto, *yeladeha* pode ser literalmente traduzida como "aqueles a quem ela pariu." *Ben*, um filho, vem da mesma raiz que *binyan* (בנין) – construir. A diferença entre as duas palavras fica clara se considerarmos o uso da palavra *binyan* anteriormente no Tanach, quando Sará, ainda sem filhos, apela dolorosamente para Avraham tomar sua serva Hagar como esposa para que ele pudesse ter um filho: "*Ulai ibanê mimena*" (אולי אבנה ממנה) - "Talvez eu seja construída através dela" (Gênesis 16:2). O Talmud comenta esta passagem de forma semelhante às palavras ao final do Tanach: "*veele baneha*" (ואלה בניה) - "Estes são seus filhos" (Crônicas 2:18).

אל תקרי בניה אלא בוניה

Não leia a palavra como *baneha* (בניה), "os filhos dela," mas sim como *boneha* (בוניה), "aqueles que a constroem."

(Sotá 12a)

Quando Elimelech morreu, Naomi ficou destituída e sentiu que muito pouco havia sido deixado a ela na vida. Mas, mesmo assim, manteve a esperança no futuro. Ela tinha dois filhos, através dos quais ela ainda poderia ser construída. No entanto, quando eles morreram o que restava de sua esperança morreu junto a eles. Com sua morte,

Machlon e Kilion deixaram de ser seus *banim* no sentido de *bonim*, construtores do futuro em potencial; ao morrerem, se tornaram novamente os bebês de Naomi, aqueles a quem ela havia dado à luz. Seu futuro e sua maternidade são levados de uma vez só. Mais do que isso, ela perde os últimos remanescentes de seu marido, pois enquanto os filhos estivessem vivos, seus construtores, ela acreditava que poderia reivindicar algo da vida de Elimelech. Quando olhava para os filhos, ela via Elimelech diante de seus olhos. Agora, ela havia perdido os três como se fossem um. É por esta razão que a morte de Elimelech é mencionada novamente: Quando Machlon e Kilion morreram, era como se Naomi tivesse perdido seu marido uma segunda vez, e é por isso que é descrita como "a sobra das sobras." Agora, estava despida de tudo que tinha sentido em sua vida: seu marido, seus filhos, sua maternidade, e sua esperança.

É neste momento que Naomi é transformada na "mulher" (*haishá*). Enquanto ela enxergava sua vida através de seu relacionamento com seu marido – relacionamento este que continuou através da presença viva de seus filhos – ela permaneceu "ela" (1:3), um pronome; somente Elimelech tinha um nome, uma identidade própria. Com a perda dos filhos e do relacionamento com seu marido, foram tirados dela os papéis de esposa e mãe, ela emerge como "a mulher." Sozinha e solitária, mas pelo menos, uma pessoa, como de direito, pronta para descobrir sua própria identidade. Estes poucos e sucintos versículos delineiam a devastação da vida de Naomi - de uma nobre mulher judia, para uma parente de um rei, para viúva que luta para viver, para "a mulher" sozinha, com nada mais a perder.

E agora, tendo chegado à este nadir...

Cena Dois

וַתָּקָם

6. E então, ela se levantou,

Naomi se levanta. A palavra *vatakom* tem implicações profundas, sugerindo redenção, independência:

ואולך אתכם קוממיות - בקומה זקופה ולא יהיו יראים מכל בריה

"E Eu fiz com que vocês andassem eretos" (Levíticos 26:13) – erguidos e sem medo.

(Sifra, Bechukotai 3)

Depois de atingir o fundo do poço, Naomi foi transformada. Pela primeira vez, ela é totalmente ela mesma, definida por nenhuma outra pessoa. Tendo agora experienciado esta profunda catarse, *tekumá* – uma elevação – pode ocorrer.[37] Nesta mudança, ela está sozinha, suas noras ainda não se juntaram a ela. As resoluções e compromissos ainda não haviam sido decididos, e é por isso que o verbo está no singular.

הִיא וְכַלֹּתֶיהָ

ela e suas noras,

Espelhando a linguagem e a estranha sintaxe do primeiro versículo ("Ele e sua esposa e seus dois filhos"), este versículo afirma "ela e suas noras." Novamente, somente uma pessoa no grupo toma uma atitude. O verbo está no singular, e simplesmente como o "ele" desnecessário no versículo 1 indica que Naomi, Machlon e Kilion estavam subordinados a "ele" (Elimelech), o também desnecessário pronome "ela" deste versículo indica que Orpá e Ruth eram subordinadas a Naomi.[38]

וַתָּשָׁב מִשְּׂדֵי מוֹאָב כִּי שָׁמְעָה בִּשְׂדֵה מוֹאָב כִּי פָקַד ה' אֶת עַמּוֹ לָתֵת לָהֶם לָחֶם:
וַתֵּצֵא מִן הַמָּקוֹם אֲשֶׁר הָיְתָה שָׁמָּה

e ela retornou dos campos de Moav, porque ouviu, enquanto estava lá, que Hashem tinha Se lembrado de Seu povo dando a ele pão. E ela deixou o lugar onde estava vivendo.

Este não é um erro tipográfico. O início do versículo 7 está escrito aqui, pois é impossível entender um versículo sem seu par. É somente em justaposição que podemos ver que a afirmação de que Naomi "retornou dos campos de Moav" simplesmente não é verdadeira neste ponto: ela não sai de lá até o versículo 7, que diz, "E ela deixou o lugar."

Uma outra anomalia textual mais profunda é a fixação em Moav. Estamos perfeitamente cientes de que ela está em Moav, e no entanto, o versículo 6 repete o fato, duas vezes: "E ela retornou dos campos de Moav" e "porque ouviu que enquanto estava nos campos de Moav." E como se não fosse suficiente, o versículo 7 repete o fato mais uma vez: "Ela deixou o lugar onde estava." Esta frase é estranha, mesmo sem a questão da repetição! É claro que ela deixou o lugar onde estava – seria complicado deixar o lugar onde não estava![39] Mas, é precisamente a estranheza desta frase que traz luz ao que está acontecendo aqui.

Relembremos aquela frase aparentemente também sem sentido do versículo 2: *vayihyu sham* - "e eles estavam lá." Como explicado anteriormente, esta é uma expressão essencial: eles vieram, e eles **estavam**. Indica que ao invés de permanecerem temporariamente, a família se tornou residente permanente em Moav; eles não estavam lá meramente, eles se tornaram (residentes), eles ficaram definidos por "lá". A frase "onde ela estava" é precisamente um "desfazer," um retirar do que foi dito no versículo 2. Naomi deixa o lugar onde estava, o local que a tinha completamente, existencialmente definido. Ela se desvencilha de tudo que Moav havia se tornado para ela, repudiando tudo aquilo que tinha investido lá.*

De forma semelhante, a frase "e ela se levantou" não se refere a um ato físico. Na verdade, Naomi não deixa Moav fisicamente até o próximo versículo. O que é descrito aqui é uma mudança existencial, uma resolução psicológica. Ao se tornar "a mulher." Naomi fica do seu próprio lado, capaz de se defender por si própria. Tendo descoberto a essência de sua própria identidade; o que foi deixado quando todo o resto lhe foi tirado, ela toma seu primeiro passo com independência e finalmente rompe com o erro trágico de seu marido. "E ela se levantou" é uma ruptura dramática com o passado, um passado representado pelos campos de Moav; "e ela se levantou" - com uma dedicação para uma nova vida. Vida que ainda não chegou, pois ela nem mesmo deixou o lugar ainda. Mas, na mente de Naomi, ela já retornou, o "retorno" (*vatashov*) é o estado de *teshuvá* (um termo que podemos facilmente traduzir como arrependimento, ou "retorno"

---

*   Mudanças de paradigma são notoriamente difíceis. Quanto mais certeza se tem que um velho paradigma não funciona, com mais afinco as pessoas se apegam a ele. Apesar das evidências claras que o velho paradigma está errado, o medo de abandoná-lo é tão profundo, que as pessoas preferem manter velhos problemas, ao invés de aceitar novas soluções. Naomi finalmente deixa tudo, somente quando se vê reduzida a *shyarei shirayim,* sobra das sobras.

para o seu verdadeiro eu). Ela se reinventou ao romper com o local onde ela havia estado e se inserindo em uma nova narrativa.

Este movimento, este re-acordar para a ação, pôde acontecer somente porque Naomi tinha encontrado uma nova esperança, "porque havia ouvido falar enquanto estava em Moav que Hashem tinha Se lembrado (*pakad*) de Seu povo." Nas profundezas do desespero, ela recebe a notícia de uma *pekidá* – uma palavra que resiste a uma tradução devido a seu sentido único relacionado à ambientação história. *Pekidá* implica cuidado, memória e amor; é o prenúncio da *Gueulá*, da redenção pessoal e comunal.[40] Ela escuta rumores sobre a redenção, da qual o sinal mais certo é que foi dado pão a Israel.[41] Assim como a fome no versículo 1 era um sinal incontestável de uma nação confusa e uma terra abandonada pela Presença Divina, assim é a restauração do pão no versículo 6, que indica que a época dos reis, tanto temporal quanto Divina, chegou. O versículo enfatiza que Naomi ouviu estes rumores nos "campos de Moav." Imagine o contraste que ela deve ter sentido, pois havia passado os últimos dez anos de sua vida em Moav, o inferno na Terra, o pior local para uma mulher Judia, sem sombra de dúvida. Moav era o local onde ela tinha perdido tudo que lhe era precioso. E agora, ouve notícias de que a Terra de Israel está em pleno florescimento. A disparidade é impressionante – e pede urgência.

וַתֵּצֵא מִן הַמָּקוֹם אֲשֶׁר הָיְתָה שָׁמָּה ... וַתֵּלַכְנָה

7. E ela deixou o local onde estava vivendo… e elas partiram

Há outra mensagem sutil contida nas palavras do início do versículo 7 aparentemente supérfluas, "Ela deixou o lugar." Na ênfase dada pelo texto ao "deixar," o Midrash ouve ecos de outra atitude de "deixar."

וַתֵּצֵא , וְכִי לֹא יָצָא מִשָּׁם אֶלָּא הוּא, וַהֲרֵי כַּמָּה חֲמָרִים וְכַמָּה גְּמַלִּים יָצָאוּ, וְאַתְּ אָמַר: וַיֵּצֵא יַעֲקֹב, רַבִּי עֲזַרְיָה בְּשֵׁם רַבִּי יְהוּדָה בַּר סִימוֹן אָמַר בִּזְמַן שֶׁהַצַּדִּיק בָּעִיר הוּא זִיוָהּ הוּא הֲדָרָהּ, יָצָא

מִשָּׁם פָּנָה זִיוָהּ פָּנָה הֲדָרָהּ. וְדִכְוָתָהּ (רות א, ז) : וַתֵּצֵא מִן הַמָּקוֹם אֲשֶׁר הָיְתָה שָׁמָּה וגו', וַתֵּצֵא, וְכִי לֹא יָצָא מִן הַמָּקוֹם אֶלָּא הִיא, וַהֲרֵי כַּמָּה חֲמָרִים כַּמָּה גַּמָּלִים יָצְאוּ וְאוֹמֵר וַתֵּצֵא, רַבִּי עֲזַרְיָה בְּשֵׁם רַבִּי יְהוּדָה בַּר סִימוֹן וְרַבִּי חָנִין בְּשֵׁם רַבִּי שְׁמוּאֵל בַּר רַבִּי יִצְחָק אָמַר כְּשֶׁהַצַּדִּיק בָּעִיר הוּא זִיוָהּ הוּא הֲדָרָהּ, יָצָא מִשָּׁם פָּנָה זִיוָהּ פָּנָה הֲדָרָהּ

"E [Yaakov] deixou" - foi ele o único a deixar aquele local? Certamente muitos cameleiros e condutores de burros também deixaram o local. No entanto, você diz, "E Yaakov deixou" [explicitando que este deixar foi importante]!

Isto no ensina que enquanto um *tzadik* está em uma cidade, ele é seu esplendor, sua glória. E quando ele deixa a cidade, vai-se o esplendor e a glória. Da mesma forma, "E Naomi deixou o local onde ela estava." Foi Naomi a única a deixar o local? Certamente muitos condutores de burros e camelos também o fizeram. No entanto, você diz, "E ela deixou [explicitando que sua ida foi importante]! Isto nos ensina que quando um *tzadik* está em uma cidade, ele é seu esplendor e glória. Quando sai da mesma, vai-se o esplendor e a glória.

(Gênesis Rabá 68:6) [42]

O Midrash justapõe os dois atos de "deixar:" O fugir de Yaakov de sua casa em Beer Sheva para ir a Charan e a partida de Naomi de Moav para retornar a Yehudá. Em ambos os casos o Midrash aponta uma anomalia textual – porque enfatizar a partida de um local? Porque não falar simplesmente da jornada? Afinal de contas, as pessoas vão de um lugar para outro o tempo todo. Mas, o Midrash sustenta que o foco em deixar um local específico implica que o ato de partir em si tem um impacto definitivo. Com estas poucas palavras, portanto, a Meguilá explica tanto sobre Naomi! Esta nos diz que ela era a fonte de esplendor e glória de Moav; que ela era o equivalente a Yaakov e que quando ela partiu, foi como se as luzes tivessem se apagado.

O Talmud reafirma o conceito que já havia afirmado com relação a Yaakov para que pudéssemos entender melhor quem foi Naomi. Nós não sabemos quase nada sobre ela... até estas palavras.[43] Agora sabemos, agora entendemos o que inspirou a fé tão grande que as suas noras irão demonstrar nos versículos seguintes. Porque os atos delas, à primeira vista, parecem não fazer nenhum sentido. Orpá e Ruth são irmãs, ambas princesas, filhas da casa real de Moav. Elas poderiam ter tido permissão de retornar ao palácio depois da morte de seus maridos, após Naomi ter insistido em voltar para sua terra natal. Ao invés disso, elas persistem em sua devoção à sogra, agora tão empobrecida. Esta frase explica a razão para tal ligação tão extraordinária. De acordo com o Midrash, para Orpá e Ruth, Naomi era monumental, uma figura idealizada que elas veneravam como um modelo de perfeição da humanidade, um modelo do que elas queriam ser. Naomi, para elas é a expressão de tudo que transcende no que tange a capacidade do ser humano. Ela é o esplendor e glória de suas vidas. Sob o encantamento da honra e generosidade de Naomi, elas estão dispostas a abandonar suas vidas pregressas e apostar seus futuros junto a sua sogra.

וּשְׁתֵּי כַלּתֶיהָ עִמָּהּ

e suas duas noras foram com ela

Estas são as palavras indicadas pela elipse no primeiro comentário deste versículo. O compromisso de Orpá e Ruth em continuar com sua sogra eleva imediatamente o status das duas. No versículo anterior, somente Naomi é que age (o verbo está no singular), com suas noras como apêndices. O texto é claro: "E ela se ergueu – ela e suas noras." Mas, há outra palavra adicionada a este versículo: (עמה) - "com ela." Neste contexto, ambas as palavras "*im*" (עם) ou "*et*" (את) poderiam ter sido usadas. *Im* difere de *et* sendo que traz uma conotação de "junto" ou "no mesmo nível." Agora que Ruth e Orpá vieram juntas com Naomi – *imá* – o verbo imediatamente muda para...

וַתֵּלַכְנָה

e elas partiram

Literalmente, a frase significa "e *elas* andaram." Está escrita no plural, e faz um contraste com o singular da frase "E ela deixou," com a qual o versículo inicia. A decisão de acompanhar Naomi transformou Orpá e Ruth de meros apêndices em indivíduos por direito próprio. Ironicamente, neste âmbito, a forma singular deveria ser usada. Ao fim, o versículo conclui com "para retornar a terra de Yehudá," e a única pessoa que pode "retornar" neste caso é Naomi, pois as noras nunca sequer haviam estado lá! É interessante, no entanto, que o versículo diga que elas, também "retornaram" explicitando que estavam tão imbuídas na visão de Naomi, se identificaram tanto com quem ela era, que não estavam indo meramente junto em busca de um novo lar – elas realmente sentiram que estavam *indo para casa*. Esta identificação com Naomi é tão intensa, que é como se estivessem retornando àquilo que é, muito profundamente, quem são.

בַּדֶּרֶךְ לָשׁוּב אֶל אֶרֶץ יְהוּדָה

No caminho para retornar à terra de Yehuda

Aqui temos outra estranha redundância, pois onde mais elas poderiam andar se não fosse no "caminho". É óbvio que não estavam andando no ar. O versículo poderia apenas dizer: e elas andaram de volta. Mas quando modulamos nossos ouvidos para a beleza e detalhes do versículo, percebemos que a próprio caminho tem algo de relevante que merece ser mencionado. Três possibilidades são oferecidas:

וַתֵּלַכְנָה בַּדֶּרֶךְ לָשׁוּב אֶל אֶרֶץ יְהוּדָה, אָמַר רַבִּי יְהוּדָה אָמַר רַבִּי יוֹחָנָן, עָבְרוּ עַל שׁוּרַת הַדִּין וְהָלְכוּ בְּיוֹם טוֹב. דָּבָר אַחֵר, וַתֵּלַכְנָה

בַּדֶּרֶךְ, הוּצְרָה עֲלֵיהֶם הַדֶּרֶךְ, שֶׁהָלְכוּ בְּיָחֵף. וַתֵּלַכְנָה, הָיוּ עֲסוּקוֹת בְּהִלְכוֹת גֵּרִים.

"e elas andaram na estrada" - elas transgrediram a halachá e viajaram no *yom tov*.

Outra explicação: a estrada era muito difícil para elas porque não estavam usando sapatos

Ou elas estavam andando enquanto discutiam as leis de conversão.

(Ruth Rabá 2:12)

Uma abordagem do Midrash é que a "estrada" pela qual viajavam era proibida para elas. Ruth e Naomi chegaram em Beit Lechem no início da colheita de cevada, que começa com a oferenda do *omer*, na noite seguinte ao primeiro dia de Pessach. Se chegaram imediatamente após Pessach, podemos entender que viajaram além do permitido pela halachá nos chaguim. A outra abordagem entende que a estrada foi mencionada para indicar que nada separava seus pés da mesma. Em outras palavras, que tal era seu nível de pobreza, que tiveram que literalmente andar descalças *na estrada*, pois não tinham sapatos. Descalças, com os pés sangrando, e com dor, elas andaram todo o caminho de Moav até Beit Lechem.

Ambas as explicações destacam o desespero de Naomi: Ela sentiu que não sobreviveria mais um dia em Moav. Que isso envolvesse andar descalça no *yom tov* e com os pés sangrando, ela não mais poderia esperar. Tendo experienciado a dramática subida descrita no versículo 6, tardar mais um momento em Moav não era uma opção. Seu compromisso com o "retorno" era tão intenso que nem *yom tov* nem dor física poderiam detê-la. Esta, na verdade, é a única maneira de merecer uma autêntica "volta ao lar". O retorno delas à Terra de Israel deveria ser uma conquista completamente existencial – uma jornada de "onde elas estavam lá" para "ela deixou o local onde estava." Se não fosse assim, seu retorno a Israel teria sido uma projeção de seus desejos pessoais ao invés de uma consequência do que elas eram.

O Midrash então oferece uma terceira, mais profunda explicação de "na estrada." Esta estrada, explica, é uma referência a Árvore da Vida - "*derech Etz HaChayim*." [44] Nos contam que estas palavras indicam que Naomi, Ruth e Orpá estavam discutindo as leis de conversão enquanto viajavam. Na verdade, a palavra *vatelechna* - "e elas caminharam" - deixa implícita uma progressão rumo a um objetivo.* O objetivo deste *derech* era chegar a terra de Yehudá. Os caminhos para conversão e para Yehudá são, portanto um, e o mesmo. O próprio fato de viajar para Israel desencadeia um processo de auto exploração que transforma os viajantes. O Gaon de Vilna defende que a frase "o retorno para a terra de Yehudá" indica que Naomi percebeu que Ruth e Orpá não estavam meramente acompanhando-a respeitosamente, mas que realmente intencionavam acompanhá-la a Israel – para se juntar à terra e ao povo. Por esta razão a conversa que segue se tornou o modelo haláchico para interagir com aqueles que intencionam se converter.

וַתֹּאמֶר נָעֳמִי לִשְׁתֵּי כַלֹּתֶיהָ

8. Naomi disse para suas duas noras,

---

*   O Judaísmo é definido pelo verbo proativo *halichá* - "partir" ou "viajar." Avraham é o viajante quintessencial - *holech*. Quando Hashem falou com ele pela primeira vez, Ele insistiu, "*Lech lechá*" - vá por você mesmo (Gênesis 12:1) Esta instrução fica em contraste com a maneira pela qual Hashem se relaciona com Noach (cujo nome significa "estar em descanso"). Em Gênesis está escrito: "E Hashem andou com Noach" (6:9). Noach precisava do suporte de Hashem enquanto que Avraham diz, "O Senhor, diante de Quem eu ando" (Gênesis 24:40) – ele andou sem medo e independentemente. Para uma discussão mais profunda desta ideia, veja Gênesis Rabá 30 e cf. Zechariá 3:7.

Naomi está quase a liderar suas noras para uma jornada existencial de autodescoberta, que ela acredita irá culminar com o reconhecimento de onde realmente estão seus corações. De acordo com o Midrash, a desnecessária palavra *shetei* – duas – explicita o equivalente a Orpá e Ruth.[45] Neste momento, Naomi não vê nenhuma diferença entre as duas, fato que intensifica o drama dos eventos que agora se desenrolam.[46]

לֵכְנָה שֹּׁבְנָה אִשָּׁה לְבֵית אִמָּהּ

"Vão, retornem, cada uma de vocês, para a casa de sua mãe."

Como foi dito no comentário ao final do versículo 7, *lechna* significa "caminhar," o que implica partir para um caminho de encontro a um objetivo, quando se escolhe um *derech* específico. A próxima instrução de Naomi é que suas noras retornem (*shovna* – שׁבנה), que é um cognato da palavra *teshuvá* (תשובה), arrependimento e sugere que ela dissera às duas que retornassem a suas raízes, para procurarem sua mãe, a fonte de toda individualidade. Encobertas entre as palavras de Naomi está uma sutil rejeição ao plano delas de "retornarem" para a terra de Yehudá. Um retorno verdadeiro, ela diz sutilmente, é para a casa de sua mãe, para o lugar onde vocês cresceram.

יעשה (יַעַשׂ) ה' עִמָּכֶם חֶסֶד כַּאֲשֶׁר עֲשִׂיתֶם עִם הַמֵּתִים וְעִמָּדִי

"Que Hashem as trate com bondade, assim como vocês trataram meus mortos e a mim."

Muitas palavras no Tanach têm duas formas – a forma como aparecem no texto escrito (*ktiv*) e a forma como é lida de acordo com o costume tradicional (*kri*), e ambas são indicadas no texto. Meguilat Ruth está repleta de jogos de palavras e sutilezas baseadas nas contradições entre as duas formas. Este é o primeiro versículo na Meguilá que contém esta tensão *ktiv* – *kri*: a palavra está escrita (יעשה), que normalmente seria pronunciada como *yaassê* e que significa "Ele (Hashem) fará;" contudo, o *kri* da palavra é *yaas* (יעש), significando,

"Que Ele faça." O *kri* faz com que pareça que Naomi está abençoando as noras, expressando seu desejo de que D'us seja bondoso para com elas na mesma medida com que conferiram bondade para com a família de Naomi. Em contraste, o *ktiv*, *yaassê* (יעשה) expressa uma previsão. Nesta leitura Naomi afirma que Hashem com certeza irá conferir-lhes bondade na mesma medida. Esta previsão, oculta na forma escrita, finalmente acontece na vida de Ruth. Portanto, a interação *kri-ktiv* introduz uma voz histórica a esta conversa, uma voz de cima que certifica as amplas consequências e o impacto global de cada evento e interação registrados neste fino volume.[47]

O versículo também introduz um dos temas centrais da Meguilá: a relação com os mortos. No caso simples, a "bondade para com os mortos" dos quais Naomi fala se refere a bondade que as noras tiveram para com Machlon e Kilion enquanto estavam vivos. Mas, em um sentido mais profundo, o uso deste termo prenuncia um elemento haláchico e filosófico que se provará indispensável ao entendimento correto dos assuntos tratados pela Meguilat Ruth – o conceito de *chessed* aos mortos (*chessed shel emet*), uma bondade feita em homenagem a alguém depois de sua morte. Literalmente, o termo pode ser traduzido como "bondade verdadeira." Neste momento o Midrash descreve como Ruth e Orpá prepararam as mortalhas de seus maridos, realmente conferindo uma bondade aos mortos.[48]

יִתֵּן ה' לָכֶם וּמְצֶאןָ מְנוּחָה אִשָּׁה בֵּית אִישָׁהּ

9. "Que Hashem permita que vocês duas encontrem contentamento na casa de seu marido."

Aqui Naomi diz a suas noras que o primeiro passo na jornada para o autoconhecimento é encontrar paz interior, *menuchá*. Esta paz deve ser encontrada na alegria conjugal: "Eu desejo que vocês," ela diz, "encontrem *ishá* (seu homem)." Naomi usa a palavra *ish* (homem) aqui, assim como foi usado tão pungentemente para descrever Elimelech como "*ish* Naomi," no momento de sua morte. Ela deseja para suas noras que encontrem uma profunda conexão existencial parecida com aquela que ao final descobriu ter com o seu marido. Novamente, os Sábios encontram nesta benção uma dica dos parâmetros universais de relacionamento que foram estabelecidos no versículo do início da Meguilá. Assim como o Midrash entende que "*ish* Naomi" significa "um homem morre somente para sua esposa," também aprende-se da bênção oferecida por Naomi que "uma mulher encontrará tranquilidade somente na casa de seu marido" (Ruth Rabá 2).

As palavras usadas por Naomi são escolhidas cuidadosamente; ela abençoa suas noras para que encontrem um *ish*, um homem, e não um *baal*, um marido. No momento em que Elimelech morreu, ela não mais o viu como um senhor, um homem no controle; o relacionamento deles mudou. Quando Elimelech morreu, Naomi perdeu seu *ish*, amigo e amante.

O texto esclarece o desenvolvimento do relacionamento de Naomi e Elimelech: ele está presente no versículo 1 como sendo um *baal* dominador, o senhor que nunca é questionado e que carrega sua família para Moav; mas, no versículo 3, o relacionamento do casal amadureceu e se transformou. Ele se torna o *ish* e ela a *ishá*. Este não é um assunto de menor importância: a distinção entre *baal* e *ish* é dramatizada pelo profeta Hoshea, que a entende como sendo a chave para a redenção final.

וְהָיָה בַיּוֹם הַהוּא נְאֻם ה' תִּקְרְאִי אִישִׁי וְלֹא תִקְרְאִי לִי עוֹד בַּעְלִי

E será naquele dia, diz o Eterno, que vocês Me chamarão de *ishi* [literalmente, meu homem] e não mais de *baali* [meu senhor].

(Hoshea 2:18)

Rashi faz um comentário sobre este versículo:

תעבדוני מאהבה ולא מיראה אישי לשון אישות וחיבת נעורים:

Você [Israel] me servirá por amor e não por medo. A palavra *ishi* tem a conotação de matrimônio e amor jovem (*chibat neurim*), ao passo que *baali* implica domínio e medo.

(Rashi, Hoshea 2:18)

No momento da redenção, as pessoas de Israel não mais olharão para Hashem como seu Senhor, mas como seu Amor. É este tipo de *ishut* maduro, amável e apaixonado com que Naomi abençoa suas Orpá e Ruth.

Em seu foco no relacionamento marital nossa Meguilá retorna aos seus fundamentos Edênicos. Como foi observado acima (comentário do versículo 3), a Meguilá gira em torno dos dois primeiros pecados cometidos no Éden: o problema do alimento ("e você comerá pão pelo suor de seu rosto") e a quebra do relacionamento entre *ish* e *ishá* ("E ele irá dominar você – *yimshol*). Este livro sobre as origens de *malchut* e a fonte da redenção lida com a fome e o "dar o pão" por um lado, e o conserto do relacionamento entre homem e mulher, por outro.

Enquanto "caminham pela estrada" rumo a Yehudá e à conversão, Naomi oferece às suas noras uma alternativa: ir e encontrar esposos. Parece um substituto estranho. É possível que Naomi veja a lealdade de suas noras somente como fruto de solidão?

Há algo mais profundo em questão, no entanto. *Guerut*, conversão, é uma *kabalat haTorah*, uma aceitação da Torá, uma forma pessoal e individualizada do congresso no Sinai que uniu Israel como uma nação da Torá. Estranhamente, a primeira instrução que Hashem pede que Moshe dê ao povo logo depois de *kabalat haTorah* foi "Vá e diga a eles, 'Retornem a suas tendas'" (Deuteronômio 5:27). Ou, nas memoráveis palavras do Talmud, "Retornem à intimidade festiva":

אמר ר׳׳ל בואו ונחזיק טובה לאבותינו שאלמלא הן לא חטאו
אנו לא באנו לעולם... למימרא דאי לא חטאו לא הוו מולדו
והכתיב }בראשית ט-ז{ ואתם פרו ורבו עד סיני בסיני נמי כתיב
}דברים ה-ל{ לך אמור להם שובו לכם לאהליכם לשמחת עונה

Sejamos gratos aos nossos antepassados, pois se eles não tivessem pecado [com o Bezerro de Ouro] não teríamos nascido... Mas, [mesmo se eles fossem imortais], eles não estariam atrelados ao compromisso de ter filhos pelo primeiro mandamento de ser frutífero e se multiplicar? Não. Aquele mandamento estava em vigor somente até o Sinai.

Se este era o caso para nossos ancestrais, como poderíamos explicar o versículo "[Moshe], vá e diga a eles 'retornem às suas tendas?'" [Aquele versículo não tem nada a ver com procriação]. Pelo contrário, se refere a *simchat onah*, a alegria de estar junto.

(Avodá Zará 5a)

De acordo com o Talmud, o povo se tornou imortal no Sinai e portanto, a reprodução se tornou desnecessária. Eles também não estavam atrelados ao mandamento anterior de ser frutífero e se multiplicar, que foi substituído pelo Sinai. O imperativo de "retornem às suas tendas" e tenham relações maritais não tinha nada a ver com procriação, mas sim, com o retorno ao prazer de se relacionar sexualmente. Hashem instruiu Moshê que dissesse ao povo para ter relações não por obrigação, não pelo mandamento e seu resultado prático, mas pela alegria de fazê-lo. A preparação para o Sinai incluía três dias de abstinência[49] a fim de garantir as leis de pureza familiar no dia em que a Torá foi dada.[50] Hashem ficou, por assim dizer, um tanto triste por isso. Portanto, assim que a Torá foi outorgada, Sua preocupação mais urgente foi o reinício do ato conjugal. É como se

Ele tivesse dito, "Eu os mantive separados por três dias. Agora é hora de redescobrir a felicidade."

Implicitamente, Naomi está dizendo a Orpá e a Ruth: é sempre louvável aspirar por se juntar ao povo de Israel e aceitar a Torá, mas se vocês fizerem isso, vocês nunca terão lares, nunca terão maridos, nunca descobrirão a alegria do "*beit ishá*", a "casa do seu homem." Por que, ao invés disso, vocês não seguem a primeira instrução de Hashem depois do Sinai? Encontrem um homem – um *ish*, não um *baal* – que será de vocês, ao invés de aceitar a Torá, que as deixará por conta de vocês mesmas. Não existe querer seguir a Torá sem ter um lar, relacionamentos e alegria interior.

וַתִּשַּׁק לָהֶן וַתִּשֶּׂאנָה קוֹלָן וַתִּבְכֶּינָה

E ela as beijou, e elas se emocionaram e choraram.

Inicialmente, Orpá e Ruth aceitaram o argumento de Naomi e estavam preparadas para retornar para casa. Elas a beijam para se despedir e isso gera lágrimas.

וַתֹּאמַרְנָה לָּה כִּי אִתָּךְ נָשׁוּב לְעַמֵּךְ

10. E elas disseram a ela, "Não, nós retornaremos com você para seu povo."

As palavras de Naomi surtiram um profundo efeito em Orpá e Ruth, e elas reconheceram a necessidade de pertencer. Elas choraram e se prepararam para ir embora, mas, ao chorar, sentiram a poderosa necessidade de se apegar a Naomi, de pertencer junto com ela. Nós podemos perceber o desamparo e desesperança que elas sentiram ao ver Naomi se distanciar delas, levando somente consigo o verdadeiro brilho e glória que elas já tinham visto[51] – a presença e o sentido estavam literalmente deixando a vida das duas. E então, neste momento de dor insuportável, elas mudaram de ideia: Moav não mais era um lar para elas, não mais *beit imá* – a casa de sua mãe – como Naomi havia descrito, e a nação de Naomi passara a ser a nação delas. É por isso que elas puderam dizer *nashuv* - "nós retornaremos"

- mesmo sem ter ido uma única vez a Israel: elas começaram neste momento a se identificar com o povo de Israel.

Porém, há uma escolha sutil de palavras que nos faz entender que a conexão não está completa. Elas usam a palavra *itach* ao invés de *imach*. *Im* (עם) implica um elemento de intimidade que falta na palavra *et* (את); *im* implica identificação, similaridade, enquanto que *et* implica uma adição, um adjunto.[*] Neste ponto na Meguilá, Orpá e Ruth ainda não se viam como iguais a Naomi.[52] Elas desejavam retornar à nação de Naomi, mas não acreditavam que poderiam voltar como iguais. Elas não se viam como mulheres em sua totalidade, equipadas para tomar seus lugares ao lado de Naomi e ainda se sentiam dependentes dela para suas identidades. É precisamente por isso que Naomi continua a desencorajá-las – ela entende que elas deveriam atingir uma independência psicológica, o primeiro requisito para a *Guerut*.[**]

---

[*] Literalmente, *itach* significa "com você." Veja por exemplo Gênesis 6:9, que afirma "*et haElohim hithalech Noach*"- "e Noach andava com Hashem." Ele é descrito aqui como alguém que é sustentado por Hashem quando anda (veja Rashi, Gênesis 6:9). A palavra *imach*, no entanto, significa "como você." Veja por exemplo Deuteronômio 15:16, que afirma em relação ao servo que não deseja deixar seu senhor, "*ki tov lo imach*" - "pois é bom para ele com você" - que o Talmud entende como sendo que ele é igual ao seu senhor na alimentação e bebida que este recebe (Kidushin 22a).

[**] Perceba como isto é exatamente oposto à atitude que os cultos demandam. Será dito mais sobre esta ideia ao procedermos.

INTERLÚDIO II: Sobre a Crueldade da Bondade

Está na hora de considerarmos o contexto mais abrangente da Meguilá: o significado da fuga para o "os campos de Moav." [53] Lembre-se que Moav não é somente um lugar em *chutz laaretz* ("fora da Terra de Israel")- é uma nação cuja história está interligada com a de Israel e um povo com o qual Israel tem uma longa, duradoura, e preocupante conexão.

O Moav original, apelido de seu povo, era a criança fruto da união de Lot com sua filha depois do fogo cataclísmico que consumiu Sodoma. [54] Lot é uma presença contínua ao longo da primeira parte do Livro de Gênesis. Ele é o sobrinho de Avraham, que o segue quando este ruma para Charan e é seu companheiro nas suas viagens, seu suposto herdeiro. Mais do que um parente, Lot era o pupilo de Avraham, que permaneceu seu fiel discípulo e o acompanhou em sua jornada da casa de seu pai (Terach) rumo a Terra Prometida. Mas houve um momento em que uma quebra decisiva aconteceu, depois de uma série de discussões e brigas, Avraham disse a ele, "Que não haja mais desavenças entre eu e você, ou entre seus pastores e os meus, pois nós somos família. Toda a terra está diante de ti: vamos nos separar [literalmente separar-se um do outro]. Se você for para a esquerda, eu irei para a direita; se for para a direita, irei para a esquerda" (Gênesis 13:8 – 9). Quando Lot se "separa" de Avraham, ele vai o mais longe possível, expressando a mais pura rejeição, um desalento enorme. Ele não simplesmente deixa seu tio – ele vai para Sodoma, cujo "povo era perverso e de pecadores diante de Hashem" (Gênesis 13:13).

Este desalento dói profundamente, pois Avraham é o modelo de *chessed*, amor ao próximo, o patriarca associado a preocupação com viajantes (veja Gênesis 18). Nas palavras do profeta Michá, *chessed* é a característica que o define.[55]

תִּתֵּן אֱמֶת לְיַעֲקֹב חֶסֶד לְאַבְרָהָם

Dê *emet* (verdade) a Yaakov e *chessed* (bondade) a Avraham.

(Michá 7:20)

Quando Lot abandona o movimento de Avraham, ele também abandona seu alicerce filosófico. Escolhe viver em Sodoma – o epicentro do movimento anti-*chessed*, um lugar onde praticá-lo é crime!

Mesmo sem ler as histórias do Talmud, podemos ver o extremo contraste entre Avraham e Sodoma ao lermos o trecho da Torá que justapõe o tratamento dado por Avraham aos três anjos com o tratamento dado por Sodoma a eles. Enquanto o *baal hachessed*, apesar de sua convalescença, corre para cumprimentar seus hóspedes com comida e água, Sodoma oferece violência e estupro.* A decisão de se estabelecer em Sodoma foi um ataque cruel a Avraham e a tudo que ele representava.**

Ele escolheu morar em Sodoma por uma razão, uma escolha

---

*   Cf. Gênesis 18:2 -8 e Gênesis 19:1 – 10. Note os vários paralelos literários, que nos ajudam a prestar mais atenção ao contrastante tratamento dado aos hóspedes.

**   O abandono de *chessed* não é meramente uma rejeição a Avraham, mas sim, uma rejeição ao elemento fundamental da própria Criação. Como diz o versículo em Salmos (89:3) כִּי אָמַרְתִּי עוֹלָם חֶסֶד יִבָּנֶה שָׁמַיִם תָּכִן אֱמוּנָתְךָ בָהֶם - Como Eu disse, "O mundo é construído sobre *chessed*; os céus – vocês estabeleceram sua fidelidade neles."

idealista e dedicada, afinal ele era o protegido de Avraham, que por sua vez era o fundador perseguido de um movimento revolucionário. Quando Lot deixou Avraham, ele se decidiu por um lugar que representasse algo. É verdade que Sodoma se comportava com crueldade, mas este comportamento era ditado por uma filosofia sofisticada e repleta de pormenores. Os Sábios a identificam como incorporadora de uma das quatro abordagens fundamentais para as relações com outras pessoas:

אַרְבַּע מִדּוֹת בָּאָדָם. הָאוֹמֵר שֶׁלִּי שֶׁלִּי וְשֶׁלְּךָ שֶׁלָּךְ, זוֹ מִדָּה בֵּינוֹנִית. וְיֵשׁ אוֹמְרִים, זוֹ מִדַּת סְדוֹם.

O homem exibe quatro atitudes básicas:… "O que é meu é meu e o que é seu é seu" - é um caráter do tipo médio. Há quem afirme que esta é a atitude de Sodoma.

(Avot 5:10)

"O que é meu é meu; o que é seu é seu" - Sodoma acreditava na santidade da propriedade privada e na natureza inviolável da liberdade individual. Esta não é considerada uma atitude extrema – é uma "atitude geral." *Midat Hadin*, o atributo Divino da justiça em sua forma inalterada, é administrado sem compaixão e bondade. Tal justiça pura era a fundação do código legal deste povo: e pedia pela determinação do direito legal a propriedade que estivesse em disputa de acordo com a interpretação mais estrita da lei.

Sodoma era, portanto, o baluarte do que nós chamaríamos hoje de conservadorismo reacionário, que vê o indivíduo como supremo e sua independência como sagrada. Se fosse um movimento político nos dias de hoje, representaria o alicerce dos princípios libertários e rejeitaria rigorosamente o estado assistencialista. Sodoma abraçou o código da fronteira americana e do Oeste Selvagem – pura autoconfiança, completa liberdade humana, e sobrevivência dos mais fortes. Mate ou morra. Não é este o grande Código da Vida –

competição como o marco da biologia básica? Sucesso competitivo era a mais santa das conquistas em Sodoma, e qualquer interferência na vida e na liberdade do indivíduo era rechaçada com toda força.

Imagine o discurso de aceitação que um novo prefeito eleito de Sodoma poderia ter feito: "Deixe-me dizer a vocês quem somos nós, os Sodomitas: Nós amamos as pessoas! Eu quero você, que acredita na vida e na liberdade de fazer sucesso. E quero que qualquer força ou pessoa, e qualquer um que faça parte de um governo grande e dominante que possa tentar atrapalhar seu sucesso, fracassem. Os indivíduos são mais frequentemente machucados, feridos do que ajudados pelos programas assistenciais do governo. Os que recebem ajuda destes programas se tornam dependentes do governo, e sua dignidade é destruída. É correto "escravizar" as pessoas, tornando-as parte do ciclo de dependência do governo? Isso é ter compaixão? Eu penso que compaixão deve ser medida pelo número de pessoas que não mais necessitam desta ajuda. Ajudar aqueles que precisam a se tornarem independentes é ter muito mais compaixão do que dopá-los com o narcótico do bem-estar. Nós queremos que *você* tenha sucesso, nossa cidade foi criada de maneiras que permitam ao ser humano prosperar e atingir seu potencial, e nós criamos a melhor cidade para as *pessoas* na história da humanidade.

O futuro não é ter grandes e poderosos burocratas no governo. Isto já foi experimentado e testado ao longo da história. O resultado, sempre um desastre. A guerra cultural está entre os ganhadores e os perdedores. Os perdedores acreditam que a única forma de se tornarem vencedores é juntar todos os perdedores e empoderar um líder para que as coisas fiquem bem para todos. Se você está se esforçando para deixar o terreno do jogo plano e limpo, você está se esforçando pelas razões erradas. Trabalhe para aproveitar as oportunidades que surgem, e use todos o seu talento para fazer o melhor que puder destas oportunidades. A verdade não requer que todos prevaleçam, senhoras e senhores. A verdade está no seu próprio poder. Nunca esqueçam disso! Compaixão não é um substituto para a justiça." [56]

E Lot, com certeza votaria para este prefeito, e com certeza, serviria como um aliado público do mesmo!*

A Torá expressa a essência da discussão entre Lot e Avraham através do uso de uma única palavra:

וְגַם לְלוֹט הַהֹלֵךְ אֶת אַבְרָם הָיָה צֹאן וּבָקָר וְאֹהָלִים

E *gam* (também) – Lot, que estava viajando com Avraham, tinha rebanhos, manadas e tendas.

(Gênesis 13:5)

Gam, também. Lot, o apêndice, o "também", enriqueceu por associação, pelo seu relacionamento com Avraham, que era o arquétipo do tio rico e, portanto, o status e riqueza do sobrinho eram devidos ao tio. Lot, que tinha vivido uma vida toda dependendo de Avraham, encontrou dignidade e um sentido de valor pessoal em Sodoma. Lá, ele não mais era o "também," mas ele mesmo.

No entanto, a deserção de Lot em favor da anti-*chessed* Sodoma revela uma falha fundamental na abordagem de Avraham à vida, pois esta era baseada inteiramente em *chessed*. Esta falha é expressa pela própria palavra *chessed*, pois a mesma tem um duplo sentido. Pondere sobre o seguinte versículo:

וְאִישׁ אֲשֶׁר יִקַּח אֶת אֲחֹתוֹ בַּת אָבִיו אוֹ בַת אִמּוֹ וְרָאָה אֶת עֶרְוָתָהּ

וְהִיא תִרְאֶה אֶת עֶרְוָתוֹ חֶסֶד הוּא וְנִכְרְתוּ לְעֵינֵי בְּנֵי עַמָּם

---

* Quando Lot nos é apresentado em Sodoma, ele serve como juiz da cidade. Ter escolhido viver lá foi a primeira negação a seu tio; ter se tornado um juiz, foi a última.

> Se um homem tomar sua irmã, a filha de seu pai ou a filha de sua mãe, e vê-la nua, e ela o ver nu; isto é, *chessed*, e eles devem ser extirpados das vistas do seu povo.

> (Levíticos 20:17)

Rashi explica:

חסד הוא. לשון ארמי חרפה, חסודא

"'É *chessed*:" Isto significa "é uma vergonha"! A palavra para vergonha em Aramaico é *chassudá* (חסודא).[*]

Interligados dentro da bondade de *chessed*, portanto, estão embaraço e vergonha – a dependência que Lot não conseguia suportar. Ao entendê-lo, devemos nos deparar com um fato da vida um tanto desconfortável: Todos os atos de bondade têm uma faceta obscura. Cada ato de dar é acompanhado por um de levar e, portanto, traz vergonha.

O pensamento Judaico deu nome a este paradoxo profundo. Curiosamente, é chamado de "*nahama dekissufa*" (o pão da vergonha).[57] Este termo é utilizado em um ditado no Talmud Yerushalmi.

אמר רבי יודן בר חנין בר סימנה דאכל מן חבריה בהית מסתכלא ביה

Aquele que come do pão de seu amigo[58] sente-se embaraçado de olhar para ele.

> (Yerushalmi Orlá 6a)

---

[*] As implicações mais profundas da referência da Torá a um relacionamento incestuoso como *chessed* será discutido mais além neste.

Ao oferecer pão, portanto, o estado de igualdade entre aquele que oferece e o que aceita fica fragilizado. O Talmud aqui indica que não há maneira de fazer algo por alguém sem impingir-lhe autovalor. No momento que você oferece, que faz um ato de bondade, é impossível evitar o resultado inexorável: Você fez o receptor dependente de você por uma parte da existência dele. Você deu a ele de comer, mas tomou sua habilidade de olhar para você nos olhos, de se enxergar como igual. Como foi escrito pelo mais sábio dos homens em Provérbios:

עָשִׁיר בְּרָשִׁים יִמְשׁוֹל וְעֶבֶד לֹוֶה לְאִישׁ מַלְוֶה

O homem rico domina (*moshel*) os pobres, e o que pega emprestado é o servo do que empresta.[*]

(Provérbios 22:7)

Não importa se você empresta um clipe para papel ou um milhão de dólares; não importa quão pura sejam suas intenções. A dependência foi criada – e dependência é existencialmente destrutiva. Quanto maior o presente que você der, maior será a dependência criada. Esta realidade não é uma dificuldade psicológica, mas um problema existencial, um paradoxo fundamental intrínseco a natureza do ser.[**]

---

[*]   Note que a palavra *yimshol* (ימשל), significa dominar, comandar. O contraste entre *memshalá* (ממשלה) e *malchut* é central a esta Meguilá. Nós já tínhamos visto o uso do verbo *limshol* em Gênesis 3:16, "*Vehu yimshol bá*" - "E ele a dominará" - descrevendo o pós-lapsário relacionamento entre Homem e Mulher.

N.T pós-lapsário é um termo usado em teologia para expressar a existente ou pós Queda do Homem.

[**]   Este é um paradoxo que cada pai e mãe sabem bem, a dor verdadeira de educar um filho (*tzaar guidul banim*). Os pais frequentemente assistem os filhos fazerem escolhas terríveis, mas são incapazes de intervir, pois sabem que tal interferência irá destruir o espírito e a moral do filho assim como seu senso de individualidade. O desejo de oferecer, e manter a independência, luta fortemente

A reação de Lot ao *chessed* de Avraham é o que o levou a ir embora. É como se tivesse dito, "Tio Avraham, você não pode fazer nada **por** mim, pois quanto mais você faz por mim, mais está roubando **de** mim. Seus atos de *chessed* fazem com que **você** se sinta grande, mas **me** fazem sentir um lixo. Porque é sempre, 'e também Lot' - como você acha que me sinto, Tio Avraham, sendo 'o Sr. também?'" Lot teria concordado inteiramente com a seguinte descrição do homem altruísta que vive para servir aos outros, o homem de *chessed*.

O homem que tenta viver para os outros é um dependente. Ele é um parasita que faz parasitas daqueles que serve. O relacionamento não produz nada além de corrupção mútua... O homem foi ensinado que sua primeira preocupação deve ser a de aliviar o sofrimento alheio. Mas, o sofrimento é uma doença que quando se é abatido por ela, se procura alívio e assistência nos outros. Fazer deste o maior teste de virtude é fazer do sofrimento a parte mais importante da vida de alguém. Então, o homem deseja ver que o outro sofra, para que ele possa ser virtuoso. Essa é a natureza do altruísmo... Independência é o único indicador da virtude e valor humano. O que um homem é e faz dele mesmo; não é o que ele faz ou fez pelos outros. Não há substituto para a dignidade de uma pessoa. Não há caminho para a dignidade exceto pela independência.[59]

Lot poderia ter continuado sua rejeição à Avraham assim: "Todos vocês, fazedores do bem, parabenizem-se por todas as maravilhosas bondades que vocês fazem todos os dias mesmo que destruindo cada vida com a qual tem contato! Esta é a razão pela qual eu escolho Sodoma, a cidade dos autônomos, dos indivíduos que têm autoconfiança,[60] uma cidade que sabe lidar muito bem com os fazedores do bem: colocando-os na prisão ou na sepultura. E isto é o correto, pois não há ninguém pior do que um fazedor do bem, um bonzinho, que se sente maravilhoso tendo todos comendo na

---

no coração de cada pai e mãe, contra o desejo de ver seu filho desenvolver sua individualidade.

sua mão. Ao mudar-me para Sodoma, estou reafirmando o futuro da raça humana. O futuro, com muita certeza, não está nas mãos dos corações sangrentos e seus programas de assistência social que criam dependência e violam a força que provém a independência que verdadeiramente determina o sucesso na vida – o limiar da competitividade! Quero uma vida na qual o que é meu é meu de verdade – não algo tirado de outros. E se você pensa que estou errado, há algo terrivelmente errado com você."*

Este entendimento da mentalidade de Lot explica o contato surpreendente entre ele e o anjo que o salvou de queimar no inferno daquela cidade.

וַיְהִי כְהוֹצִיאָם אֹתָם הַחוּצָה וַיֹּאמֶר הִמָּלֵט עַל נַפְשֶׁךָ אַל תַּבִּיט אַחֲרֶיךָ וְאַל תַּעֲמֹד בְּכָל הַכִּכָּר הָהָרָה הִמָּלֵט פֶּן תִּסָּפֶה : וַיֹּאמֶר לוֹט אֲלֵהֶם אַל נָא ה' : הִנֵּה נָא מָצָא עַבְדְּךָ חֵן בְּעֵינֶיךָ וַתַּגְדֵּל חַסְדְּךָ אֲשֶׁר עָשִׂיתָ עִמָּדִי לְהַחֲיוֹת אֶת נַפְשִׁי וְאָנֹכִי לֹא אוּכַל לְהִמָּלֵט הָהָרָה פֶּן תִּדְבָּקַנִי הָרָעָה וָמַתִּי

Quando o anjo tirou Lot e sua família da casa, ele disse, "Corra para salvar suas vidas! Não olhem para trás! Não percam tempo no vale! Escapem pela montanha ou perecerão."

E Lot disse, "Por favor, meu Senhor!"

"Encontrei graça em seus olhos e recebi sua compaixão (*chessed*) salvando minha vida. Mas, não consigo escapar pela montanha, já que corro o risco de ser ultrapassado pelo mal e morrer!"

Gênesis 19:17 - 19

---

* Considere. Quando Yaakov desceu ao Egito e ao exílio, se juntam a ele todos os membros de sua família nuclear (veja Deuteronômio 10:22). Todos os convertidos por Avraham e Sarah ("as almas que fizeram em Charan" [Gênesis 12:5] e membros da família de Avraham abandonam seu movimento e desaparecem dos anais da história Judaica.

Lot expressa desespero diante da sugestão de fugir pelas montanhas, considerando este um fator pior do que a morte por fogo em Sodoma. Rashi explica esta questão implícita:

ההרה המלט. אצל אברהם ברח, שהוא יושב בהר, שנאמר ויעתק משם ההרה

Escape pela montanha" - isto significa, "corra para Avraham," que morava nas montanhas, como o versículo (Gênesis 12:8) atesta, "E Avraham se deslocou de lá [Shechem] para as montanhas."

(Rashi, Gênesis 19:19)

Mas, se juntar novamente ao tio não era uma opção considerada boa por ele. Nas palavras de Rashi:

כשהייתי אצל אנשי סדום, היה הקב"ה רואה מעשי ומעשי בני העיר, והייתי נראה צדיק וכדאי להנצל, וכשאבא אצל צדיק, אני רשע

Quando eu [Lot] estava perto das pessoas de Sodoma, Hashem viu meu comportamento naquele contexto deles, e eu parecia virtuoso e digno de ser salvo. Mas, se eu for para perto de Avraham, parecerei um *rashá*.

(Rashi, Gênesis 19:19)

Quando Lot vivia com Avraham, ele viva na sombra de seu tio, e ele empalidecia em comparação ao mesmo. Vivendo daquela maneira ele não tinha autovalor; ele se sentia sem nenhum. Desta forma, quando comparado ao tio, sempre parecia mal e indigno. E uma vida sem valor não vale a pena ser vivida. Ele literalmente escolheu a morte ao invés da vida ao lado de Avraham.* Tal é a profundidade do problema de *chessed*! **

Há somente um tipo de *chessed* que escapa deste paradoxo existencial, somente um tipo que verdadeiramente dê sem destruir. Este é o que a Torá intitula *chessed shel emet* - "a verdadeira bondade."

וַיִּקְרְבוּ יְמֵי יִשְׂרָאֵל לָמוּת וַיִּקְרָא לִבְנוֹ לְיוֹסֵף וַיֹּאמֶר לוֹ אִם נָא מָצָאתִי חֵן בְּעֵינֶיךָ שִׂים נָא יָדְךָ תַּחַת יְרֵכִי וְעָשִׂיתָ עִמָּדִי חֶסֶד וֶאֱמֶת אַל נָא תִקְבְּרֵנִי בְּמִצְרָיִם

O tempo da morte de Israel se aproximava, e ele chamou seu filho Yossef, e disse a ele, "Se eu tiver encontrado

---

*　　No entanto, por ironia das ironias, é somente porque Lot recusou refúgio com Avraham que ele se vê em uma caverna com suas filhas que o embriagam, dormem com ele, ficam grávidas dele… , e voilà, o resultado é Ruth!

**　　A gravidade do problema é brilhantemente ilustrada em uma passagem sentimental do livro "A Lista de Schindler" escrito por Thomas Keneally, uma narrativa da extraordinária história de Oskar Schindler, um industrial Alemão hedonista e ganancioso, que se tornou um humanitário legendário. Schindler tentou fazer fortuna durante a Segunda grande Guerra produzindo munições para o Terceiro Reich em uma fábrica que explorava o trabalho escravo de judeus. Profundamente tocado pela situação difícil dos judeus sob o regime nazista, Schindler foi aos poucos se transformando em um improvável salvador de milhares de vidas judaicas que, se não fosse sua ajuda, teriam perecido. Depois da rendição Alemã, Schindler não teve escolha e fugiu das Forças Aliadas que se aproximavam. Como fabricante de munições, ele com certeza, teria sido preso como um criminoso de guerra, ou mesmo, sumariamente executado, caso fosse capturado. Vários dos beneficiários de sua generosidade de salvar vidas decidiram dar a ele um presente de despedida, algo pequeno, mas, um sinal de sua gratidão e estima. Deram a ele um anel de ouro com uma inscrição do Talmud, "Aquele que salva uma vida, salva um mundo inteiro." Schindler admirou o anel por algum tempo e ficou em silêncio solene enquanto o colocava em seu dedo. Keneally conclui a cena com uma observação mordaz: "Apesar de quase ninguém ter entendido, foi um momento em que eles se tornaram eles mesmos novamente, no qual Oskar Schindler se tornou dependente do presente deles."

graça em seus olhos, jura para mim que irá fazer *chessed shel emet* para mim. Não me enterre no Egito."

(Gênesis 47:29)

O Midrash é sensível a implicação da frase, "bondade verdadeira:"

וְעָשִׂיתָ עִמָּדִי חֶסֶד וֶאֱמֶת, וְכִי יֵשׁ חֶסֶד שֶׁל שֶׁקֶר שֶׁהוּא אוֹמֵר חֶסֶד וֶאֱמֶת, לָמָּה כֵּן, מָשָׁל הֶדְיוֹט אוֹמֵר מִית בְּרֵיהּ דְּרַחֲמָךְ טְעוֹן, מִית רַחֲמָךְ פְּרוֹק. אָמַר לוֹ אִם תַּעֲשֶׂה לִי חֶסֶד לְאַחַר מִיתָתִי הוּא חֶסֶד שֶׁל אֱמֶת.

"Uma bondade verdadeira" - há algo como "falsa bondade" que ele deve estipular uma "bondade verdadeira"? Uma parábola folclórica [traz luz sobre isto]: Se o filho de seu amigo morre, dê os ombros para sua dor; se seu amigo morre, todavia, alivie-se do peso. Ele [Yaakov] disse a ele [Yossef], "Se você me mostrar bondade após minha morte, será "bondade verdadeira."

(Gênesis Rabá 96:5)

A parábola cínica citada pelo Midrash nos aconselha a mostrar bondade a amigos em sua dor para que eles paguem o favor quando nós estivermos em situação semelhante. Daqui o Midrash, faz a afirmação de que a verdadeira bondade é a *chessed shel emet*, que pode ser feita somente "depois da morte." Rashi explica esta afirmação da seguinte maneira:

חסד ואמת. חסד שעושין עם המתים הוא חסד של אמת, שאינו מצפה לתשלום גמול

"*Chessed* da verdade" - Bondade que é feita em favor de alguém que já faleceu é "bondade verdadeira," porque o beneficiário não antecipa qualquer recompensa.

(Rashi, Gênesis 47:29)

Mas mesmo assim, esta explicação traz uma pergunta: Não é possível fazer um *chessed* para o morto já antecipando uma bela recompensa? Não podemos imaginar um cenário no qual o bem-feitor é recompensado – e talvez motivado por um desejo de uma recompensa? E se o bem-feitor está empregado pela sociedade de *chevra kadisha* e tira seu sustento de cuidar dos mortos? Ele recebe uma honraria durante um jantar anual pelos seus esforços. Consideraríamos então seus atos de bondade "falsa bondade"? Lembre-se que a fonte para este conceito é o pedido de enterro que Yaakov faz para Yossef. No entanto, Yossef, foi grandemente recompensado pelo seu ato! O Talmud diz:

יוסף זכה לקבור את אביו ואין באחיו גדול ממנו... משה זכה בעצמות יוסף ואין בישראל גדול ממנו... מי גדול ממשה שלא נתעסק בו אלא המקום

Yossef teve o mérito de enterrar seu pai, e não houve ninguém maior do que ele...

Moisés teve o mérito de cuidar dos ossos de Yossef, e não houve ninguém em Israel maior do que ele...

Não houve ninguém maior do que ele [Moisés] em Israel, e Hashem cuidou dele [depois de sua morte].

(Sotá 9b)

De acordo com o Talmud, cuidar dos mortos é um "mérito" e uma honra. Além do mais, ao cuidar do funeral de seu pai, Yossef ganhou o direito de ser enterrado pelo maior de todos os homens – Moisés. Isto certamente soa como se ele tivesse sido recompensado pela bondade que ele fez com seu pai! Mas por que Yaakov precisaria exortar que Yossef o enterrasse como um ato de "*chessed shel emet*"? É plausível imaginar que Yaakov tivesse receio de que Yossef só iria ao seu enterro se recebesse uma recompensa? Isso parece inconcebível.

Por outro lado, não seria possível fazer um ato de *chessed* a um vivo sem nenhuma esperança ou pensamento de recompensa? O bem-feitor deve sempre antecipar que irá ganhar algo disso? Que tal uma mulher que passa a vida se dedicando a fazer o bem? Ela o faz sem alarde. Ela recusa honrarias e reconhecimento. Suas verbas são desembolsadas secretamente, anonimamente. Porque isto não seria considerado "bondade verdadeira"?

Isto nos traz ao ponto principal da questão: a motivação ao fazer um ato de bondade não importa. Talvez seja verdade que os motivos para tal, sejam puros. Por um lado, se o beneficiário está vivo, o ato não é considerado bondade verdadeira. Por outro, se este está morto, não importa o quão egoístas sejam os motivos, o ato é considerado "*chessed shel emet*." Não é um assunto sobre motivação, mas sobre realidade. Não importa o porquê a pessoa realiza *chessed shel emet*. Só importa que este é um *chessed shel emet*. E é somente isso que importa. O fator relevante que determina o tipo de *chessed* não é o benfeitor, mas quem se beneficia dele: O beneficiário se torna dependente do benfeitor? A humanidade dele é diminuída por aceitar caridade? Ele se sente desvalorizado por sua dependência? Se ele estiver vivo, a resposta será sempre um enfático sim! Mas, se ele já estiver morto, por definição, nenhuma dependência é criada. O morto não pode ser diminuído ou desvalorizado, pois "os mortos estão livres" (Salmos 88:6) – eles não têm nenhum estado que possa ser impactado por outros. Desta forma, então, o ato é de "*chessed shel emet*," sem qualquer implicação de *cherpá* (vergonha ou constrangimento).

"A bondade verdadeira," aquela que se faz "pelos mortos" (Ruth 1:8), se estende além do túmulo. Vamos revisitar a explicação de Rashi para a palavra *chessed*, que foi citada anteriormente. Ele nos traz uma segunda explicação para o estranho uso desta palavra para descrever o incesto com uma irmã.[61]

אם תאמר קין נשא אחותו, חסד עשה המקום לבנות עולמו
ממנו, שנאמר עולם חסד יבנה

Caso você pergunte, mas Cain casou-se com sua irmã? Hashem fez uma bondade especial para que o novo mundo criado pudesse ser construído [ter uma população]. O versículo nos Salmos se refere a esta bondade quando diz, "O mundo foi formado através da bondade" (Salmos 89:3).

(Rashi, Levíticos 20:17)

Há uma bondade especial no ato de Cain casar-se com sua irmã para povoar um mundo até então estéril. Cada vez que acontece um relacionamento "ilícito" a fim de trazer vida aos mortos, este relacionamento é chamado de *mitzvá* e chamado de *yibum* (casamento por Levirato). Apesar desta prática estar limitada hoje ao casamento com a viúva de um irmão que faleceu sem filhos, conceitualmente, qualquer relacionamento que aconteça cuja intenção é a de perpetuar a linha familiar – ou mais ambiciosamente falando, a humanidade – é considerado *yibum* e é um ato de *chessed shel emet*.

סוד גדול מסודות התורה בתולדת האדם ונכר הוא לעיני רואים
אשר נתן להם השם עינים לראות ואזנים לשמוע והיו החכמים
הקדמונים קודם התורה יודעים כי יש תועלת גדולה ביבום האח
והוא הראוי להיות קודם בו ואחריו הקרוב במשפחה כי כל
שארו הקרוב אליו ממשפחתו אשר הוא יורש נחלה יגיע ממנו
תועלת והיו נוהגים לישא אשת המת האח או האב או הקרוב מן
המשפחה

A questão do *yibum* é um dos grandes segredos da Torá no que tange a reprodução humana, e é evidente àqueles que são observadores, que tem olhos para ver e ouvidos para ouvir. Foi dado aos sábios anciãos que viveram antes da Torá o conhecimento do grande benefício de casar-se com a viúva de um irmão que faleceu sem filhos, e que era correto e apropriado ao irmão ter a precedência neste quesito, seguido do mais próximo ao falecido por parentesco. Na verdade, era benéfico a qualquer parente que estivesse na linha para receber alguma herança do falecido que se casasse com sua viúva. E era costume para a mesma casar-se com seu cunhado, sogro, ou parente mais próximo.

(Nachmanides,[*] Gênesis 38:8)

De acordo com o Nachmanides, a maior "bondade verdadeira" é o *yibum*, que garante a existência ao falecido sem tirar nenhuma outra vantagem. A Meguilat Ruth está permeada de tais relacionamentos, mais notavelmente, as uniões que resultaram nas origens de dois dos principais personagens da mesma. Quando entendemos *yibum* como está descrito acima, podemos dizer que Ruth, a descendente de Moav, é o produto de um relacionamento próximo a *yibum*. Nas palavras do Midrash:

וַתֹּאמֶר הַבְּכִירָה אֶל הַצְּעִירָה אָבִינוּ זָקֵן וְגוֹ' (בראשית יט, לא),
שֶׁהָיוּ סְבוּרוֹת שֶׁנִּתְכַּלָּה הָעוֹלָם כְּדוֹר הַמַּבּוּל.

---

[*] Nachmanides é R. Moshe ben Nachman Girondi (1194-1270) e é conhecido pelo acrônimo de Ramban, um estudioso da Torá da época medieval e líder em sua época, filósofo, médico e cabalista. É mais conhecido por seus comentários da Torá e Talmud.

> E a filha mais velha disse à mais nova, "Nosso pai está velho e todos os outros homens foram aniquilados" (Gênesis 19:31). Elas pensaram que o mundo havia sido destruído, assim como havia acontecido no Dilúvio.
>
> (Gênesis Rabá 51:8)

O Midrash acima fala sobre quando as filhas de Lot escaparam por pouco da destruição de Sodoma com seu pai. Olhando de seu esconderijo, elas viram somente desolação, e concluíram que o mundo havia sido destruído, como nos dias de Noach. Acreditando que a sobrevivência da espécie humana dependia delas, as filhas de Lot envolveram-se em um ato de *yibum*, colhendo o sêmen de seu próprio pai.* A filha mais velha teve um filho a quem chamou de Moav, que significa, literalmente, "do meu pai." Gerações depois, o resultado de tal relação foi Ruth.

Boaz, também era descendente de uma relação de *yibum* ilícita: ele vem de Peretz, o filho de Yehudá e Tamar.** Yehudá teve três filhos – Er, Onan, e Shelá. Ele fez o *shiduch* entre seu filho mais velho e uma mulher chamada Tamar, com quem Er se recusou a consumar o casamento por medo de engravidá-la e estragar sua beleza,[62] e ele então morreu por um decreto dos céus. Yehudá então instruiu Onan a fazer *yibum* e casar-se com sua cunhada;[63] no entanto, Onan não queria que seu filho tivesse o nome de seu falecido irmão, então ele "desperdiçou sua semente" durante as relações com Tamar.[64] Como resultado, ele também morreu por um decreto Divino. Depois da perda de dois filhos, Yehudá não queria arriscar seu terceiro e único

---

* De acordo com o Bereshit Rabá 51, elas foram tão desapaixonadas, até mesmo clínicas, com relação a suas ações, que romperam seus próprios himens para facilitar a máxima absorção do sêmen. Este ponto terá um significado mais amplo ao desenrolar de nossa história.

** Na verdade, este relacionamento é um dos assuntos do comentário de Nachmânides citado acima.

filho vivo, Shelá. Ao perceber isto, Tamar, que estava determinada a realizar o *yibum* ao qual tinha direito, se disfarçou de prostituta e seduziu seu sogro, que a engravidou.* Esta relação produziu gêmeos, um dos quais era Peretz, o ancestral direto de Boaz.

A Meguilá termina com um ato de *yibum*: o casamento de Boaz e Ruth. Diante dos líderes de Beit Lechem, Boaz coloca explicitamente sua intenção de redimir Ruth:**

וַיֹּאמֶר בֹּעַז לַזְּקֵנִים וְכָל הָעָם עֵדִים אַתֶּם הַיּוֹם כִּי קָנִיתִי אֶת כָּל אֲשֶׁר לֶאֱלִימֶלֶךְ וְאֵת כָּל אֲשֶׁר לְכִלְיוֹן וּמַחְלוֹן מִיַּד נָעֳמִי: וְגַם אֶת רוּת הַמֹּאֲבִיָּה אֵשֶׁת מַחְלוֹן קָנִיתִי לִי לְאִשָּׁה לְהָקִים שֵׁם הַמֵּת עַל נַחֲלָתוֹ וְלֹא יִכָּרֵת שֵׁם הַמֵּת מֵעִם אֶחָיו וּמִשַּׁעַר מְקוֹמוֹ עֵדִים אַתֶּם הַיּוֹם:

E Boaz disse aos anciãos e a todos os presentes, "Vocês são testemunhas hoje de que adquiri de Naomi tudo que pertencia a Elimelech, a Kilion e Machlon. Estou também adquirindo Ruth, a Moabita, esposa de Machlon, como minha esposa, a fim de perpetuar o nome do falecido na sua herança entre seus parentes e do portão deste local. Vocês são testemunhas hoje!

Ruth 4:9 - 10

As pessoas de Beit Lechem, então responderam à declaração de Boaz traçando a história de *yibum*, a qual levou àquele casamento:

וַיֹּאמְרוּ כָּל הָעָם אֲשֶׁר בַּשַּׁעַר וְהַזְּקֵנִים עֵדִים יִתֵּן ה' אֶת הָאִשָּׁה הַבָּאָה אֶל בֵּיתֶךָ כְּרָחֵל וּכְלֵאָה אֲשֶׁר בָּנוּ שְׁתֵּיהֶם אֶת בֵּית יִשְׂרָאֵל

---

*   Ela também procedeu de uma forma clínica em relação às relações sexuais, assim como as filhas de Lot. Veja Yevamot 34b.

**   Compare os versículos que falam de *yibum* em Deuteronômio 25:5 – 10 a estas palavras específicas: "O primeiro filho que ela tiver será contado como do irmão morto de forma que seu nome não seja apagado em Israel."

וַעֲשֵׂה חַיִל בְּאֶפְרָתָה וּקְרָא שֵׁם בְּבֵית לָחֶם : וִיהִי בֵיתְךָ כְּבֵית פֶּרֶץ אֲשֶׁר יָלְדָה תָמָר לִיהוּדָה מִן הַזֶּרַע אֲשֶׁר יִתֵּן ה' לְךָ מִן הַנַּעֲרָה הַזֹּאת:

Todos aqueles que estavam presentes (no portão) e os anciãos responderam: "Nós somos testemunhas ... E que sua casa seja como a de Peretz, onde Tamar deu à luz a Yehudá, através da descendência que Hashem irá lhe dar através desta jovem.

(Ruth 4: 11 - 12)

A "descendência" deste ato final de *yibum* é David.

Este livro sobre as origens de *malchut* é também o livro do retorno de Sodoma.* Para chegar a redenção, portanto, devemos consertar a maior falha de Avraham: a perda de Lot. Hashem permitiu que Lot fosse resgatado da destruição de Sodoma porque reis viriam dele, mas o povo de Israel iria esperar muitos séculos por eles. Antes que David pudesse "ser encontrado" em Moav,** o problema existencial – tinha que ser resolvido – o antigo paradoxo, tão antigo quanto a Criação – tinha que ser resolvido. Era necessário lidar com Sodoma, e somente então o verdadeiro *malchut* iria emergir.

O Midrash afirma que o motivo desta Meguilá é na verdade, ressaltar o valor de *chessed*.

אָמַר רַבִּי זְעֵירָא, מְגִלָּה זוֹ אֵין בָּהּ לֹא טֻמְאָה, וְלֹא טָהֲרָה, וְלֹא אִסּוּר, וְלֹא הֶתֵּר, וְלָמָּה נִכְתְּבָה לְלַמֶּדְךָ כַּמָּה שָׂכָר טוֹב לְגוֹמְלֵי חֲסָדִים.

---

*   Veja o prelúdio a este ato.
**   Veja o prelúdio a este ato.

Falou R. Zeira, essa meguilá não menciona (rituais) de impurezas ou pureza, nem proibições ou permissões. Por qual motivo ela, então, foi escrita? Para nos ensinar a grande recompensa para aqueles que fazem atos de bondade.

Ruth Raba 2,14

Este livro começa com os aspectos não problemáticos de *chessed*, com *"chessed shel emet:" levayá* e *yibum*. No entanto, as questões mais profundas de Lot, que se derivam de situações comuns, atos de bondade diários que nós fazemos rotineiramente para outras pessoas, permanecem sem resolução.

A festa de Shavuot e a outorga da Torá tem o intuito de tratar deste profundo problema existencial. O Talmud salienta este ponto em uma discussão sobre o Salmo 136, no qual as palavras "Agradeça ao Senhor pois Ele é bom; Seu *chessed* perdura para sempre" aparecem vinte e seis vezes.

א׳׳ר יהושע בן לוי הני עשרים וששה הודו כנגד מי כנגד כ׳׳ו דורות שברא הקב׳׳ה בעולמו ולא נתן להם תורה וזן אותם בחסדו

Ao que estas vinte e seis expressões de agradecimento se referem?

Elas se referem às vinte e seis gerações da humanidade [começando com Adam] que não tinha a Torá e era sustentado somente pelo *chessed* de Hashem.

(Pessachim 118a)

Quando o povo de Israel recebeu a Torá, a intenção era que se tornassem um povo totalmente independente, que não mais necessitasse de *chessed shel chinam, chessed* dado gratuitamente. Não mais seriam dependentes da não merecida generosidade de Hashem, de recompensas que não haviam feito por onde. Eles seriam um povo que não apenas morreria com *chessed shel emet*, mas que viveria do mesmo.

שמעו אלי אבירי לב הרחוקים מצדקה ... כל העולם כולו נזונין בצדקה והם נזונין בזרוע

"Me escutem, vocês homens de coração duro, distantes da caridade!" (Isaías 46:12) ... Todas as pessoas do mundo são mantidas pela caridade de Hashem [e não devido a seus méritos – Rashi], mas esses homens são de coração valente, são mantidos pela sua própria força [devido a seus próprios méritos – os homens de coração valente são os íntegros e o profeta os descreve como distantes da caridade de Hashem – Rashi⁶⁵].

(Berachot 17b)

No entanto, a outorga da Torá do Sinai foi um fracasso: as pessoas se sentiram esmagadas pela mesma.

ויתיצבו בתחתית ההר א''ר אבדימי בר חמא בר חסא מלמד שכפה הקב''ה עליהם את ההר כגיגית ואמר להם אם אתם מקבלים התורה מוטב ואם לאו שם תהא קבורתכם א''ר אחא בר יעקב מכאן מודעא רבה לאורייתא

"Elas permaneceram ao pé da montanha [Sinai]"- Isto [o uso da palavra "aos pés"] indica que Hashem segurou a montanha sobre suas cabeças como um barril e declarou a eles: "Se vocês aceitarem a Torá – muito bem. Mas, se não, serão enterrados aqui!" Isto é motivo para um grande protesto contra a Torá [porque foi imposta à força]!

(Shabat 88a)

Ao invés de abraçar a Torá como um veículo para atingir independência, Israel se sentiu coagido. O resultado foi o pecado do Bezerro de Ouro, uma recriação da primeira escolha de Adam:

עמדתם על הר סיני ואמרתם כל אשר דיבר ה' נעשה ונשמע אני
אמרתי אלהים אתם כיון שאמרתם לעגל אלה אלהיך ישראל אף
אני אמרתי לכם אכן כאדם תמותון

Vocês permaneceram aos pés do Monte Sinai e prometeram, "Tudo o que Hashem comandar faremos e ouviremos" (Êxodos 24:7). "Eu disse que vocês eram como seres Divinos!" (Salmos 82:6), mas depois vocês disseram ao bezerro, "Este é o seu deus, ó Israel" (Êxodos 32:4), Eu disse a vocês, "[então, vocês querem ser como Adam?] Então, como Adam, morrerão" (Salmos 82:7).

(Sifri Deuteronômio, Haazinu 320)

Teria sido deixada a Ruth, a descendente de Lot, o "fugitivo" do pesado fardo da bondade de Avraham, a tarefa de mostrar à humanidade que era, na verdade, possível viver com *chessed*. A introdução de Ruth a essa questão começa aqui, em um discurso aparentemente piegas feito por Naomi.

Retomada da Cena Dois

וַתֹּאמֶר נָעֳמִי שֹׁבְנָה בְנֹתַי לָמָּה תֵלַכְנָה עִמִּי הַעוֹד לִי בָנִים בְּמֵעַי וְהָיוּ לָכֶם
לַאֲנָשִׁים: שֹׁבְנָה בְנֹתַי לֵכְןָ כִּי זָקַנְתִּי מִהְיוֹת לְאִישׁ כִּי אָמַרְתִּי יֶשׁ לִי תִקְוָה גַּם
הָיִיתִי הַלַּיְלָה לְאִישׁ וְגַם יָלַדְתִּי בָנִים: הֲלָהֵן תְּשַׂבֵּרְנָה עַד אֲשֶׁר יִגְדָּלוּ הֲלָהֵן
תֵּעָגֵנָה לְבִלְתִּי הֱיוֹת לְאִישׁ אַל בְּנֹתַי

11-13. Naomi disse, "Voltem, minhas filhas! Por que vocês deveriam ir comigo? Eu não tenho mais filhos do meu ventre para se tornarem seus maridos. Voltem, minhas filhas, vão, porque eu estou muito velha para um marido. E mesmo que eu dissesse que ainda há esperança para mim: ainda que eu me casasse hoje à noite; mesmo que tivesse mais filhos, vocês esperariam até que crescessem? Vocês se absteriam de se casar por este motivo?

Estes três versículos constituem um discurso que é considerado um destaque profundamente impactante da Meguilá. Aqui, Naomi, passionalmente revela sua frustração, seu sentimento de subjacente futilidade por ser incapaz de prover um futuro para suas noras além de todas as possibilidades que já não existem mais em Yehudá. Naomi já havia implorado a Orpá e a Ruth que buscassem tranquilidade em um relacionamento de amor e enfatizado que tal relacionamento era mais importante para a vitalidade e realidade de suas vidas do que seus sonhos de se juntar ao povo judeu.[66] Não obstante, ambas se recusaram a voltar a Moav a fim de encontrar este relacionamento de amor e pertencimento. Neste momento, Naomi parece estar dizendo a elas, sem meias palavras, que não há esperança de casamento se elas insistirem em permanecer com ela. Apesar de seu desejo de provê-las com maridos, isto está simplesmente além de sua capacidade natural.

Tudo isso parece perfeitamente razoável, até nos focarmos um pouco mais em suas palavras: A apresentação de Naomi poderia ter sido mais ridícula ou piegas? Considere o cenário: Aqui temos uma mulher de certa idade, já a décadas não sendo mais capaz de gerar filhos, que diz: "Vejam, vocês estão perfeitamente cientes de que não estou grávida de gêmeos que poderiam ser seus maridos. E estou demasiadamente velha para encontrar um homem e ter filhos. Bem, talvez, e somente talvez, eu pudesse encontrar um homem que se interessasse por mim – hoje. Eu admito que isto é extremamente improvável, mas digamos que eu o encontrasse, e digamos que contra todos os prognósticos, eu tivesse gêmeos. Vocês iriam realmente sentar e esperar enquanto os melhores anos de suas vidas estariam passando por vocês?" Orpá e Ruth devem ter ficado olhando para ela, pensando que estivesse louca. É óbvio que elas não pensavam que Naomi iria provê-las com maridos!

Naomi estava perfeitamente ciente de que seu discurso soava perturbado, mas ela o fez de propósito para que as duas considerassem sua decisão de segui-la uma insanidade. Se nós lermos atentamente, Naomi está realmente dizendo a Ruth e a Orpá: "Eu gostaria de explicar a vocês o que o futuro lhes reserva se insistirem em me acompanhar para Israel. Vocês estão seriamente considerando que alguém irá saudar sua chegada? Vocês imaginam, por um momento, que algum homem irá considerá-las por um instante? Dizer que não serão bem-vindas e não serão aceitas é dizer o mínimo. Vocês serão persona non grata... e pior! Permitam-me lhes dar um panorama de seu futuro. Vocês serão reduzidas a pensar que talvez esta mulher idosa irá encontrar um homem disposto a engravidá-la, e ela irá no final ter meninos gêmeos para casar. Imaginemos, mesmo por um instante, que isso aconteça. Isto é ridículo, mas vou lhes dizer que sim, somente para agradá-las. E então? Vocês irão esperar por eles, até crescerem?

"Vocês estão procurando por uma vida, meninas. Se vierem comigo, esta será sua vida daqui para a frente. Não olhem para os lados, não há ninguém mais aqui. Sou eu – somente eu. Suas vidas consistirão desta mulher idosa. Olhem para mim, de verdade, porque de agora em diante, qualquer coisa que tiverem, virá de mim. E eu quero dizer, tudo. Mesmo um marido. O que acham disso?"

Tendo colocado Orpá e Ruth desnorteadas, Naomi agora avança em suas noras com um golpe final...

כִּי מַר לִי מְאֹד מִכֶּם כִּי יָצְאָה בִי יַד השם

"Oh não, minhas filhas! Eu estou muito amargurada por vocês, pois a mão de Hashem veio forte contra mim."

"Viver em Yehudá não será ruim somente para vocês duas," ela diz, "mas para mim também. Os habitantes de minha cidade, Beit Lechem, não irão sequer me dar atenção 'por causa de vocês.'" Naomi está também deixando implícito, "minha situação difícil foi causada por vocês. Meus filhos morreram porque se casaram com não judias. Então, por favor, não fiquem por perto. Hashem me golpeou 'por causa de vocês.'"

Seu discurso é cuidadosamente calculado a fim de tocar todos os pontos do problema de Lot. Ela coloca que se as duas permanecerem com ela, ficarão totalmente em sua dependência e sem esperanças. Autoestima? Dignidade? Esqueçam! Este discurso é uma performance virtuosa feita por uma mestra em tática, pois Naomi sabe muito bem quem são estas moças. Ela sabe das história da família delas, e sabe que Moav nasceu da necessidade de Lot em fugir da bondade esmagadora de Avraham e da adoção do individualismo cortante de Sodoma por parte de Lot.* Antes que Orpá e Ruth "retornem"**

---

*　　Eu reconheço que esta sentença, e na verdade, toda a discussão sobre *chessed*, façam com que a abordagem de Lot pareça atrativa e a de Avraham não. Isto é, certamente, feito intencionalmente a fim de fazer com que a questão de *chessed* fique clara e urgente. Asseguro a todos que esta impressão ficará para trás no decorrer deste livro.

**　　Lembre-se que elas nunca tinham sequer passado por lá antes.

para Yehudá, Naomi precisa que elas experienciem as reações de seu ancestral com relação ao modo de vida de Avraham. E este discurso tem um enorme impacto nisso tudo. Ambas respondem de formas diametralmente opostas, o que provoca consequências históricas profundas.

וַתִּשֶּׂנָה קוֹלָן וַתִּבְכֶּינָה עוֹד

14. Elas levantaram a voz em seu choro novamente,

Compare a forma como a palavra *vatissena* (ותשאנה) é escrita no versículo 9 e a mesma palavra aqui. Em nosso versículo a letra *alef* está faltando. O Midrash comenta:

חָסֵר אל״ף, תָּשַׁש כֹּחָן, שֶׁהֵן מְהַלְכוֹת וּבוֹכוֹת

A letra *alef* que está faltando significa que elas estavam esgotadas devido ao choro.

(Ruth Rabá 2.20)

O Midrash aqui está apontando que na ausência da letra *alef*, a letra ש é pronunciada como *shin* ao invés de *sin*. Nesta rendição, a palavra não é *vatissena* - "elas ergueram a voz," mas sim, *vatashna* - "elas estavam enfraquecidas."

Orpá e Ruth estão tão esgotadas, tanto física quanto emocionalmente, que não mais conseguem falar. Ao omitir uma letra, a Meguilá nos dá um sentido da total falta de esperança e desespero que elas sentem. Não mais tem um lar para retornar ou outro lugar para ir. Neste momento de profunda exaustão, cada uma faz sua decisão histórica.*

---

*   O Midrash oferece uma interpretação surpreendente. As duas mulheres chorando não eram Orpá e Ruth, mas sim, Tamar e Ruth!

וַתִּשַּׁק עָרְפָּה לַחֲמוֹתָהּ וְרוּת דָּבְקָה בָּהּ

e Orpá beijou sua sogra , mas Ruth se agarrou a ela.

Estas palavras estão repletas de tanta história! De acordo com o Talmud, é destas palavras que as futuras dinastias das famílias de Orpá e Ruth divergem; são a fonte de toda a desavença e suas consequências duradouras.

אמר הקדוש ברוך הוא יבואו בני הנשוקה ויפלו ביד בני הדבוקה

O Santíssimo, abençoado seja Ele, anunciou: "Que os descendentes daquela que beijou (*neshuká*) caiam para os descendentes daquela que se apegou (*devuká*)."

(Sotá 42b)

Orpá teve quatro filhos, todos ele grandes guerreiros. O Talmud nos ensina:[67]

בשכר ארבע דמעות שהורידה ערפה על חמותה זכתה ויצאו
ממנה ארבעה גבורים

Pelo mérito de ter derramado quatro lágrimas ao deixar

שתי נשים מסרו עצמן על שבט יהודה תמר ורות תמר היתה צועקת אל אצא ריקנית מן הבית

ורות כל שעה שחמותה אומרת לה לכי בתי היתה בוכה שנאמר ותשנה קולן ותבכינה עוד

Duas mulheres se sacrificaram pelo futuro da tribo de Yehudá – Tamar e Ruth. Tamar gritou "Não permita que eu saia de casa de mãos vazias." E cada vez que Naomi tentava mandá-la embora, Ruth chorava. Como atesta o versículo, "E elas ergueram suas vozes e choraram novamente" (Midrash Zuta, Ruth 1).
O relacionamento de Tamar com nossa história através do *yibum* foi introduzido no Interlúdio II: Sobre Crueldade e Bondade. Tal conexão será desenvolvida mais profundamente no quarto ato.

sua sogra, Orpá teve quatro filhos que foram grandes guerreiros.

(Sotah 42b)

Não obstante, estes quatro filhos[68] nascidos de sua dor ao deixar Naomi, se tornaram os antagonistas históricos de David. O mais famoso deles é Goliat, mas seus irmãos foram tão incansáveis em sua perseguição a David quanto ele, forçando o mesmo a matá-los.[69]

אֶת אַרְבַּעַת אֵלֶּה יֻלְּדוּ לְהָרָפָה בְּגַת וַיִּפְּלוּ בְיַד דָּוִד וּבְיַד עֲבָדָיו

Estes quatro foram os que nasceram de Orpá* em Gat, e eles caíram nas mãos de David e seus servos.

(Shmuel II, 21:22)[70]

A Meguilá encerra com a última conquista de Ruth: o nascimento de David. No entanto, os filhos de Orpá tentariam destruir esta conquista e se tornariam totalmente dedicados a destruir David. Orpá e Ruth não somente tiraram conclusões diferentes do discurso de Naomi e decidiram levar vidas diferentes, mas também se tornaram arqui-inimigas, cada uma tentando destruir a outra. Naomi tocou em questões históricas primordiais em seu discurso: Lot e Avraham, *chessed* e Sodoma. As escolhas feitas naquela confluência tiveram implicações históricas. Foi uma divergência de natureza fundamental.

Vamos seguir Orpá depois de beijar Naomi e retornar a Moav. Não esqueça o que foi discutido anteriormente, como a Meguilá apresenta inicialmente Orpá como a mais grandiosa das noras de Naomi. Mas, de repente, em um rápido intervalo do discurso da mesma nos

---

*   Veremos o porquê de o nome de Orpá aparecer momentaneamente aqui como Horafá.

versículos 11-13, Orpá muda completamente. O Midrash relata seu comportamento na noite em que ela se vai:

אָמַר רַבִּי יִצְחָק כָּל אוֹתוֹ הַלַּיְלָה שֶׁפֵּרְשָׁה עָרְפָּה מֵחֲמוֹתָהּ נִתְעָרְבוּ בָּהּ עֶרְוַת גּוֹיִם שֶׁל מֵאָה בְּנֵי אָדָם... רַבִּי תַּנְחוּמָא אָמַר אַף כֶּלֶב אֶחָד

Orpá se entregou promiscuamente a cem soldados na noite que seguiu sua separação de Naomi... R. Tan'huma disse, havia um cachorro também.

(Ruth Rabá 2.20)

De acordo com o Midrash, assim que deixou a sogra, Orpá se tornou uma libertina, se envolvendo com soldados. E para completar a noite de sua degeneração, cometeu bestialidade com um cachorro. (Este é o motivo pelo qual Goliat responderia ao ataque de David com um estilingue, exclamando, "Por acaso sou um cachorro, para você me atacar com gravetos?" [Shmuel 17.43], como que dizendo, "Você acha que sou um produto do cachorro com o qual minha mãe se deitou, para me tratar com tanto desprezo e me enfrentar tão desarmado?").[71]

O Midrash diz que a queda de Orpá rumo a degeneração não parou por aí:

הרפה וכתיב ערפה... הרפה שמה ולמה נקרא שמה ערפה שהכל עורפין אותה מאחריה

O Midrash se refere a ela como Horafá (Shmuel II, 21:16) e como Orpá ..... Horafá foi o nome que recebeu quando nasceu. Porque então era chamada de Orpá (ערפה)? Porque todo mundo a tinha penetrado por trás [da palavra Oref (עורף),[72] que significa "a parte de trás"].

(Sotá 42b)

O mergulho de Orpá na depravação vai além de um mero

relaxamento nas amarras morais de viver em companhia de Naomi. O Talmud traz a descrição de uma mulher determinada a profanar a santidade dos relacionamentos de toda e qualquer maneira possível. O chocante desvio sexual de Orpá era um retorno às suas origens, uma afirmação dos ideais de Sodoma. Na verdade, os atos não naturais que ela havia cometido são o dicionário de definições da Sodomia! No momento em que ela faz a escolha de deixar Naomi, ela se engaja em violar a reciprocidade nos relacionamentos.[*] Ela participa de relacionamentos nos quais um parceiro tira vantagem do outro, no qual o elemento humano é degradado. No comentário do Talmud sobre a passagem relativa ao nome de Orpá, Rashi ressalta:

עורפין אותה. הפקירה עצמה כבהמה פנים כנגד עורף

Orpá se entregou como se fosse um animal, com o parceiro olhando para sua parte de trás.

(Rashi, Sotá 42b)

Este tipo de relacionamento[**] faz um grande contraste com o início da Meguilá, no qual o progresso do amor entre homem e mulher é ressaltado.[***]

De certa maneira, a ferocidade da reação de Orpá ao discurso de Naomi não é tão surpreendente. É, na verdade, uma reação

---

[*] Nós iremos explorar a ideia de reciprocidade mais à frente.

[**] Ao se entregar a atos não normais, nos quais um parceiro vê o outro por trás, os relacionamentos de Orpá foram como de um animal. Isso simboliza uma falta de reciprocidade entre as duas partes, já que o relacionamento normal é os dois se vendo, indicando a igualdade entre os dois.

[***] A escolha de Orpah é especialmente decisiva no desafio que representa para a fundação de *malchut*. Inter-relacionamentos formam a matriz da qual ela surge e portanto, a profanação dos relacionamentos é equivalente a rejeição da mesma.

bem comum quando se está escapando de um culto ou qualquer relacionamento obsessivo. Depois de ouvir Naomi e absorver as implicações do que ela disse, Orpá teve um despertar. Ela percebeu que sua ligação a Naomi era, de uma dependência completa; era um culto à personalidade, e como muitos membros que se afastam de um, Orpá não somente escapou, mas foi levada a dedicar sua vida a erradicar este culto que a tinha quase engolido. Nas palavras do versículo que descreve o desfecho de um relacionamento obsessivo: "… na verdade, este ódio que ele teve por ela foi maior do que a paixão que ele tinha sentido" (Shmuel II,13:15).* Para escapar à influência de Naomi, Orpá se entregou a uma onda sexual anormal e dedicou a vida de seus filhos a destruição do futuro de Naomi, na forma da descendência de Ruth.

וַתֹּאמֶר הִנֵּה שָׁבָה יְבִמְתֵּךְ אֶל עַמָּהּ וְאֶל אֱלֹהֶיהָ שׁוּבִי אַחֲרֵי יְבִמְתֵּךְ

15. Assim ela disse, "Veja que sua cunhada retornou ao povo dela e a seus deuses. Vá, e a siga."

Naomi sente a transformação iminente de Orpá, e sua desilusão com sua nora permeia suas palavras. Novamente, ela afasta Ruth, desta vez, com mais ferocidade: "Olhe, porque você não vai e segue os passos de sua cunhada degenerada? Ela não levou muito tempo para redescobrir suas origens repugnantes, ela até redescobriu seus antigos deuses. Siga-a."

---

*   Este versículo descreve o relacionamento de Amnon, filho de David, com sua meia-irmã Tamar, depois dele estuprá-la. Levado pelo seu obsessivo desejo de se comportar de forma passional, ele chega, no final, a odiar o objeto de sua obsessão.

וַתֹּאמֶר רוּת

16. E Ruth disse,

No versículo anterior, Ruth tornou-se a *devuká*, "aquela que se apegou," e como resultado, ela é tratada aqui usando seu nome. Até agora as referências a ela eram feitas usando-se um pronome, ou a palavra nora. Dentro do contexto do discurso de Naomi, focando na questão da dependência, esta mudança é significativa. A dramática reação de Orpá acaba de ser narrada e agora é a vez de Ruth. Ela está a um passo de ser ela mesma, de falar como Ruth, uma pessoa independente.

אַל תִּפְגְּעִי בִי לְעָזְבֵךְ לָשׁוּב מֵאַחֲרָיִךְ

"Não me peça para a deixar, de dar-lhe minhas costas e não a seguir."

A resposta de Ruth pode ser lida como uma reação ao sarcasmo de Naomi, como se Ruth estivesse dizendo, "Eu sei exatamente o que você está tentando fazer, mas não vai funcionar, então, pare de me magoar." Nas palavras do Midrash:

מַהוּ אַל תִּפְגְּעִי בִי, אָמְרָה לָהּ לֹא תֶחֱטָא עָלַי, לָא תִסְבִּין פְּגָעַיִךְ מִנִּי, לְעָזְבֵךְ לָשׁוּב מֵאַחֲרָיִךְ, מִכָּל מָקוֹם דַּעְתִּי לְהִתְגַּיֵּר, אֶלָּא מוּטָב עַל יָדֵךְ וְלֹא עַל יְדֵי אַחֶרֶת.

Qual é o sentido das palavras de Ruth? *"al tifguei bi"* Ela disse para a sogra, "Não peque contra mim e não tente me afastar me dizendo todos estes infortúnios. Independentemente de sua atitude, eu pretendo me converter. Eu prefiro que isso seja feito por você ao invés de outra pessoa. "Assim que Naomi escutou isso, começou a ensinar a ela as leis de conversão".

(Ruth Rabá 2.22)[73]

O Midrash lê as palavras dela deixando implícito que, "Eu adoraria me converter com sua ajuda, mas não preciso fazer isso com você. Se você insiste em me machucar, eu encontrarei outra pessoa."

Isso é exatamente o que Naomi queria ouvir. Na devoção de Orpá, Naomi havia sentido a possibilidade de dependência, um arrebatamento cúltico, e a reviravolta da mesma havia confirmado sua suspeita. Agora, Naomi precisava se certificar de que a decisão de Ruth era movida por clareza de identidade, uma independência intrépida que impedia um relacionamento baseado em necessidade. Com estas palavras Ruth mostra que apesar de seu objetivo ter como inspiração seu relacionamento com Naomi, ela não é de maneira alguma dependente dela para fazer com que seu objetivo seja concretizado. Uma vez que isto ficou claro e Ruth demonstrou ser capaz de resolver a questão de Lot, foi então que Naomi pode ajudá-la a "retornar" para o lado de Avraham.

כִּי אֶל אֲשֶׁר תֵּלְכִי אֵלֵךְ וּבַאֲשֶׁר תָּלִינִי אָלִין עַמֵּךְ עַמִּי וֵאלֹהַיִךְ אֱלֹהָי

"Pois aonde você for, irei, e onde quer que você durma, dormirei; seu povo será meu povo, e seu D'us será meu D'us."

בַּאֲשֶׁר תָּמוּתִי אָמוּת וְשָׁם אֶקָּבֵר

17. Onde você morrer, morrerei, e lá serei enterrada.

Esta frase está entre os mais famosos discursos de amor na história da literatura – uma comovente, bela expressão de devoção profunda. No entanto, a leitura que o Talmud faz do mesmo parece ignorar totalmente a beleza dos versículos, tirando-os completamente do contexto e despojando-os de emoção. Aqui está a versão dos Sábios de tal discurso:

אמרה לה אסיר לן תחום שבת {רות א-טז} באשר תלכי אלך

אסיר לן יחוד {רות א-טז} באשר תליני אלין מפקדינן שש מאות

וי"ג מצות {רות א-טז} עמך עמי אסיר לן עבודת כוכבים {רות

א-טז} ואלהיך אלהי ארבע מיתות נמסרו לב״ד {רות א-יז}
באשר תמותי אמות ב׳ קברים נמסרו לב״ד {רות א-יז} ושם
אקבר

NAOMI: "É proibido andar fora dos limites da cidade no Shabat."

RUTH: "Para onde você for, eu irei."

NAOMI: "É proibido a nós mulheres ficarmos sozinhas com um homem."

RUTH: "Onde você dormir, eu dormirei."

NAOMI: "Nós estamos comprometidos com 613 mitzvot."

RUTH: "Sua nação será a minha nação."

NAOMI: Nós somos proibidos de adorar ídolos."

RUTH: "Seu D'us será meu D'us."

NAOMI: "A corte tem o direito de executar os pecadores de quatro maneiras diferentes."

RUTH: "Onde você morrer, eu morrerei."

NAOMI: "Os pecadores executados são enterrados em um cemitério diferente."

RUTH: "E lá serei enterrada."

(Yevamot 47b)

Francamente, esta interpretação soa chocante, uma redução medonha da mais exaltada emoção para uma religiosidade hipócrita. Estes versículos elevados foram trazidos a terra com um estrondo.

Foram?

Uma observação mais detalhada deste diálogo revela o ponto fundamental dos Sábios.

NAOMI: "Nós somos proibidos de adorar ídolos."

RUTH: "Seu D'us será meu D'us."

Esqueça a questão da religiosidade simplista. Esta parte da interpretação parece um tanto não convencional! De acordo com o Talmud, este discurso reflete o treinamento de Naomi para um possível convertido. Somente aqui, quando Ruth está no caminho de sua conversão, é que Naomi menciona que idolatria é proibida. E a réplica de Ruth é um estudo de eufemismo apático. "Tudo bem Naomi, se você insiste – seu D'us será meu D'us."

Neste ponto, poderíamos esperar que Ruth dissesse a Naomi, "Repita por favor. Talvez eu não o tenha ouvido corretamente. Você enlouqueceu?" Rejeição a falsos deuses e a crença em um único D'us era toda a questão da conversão. E Ruth, no entanto, diz, de fato, "Se está bom o bastante para você, Naomi, é bom o bastante para mim. Você não adora ídolos, e eu farei o mesmo."

No contexto deste diálogo bizarro está o segredo da conversão genuína. Vamos dar uma olhada nas leis de conversão compiladas por Maimônides e adotadas pelo *Shulchan Aruch*.[74] Elas são construídas em torno destas conversas aparentemente ridículas entre Naomi e Ruth!*

---

* As leis de conversão são apresentadas no Talmud como sendo uma consequência dessa conversa entre Naomi e Ruth, e elas são debatidas no tratado de Yevamot. Como o próprio nome do tratado sugere, o tema principal de Yevamot é a *mitzvá* de *yibum* (casamento levirato) - o tema central dessa meguilá! (Vide Interlúdio II).

כֵּיצַד מְקַבְּלִין כְּשֶׁיָּבוֹא אֶחָד לְהִתְגַּיֵּר מִן הָעַכּוּ''ם וְיִבְדְּקוּ אַחֲרָיו
וְלֹא יִמְצְאוּ עִלָּה. אוֹמְרִים לוֹ מָה רָאִיתָ שֶׁבָּאתָ לְהִתְגַּיֵּר. אִי אַתָּה
יוֹדֵעַ שֶׁיִּשְׂרָאֵל בַּזְּמַן הַזֶּה דְּווּיִים וּדְחוּפִים וּמְסֻחָפִין וּמְטֹרָפִין
וְיִסוּרִין בָּאִין עֲלֵיהֶן. אִם אָמַר אֲנִי יוֹדֵעַ וְאֵינִי כְּדַאי מְקַבְּלִין אוֹתוֹ
מִיָּד

וּמוֹדִיעִין אוֹתוֹ עִקְרֵי הַדָּת שֶׁהוּא יִחוּד הַשֵּׁם וְאִסּוּר עַכּוּ''ם.
וּמוֹדִיעִין אוֹתוֹ מִקְצָת מִצְוֹת קַלּוֹת וּמִקְצָת מִצְוֹת חֲמוּרוֹת. וְאֵין
מַאֲרִיכִין בְּדָבָר זֶה. וּמוֹדִיעִין אוֹתוֹ עֲוֹן לֶקֶט שִׁכְחָה וּפֵאָה וּמַעֲשֵׂר
שֵׁנִי. וּמוֹדִיעִין אוֹתוֹ עָנְשָׁן שֶׁל מִצְוֹת.

Qual é o procedimento para a aceitação de convertidos
verdadeiros? Quando um gentio vem para se converter
e é investigado e descobre-se que não tem um motivo
escuso, é perguntado a ele, "Qual é sua motivação
em se converter? Você sabe que o povo de Israel é
constantemente oprimido, desprezado, jogado de lado, e
sobrecarregado pelo sofrimento?*

Se o candidato responde, "Estou ciente de tudo isso e
eu não me considero digno de me juntar,"** aceitamos

---

*   É impressionante como a vida pessoal de Naomi se tornou uma analogia
para o povo de Israel nesta halachá.

**   Há duas histórias arquetípicas de conversão no Tanach que se tornaram
a fonte de todas as leis de conversão. Estranhamente, ambas relacionadas a
parentesco por casamento. Uma é a história de Ruth, envolvendo uma sogra e uma
cunhada, e a outra é a história de Yitro, envolvendo o sogro de Moshe (veja Êxodos
18:1 – 12; Talmud Yerushalmi Berachot 20a, e Tanchuma, Yitro 1). A similaridade
entre as histórias sugere que o processo de conversão está intimamente ligado
com o conceito de parentesco por casamento: Uma pessoa que entra para uma
família através do casamento é em um primeiro momento um estranho e espera-
se que se comporte como um filho(a) em relação aos sogros (seus novos "pais"),
e instantaneamente passa a fazer parte da história da família, embora não tenha
experienciado nada da história da mesma pessoalmente. Da mesma forma, uma

este imediatamente. Nós então o informamos dos fundamentos de nossa crença: A unicidade de Hashem e a proibição de idolatria... Nós então o colocamos diante de algumas mitzvot de cunho mais profundo e algumas mais leves, especialmente o pecado de esquecer de deixar presentes para os pobres em nossos campos,* e notificá-lo da observância de tais mitzvot.

Mishnê Torah,
Leis de Relacionamentos Proibidos 14:1 – 2

Hoje, somos condicionados pelas práticas de conversão contemporâneas para pressupor que um(a) candidato(a) a conversão tem uma boa ideia do que esperar do Judaísmo e o que se espera dele(a) antes de começar o processo. Esta é uma suposição falsa, de acordo com as fontes clássicas. É somente *depois* de aceitar o candidato(a) é que começamos a ensinar-lhe os fundamentos da crença Judaica. Parece inacreditável que aceitemos uma pessoa que sequer sabe que em nossa fé, não adoramos ídolos! O que isso pode significar?

A apresentação das leis de conversão feita por Maimônides é baseada na leitura que o Talmud faz dos diálogos entre Naomi e Ruth. Nos ensina o que a estranha interpretação dos Sábios realmente quer

---

pessoa que decide se converter, está decidindo entrar para a longa e intrincada saga do povo Judeu, da história Judaica. A reação instintiva ao ser dissuadido(a) de fazê-lo deveria, portanto, ser "Eu sei [sobre esta história] e quem dera eu fosse digno de participar da mesma!" Conversão e relacionamento de parentesco por casamento são realmente fenômenos parecidos.

* É fascinante que as únicas mitzvot que Maimônides específica são exatamente aquelas que têm um papel primordial na Meguilá, começando com o segundo ato. E por uma excelente razão Naomi e Ruth são compelidas a aceitar caridade. Existiria uma forma melhor de abordar a questão de Lot?

dizer: os fundamentos da fé fazem com que a pessoa que deseja se converter, se junte a Israel, mas estes fundamentos não são o que define Israel.

Nós aceitamos o candidato somente porque diz: "Eu entendo que como um membro do povo Judaico, aquilo que será importante para mim não será o que é importante para outros povos e também entendo que não devo me julgar pelos mesmos critérios usados por outros povos. Sei que serei insultado junto aos outros Judeus, pelos critérios que são importantes para mim e de acordo com os quais vivo. Quem dera eu fosse digno de tal repulsa!"

Na interpretação dos Sábios, Ruth está dizendo, "As leis não são exatamente o que me interessa. Não são o ponto principal. O que realmente importa é que quando você deixou Moav, as luzes da cidade se extinguiram. Quero ser parte da sua luz, e farei o que for preciso para conseguir."

Lembremos que o texto nos dá somente uma pista sobre o caráter de Naomi, fazendo uma alusão a que ela era o equivalente a Yaakov, que ela, como Yaakov, causou um "impacto no lugar" onde estava. Esta é a fonte para o desejo de Ruth de retornar a terra de Yehudá. Para ela, a sogra representava tudo que um ser humano poderia ser. Ruth disse a si mesma, "Se isto é o que Israel é capaz de produzir, é isto que eu quero. Sei como conseguir isto? Claro que não! Mas, francamente, não importa. Os detalhes das mitzvot não são o material para minha decisão. Sei o que quero. Quero ser como Naomi. E claro, farei o que for necessário. Mas, fazer o que é necessário é somente um detalhe. O ponto mais importante é o que eu quero ser – um membro de Israel." *

---

*   Maimônides declara na halachá 3 do capítulo acima citado:

וּכְשֵׁם שֶׁמּוֹדִיעִין אוֹתוֹ עָנְשָׁן שֶׁל מִצְוֹת כָּךְ מוֹדִיעִין אוֹתוֹ שְׂכָרָן שֶׁל מִצְוֹת. וּמוֹדִיעִין אוֹתוֹ שֶׁבַּעֲשִׂיַּת מִצְוֹת אֵלּוּ יִזְכֶּה לְחַיֵּי הָעוֹלָם הַבָּא. וְשֶׁאֵין שׁוּם צַדִּיק גָּמוּר אֶלָּא בַּעַל הַחָכְמָה שֶׁעוֹשֶׂה מִצְוֹת אֵלּוּ

Os Sábios não estão realmente dizendo que quando Ruth declarou sua ligação intensa com Naomi - "Aonde você for, eu irei" - ela estava se referindo sobre os limites que poderia andar no Shabat; eles não pensaram que o amor contido em suas palavras "até que a morte nos separe"[75] se referisse a execução por violá-lo. Estão nos ensinando que dentro das palavras de Ruth para Naomi está a mensagem: "Seja como for, seguirei você, quero ser como você. Não me importo com o que diz sobre ser um membro do povo. Se sou proibida de violar o Shabat, então não o violarei. Você pode me dar a lista completa do que devo e não devo fazer depois." As palavras "aonde você for, eu irei" incluem não andar além do limite permitido no Shabat, mas fundamentalmente, são palavras de amor e compromisso.

Esta ideia estarrecedora está no centro de uma famosa história do Talmud sobre conversão.

שוב מעשה בנכרי אחד שבא לפני שמאי א''ל גיירני ע''מ
שתלמדני כל התורה כולה כשאני עומד על רגל אחת דחפו באמת
הבנין שבידו בא לפני הלל גייריה אמר לו דעלך סני לחברך לא
תעביד זו היא כל התורה כולה ואידך פירושה הוא זיל גמור

וְיוֹדְעָ

Assim como notificamos àquele que viola as mitzvot sobre suas consequências, também notificamos ao candidato a conversão sobre as recompensas das mesmas, que ao cumpri-las, o mesmo terá sua porção no Mundo Vindouro e que uma pessoa só pode ser considerada justa se for sábia o suficiente para cumpri-las e entendê-las.

Para Maimônides está claro que o candidato em potencial não precisa estar interessado na observância das mitzvot per se. Esta é uma reflexão posterior. Nós o informamos que as mitzvot são as únicas ferramentas que temos para fazer com que as coisas funcionem; se o mesmo intenciona se tornar um membro de Israel, esta é a única maneira.

Houve um incidente onde um gentio foi para Shamai e disse, "Me converta na condição de que você me ensine toda a Torá enquanto eu estiver em um pé só." Shamai então o golpeou na mão com uma régua

O homem veio até Hilel, que o converteu. Ele disse [para o convertido], "Não faça para seu próximo aquilo que você considera odioso." Este princípio captura toda a Torá. O resto é comentário. Agora, vá e aprenda [o restante]!"

(Shabat 31a)

Hilel parece ser um tanto insincero aqui. Esta fórmula não leva em conta quase todas as leis que eventualmente compõem as seis ordens da *Mishná* ou as quatro partes do *Shulchan Aruch*. Mesmo um conceito tão central ao Judaísmo como abandonar a prática de idolatria tem muito pouco a ver com o que é odioso fazer ao próximo! Hilel está verdadeiramente dizendo que um axioma ético contém a Torá em sua totalidade? Rashi traz uma luz a esta controvérsia intrigante de Hilel.

ריעך וריע אביך אל תעזוב (משלי כז) זה הקב"ה אל תעבור על
דבריו שהרי עליך שנאוי שיעבור חבירך על דבריך

"Não abandone seu amigo e nem o filho de seu amigo" (Provérbios 27:10) – isto se refere a D'us. Não viole Seus desejos, porque você odeia quando alguém viola os seus.

(Rashi, Shabat 31a)

Hilel reconheceu o desejo genuíno do candidato a conversão, e entendeu que o que o aspirante desejava era um princípio que traria uma ordem a multiplicidade da prática Judaica. E então Hilel disse a ele: Tudo se resume ao relacionamento. Todo o restante é detalhe.

Parece que fundamentalmente, de acordo com o Talmud e a lei normativa decidida por Maimônides e pelo Shulchan Aruch, a conversão não tem nada a ver com prática religiosa! O candidato não sabe nem que ser Judeu implica em observar uma série de leis complexas. Tudo o que ele tem que saber é que deve ter amor por Israel!*

כֹּה יַעֲשֶׂה ה' לִי וְכֹה יֹסִיף כִּי הַמָּוֶת יַפְרִיד בֵּינִי וּבֵינֵךְ

"Isto e ainda mais, faça Hashem para mim se algo que não seja a morte me separe de você."

"Somente a morte nos separará (*yafrid* – יפריד)." Quantos anos de história foram abrangidos por estas palavras! Centenas de anos antes, Avraham se separou de Lot com estas palavras:

הֲלֹא כָל הָאָרֶץ לְפָנֶיךָ הִפָּרֶד נָא מֵעָלָי אִם הַשְּׂמֹאל וְאֵימִנָה וְאִם הַיָּמִין וְאַשְׂמְאִילָה

Veja, o país todo está diante de você. Por favor, se separe de mim (*hipared* - הפרד). Se você for para a direita, irei para a esquerda. E se for pela esquerda, irei pela direita.

(Gênesis 13.9)

---

* Não é assim que são os casamentos de sucesso? Você se apaixona, e somente depois se preocupa com os detalhes. A Torá é definida aqui como a maneira pela qual você vive com a pessoa amada. Como é possível saber tudo com antecedência? Isto não é amor: é a asserção do controle. E é precisamente a diferença entre *malchut* e *memshalá*. *Malchut* surge de inter-relacionamentos que não foram planejados. *Memshalá* é o resultado da imposição da autoridade.

O resultado deste pedido de separação foi:

אַבְרָם יָשַׁב בְּאֶרֶץ כְּנָעַן וְלוֹט יָשַׁב בְּעָרֵי הַכִּכָּר וַיֶּאֱהַל עַד סְדֹם

Avraham se estabeleceu na terra de Canaã, e Lot nas cidades do Vale do Jordão, e ele armou suas tendas até Sodoma.

(Gênesis 13:12)

Ruth é a filha de Sodoma, uma descendente de Lot. Agora ela cura a longa e milenar fratura ao declarar a Naomi, uma descendente de Avraham: *"Ki hamavet yafrid beini uveinech"* - "Pois somente a morte nos separará."

De acordo com o Talmud Hashem, Ele mesmo, estava a espera deste momento!

ויאמר ה' (אל משה) אל תצר את מואב ואל תתגר בם מלחמה וכי מה עלה על דעתו של משה לעשות מלחמה שלא ברשות אלא נשא משה ק''ו בעצמו אמר ומה מדינים שלא באו אלא לעזור את מואב אמרה תורה {במדבר כה-יז} צרור את המדינים והכיתם אותם מואבים עצמן לא כל שכן אמר לו הקב''ה לא כשעלתה על דעתך עלתה על דעתי שתי פרידות טובות יש לי להוציא מהן רות המואביה ונעמה העמונית

"E Hashem me disse, "Não oprima Moav ou incite uma guerra contra os mesmos" (Deuteronômio 2:9). [Porque foram necessárias estas instruções?] Certamente, Moisés nunca teria declarado guerra a nenhum povo sem a permissão Divina! Pelo contrário, ele tinha um argumento centrado em todas as razões possíveis [e concluiu que declarar guerra à Moav era uma extensão lógica de declarar guerra a Midian]. Ele argumentou da seguinte forma: Midian nunca instigou uma guerra contra

Israel, eles somente se uniram a Moav.[76] No entanto, Hashem comandou, "Oprimam Midian e acabem com eles" (Números 25:17). Desta forma, Moav, o instigador do conflito, deveria ser atacado!

Hashem disse, "Eu não penso da mesma maneira que vocês. Há duas boas '*preidot*' que devem surgir deles, Ruth de Moav e Naamá de Amon."[77]

(Baba Kama 38a)

Hashem sabia da recusa de Ruth em deixar Naomi, sua declaração "*Ki hamavet yafrid beini uveinech*", é o que finalmente fecha a fissura criada gerações antes com a palavra *hipared*.

Cena Três

וַתֵּרֶא כִּי מִתְאַמֶּצֶת הִיא לָלֶכֶת אִתָּהּ וַתֶּחְדַּל לְדַבֵּר אֵלֶיהָ

18. Quando Naomi viu o quão resoluta Ruth estava em segui-la, parou de argumentar com ela.

A palavra *mitametzet* está escrita no presente reflexivo, e descreve um processo que está em andamento e se nutre por si próprio, ou seja, sem intervenção externa. Esta linguagem sugere que Naomi agora percebe que quanto mais ela empurra Ruth para longe, mais determinada e independente esta fica, e então cessa de tentar dissuadi-la a ir consigo. Maimônides menciona este inter-relacionamento em uma lei:

וְאֵין מְדַקְדְּקִין עָלָיו. שֶׁמָּא יִגְרֹם לְטָרְדוֹ וּלְהַטּוֹתוֹ מִדֶּרֶךְ טוֹבָה לְדֶרֶךְ רָעָה. שֶׁבַּתְּחִלָּה אֵין מוֹשְׁכִין אֶת הָאָדָם אֶלָּא בְּדִבְרֵי רָצוֹן וְרַכִּים. וְכֵן הוּא אוֹמֵר (הושע יא-ד) 'בְּחַבְלֵי אָדָם אֶמְשְׁכֵם' וְאַחַר כָּךְ (הושע יא-ד) בַּעֲבֹתוֹת אַהֲבָה

No entanto, nós não somos escrupulosos com o candidato para não desviá-lo do caminho do bem para o caminho do mal. É apropriado tratar uma pessoa com palavras doces e leves no início de um relacionamento, como diz o profeta Hoshea, "Eu os aproximo com cordas gentis de compaixão" (Hoshea 11:4) e somente então, "Eu os aproximo com as correntes do amor." *

(Mishnê Torá, leis dos relacionamentos proibidos 14.2)[78]

Maimônides explica que quando se avalia a sinceridade de um convertido, devemos ser cuidadosos para não afastá-lo, mas ao mesmo tempo, devemos nos certificar da pureza de seus motivos. Devemos determinar que o candidato não se deixe levar pela necessidade de se perder em uma grandeza cósmica de uma entidade da qual se torne dependente. Ele não deve ser psicologicamente enfermo, desesperado para inalar "o ópio do povo." A religião pode se tornar cultismo e a última coisa que queremos é incentivar esta ideia. Orpá, levada pela paixão obsessiva e dependência, teve de ser trazida cara-a-cara com sua fascinação nada natural por Naomi, e daquele momento, ela passou a rejeitar e odiar tudo o que ela achava que a mesma representava. Ruth, por outro lado, se torna uma verdadeira herdeira de Avraham, alguém capaz de seguir o comando de *lech lechá*,[79] de caminhar por si mesma rumo a um futuro incerto como um ser humano independente. Uma vez que ela demonstra a profundidade de seu compromisso, a Meguilá enfatiza uma elevação em seu status ao adicionar uma palavra desnecessária – *itá* – com ela, com Naomi.**

אָמַר רַבִּי יְהוּדָה בְּרַבִּי סִימוֹן בּוֹא וּרְאֵה כַּמָּה חֲבִיבִים הַגֵּרִים לִפְנֵי הַמָּקוֹם, כֵּיוָן שֶׁנָּתְנָה דַעְתָּה לְהִתְגַּיֵּר הִשְׁוָהּ הַכָּתוּב לְנָעֳמִי.

Veja o quanto os convertidos são amados por Hashem. Tão logo Ruth se comprometeu com a conversão, o versículo a iguala a Naomi [ao usar a palavra *itá*].

(Ruth Rabá 3.5)

---

*   Pois, no final, é tudo sobre o amor. Que inspirada é esta percepção de Maimônides!

**   Obviamente ela caminhava com Naomi. Não há nenhuma necessidade do uso da palavra *itá*.

Este é o verdadeiro processo de conversão codificado na lei Judaica.[80] Não há disposição a aceitar um candidato que procura religião. Não há lei que afirme ser permitido aceitar aquele que reivindica uma crença filosófica no Judaísmo. A única base para a aceitação de um candidato é se ele afirmar que sua vida só será completa ao se juntar a Israel.

וַתֵּלַכְנָה שְׁתֵּיהֶם

19. E as duas foram,[81]

Aqui chegamos ao ápice do relacionamento entre Naomi e Ruth. Saímos da profunda dependência de "ela e suas noras" (1:6) para "ela e suas noras com ela" (1:7), para então o verbo no plural "e elas foram" (1:7), até finalmente, agora "e as duas foram." No início, as duas estão distintamente separadas e não são iguais, um agente único com dois adjuntos; então, uma única pessoa age, mas as outras duas estão juntas a ela; em seguida, elas caminham como uma só; e finalmente, a Meguilá se refere as mesmas como iguais.

Igueret Shmuel[82] sugere que estas palavras implicam que elas eram as únicas duas pessoas na estrada, havia somente elas - "*shteihem*" - porque Hashem providenciou para que nenhum outro viajante estivesse lá. Esta sugestão é absolutamente fascinante diante do fato de que elas estão próximas a ser recepcionadas de uma forma similar à de Sodoma quando chegarem ao seu destino. Esta interpretação vê a Meguilá como fazendo um paralelo entre Yehudá e Sodoma, cuja política era a de "Vamos fazer com que os viajantes sejam esquecidos por nós." Assim como não havia viajantes ou transeuntes em Sodoma, não há viajantes ou transeuntes no caminho para Yehudá.

עַד בֹּאָנָה בֵּית לֶחֶם וַיְהִי כְּבֹאָנָה בֵּית לֶחֶם

até que chegaram a Beit Lechem. E quando elas chegaram em Beit Lechem

A primeira frase é claramente supérflua. Nós já sabemos para onde estão indo. A não ser que estas palavras estejam sendo usadas para modificar a afirmação anterior: Ruth e Naomi caminharam juntas, de uma maneira igualitária, mas somente "até chegarem a Beit Lechem," pois quando lá chegaram, uma mudança dramática ocorreu. A natureza desta mudança está transmitida fortemente no versículo final deste ato: Ruth volta a ser chamada de "Ruth, a Moabita" - Ao ser igualada a Naomi, Ruth retorna a ser uma estrangeira. O status ideal de igualdade e harmonia durou somente enquanto estavam na estrada, sozinhas, protegidas das realidades sociais. Mas, no momento em que entram em Beit Lechem e se veem face-a-face com a resposta dura da sociedade, Ruth se torna a Moabita, uma estranha, novamente.

וַתֵּהֹם כָּל הָעִיר עֲלֵיהֶן

a cidade inteira estava em polvorosa por causa delas;

Uma cidade inteira agitada por causa do aparecimento de duas mulheres enlameadas! Parece que a chegada repentina de Naomi, outrora uma decana da sociedade de Beit Lechem,[83] empobrecida de pés descalços, na verdade causou choque na cidade.* Ao chegar acompanhada de sua nora gentia a tiracolo fez da história um acontecimento sensacional. As notícias se espalharam como um rastilho de pólvora. Os cidadãos ficaram chocados ao ver quem havia chegado na companhia de Naomi causando uma grande agitação "sobre eles (*aleichem*)." Era difícil acreditar que Naomi tivesse tido a audácia de afrontar a todos trazendo consigo a Moabita – certamente uma das causas das calamidades que havia sofrido.

---

*   Os Sábios percebem nisso um sentido mais profundo e oferecem uma explicação deslumbrante, que será discutida em detalhes no próximo ato.

וַתֹּאמַרְנָה הֲזֹאת נָעֳמִי

as mulheres disseram, "É possível que esta seja Naomi?"

… mas seus comentários se restringiram somente a ela. Ao olhar para as duas juntas, as mulheres da cidade começam a dizer: "É possível que este 'objeto' seja Naomi? Passam a se referir a Naomi como uma coisa, não uma pessoa, enquanto Ruth, é invisível a todos.

וַתֹּאמֶר אֲלֵיהֶן אַל תִּקְרֶאנָה לִי נָעֳמִי קְרֶאןָ לִי מָרָא

20. Ela respondeu, "Não me chame de Naomi, me chame de Mará,

Naomi aceita o rancor das pessoas, mas implora que se relacionem com ela. Com estas palavras é como se dissesse, "Não me tratem como se não estivesse aqui. Se não conseguem mais ver aquela antiga Naomi, então não me chamem por este nome, mas por favor, me chamem de *alguma coisa*. Não se refiram a mim de forma indireta. Usem um nome, podem me chamar de Mará [amarga] ao invés de usar meu antigo nome [Naomi, doce], mas pelo amor de D'us, falem comigo."

כִּי הֵמַר שַׁדַּי לִי מְאֹד

"pois o Todo-Poderoso lidou comigo amargamente.

O novo nome que ela se dá, Mará, tem vários significados. Por um lado, vem da palavra *mar*, amarga, uma referência clara ao tratamento amargo que sofreu nas mãos de Hashem,[84] a amargura a qual ela alude em seu discurso cruel para suas noras (veja comentário no versículo 13). Por outro lado, pode também ser uma referência ao conceito de *temurá* (תמורה) – mudança, transformação, ou substituição – deixando implícito que Hashem substituiu sua vida por outra, que Ele virou seu mundo de cabeça para baixo.

אֲנִי מְלֵאָה הָלַכְתִּי וְרֵיקָם הֱשִׁיבַנִי השם

21. "Eu estava repleta quando fui embora, mas Hashem me trouxe de volta vazia;

Naomi continua a elaborar no assunto de sua transformação. No entanto, ao chamar-se de vazia, ela – como as pessoas da cidade – ignora totalmente a presença de Ruth. Isto deve ter magoado Ruth profundamente.

לָמָּה תִקְרֶאנָה לִי נָעֳמִי וַה' עָנָה בִי וְשַׁדַּי הֵרַע לִי

"porque me chamam de Naomi quando Hashem testemunhou contra mim e o Todo-Poderoso trouxe infortúnio sobre mim?"

O Midrash comenta sobre o uso da palavra *aná*:

הֵעִיד עָלַי, כְּמָה דְאַתְּ אָמַר (דברים יט, יח) : שֶׁקֶר עָנָה בְאָחִיו

Hashem, por assim dizer, testemunhou contra mim. [a palavra *aná* (ענה) é usada desta forma no versículo] "Ele testemunhou (ענה) falsamente contra seu amigo" (Deuteronômio 19:18).

(Ruth Rabá 3, 7)

Naomi admite sua culpa para as pessoas de Beit Lechem. Ela aceita a responsabilidade por tudo que aconteceu com ela. "Não há mais nenhuma razão para me chamar de Naomi, nome este que tem a conotação de que meus atos foram agradáveis. Mas, Hashem, através das punições que sofri, julgou que meus atos não são mais desta natureza. Sou totalmente responsável pela minha situação atual."

Estranho é que apesar de Naomi ter se despido de toda dignidade diante dos habitantes da cidade, ter publicamente confessado sua culpa e sofrimento, não lemos nada sobre a reação das pessoas. Aparentemente, a reação é de silêncio.

וַתָּשָׁב נָעֳמִי וְרוּת הַמּוֹאֲבִיָּה כַלָּתָהּ עִמָּהּ הַשָּׁבָה מִשְּׂדֵי מוֹאָב

22. E Naomi retornou. E com ela, Ruth a Moabita, sua nora, que retornou dos campos de Moav,

A razão para a falta de reação por parte das pessoas à declaração de Naomi está implícita aqui: Ruth, a Moabita, está parada ao seu lado. Quão dissimulada sua confissão de culpa deve ter parecido a todos, já que ela havia adentrado a cidade em companhia de uma Moabita, a prova viva de quão fundo tinha sua nobre família caído.

Esta variedade de rejeições teve um impacto: Ruth, anteriormente orgulhosa de sua igualdade a Naomi, é novamente chamada de Ruth, a Moabita, a nora de Naomi. A conversão não é um procedimento que não requer esforço. É uma conquista que requer perseverança. *Hashavá* (השבה) – que também pode ser entendida como aquela que retornou – é uma construção gramatical que descreve alguém envolvido em um processo que está em movimento: Ruth é aquela "que está retornando." Seu retorno não é uma ação completa, mas algo ainda em andamento.

O Talmud oferece uma interpretação alternativa e comovente a este aparentemente supérfluo versículo: [*]

השבה משדה מואב זו היא ששבה משדה מואב תחילה

"Que retornou dos campos de Moav" - isto enfatiza que ela é a primeira a retornar dos campos de Moav.

(Yerushalmi Yevamot 48b)

---

[*] Nos disseram, *vatashov*, que Naomi e Ruth retornaram. Porque então afirmar que Ruth retornou dos campos de Moav? Nós sabemos disso! A chave para analisar este versículo, todavia, é reconhecer que apesar de o versículo começar afirmando que Naomi retornou, acompanhada de Ruth, a frase sobressalente faz alusão somente a Ruth. O foco do texto mudou.

Mesmo os habitantes de Beit Lechem tendo dado as costas enojados e unidos em sua rejeição, é como se uma voz celestial dissesse estas palavras, oferecendo uma perspectiva histórica. O Talmud Yerushalmi ouve nestas palavras um discurso final comovente, fechando o ato. Apesar de as coisas poderem ter parecido muito sombrias para Ruth em um nível local, a voz celestial declara, "Aha! Então é isto que vocês têm esperado. A primeira (isolada) já chegou."

A saga começou com Avraham e a deserção de Lot para Sodoma. Começou com a demanda de *hipared* (הפרד), separação, uma ruptura no relacionamento e a criação de uma mentalidade de "uma ilha." * Finalmente, *hipared* levou a uma situação na qual o indivíduo se viu como separado, desconectado, e isolado.** A reaproximação começa com a declaração de amor de Ruth por Naomi, "Somente a morte irá nos (separar) *yafrid*" - המות יפריד ביני לבינך ; agora a primeira das duas *preidot* (שתי פרידות) "voltou." Ela é a primeira a voltar de Moav, de Sodoma e de Lot. Ela é a primeira que irá reparar a brecha entre Avraham e seu sobrinho. Quando Ruth entra em Beit Lechem, ela não está chegando pela primeira vez. Ela está verdadeiramente retornando. E ao retornar, ela preenche o vazio que havia ficado por séculos de distanciamento.

---

* No sentido de "מאלה נפרדו איי הגויים" - "Destes, as ilhas isoladas separaram-se (*nifredu*)" (Gênesis 10:5)

** Esta era a mentalidade de Sodoma. A letra da música de Paul Simon "Sou uma rocha (Sou uma ilha)" é uma evocação brilhante da mentalidade de ser uma ilha. O grande poeta inglês John Donne, é famoso por contar sentimentos como estes em seus escritos, "Nenhum homem é uma ilha, inteiramente de si mesmo." Estas palavras imortais aparecem em um trabalho intitulado "*Devotions Upon Emergent Occasions*" (veja o prelúdio para este ato).

Separação e distanciamento levam a esterilidade. A falta de relacionamentos e conexões resulta em uma inabilidade de criar algo novo. (É fascinante como a palavra *pered* (פרד), significa mula, um animal que é estéril.) Quando um indivíduo vive como uma ilha, seus inter-relacionamentos são artificiais e mecânicos. Não é exatamente 'ele' ou 'ela' que está se relacionando, mas sim uma persona que ele projeta e age como uma barreira entre o "ele" real e o resto do mundo.

Este é o sentido mais profundo da identificação de Ruth como uma Moabita. Ela originalmente seguiu sua sogra intencionando "retornar" a Yehudá, se tornar Judia como Naomi. Tinha fantasiado em sua mente que seria uma imitação dela e tinha rejeitado suas próprias raízes. Mas, a experiência ao ser recepcionada em Beit Lechem, a levou a perceber que nunca iria ser como as pessoas de lá. Além do mais, ela não queria simplesmente se tornar uma delas, não era o bastante se tornar um outro membro de Israel. Ela teria que assimilar Moav em Israel, teria que canalizar tudo que Lot havia conquistado e todas as experiências de seus descendentes (de Lot), a fim de criar uma visão de mundo inteiramente diferente para Israel – e então permitir o próximo estágio de desenvolvimento até o nascimento de David.

No momento em que ela adentra Beit Lechem, Ruth não retorna como uma convertida cheia de ansiedade, preocupada com sua habilidade de se enquadrar no grupo. Retorna como uma Moabita confiante, determinada a integrar Moav a Israel. Ela incorpora as partes que faltavam. Não poderia haver *malchut*, nem mesmo um Messias, sem Sodoma. Ao se deparar com o comportamento parecido com o de Sodoma em Beit Lechem, ela entende que deve entrar na cidade como uma Moabita. Do contrário, o que seria de todas as experiências, seu passado, história e genética que a tinham formado? Ela abraça suas raízes agora, pois entende que são essas que representam a contribuição que ela, e somente ela, pode fazer para Israel.* Ao invés de tentar fazer de si mesma uma tentativa condenada

---

* No início, Ruth comete um erro comum entre convertidos e *baalei tshuvá*. Ela pensou que a única maneira de suceder como um membro do Povo Judeu era perder tudo que ela era, para se tornar algo que não era. Ela achou que para ser aceita ela deveria rejeitar seu passado e declará-lo como insignificante. Esse é um erro terrível e, para nosso eterno benefício, Ruth percebeu isso. Por esse motivo, o próprio Templo, a grande obra dos seus descendentes David e Shlomo, é eternamente chamado de *Ariel Moav* (אריאל מואב), os leões de D'us (vindos de) Moav (vide introdução do Zôhar baseado no versículo 20 em Shmuel 2, 23)!

a não dar certo, tentando ser o que não era, ela percebe que existem coisas que nunca serão desenvolvidas em Israel, algumas terão de ser "importadas."

ואמר ר''א לא הגלה הקדוש ברוך הוא את ישראל לבין האומות אלא כדי שיתוספו עליהם גרים שנאמר {הושע ב-כה} וזרעתיה לי בארץ כלום אדם זורע סאה אלא להכניס כמה כורין

Hashem exilou Israel entre as nações para que reunisse os convertidos. Hoshea diz: "E Eu vou semeá-los entre as terras" (Hoshea 2:25). Isto se compara a um fazendeiro que semeia grãos. Ele espera colher muito mais do que semeou, correto?

(Pessachim 87b)

Ruth entende agora que se Israel deve incorporar o que a Criação estabeleceu que fosse atingido,[85] deve incluir toda a humanidade. Tem de haver espaço para a assimilação de convertidos. Ela percebe que pode oferecer algo que Naomi não pode. O motivo da *Guerut* é trazer o mundo para Israel. Portanto, não é mais "E as duas foram." É Ruth de Moav que retornou dos campos de Moav, e é como a Moabita que retornou, que Ruth faz sua contribuição duradoura. Ela se mantém a nora de Naomi. Ela ainda está "com ela" (*imá*). Mas agora, ela está independente da mesma, pois criou inteiramente a sua história e identidade.

וְהֵמָּה בָּאוּ בֵּית לֶחֶם בִּתְחִלַּת קְצִיר שְׂעֹרִים

e elas chegaram em Beit Lechem no início da colheita de cevada.

Elas chegam lá em um dia auspicioso – o dia em que o *omer* foi levado ao altar como uma oferenda.[86] O principal ingrediente desta sendo a cevada, e foi oferecido no primeiro dia da colheita:

o segundo dia de Pessach. Esta oferenda inicia o período de sete semanas da contagem do *omer* (*sefirat haomer*), um período que marca a transição entre a colheita da cevada e da colheita do trigo, entre Pessach e Shavuot, e entre o final da escravidão e o recebimento da Torá. Este é o período no qual Israel conseguiu sua independência. A *cherut* (liberdade) de Pessach, conhecida como *zeman cheruteinu* - "o tempo de nossa liberdade" - culmina com a total independência conseguida em Shavuot, conhecida como *zeman matan Torateinu* - "o tempo da outorga de nossa Torá." Nas palavras dos Sábios: "A única pessoa realmente livre é aquela que está ocupada com a Torá" (Avot 6.2).

O desenvolvimento de Ruth desde sua entrada em Beit Lechem em Pessach até o final da Meguilá, quando ela está em frente "dos portões da cidade" e é saudada pelos habitantes locais, faz como um paralelo entre o desenvolvimento de Israel durante o mesmo período de colheita.* O Talmud Yerushalmi anuncia o sentido de eternidade que cerca o retorno de Ruth a Beit Lechem. Israel esperou por séculos por este momento. Finalmente há uma pessoa que entende. Esta pessoa, Ruth, finalmente retornou.

---

*   E este é exatamente o período durante o qual a Meguilá acontece. Ruth e Naomi chegam "no início da colheita da cevada" (Ruth 1:22), e a dramática conclusão da Meguilá ocorre ao final da "colheita da cevada e do trigo" (Ruth 2:23). A colheita do trigo é igualmente significativa, porque Shavuot é o dia no qual uma única oferenda de alimento de trigo é feita. Os *shetei halechem* – os dois pães – são levados ao Templo (veja o primeiro interlúdio deste ato, "Sobre Alimento, Relacionamentos e *Malchut*").

Ato Dois

Pense nisso, Chani ... nós que carregamos o nome de concubina – a história nos chamará de esposas.

(Frank Herbert, *Duna*)

Prelúdio: Fiz à minha maneira

Brilhe!

As raízes de Meguilat Ruth são profundas, formando o pano de fundo está a saga de Avraham, Lot e Sodoma. No entanto, como já dissemos,[87] há fios que se estendem do passado, um passado bem remoto, lá no despertar da história, no próprio ato da Criação. Nos é dito *"olam chessed yibanê"* - "o mundo é construído através de *chessed*" (Salmos 89:3) – e com esta construção, vem o paradoxo existencial que estamos discutindo:[88] a cada ato de *chessed*, há alguém levando, recebendo algo – a cada ato de *chessed*, a independência é levada embora. *Chessed* não significa somente bondade, mas, também, vergonha.[89] O que recebe se torna dependente e se vê como inferior por ter recebido. O paradoxo é o que levou Lot para longe de Avraham. Contudo, não é somente Avraham que está comprometido com as contradições de *"chessed/*bondade/vergonha." De acordo com os Sábios, o paradoxo de *chessed* antecede a criação da humanidade, é uma quebra na trama da Criação:

רבי שמעון בן פזי רמי כתיב {בראשית א-טז} ויעש אלהים את שני המאורות הגדולים וכתיב את המאור הגדול ואת המאור הקטן אמרה ירח לפני הקב''ה רבש''ע אפשר לשני מלכים שישתמשו בכתר אחד אמר לה לכי ומעטי את עצמך אמרה לפניו רבש''ע הואיל ואמרתי לפניך דבר הגון אמעיט את עצמי

O versículo diz, "E Hashem fez os dois grandes luminares," mas então [isso é uma contradição] diz,

"O grande luminar para comandar o dia e o pequeno para comandar a noite" (Gênesis 1:16)! [A contradição pode ser resolvida da seguinte forma:] A Lua disse para Hashem, "Senhor do Universo, é possível que dois monarcas dividam uma coroa?"

Hashem respondeu, "Vá e se diminua." Ela [a Lua] disse, "Porque eu disse algo correto, devo me diminuir?!"

(Chulin 60b)

Através desta história mítica, os Sábios apontam para uma tensão interna na criação do cosmos, que é dramatizada pela extraordinária conversa entre Hashem e a Lua. Rabeinu Bachie[90] expõe:

ועל הדרך הזה יהיה באור המדרש לרז"ל... ואין הכוונה שהיה אור הלבנה בתחלת הבריאה גדול כאור השמש אלא שנבראו שניהם בגדלן, כי כל מעשה בראשית בקומתן נבראו בצביונן נבראו, וזהו שהזכיר את שני המאורות הגדולים. וחזר והזכיר המאור הגדול לומר שעמד כן בגדלו. ואת המאור הקטן שלא עמד כן בגדלו אלא שנתמעט, וכן הוא מתמעט והולך... גם אין לומר שהיו בגודל גוף, כי גוף השמש והירח בתחלת הבריאה היו כמו שהם היום זה גדול וזה קטן, לא נשתנה גוף הירח ולא נתמעט אלא באורה. וענין המעטת האור הוא כשראתה הירח שהיא משתמשת באור השמש ולא היה האור מעצמה, אמרה אפשר לשני מלכים שישתמשו בכתר אחד, והכתר הנה כנוי ומשל לזוהר האור, ולכך אמרה כיון שאני צורך בעולם השפל כמו השמש לפעול בו ולהנהיגו ואני מלך כמוהו למה לא יהיה לי כתר בפני עצמי, שאם אין האור שלי צח כאור השמש מ"מ יהיה מעצמי ולא אקבל מאחר, ודבר הגון אמרה אמר לה הקב"ה לכי ומעטי את עצמך, כלומר סבורה את שהאור הזה בעצמו הבא לך מהשמש שיהיה כן תמיד, אין זאת, אלא בלכתך תהי מתמעטת, וזהו לכי ומעטי את עצמך

Esta é a maneira de entender o midrash de nossos Sábios... não é a intenção dos mesmos sugerir que no início a luz da Lua era tão grande quanto a do Sol. Na verdade, o significado de "os dois grandes luminares" é que tanto um quanto o outro foram criados na totalidade de suas formas, como era o caso em toda a Criação. O versículo então afirma "o grande luminar" para indicar que o Sol retém toda sua plenitude, e [diz], o "luminar menor" para indicar que a Lua não retém toda sua plenitude, mas é diminuída e esmorece durante o mês...

Além do mais, é incorreto dizer que a Lua e o Sol eram originalmente do mesmo tamanho; ao contrário, o tamanho de cada um no momento de sua criação era o mesmo de hoje em dia – um grande e o outro pequeno. O tamanho da Lua não foi diminuído; somente sua luz foi reduzida. O significado desta redução de luz é explicado: Quando a Lua viu que refletia a luz do Sol, mas não possuía a sua própria, ela disse [para Hashem], "É possível que dois monarcas dividam a mesma coroa?" A coroa é uma metáfora para a radiação de luz. Seu argumento era que ela não era menos necessária do que o Sol para conduzir o mundo inferior, ela também era uma rainha e portanto, deveria ter uma coroa [sua própria luz]. Se sua luz não era tão pura quanto a do Sol, deveria, pelo menos, ser sua própria e não uma recebida de outro... Hashem respondeu, "Vá, e se diminua." Ela se enganou em sua crença de que a luz recebida do Sol seria sempre constante; ela deveria "funcionar" se esmorecendo e crescendo [este era o papel que lhe foi entregue].

(Rabeinu Bachie, Números 28:15)

A Lua reconheceu que uma coroa não poderia ser dividida, que poderia haver somente um rei com muitos súditos, todos dependentes da beneficência do monarca; e ela sabia que era dependente do Sol para sua luz. A Lua "pensou" que em cada relação pode haver somente um que outorga e isto significava que ela não poderia ser uma soberana. Ela apresenta este dilema para Hashem, e Ele responde instruindo-a a se diminuir, para que não haja dois soberanos. Ela fica estupefata com esta decisão.

"Porque possuo autoconsciência, porque disse o que deveria ter sido dito, eu deveria ser reduzida? Por que eu devo me tornar '*katan*' (pequena)?* Onde está a justiça nisso?" Hashem tenta convencê-la que não há nenhuma diminuição em ser um receptor, que há uma mutualidade genuína, e portanto, igualdade, entre benfeitor e beneficiário. Ele pleiteia com ela que reconheça que é um grande luminar de qualquer forma, que não há defeito em seu brilho, nenhuma imperfeição em seu lustro. Mas, ela não se acalma. E então, seu brilho perfeito foi danificado pelo mesmo paradoxo que assombrou o relacionamento de Avraham e Lot:

אמר לה לכי ומשול ביום ובלילה אמרה ליה מאי רבותיה דשרגא
בטיהרא מאי אהני אמר לה זיל לימנו בך ישראל ימים ושנים
אמרה ליה יומא נמי אי אפשר דלא מנו ביה תקופותא... זיל ליקרו
צדיקי בשמיך {עמוס ז-ב} יעקב הקטן שמואל הקטן {שמואל א
יז-יד} דוד הקטן חזייה דלא קא מיתבא דעתה אמר הקב''ה
הביאו כפרה עלי שמיעטתי את הירח והיינו דאמר ר''ש בן לקיש
מה נשתנה שעיר של ראש חדש שנאמר בו {במדבר כח-יא} לה'
אמר הקב''ה שעיר זה יהא כפרה על שמיעטתי את הירח

Hashem tentou pacificar a Lua. "Você será visível tanto

---

*   Essa é precisamente a falha do curto reinado de Shaul, que não emergiu como um rei, mas que o reinado foi mecanicamente criado (vide prelúdio no Ato Um). Quando Shmuel tira Shaul do reinado, ele declara: "Embora pequeno (*katan*) aos seus próprios olhos, você não se tornou o líder das tribos de Israel" (Shmuel 1 15:17).

durante o dia quanto a noite [enquanto o sol será visível somente durante o dia].”

A Lua respondeu, “Qual é a vantagem de uma luminária na luz do dia?”

Ele disse a ela, “Israel irá basear seu calendário em você.”

Ela disse, “Mas Israel usará o Sol para determinar as estações do ano...”

Hashem disse, “Os virtuosos receberão seus nomes por você. Yaakov, Shmuel, e David serão chamados de *hakatan*, ʻo pequeno,ʼ assim como você.”

Vendo que ela não seria aplacada, Hashem disse: “Traga para Mim um sacrifício especial todo mês [a cada novo mês] para expiar a redução da Lua.” [Pois vemos que o cabrito oferecido como oferenda de pecado público] em Rosh Chodesh, a celebração da lua nova, é diferente. Somente lá é que a Torá afirma que a oferenda é “para Hashem” - como se Ele dissesse: “A oferenda do pecado de Rosh Chodesh expiará por Mim pela injustiça de reduzir a Lua.”

(Chulin 60b)

Como resultado de sua insistência que dois reis não podem dividir a mesma coroa - que o compartilhamento entre dois é impossível - o *malchut* dos corpos celestes é destruído, e nós lemos como o Sol e a Lua agora se tornam governantes de uma *memshalá* - uma dominação, ao invés:

וַיַּעַשׂ אֱלֹהִים אֶת שְׁנֵי הַמְּאֹרֹת הַגְּדֹלִים אֶת הַמָּאוֹר הַגָּדֹל לְמֶמְשֶׁלֶת הַיּוֹם וְאֶת הַמָּאוֹר הַקָּטֹן לְמֶמְשֶׁלֶת הַלַּיְלָה

E Hashem fez os dois grandes luminares: o grande,

para comandar a (*memshelet*) do dia e o pequeno para dominar a (*memshelet*) da noite.

(Gênesis 1:16)

O Guardião do Zoológico Cósmico

A "inabilidade" de Hashem de pacificar a Lua e Sua "necessidade" de uma expiação perpétua, sugere que as contradições envolvidas em compartilhar estão entremeadas no tear da Criação. Porque, na verdade, encontramos um padrão de igualdade e hierarquia, *malchut* se tornando *memshalá*, repetida na criação do Homem e da Mulher. A involução de *malchut* para *memshalá* começou com a divisão entre o Sol e a Lua, e continuou com a batalha dos sexos no mundo pós queda da humanidade. A primeira Mulher, que primeiro comeu do fruto da Árvore do Conhecimento (assim como a Lua "fala" em autoconsciência), é amaldiçoada a sofrer um relacionamento danificado com seu marido:

וְאֶל אִישֵׁךְ תְּשׁוּקָתֵךְ וְהוּא יִמְשָׁל בָּךְ

Você irá desejar seu marido, mas ele a irá dominar (*yimshol*).

(Gênesis 3:16)

Após o pecado, Homem e Mulher não são mais *melachim*. A Mulher irá desejar por um relacionamento de igualdade, por *ishá* (seu homem), mas terá um "*baal*" (um amo) ou um "*moshel*" (alguém que domina).[91] Se Hashem, Ele mesmo, "não consegue" resolver este paradoxo e pacificar a Lua, como é possível para o ser humano atingir *malchut*? Estamos condenados a ter somente *memshalá*?*

---

*   Tenha em mente que a Lua é o símbolo da dinastia de David. "*David,*

Há uma falha interna na Criação que leva ambas, a diminuição da Lua e a primeira Mulher a comer do Fruto Proibido. É a mesma falha que distancia Avraham de Lot, a base para o pecado. Considere a história do Jardim do Éden. O Primeiro Homem – Adam – é colocado no Jardim e lhe é dado absolutamente tudo que poderia precisar, inclusive uma esposa criada especialmente por D'us para ele. Sua reação quando foi pego comendo do Fruto é dizer:

וַיֹּאמֶר הָאָדָם הָאִשָּׁה אֲשֶׁר נָתַתָּה עִמָּדִי הִוא נָתְנָה לִּי מִן הָעֵץ וָאֹכֵל

E Adam disse, "A mulher que Você me deu para ficar comigo, me deu do fruto da árvore, e eu, comi."

(Gênesis 3:12)

Ao defender seu pecado, Adam implicitamente, culpa Hashem por suas ações - "Você me deu 'a mulher.' Então, é Sua culpa." E sob a acusação ecoa a mensagem oblíqua, "Eu não quero a mulher que Você me deu." E Hashem respondeu, "Ela foi criada como uma combinação perfeita para você, osso do seu osso, carne da sua carne," mas a referência de Adam à sua esposa como "a mulher que Você me deu" sutilmente revela qual teria sido sua resposta: "Verdade, mas Você a fez, não eu." A rejeição da Mulher e a rejeição do Éden são a mesma coisa – a rejeição dos presentes perfeitamente formados por Hashem. Os Sábios oferecem uma interpretação brilhante para a

---

melech Israel, chai vekayam" - "David, Rei de Israel, vive e está estabelecido" - é declarado mês a mês, durante a cerimônias de santificação do novo mês. Nesta mesma cerimônia, nós também rezamos para a restauração da Lua: "Que seja de Sua vontade, Senhor meu D'us e D'us de meus pais, consertar a deficiência da lua para que não mais seja diminuída. Que a luz da lua seja como a luz do sol e como a luz dos sete dias da Criação, como era antes de ser diminuída". O versículo afirma: "os dois grandes luminares." E então rezamos aqui para a restauração de *malchut* ao mesmo tempo em que rezamos pela restauração dos grandes luminares.

resposta de Adam:

אָמַר רַבִּי אַבָּא בַּר כַּהֲנָא וְאָכַלְתִּי אֵין כְּתִיב כָּאן, אֶלָּא וָאֹכֵל,
אָכַלְתִּי וָאֹכֵל

O versículo não diz *veachalti* (ואכלתי), que teria significado, "E eu comi." Em vez disso, diz *vaochel* (ואכל), [que significa] "Eu comi, e comeria novamente!"

(Gênesis Rabá 19, 12)

De acordo com o Midrash, é como se Adam estivesse dizendo: "Eu comi dela agora, e o faria novamente. Eu não quero viver em um mundo que é o Seu mundo. Você está me dizendo 'ele é todo para mim,'[92] mas ao mesmo tempo, Você me diz que não é realmente meu.[93] Para que seja realmente meu, tem que ser meu mundo, não Seu. Eu quero ser aquele que escolhe a esposa, aquele que planta um jardim. Não quero a esposa que Você me 'deu' ou o jardim que Você plantou!"

Adam ecoa o argumento oferecido pelo Serpente, a mais sutil e esperta das criaturas de D'us:

וְהַנָּחָשׁ הָיָה עָרוּם מִכֹּל חַיַּת הַשָּׂדֶה אֲשֶׁר עָשָׂה ה' אֱלֹהִים וַיֹּאמֶר
אֶל הָאִשָּׁה אַף כִּי אָמַר אֱלֹהִים לֹא תֹאכְלוּ מִכֹּל עֵץ הַגָּן

E o* Serpente era a mais ardilosa de todas as bestas selvagens que Hashem fez. Ele disse à Mulher, "D'us realmente disse a você que não comesse de nenhuma árvore do Jardim?"

(Gênesis 3:1)

O Serpente disse à Mulher, "É realmente verdade que não há nada

---

*   N.T Diz-se que era "o" Serpente e que andava, pois tinha pernas.

neste jardim que você possa comer?" ao que a Mulher respondeu:

וּמִפְּרִי הָעֵץ אֲשֶׁר בְּתוֹךְ הַגָּן אָמַר אֱלֹהִים לֹא תֹאכְלוּ מִמֶּנּוּ וְלֹא תִגְּעוּ בּוֹ פֶּן תְּמֻתוּן

"Nós temos permissão de comer do fruto das árvores do Jardim. Mas, Hashem comandou que não comêssemos do fruto da árvore que está no meio do Jardim, pois mesmo se somente tocarmos nela, morreremos."

(Gênesis 3:3)

"O que quer dizer com isso? A Mulher reage. "Podemos comer o que quisermos! Há somente uma árvore da qual não podemos comer, aquela no meio do Jardim."

"Ah," o Serpente responde, e ele insiste:

וַיֹּאמֶר הַנָּחָשׁ אֶל הָאִשָּׁה לֹא מוֹת תְּמֻתוּן כִּי יֹדֵעַ אֱלֹהִים כִּי בְּיוֹם אֲכָלְכֶם מִמֶּנּוּ וְנִפְקְחוּ עֵינֵיכֶם וִהְיִיתֶם כֵּאלֹהִים יֹדְעֵי טוֹב וָרָע

"Você certamente não morrerá. D'us sabe que no dia em que você comer dela, seus olhos se abrirão e você será como Ele, irá saber sobre o bem e o mal."

(Gênesis 3:4 - 5)

Com tal reação, o Serpente está dizendo, "Isto prova que não sou eu quem está enganado, mas, você. Não há verdadeiramente nada que você possa comer, pois nada é seu. Se o Jardim fosse realmente de vocês, Ele não iria colocar limites. Se Ele define o que vocês comem, então o Jardim é Dele. Vou lhe contar o que se passa de verdade aqui: Hashem está tentando lhes deixar na mão Dele, para os controlar. Sabe que se comerem da árvore, vocês serão independentes, como Ele, e Ele não deseja que isso aconteça. Esta é a razão para tal proibição. O mundo é para Ele, não para vocês. Vocês são os bichos de estimação Dele, que Ele alimenta quando quer. Nada é de vocês."

Baseando-se no Midrash, Nachmanides faz um comentário chocante sobre as palavras do Serpente:

ואם תאמר כחש לה הנה וַיֹּאמֶר ה' אֱלֹהִים הֵן הָאָדָם הָיָה כְּאַחַד
מִמֶּנּוּ לָדַעַת טוֹב וָרָע (להלן ג כב) וכבר אמרו (פירקא דרבינו
הקדוש בבא דשלשה טז) שלשה אמרו אמת ואבדו מן העולם
ואלו הן נחש ומרגלים ודואג האדומי

E se você disser que o Serpente mentiu para Chava, lembre-se [do versículo que diz] "O Senhor D'us disse, "Vejam que o Homem se tornou como um de nós, sabe sobre o bem e o mal" (Gênesis 3:22). Os Sábios já ensinaram (em Pirkei DeRabenu Hakadosh 3) que três colocaram a verdade e [no entanto] pereceram, e eles são: o Serpente, os espiões, e Doeg, o Edomita.

(Nachmânides, Gênesis 2.9)

O Serpente estava dizendo a verdade: a árvore proibida ofereceu sim uma chance de sair da gaiola. Hashem podia ser visto como um "zelador cósmico" e Adam e Chava, seus moradores, com Hashem os alimentando com aquilo que Ele escolhia. O Serpente argumentou, "Se D'us tivesse realmente intencionado dar-lhes algo que fosse seu, teria lhes dado o mundo sem limites. Na realidade, Ele está somente lhes dando comida nas suas gaiolas. Esta é a vida que vocês querem?"

Este, certamente, não era o tipo de vida que queriam. Sim, o Jardim era lindo, um habitat perfeito, mas era somente um "zoológico". "Eu comi," Adam diz, "e comeria novamente! Eu não quero que Você me dê tudo e me diga o que posso ou não comer. Não quero que importe uma noiva para mim para que eu possa gerar filhos para Você. Quem iria querer um papel desses? Por favor, pegue de volta a inteligência que me deu, e viverei contente como os outros animais. Mas, não brinque comigo!"

Aqui está a expressão mais precoce do problema ao qual nos referimos como *nahama dekissufa* - "o pão da vergonha." [94]

"Você me dá o pão," diz Adam, "mas isso é humilhante. Faz sentir-me insignificante. Para ser honesto, faz sentir-me um nada."

Os Sábios resumem o problema de forma sucinta:

אמר רב כהנא אדם רוצה בקב שלו מתשעה קבים של חבירו

Uma pessoa valoriza um *kav* (uma medida) do que é seu, mais do que nove *kavim* dados a ele por outra pessoa.

(Baba Metzia 38a)

Hashem responde a Adam na mesma medida. Primeiro, Ele coloca: "Você comerá o pão com o suor do seu rosto" (Gênesis 3:19).

"Okay, Adam, você quer fazer as coisas a seu modo – vá em frente," Hashem diz. "Você irá suar muito, Eu te prometo. Muito suor. Irá levar um tempo muito grande até o ponto em que você poderá entrar em uma loja para comprar um pedaço de pão.[*] Espero que você se divirta – pelo menos, quando chegar lá, tudo será seu. E enquanto faz este caminho, você irá preferir escolher sua esposa? Faça isso também. Vocês terão um relacionamento ótimo. Como Eu disse à sua esposa, 'Ele vai governar sobre você.' Veja o quão feliz será seu casamento. Não será divertido, mas, é o que realmente quer, não é?"

"Você diz que não gosta do jardim que Plantei. Então vá para outro lugar. Porque iria querer permanecer aqui? Afinal de contas,

---

[*] A única solução real para a maldição de Edom é fazer com que o mundo provenha para você. Isto é *malchut*. Veja a observação de Ben Zomá citada no primeiro interlúdio do primeiro ato, "Sobre Alimento, Relacionamentos e *Malchut*."

tudo funciona aqui, e você não quer isso, não é mesmo? Vá em frente, comece do zero. Faça do seu jeito."

Com estas palavras, a humanidade é exilada do Gan Eden, para iniciar sua jornada milenar de volta.

Parece que Adam estava correto. Como Hashem poderia ter esperado que Adam e Chava reagissem de outra maneira? Na verdade, a história inteira parece uma "cilada", uma condição da Criação da qual não seria possível escapar. O desejo pela independência, por conseguir as coisas por si mesmo, existe desde antes de eles comerem do Fruto Proibido, mas, era também um requerimento para a criação da Mulher. Olhemos mais atentamente para os versículos que descrevem a reação de Adam diante da criação de Chava:

וַיֹּאמֶר הָאָדָם זֹאת הַפַּעַם עֶצֶם מֵעֲצָמַי וּבָשָׂר מִבְּשָׂרִי לְזֹאת יִקָּרֵא אִשָּׁה כִּי מֵאִישׁ לֻקֳחָה זֹּאת: עַל כֵּן יַעֲזָב אִישׁ אֶת אָבִיו וְאֶת אִמּוֹ וְדָבַק בְּאִשְׁתּוֹ וְהָיוּ לְבָשָׂר אֶחָד

E Adam disse, "Desta vez é osso do meu osso e carne da minha carne. Esta se chamará Mulher / *ishá*, pois foi tirada do Homem / *ish*." Portanto, um homem deixará a casa de seu pai e de sua mãe para se apegar a sua mulher, e eles se tornarão uma só carne.

(Gênesis 2:23 - 24)

Estes versículos descrevem a situação anterior a de comer do Fruto Proibido. Contudo, a Torá afirma que como consequência da criação da Mulher, o Homem, por conseguinte, terá de deixar a casa de seus pais para se juntar a sua esposa. Nos é dito que a busca pela Mulher requer a perda da segurança, que demanda o abandono do aconchego familiar, para que um indivíduo por si só descubra seu próprio destino. Este versículo, paradoxalmente, apoia a contenção de Adam mais tarde de que precisava rejeitar a segurança no Éden para buscar sua própria identidade de forma independente.[*]

A Dor da Gratidão

Esta necessidade por independência foi a calamitosa causa da falha do Sinai também. Lembremos que de acordo com o Talmud, Hashem ameaçou enterrar Israel debaixo do Sinai se o povo se recusasse a aceitar a Torá (veja Shabat 88a). Novamente, no maior encontro entre Hashem e a humanidade, nós confrontamos esta tensão essencial entre independência e relacionamento. D'us, mais uma vez, age como o "zelador cósmico do zoológico", obrigando Israel a aceitar a Torá. O povo Judeu não escolhe este pacto livremente; não tem a chance de exercitar sua independência recém conquistada, como resultado do Êxodo. Ao contrário, Hashem impõe um sistema de ordem. A reação da maioria das pessoas a isto é: "Para que preciso disso? Alguém está invadindo minha vida, me ameaçando com o fogo do inferno se eu 'cometer erros', segurando recompensas na minha frente a fim de me induzir a fazer 'o correto' e me prometendo retribuição em um futuro vago e distante, quando tudo que eu quero é que me deixem em paz para aproveitar minha vida neste mundo. Minha vida – este é o ponto principal. Não a vida de outra pessoa. Então por que alguém está tentando tirar isso de mim, me capturando, quebrando meu espírito, e me colocando neste zoológico?" No Sinai, Israel se sentiu exatamente como Adam no Jardim:

תנו רבנן {דברים ה-כט} מי יתן והיה לבבם זה להם אמר להן
משה לישראל כפויי טובה בני כפויי טובה בשעה שאמר הקדוש
ברוך הוא לישראל מי יתן והיה לבבם זה להם היה להם לומר
תן אתה כפויי טובה דכתיב {במדבר כא-ה} ונפשנו קצה בלחם
הקלוקל בני כפויי טובה דכתיב {בראשית ג-יב} האשה אשר
נתתה עמדי היא נתנה לי מן העץ ואוכל

---

[*]   Da mesma forma que *olam chessed yibanê* (Salmos 89.3), um versículo que afirma que a base da Criação é um elemento que destrói relacionamentos – *chessed* – apoia o argumento de Lot.

"Quem pode assegurar que os corações deles permanecerão firmes? [para temer-Me e cumprir todos os Meus mandamentos para todo o sempre]" (Deuteronômio 5:26) – [Ao dizer isso] Moisés disse a Israel, "Ingratos, filhos de ingratos! Quando Hashem perguntou a vocês, 'Quem pode assegurar que seus corações ficarão firmes?' vocês deveriam ter dito, 'Você pode garantir isso!" [Nós vemos que eles foram ingratos em sua atitude com relação ao *maná*,] sobre o qual disseram, "Nossas almas estão enojadas por este pão insalubre" (Números 21:5); [e vemos que eram os] filhos dos ingratos, pois está escrito [que Adam disse a Hashem], "A mulher que Você me deu, foi ela que me deu da árvore e eu comi" (Gênesis 3:12).

(*Avodá* Zará 5a)

Esta passagem do Talmud cita Moisés falando ao final de sua vida, enquanto ele revisa seus longos anos de liderança. Em seu discurso, ele retorna à cena influente do Sinai. É aqui, diz ele, que Israel teve sua maior falha. Quando Hashem refletiu, "Quem pode assegurar que seus corações permanecerão firmes, para Me temer e cumprir Meus mandamentos para todo o sempre? Israel não respondeu. Por algum motivo. Moisés vê esta reação como uma expressão de ingratidão – *kefiyut tová* – que se origina da ingratidão de Adam. A conexão não é casual: Moisés afirma que Israel não respondeu no Sinai pela mesma razão pela qual Adam rejeitou Chavá. Se Hashem tivesse que ajudá-los a sentir o que deveriam, então teria sido Hashem, não o povo, que teria agido. Israel preferiu não abrir seu coração para um coração aberto de Hashem. E este é precisamente o argumento usado por Adam: ele preferia não ter uma esposa do que ter uma escolhida por D'us, não importando o quão compatível ela era.

Uma única palavra descreve a ruptura no Sinai: *kafá* (כפה). O Talmud usa esta expressão para descrever como D'us "segurou a montanha sobre eles" (***kafá aleihem hahar***), mesmo que seja um falso cognato da palavra *kafui* (כפוי), usada no termo *kafui tová* (כפוי טובה), comumente traduzido como "ingrato." Não obstante, o sentido literal é totalmente oposto. Significa "destruído ou curvado pelo bem." Nas palavras de Tossafot:[95]

לכך קראם כפויי טובה שלא רצו לומר אתה תן לפי שלא היו
רוצים להחזיק לו טובה בכך

Ele os chamou de *kefuyei tová*, porque a razão pela qual eles não queriam dizer para Hashem "Você garanta [a firmeza do nosso coração]" foi porque não queriam estar em débito com Ele.

(Tossafot, *Avodá* Zará 5a)

Tossafot explica que eles não desejavam que Hashem fortalecesse seus corações, pois não queriam estar endividados com Ele: sentiram o peso da gratidão tão fortemente que não queriam ter parte na mesma. Eles estariam destruídos caso aceitassem a bondade Divina, se tornando receptores dependentes. Isto tudo nos traz de volta ao ciclo completo da ruptura do relacionamento entre Avraham e Lot.

O que acontece é que a fuga de Lot para Sodoma foi além de uma separação pontual dentro de uma família, ou ainda, um conflito interno dentro do movimento original de Avraham. Foi, na verdade, uma tentativa em vão de resolver problemas de base da Criação,[*] que levaria séculos de desenvolvimento até que Ruth chegasse com soluções para estes dois problemas primários – o pão da vergonha e o relacionamento prejudicado entre Homem e Mulher. Sob sua influência (de Ruth), Beit Lechem foi transformado de uma versão

---

[*] Da mesma forma que a fuga de Elimelech foi uma tentativa em vão de descobrir *malchut*.

antiga de Sodoma para o local do surgimento de *malchut*. Ela reintegrou Lot à família de Israel e fez dele uma parte integral do futuro messiânico. Em seu relacionamento com Boaz, ela ressignificou não somente o sentido do que é ser um receptor de bondade, mas também, o que significa ser uma mulher. Continuaremos com o segundo ato para descobrir como ela atingiu isso.

Cena Um

וּלְנָעֳמִי (מִידָע) מוֹדַע לְאִישָׁהּ אִישׁ גִּבּוֹר חַיִל מִמִּשְׁפַּחַת אֱלִימֶלֶךְ וּשְׁמוֹ בֹּעַז

1. Naomi tinha um parente pelo lado de seu marido, um homem de respeito, da família de Elimelech, e seu nome era Boaz.

É interessante observar que o capítulo inicia dando ênfase à relação entre Boaz e Naomi. Ele é identificado como pertencente "a família de Elimelech," e no entanto, neste contexto específico, ele é chamado de *modá leishá*- "um parente de seu marido" - nos alertando para o fato de que Naomi é a força motriz desta história.

O termo *moda leishá* é uma combinação de palavras potente. Anteriormente, já discutimos o amor e intimidade implicados pela palavra *ishá* "o homem dela."[96] A palavra *modá* tem uma conotação parecida:

היה אוהבו של בעלה ובן דודו

Ele [Boaz] era íntimo [literalmente, o que amava] seu [falecido] marido, e era [também], seu sobrinho.

(Midrash Zuta, Ruth 2)

O Midrash define o relacionamento com Boaz em termos de amor,[97] colocando então uma busca pelo amor verdadeiro e culminando com o nascimento do rei que recebeu seu nome por amor – o primeiro ingrediente de *malchut*. Que este versículo tem como função servir de uma introdução fica claro quando olhamos adiante.

O personagem introduzido aqui, Boaz, não aparece novamente até o versículo 4. Depois de introduzi-lo, o capítulo continua como se ele nunca tivesse sido mencionado, o que sugere que o versículo serve para definir o contexto, mais do que os eventos, da história: O leitor, neste ponto, deve saber que há um *goel*, um redentor, que não irá somente restabelecer a propriedade de Elimelech para Naomi, mas também, redimir seu casamento através de seu relacionamento com Ruth. Cada evento que se segue é desencadeado por este fato, que é introduzido neste versículo.

Contudo, este fato não é exatamente um fato! Já percebemos que Boaz não é o nome verdadeiro do homem sobre o qual o versículo fala[98] – ele é, na verdade, o juiz Ivtzan.[99] Parece que o autor da Meguilá, quer que além de sabermos que os fatos a seguir são parte de um processo de redenção, que o redentor teve seu nome mudado. Tudo o que ocorre posteriormente, deve ser visto neste contexto. Ivtzan agora é chamado de Boaz, que literalmente significa nele está *oz* – veemência, ferocidade; *chutzpá*."[100] Ao olharmos para o versículo através dos olhos do Midrash, vemos que quando Naomi e Ruth entram em Beit Lechem, o líder de Yehuda, mudou seu nome e sua persona. O Talmud Yerushalmi explica a fonte desta transformação fundamental:[101]

וכתיב ותהום כל העיר עליהם ואיפשר כן כל קרתא מתבהלה בגין נעמי על עליבתא אלא אשתו של בועז מתה באותו היום עד כל עמא גמל חסדא נכנסה רות עם נעמי ונמצא זו יוצאת וזו נכנסת

O versículo afirma, "A cidade inteira estava em polvorosa por causa delas" (Ruth 1:19). É possível que uma cidade inteira esteja em comoção por causa do reaparecimento de Naomi, uma pobre mulher? Na verdade, a cidade estava movimentada devido ao fato de ter sido o funeral da esposa de Boaz, que havia falecido naquele dia, e todos haviam comparecido. Naquele momento, Ruth entrou com Naomi, o resultado de uma que entrou e outra que se foi.

(Yerushalmi Ketubot 2b)

O Talmud Yerushalmi diz que os cidadãos de Beit Lechem estavam na periferia da cidade porque haviam comparecido ao funeral da esposa do juiz Ivtzan. Ruth e Naomi chegam justamente quando Ivtzan se vê diante da perda final em uma vida de tragédia.

דאמר רבה בר רב הונא אמר רב מאה ועשרים משתאות עשה בעז לבניו שנאמר {שופטים יב-ט} ויהי לו שלשים בנים ושלשים בנות שלח החוצה ושלשים בנות הביא לבניו מן החוץ וישפט את ישראל שבע שנים... תאנא וכולן מתו בחייו

Boaz fez cento e vinte banquetes para seus filhos, como diz o versículo, "E ele tinha trinta filhos e trinta filhas, a quem havia mandado para fora do país, e trouxe trinta esposas para seus filhos, e julgou Israel por sete anos" (Juízes 12:9) ... Boaz viu todos os seus filhos morrerem.

(Baba Batra 91a)

Ivtzan tinha sessenta filhos, trinta genros e trinta noras. Ele celebrou cento e vinte festas de casamentos com banquetes, uma para cada filho em sua própria casa e uma na casa dos pais de seus genros e noras. Toda sua família morreu durante sua vida, e ele foi a cento e vinte funerais. No dia em que Ruth e Naomi chegaram, ele havia comparecido ao último.

Naquele momento, ao perder todo e qualquer vestígio de sua vida passada, cada elemento que o amarrava a uma velha identidade, Ivtzan está pronto para se transformar. Jogar fora tudo o que o havia definido até então, e se tornar Boaz, o destemido. As duas chaves para a criação de *malchut* – Ruth, por um lado, e Ivtzan agora Boaz, por outro – entram em Beit Lechem no mesmo momento. Para preparar o caminho para *malchut*, Israel teria que escapar da tirania de velhos paradigmas e corajosamente abraçar algo inteiramente novo.*

A importância da transformação de Boaz é mais tarde imortalizada por Shlomo. Dois pilares são colocados em frente ao Santuário do Templo – um, foi chamado de Yachin, o outro, Boaz.

וַיָּקֶם אֶת הָעַמֻּדִים לְאֻלָם הַהֵיכָל וַיָּקֶם אֶת הָעַמּוּד הַיְמָנִי וַיִּקְרָא
אֶת שְׁמוֹ יָכִין וַיָּקֶם אֶת הָעַמּוּד הַשְּׂמָאלִי וַיִּקְרָא אֶת שְׁמוֹ בֹּעַז

Ele ergueu dois pilares diante da entrada do Santuário. Ele ergueu o pilar direito, e o chamou de Yachin, e ergueu o segundo, e o chamou de Boaz.

(Reis I, 7:21)

Yachin significa estabelecido, tradicional, e o que é honrado há muito tempo – o oposto de Boaz. Yachin e Boaz: o tradicional e o radical. Estes dois pilares refletem o reconhecimento de que a criação de *malchut* e um centro nacional requerem ambas qualidades: somente através da criteriosa aplicação de *chutzpá* e a disposição para inovar podem fazem com que valores veneráveis perdurem através dos tempos. Somente quando ambos interagem, é que a Presença Divina passa a residir em meio a Israel.

Ivtzan-Boaz é preparado para dar início a uma revolução, a ele escolheu-se um nome que expressasse este compromisso. Boaz é, em um sentido muito verdadeiro, a nom de guerre: ele entra na Meguilá preparado para a batalha. Ele é o líder de uma sociedade que se tornou retraída, limitada, e de pensamento estreito; uma sociedade que não está disposta a cogitar novas ideias ou se engajar com o mundo. Beit

---

*   Boaz é descendente de Peretz, cujo nome significa "ruptura"!

Lechem se tornou um antro de intolerância e preconceito – como Ruth e Naomi descobriram quando enfrentaram toda a fúria desta intolerância.[102] É uma nova Sodoma, caracterizada pela xenofobia. Tais comunidades se definem como exclusivas ao invés de inclusivas. Sua identidade depende de saberem o que não são.* Boaz reconhece que esta sociedade está condenada, fadada a uma espiral de ódio que a levará à ruína e a uma inabilidade de responder aos desafios. Com nada a perder, ele se livra de sua velha identidade e assume um nome que claramente anuncia suas intenções.

O Midrash aponta para um drama de identidade latente na aparente e superficial tranquilidade da Meguilá. No momento em que Ivtzan perde o último vestígio de sua vida anterior e sente uma necessidade desesperadora por uma mudança revolucionária, Ruth entra na cidade. Todos os ingredientes para uma metamorfose estão agora reunidos. Boaz está livre. Sua esposa se vai no momento em que Ruth chega, no momento em que ele percebe que a sociedade da qual é líder, está podre por dentro. Como juiz, é sua responsabilidade liderar uma revolução. Para conseguir isso, torna-se Boaz.

וַתֹּאמֶר רוּת הַמּוֹאֲבִיָּה אֶל נָעֳמִי

2. Ruth, a Moabita diz a Naomi,

Novamente, ela é identificada como a Moabita, ligando este momento, quando está quase se aventurando em Yehudá pela primeira vez, com o momento de sua chegada a Beit Lechem, no final deste primeiro ato. Sua incursão em Israel será como Ruth, a Moabita, com tudo o que esta descrição traz.[103] É também um grande indicativo da extensão de sua alienação: Depois de jurar "Seu povo será meu povo" (1:16), Ruth se sente extremamente forasteira. Nem ela, nem

---

* Nestas comunidades, identidade é definida como competição. Nós desenvolveremos esta ideia mais profundamente, ao procedermos com a história.

Naomi receberam visitas; nenhuma cesta de boas-vindas foi enviada. Absolutamente ninguém demonstrou um mínimo de compaixão por sua sogra, em seu estado de humilhação. Estão sozinhas e com fome em sua tenda. Há uma razão pela qual o versículo diz que Ruth fala com "Naomi", e não com "sua sogra." Diante deste drama terrível, Ruth não sente que pode falar de seu relacionamento familiar. Percebemos aqui, a distância que sente de sua sogra.*

אֵלְכָה נָּא הַשָּׂדֶה וַאֲלַקֳטָה בַשִׁבֳּלִים

"Posso, por favor, ir aos campos, e recolher os grãos que caem no solo

Ruth fala com hesitação: "Posso, por favor." Naomi era a antiga decana da aristocracia de Beit Lechem. Ruth não pode dizer diretamente que elas estão enfrentando a dura realidade da fome e precisarão vasculhar e catar comida com os outros pobres, para evitar a fome.** Tudo o que consegue dizer é, "Você acha que está bem se eu

---

* Há um sentido mais profundo nisso, que entenderemos mais tarde, no comentário e nas notas de rodapé do versículo 20.

** Isto talvez possa ser melhor entendido no contexto de uma história contada no Talmud (Guitin 56a) com relação a Marta bat Baitos, a nobre mais rica em Jerusalém na época da destruição do Segundo Templo. O Talmud descreve como a cidade estava sitiada e havia uma fome terrível, e portanto, era inconcebível que uma pessoa tão rica quanto Marta poderia ter sido deixada sem comida. Ela enviou um servo ao mercado para que comprasse farinha fina, mas o mesmo retornou de mãos vazias, dizendo que havia somente farinha integral à disposição. Ela o enviou novamente ao mercado e pela segunda vez, o servo voltou de mãos vazias. Disse que agora havia farinha de cevada, e ela o enviou uma terceira vez. E novamente voltou de mãos vazias. A priori, o comportamento do servo parece insolente, até que consideremos o seguinte cenário. Imaginemos que há uma falta de comida séria hoje. Você é rico e envia seu mordomo ao supermercado para comprar comida, e a única coisa na prateleira é comida de gato. Você acredita que o mordomo teria a petulância de trazê-la sem o seu consentimento? A mera menção da possibilidade de comprar tal comida seria um descaramento.

for procurar um pouco de grãos, por favor?" Ela está com medo por Naomi, medo de que isto a deixe completamente quebrada. Naomi tinha estado desesperada para voltar a Beit Lechem. Tinha ouvido falar sobre uma *pekidá*, um sinal de memória e cuidado.[104] Ruth entende que todas as esperanças de Naomi foram frustradas em um espaço de uma semana.

אַחַר אֲשֶׁר אֶמְצָא חֵן בְּעֵינָיו

"atrás de alguém em cujos olhos eu encontre favor."

Mesmo neste momento de crise, Ruth não irá em busca de alimento em qualquer campo. Apesar de estarem muito próximas a passar fome, caridade não é seu primeiro objetivo. Ela insiste em obter os grãos de alguém capaz de *metziat chen* (מציאת חן), encontrando "graça" em um relacionamento.*

וַתֹּאמֶר לָהּ לְכִי בִתִּי

Ela disse a ela, "Vá, minha filha."

O uso do termo carinhoso *biti*, minha filha, contrasta diametralmente com o medo de Ruth de sequer pensar em Naomi como sua sogra. Mas, Naomi a reassegura de tal intimidade e Ruth não precisa sentir-se responsável pelo seu sofrimento; os sentimentos de Naomi para com Ruth não mudaram em nada.

Nossas expectativas definem o que toleramos. Ruth acreditava que Naomi não seria capaz de se adaptar a ideia de implorar, então ela introduziu a ideia cautelosamente a fim de obter a aprovação da mesma.

* O *chen* (חן), graça do relacionamento é uma qualidade espontânea. Portanto, é sempre uma *metziat chen* (מציאת חן) como em *matzati chen beeinecha* (מצאתי חן בעיניך) (Gênesis 18:3 e muitos outros). Uma *metziá* (מציאה), como você deve se recordar, se refere a descoberta de algo inesperado. Este termo é discutido no prelúdio do primeiro ato.

וַתֵּלֶךְ וַתָּבוֹא וַתְּלַקֵּט בַּשָּׂדֶה אַחֲרֵי הַקֹּצְרִים

3. Então ela se foi, e retornou, e ela apanhou o grão do campo, atrás dos ceifadores.

As duas primeiras palavras do versículo são difíceis de serem traduzidas. Seu puro sentido é simples o bastante. "Ruth foi [em busca de comida], e ela retornou [de volta a casa]." O problema é que o versículo continua com as palavras "e [ela] apanhou [o grão] no campo," palavras que deveriam estar entre "ela foi" e "ela voltou." O versículo deveria ser "ela foi em busca de comida, juntou os grãos no campo, e depois retornou." Dizer que ela voltou para casa e depois dizer que juntou comida não faz sentido. O Talmud e o Midrash oferecem uma explicação comovente para esta estranha inversão na ordem das palavras.

אמר רבי אלעזר שהלכה ובאת הלכה ובאת עד שמצאה בני אדם
המהוגנין לילך עמהם

Ruth repetidamente foi ao campo e retornou a casa sem ter conseguido nenhuma comida, até que encontrou pessoas adequadas a quem pode acompanhar [literalmente "andar junto"].

(Shabat 113b)

Ruth saiu em busca de um campo adequado no qual pudesse conseguir comida. Lembremo-nos que procurava encontrar "favor aos olhos de outros" - *chen*. Isto era mais importante para ela do que a comida propriamente dita, e o Talmud conta que por este motivo ela não escolheu qualquer campo. Insistia em encontrar pessoas que fossem como Naomi, pessoas com quem pudesse "andar junto." Ela saiu da cabana, buscou sem sucesso, voltou para casa, e saiu novamente em busca de um lugar de *chen*, até que finalmente se deparou com o que procurava – o campo de Boaz.

O Midrash oferece outra explicação para a ordem das palavras do versículo, uma que também ressalta a vulnerabilidade e alienação de Ruth:

רַבִּי יְהוּדָה בְּרַבִּי סִימוֹן אָמַר הִתְחִילָה מְסַיֶּמֶת לְפָנֶיהָ הַדְּרָכִים

Ruth começou a marcar o caminho [com pedras].

(Ruth Rabá 4, 4)

Ela saiu de sua cabana hesitante, com cuidado. Nós sentimos aqui, seu medo do desconhecido, medo do que pudesse lhe acontecer. Ela é a Moabita leviana, uma mulher bonita* e vulnerável, sem um protetor, em um lugar totalmente estranho onde tudo podia acontecer. Poderia ser abusada, estuprada ou morta. Por medo de se perder, deixa pedras no caminho, marcando com cuidado as rotas para os campos a fim de saber o caminho de volta para casa. Quando as pedras acabam, ela relembra seus passos indo e vindo. Ela repete isso até encontrar um campo que a satisfaz, e a apreensão que sente para encontrar um local onde possa sentir *chen*, além de sua ansiedade por sua integridade física, produzem um terror palpável.

וַיִּקֶר מִקְרֶהָ חֶלְקַת הַשָּׂדֶה לְבֹעַז אֲשֶׁר מִמִּשְׁפַּחַת אֱלִימֶלֶךְ

Eis que assim foi, que ela se viu em um campo pertencente a Boaz, da família de Elimelech.

A Meguilá está sendo irônica? "Eis que assim foi"? Foi qualquer coisa menos um acidente! Por último, foi a escolha consciente de Ruth. Como vimos, ela buscava "graça" aos olhos de alguém, um lugar onde pudesse sentir o calor da aceitação e o potencial para um

---

* Como veremos a seguir.

relacionamento. E sentiu isso no campo de Boaz. Este também foi um ato dramático da Divina Providência, pois Ruth foi guiada ao local exato onde precisava estar. Por que então a frase "eis que assim foi"?

Além do mais, *mikrê* – acaso – é uma palavra código para o arqui-inimigo de Israel – a nação conhecida como Amalek. É o termo chave usado pela Torá em sua descrição do ataque surpresa de Amalek a Israel:

זָכוֹר אֵת אֲשֶׁר עָשָׂה לְךָ עֲמָלֵק בַּדֶּרֶךְ בְּצֵאתְכֶם מִמִּצְרָיִם: אֲשֶׁר **קָרְךָ** בַּדֶּרֶךְ וַיְזַנֵּב בְּךָ כָּל הַנֶּחֱשָׁלִים אַחֲרֶיךָ וְאַתָּה עָיֵף וְיָגֵעַ וְלֹא יָרֵא אֱלֹקִים: וְהָיָה בְּהָנִיחַ ה׳ אֱלֹקֶיךָ לְךָ מִכָּל אֹיְבֶיךָ מִסָּבִיב בָּאָרֶץ אֲשֶׁר ה׳ אֱלֹקֶיךָ נֹתֵן לְךָ נַחֲלָה לְרִשְׁתָּהּ תִּמְחֶה אֶת זֵכֶר עֲמָלֵק מִתַּחַת הַשָּׁמָיִם לֹא תִּשְׁכָּח

Lembrem-se do que Amalek fez a vocês ao saírem do Egito, que ele *karchá* (esfriou) vocês no caminho e os atacou aos retardatários e fracos. Vocês ficaram exaustos e desfalecidos, e ele[105] não temeu a Hashem. E será quando Hashem lhes der descanso dos seus inimigos na terra que Hashem lhes deu como herança, vocês irão extirpar a memória de Amalek da face da terra – não se esqueçam!

(Deuteronômio 25:17-19)

Então por que a frase – *vayiker mikrêha* – que faz uma alusão ao mais sinistro e constante inimigo de Israel, faz uma aparição aqui, exatamente neste trecho? A palavra *mikrê* captura a visão de mundo de Amalek, que se baseia na crença de que os processos aleatórios que conduzem a uma Criação evolutiva são sem cuidados.[106] A metáfora para esta filosofia é *keri* (קרי), um cognato para *mikrê* (מקרה)-acaso-um termo que comumente se refere a emissão de sêmen. A ligação entre os dois termos revela o argumento implícito de Amalek: a informação genética contida nas células espermáticas é distribuída aleatoriamente. A reprodução e a criação procedem através de uma quantidade incalculável de contingência e desperdício. Amalek vê nisso uma expressão da falta de atenção de Hashem, uma falta de Presença Divina na Criação. Israel, no entanto, entende *keri* (קרי) como um anagrama para *yakar* (יקר), que significa precioso, algo que é de inestimável valor e distinção. Quem não fica estarrecido pela extrema magnitude e complexidade de informação contida em uma única célula espermática? Cada uma é o resultado de um grande processo de desenvolvimento e seleção, um símbolo da incomensurável vastidão do potencial de vida. Para Israel, a aleatoriedade é a engrenagem da Criação, pois não se trata de um processo mecânico, mas sim, espontâneo. Isto explica um comentário chocante dos nossos Sábios:

אָמַר רַבִּי יוֹחָנָן כָּל הָרוֹאֶה אוֹתָהּ מֵרִיק קֶרִי

Qualquer homem que a visse [Ruth], teria uma emissão (*keri*).

(Ruth Rabá 4.4)

O Midrash descreve Ruth como sendo tão bela que todo homem que a via, ficava sexualmente estimulado. O uso desta palavra, portanto, sugere que Ruth "apareceu" no campo de Boaz, causando um momento de *keri* genuíno. Contudo, o que isto implica? Que Ruth estava procedendo de uma aceitação da aleatoriedade, do caos primordial que permanece o princípio operativo da Criação contínua.[107] Ela rejeitou a automaticidade. Viveu permitindo que o que precisava acontecer, acontecesse. Não planejou, nem tampouco manipulou. Somente buscou aquilo que sabia que precisava – o *chen* de um relacionamento e o mesmo tipo de brilho que via em Naomi. Não ia a algum lugar se o mesmo não a remetesse ao que a havia feito se juntar a Israel. Então, como foi visto acima, ela "vinha e ia," se movimentando de um lado para outro entre a tenda que dividia com Naomi e os campos de Beit Lechem, na esperança de encontrar *chen*. O resultado é que "Eis que assim foi" que ela terminou em "um campo de posse de Boaz, da família de Elimelech" - precisamente onde precisava estar.

Esta abertura para a aleatoriedade, para a falta de controle, é essencial para o desenvolvimento de *malchut*. No prelúdio do primeiro ato, foi declarado que *malchut* resulta de uma matriz caótica e complexos relacionamentos. Neste sentido, *malchut* é evolucionário. *Memshalá*, por outro lado, resulta da imposição da autoridade e da formação de relacionamentos artificialmente manufaturados – por medo de keri. Neste sentido, *memshalá* é maquinalmente engendrada. *Malchut* tem relação com o mundo como é; *memshalá* manipula o mundo para refazê-lo a sua própria imagem. Vagando pelos campos desordenadamente, "indo e vindo," Ruth "acontece" de encontrar o lugar exato onde precisava estar, sem nenhuma imposição do mundo.

וְהִנֵּה בֹעַז בָּא מִבֵּית לֶחֶם

4. Eis que foi então que Boaz chegou de Beit Lechem.

A palavra *vehine* - "eis que foi assim" - evoca um acontecimento momentâneo. No momento em que "eis que foi assim, que você sabia?" Boaz chega em seu campo pela primeira vez em uma semana! Os Sábios dizem que ele acabara de se levantar da *shivá* por sua esposa[108] e foi reassumir seus negócios. Mais significativo ainda, é o fato de estar livre para formar um novo relacionamento. Está pronto para encontrar Ruth, no momento em que chega.[109]

וַיֹּאמֶר לַקּוֹצְרִים ה' עִמָּכֶם וַיֹּאמְרוּ לוֹ יְבָרֶכְךָ ה

Ele cumprimentou os apanhadores, "D'us esteja com vocês," e eles responderam, "Que D'us o abençoe."

Este versículo contém a única conversa de ocasião na Meguilá. Por que precisamos escutar como Boaz saudou seus ajudantes do campo? Parece que devemos perceber que ele o fez, que não é a saudação comum *Shalom Aleichem*, mas usou, ao invés, uma forma mais rápida e fácil do nome de Hashem. O Talmud acredita que esta saudação seja altamente significativa e que é a chave para a transformação de Ivtzan. A Meguilá registra a saudação por ser a promulgação de um novo e revolucionário decreto de Boaz:

והתקינו שיהא אדם שואל את שלום חברו בשם שנאמר {רות
ב-ד} והנה בעז בא מבית לחם ויאמר לקוצרים ה' עמכם ויאמרו
לו יברכך ה' ואומר {שופטים ו-יב} ה' עמך גבור החיל ואומר
{משלי כג-כב} אל תבוז כי זקנה אמך ואומר {תהילים קיט-
קכו} עת לעשות לה' הפרו תורתך רבי נתן אומר הפרו תורתך
משום עת לעשות להשם

[Como um resultado de um estado de espontaneidade] eles promulgaram uma reforma na qual as pessoas deveriam se cumprimentar usando o nome de Hashem, como está dito, "Eis que foi então que Boaz chegou de Beit Lechem. Cumprimentou os apanhadores, 'D'us esteja convosco,' e eles responderam, 'Que D'us o abençoe'" (Ruth 2:4). [Esta inovação é apoiada pelo cumprimento dos anjos a Guidon], "D'us esteja com vocês, homens de valor!" (Juízes 6:12). [Além do mais], há outro versículo que diz, "Apesar de sua mãe estar envelhecida, não a despreze" (Provérbios 23:22) [ex. A inovação de que Boaz não deveria ser desprezado por ser um sábio e ter atitudes baseadas nas Escrituras]. Pois, o versículo diz, "É hora de agir por D'us; eles abandonaram sua Torá" (Salmos 119:126).*

(Berachot 54a)

---

*   Este versículo nos ensina que podem haver estados de espontaneidade tão extremos que podemos até mesmo violar um princípio da Torá para que possamos assegurar um outro.

Havia realmente um estado de espontaneidade. Boaz estava consciente da intolerância desenfreada envenenando Israel, demonstrada em todo o seu potencial na chegada de Ruth e Naomi a Beit Lechem. Esta foi, em parte, a razão pela qual mudou seu nome. Com o poder a ele investido como juiz e líder do San'hedrin, decretou uma nova e controversa prática: cada Judeu deveria cumprimentar seu próximo com as palavras "D'us esteja convosco," pronunciando o verdadeiro nome de Hashem. Baseou esta inovação em uma conversa entre um anjo e um de seus predecessores, o juiz Guidon:

וַיָּבֹא מַלְאַךְ ה' וַיֵּשֶׁב תַּחַת הָאֵלָה אֲשֶׁר בְּעָפְרָה אֲשֶׁר לְיוֹאָשׁ אֲבִי
הָעֶזְרִי וְגִדְעוֹן בְּנוֹ חֹבֵט חִטִּים בַּגַּת לְהָנִיס מִפְּנֵי מִדְיָן : וַיֵּרָא אֵלָיו
מַלְאַךְ ה' וַיֹּאמֶר אֵלָיו ה' עִמְּךָ גִּבּוֹר הֶחָיִל : וַיֹּאמֶר אֵלָיו גִּדְעוֹן בִּי
אֲדֹנִי וְיֵשׁ ה' עִמָּנוּ וְלָמָּה מְצָאַתְנוּ כָּל זֹאת וְאַיֵּה כָל נִפְלְאֹתָיו אֲשֶׁר
סִפְּרוּ לָנוּ אֲבוֹתֵינוּ לֵאמֹר הֲלֹא מִמִּצְרַיִם הֶעֱלָנוּ ה' וְעַתָּה נְטָשָׁנוּ ה'
וַיִּתְּנֵנוּ בְּכַף מִדְיָן : וַיִּפֶן אֵלָיו יְהֹוָה וַיֹּאמֶר לֵךְ בְּכֹחֲךָ זֶה וְהוֹשַׁעְתָּ אֶת
יִשְׂרָאֵל מִכַּף מִדְיָן הֲלֹא שְׁלַחְתִּיךָ

Um anjo do Senhor veio e sentou-se embaixo de uma árvore de olmo em Ofrá que pertencia a Yoash, um descendente de Aviezer. Seu filho Guidon estava debulhando trigo perto da vindima, o tanque de prensar uvas, a fim de escondê-lo de Midian. Um anjo do Senhor apareceu para ele e disse, "D'us está com você, oh homem de valor (*guibor chayil*)!" Guidon disse a ele, "Por favor, meu mestre, se D'us está realmente conosco, por que tudo isso aconteceu conosco? Onde estão todas as Suas maravilhas sobre as quais nossos pais nos contaram, dizendo, 'Ouça, D'us nos tirou do Egito'? Agora Ele nos abandonou e nos entregou nas mãos de Midian!" Então D'us[110] virou-Se para ele e disse, "Vá com esta sua força especial, e salve Israel das mãos de Midian. Ouça, Eu o enviei."

(Juízes 6:11-14)

O anjo saúda Guidom com as palavras, "D'us está com você, oh homem de valor." * Ao que, Guidon responde, "Mesmo? Se Ele está conosco, pode nos explicar porque estamos vivendo nessas condições de opressão, sujeitos ao controle de poderes alheios? O que aconteceu aos velhos dias sobre os quais nossos pais nos falavam, quando deixaram o Egito e viram todos aqueles milagres acontecerem? 'D'us está com vocês,' você diz. Não posso dizer que isso é verdadeiro!"

D'us responde às contestações de Guidon o apontando como um líder: "Vão com esta força especial de vocês e salvem Israel." Esta "força especial" foi a declaração de Guidon sobre o valor de Israel, sua insistência de que seu povo deveria estar no mesmo estado de "D'us esteja convosco," assim como estiveram durante os áureos tempos do Êxodo do Egito; o que é uma contradição do valor inerente a Israel por existir em um estado de abandono, um estado no qual D'us não está com o mesmo. D'us é movido pela convicção de Guidon com relação ao último mérito de Israel e diz a ele que irá salvar a nação.

Boaz, que aprendeu da história de Guidon, percebe que a única maneira de salvar Israel de sua paralisante insularidade e intolerância era infundir a crença de Guidon no coração de cada Judeu. Ele, então, força todos a dizer "D'us esteja convosco" um para o outro.

Para melhor podermos compreender a importância ressonante desta inovação, vamos descrever uma cena tipicamente contemporânea: Um Rabino visitando uma cidade na qual pensa-se que ele é um tanto pomposo e tolo. Ele é um forasteiro, um visitante, um intruso que não é necessariamente bem-vindo. Talvez, ele se vista

---

* Portanto, a inovação de Boaz, descrita como a *guibor chayil* (um homem de valor), se origina da conversa de outro homem de valor, Guidon, em um campo de debulha. O Midrash afirma (Yalkut Shimoni, Shoftim 62) que a conversa de Guidon com o anjo ocorreu na noite de Pessach, a mesma noite em que Naomi e Ruth deixaram Moav e rumaram para Boaz e a redenção. É bastante interessante que o restante da Meguilá se desenrola nos campos de plantação de grãos, e o enredo chega a seu clímax em um campo de debulha.

de uma maneira pela qual as pessoas não estão acostumadas, talvez, sua barba não seja exatamente da forma que esperavam que fosse, ou talvez, ele tenha ideias que não combinem com as do povoado. Mas, mesmo assim, são obrigados a se dirigir a este rabino e cumprimentá-lo dizendo "D'us esteja convosco," articulando assim o nome de Hashem. O que farão? Irão mentir na hora de pronunciar o nome? Isto é impensável. A frase "D'us esteja convosco" está no imperativo e, portanto, convida os mesmos a repensarem sua relação com o visitante. Força a todos expandir sua visão do que Israel engloba. Obriga-os a terem uma mente aberta, a serem acessíveis, receptivos, e acolhedores – muito embora até então tenham sido intolerantes, hostis e distantes. A resposta a este cumprimento é para declarar, "Se você consegue usar este cumprimento e realmente acredita no que diz, então posso oferecer-lhe uma benção vinda do coração - 'D'us o abençoe.' Se D'us está realmente comigo, posso presenteá-lo com as bênçãos d'Ele."

Esta reforma muda a suposição que uma pessoa faz ao encontrar uma outra, demanda uma abertura para a presença de D'us em cada ser humano, para que o líder da geração declare aos ceifadores de seus campos "D'us esteja convosco." É verdade, que este, às vezes possa requerer que uma pessoa use incorretamente o nome de D'us. Porém, Boaz declara o princípio: "É hora de agir por D'us, [mesmo que isso signifique] anular a Torá." A situação dentro de Israel era tão deplorável, que as medidas mais drásticas e extremas seriam toleradas.

A introdução deste decreto neste momento particular na Meguilá sinaliza que Ruth acaba de encontrar sua cara-metade – o homem que se tornaria seu parceiro em trazer para o povo de Israel o paradigma de mudança que o mesmo precisava desesperadamente.

וַיֹּאמֶר בֹּעַז לְנַעֲרוֹ הַנִּצָּב עַל הַקּוֹצְרִים

5. Boaz então disse ao jovem capataz,

Naar (נער), comumente traduzido como jovem, pode também ter o sentido de vazio ou imaturo.* Aqui, a palavra é usada com um tom depreciativo. Boaz está falando com o capataz – que poderia ser um homem mais velho, um veterano – no entanto, a Meguilá deixa implícito que ele é um tolo, com dificuldades para entender as coisas, insensato. A razão para tal ficará clara nos próximos versículos.

לְמִי הַנַּעֲרָה הַזֹּאת

"a quem pertence aquela moça?"

Boaz é o juiz – o líder da geração, o chefe do San'hedrin, um "homem de valor" - e no entanto, ele diz, "Quem é aquela moça?!"

וכי דרכו של בועז לשאול בנערה אמר ר' אלעזר דבר חכמה ראה
בה שני שבלין לקטה שלשה שבלין אינה לקטה במתניתא תנא
דבר צניעות ראה בה עומדות מעומד נופלות מיושב

Mas, Boaz tinha esse hábito de perguntar pelas moças? ... Ele viu sabedoria nela. Ela juntava duas espigas do mesmo lugar, mas não três. E percebeu que ela era modesta. As espigas que estavam nos espigueiros, ela catava em pé, e as que estavam no chão, sentada.

(Shabat 113b)

---

* A palavra *naar* (נער), assim como *menoar* (מנוער), significam "destituído de" - nesse caso, destituído de bom senso.

O Talmud fica chocado com a vulgaridade da pergunta de Boaz. Ele tinha este hábito? Impossível! Pelo contrário, o Talmud entende o versículo como descrevendo como ele percebeu o quão meticulosa era Ruth na observância da halachá relativa a presentes recebidos por pobres, além da modéstia exemplar com a qual se conduzia. Notou que ela era uma jovem de *midot* notáveis, algo que nunca havia visto antes. Fica tão atraído por ela que não somente pergunta quem ela é, mas também, se pertence a alguém. Quer saber se ela está comprometida com alguém, e sente imediatamente a possibilidade de uma união. Ele quer que sua estima por ela se torne pública, e o início de seu interesse faz com que sua opinião sobre Ruth fique muito clara a todos.

A tradução do versículo pelo Targum Yehonatan traz esta troca de palavras para outro nível:

לאי דין אומה ריבא הדא

De que nação vem aquela moça?

(Targum Yehonatan 2.5)

Boaz vê Ruth e imediatamente percebe as possibilidades, pois sabe, assim como seu parente Elimelech sabia, que a casa de Yehudá estaria ligada a Moav. Ele então pergunta, "De qual nação ela vem?"[111] Ela é aquela a quem estamos esperando?

וַיַּעַן הַנַּעַר הַנִּצָּב עַל הַקּוֹצְרִים וַיֹּאמַר נַעֲרָה מוֹאֲבִיָּה הִיא הַשָּׁבָה עִם נָעֳמִי מִשְּׂדֵה מוֹאָב

6. O jovem capataz respondeu, "Ela é a moça Moabita, a que retornou com Naomi dos campos de Moav."

A pergunta de Boaz provoca uma clássica resposta chauvinista por parte do capataz. Ele responde a pergunta, mas, interpreta o sentido de forma totalmente errônea. Boaz procura uma confirmação se ela é comprometida e se vem de Moav; o rapaz, porém, o interpreta como sendo condescendente. O entendimento da pergunta "A quem ela pertence?" depende inteiramente do tom e nuance com que a mesma é feita. Para aquele que não está escutando cuidadosamente, ou que tem uma ideia pré-concebida da intenção daquele que fala, o sentido pode facilmente ser interpretado erroneamente. O supervisor está convencido de que seu patrão não poderia estar interessado em uma jovem vestida em trapos, então oferece a ele a informação que o mesmo busca, mas a transmite ironicamente.[112] "A moça? Ele é uma Moabita qualquer que Naomi teve o desplante de trazer com ela aqui. Neste ponto Boaz deve ter dado a ele um olhar fulminante, pois o tom muda completamente…

וַתֹּאמֶר אֲלַקֳטָה נָּא וְאָסַפְתִּי בָעֳמָרִים אַחֲרֵי הַקּוֹצְרִים וַתָּבוֹא וַתַּעֲמוֹד מֵאָז הַבֹּקֶר וְעַד עַתָּה זֶה שִׁבְתָּהּ הַבַּיִת מְעָט

7. "Ela disse, 'Por favor, permita-me recolher e juntar entre os feixes atrás dos ceifeiros.' Então ela veio e está aqui desde cedo; talvez quisesse levar um pouco para casa."

As palavras do supervisor se tornam distorcidas, enquanto vagarosamente levam a um final incoerente: "Ela disse que queria coletar para caridade seguindo os apanhadores. Chegou cedo e está de pé desde então sem parar. Talvez quisesse levar um pouco de comida para casa…" é realmente difícil entender o sentido desta última frase (*ze shivtá habayit meat*) ou entender como ela se conecta com a anterior.[113] O supervisor parece estar gaguejando e se apressa para dizer logo o que tem a dizer para que possa desaparecer dali o mais rápido possível. Ele também parece perceber que não interpretou corretamente a intenção de Boaz e que a conversa tomou um rumo de ruim para pior. Na verdade, Boaz nem se preocupa em responder a ele, lhe dá as costas em desprezo, e vai falar diretamente com Ruth...

וַיֹּאמֶר בֹּעַז אֶל רוּת הֲלוֹא שָׁמַעַתְּ בִּתִּי

8. Então Boaz diz a Ruth, "Você não escutou, minha filha?"

"Você não escutou?" ele diz, começando in medias res.[*] A rápida conversa com o supervisor já expressou seu desprezo pelo mesmo e a opinião pública que a dele representava com descaso. Com estas palavras, Boaz simplesmente diz, "Minha cara, se você escutou com cuidado a resposta hesitante do supervisor a minha pergunta, saberá que eu somente destruí a oposição. Este pobre rapaz foi um tolo e com o olhar que lhe dei, fiz um anúncio a todos em Beit Lechem – anúncio este que é para seu benefício. Quero que saiba o que significa."

אַל תֵּלְכִי לִלְקֹט בְּשָׂדֶה אַחֵר וְגַם לֹא תַעֲבוּרִי מִזֶּה

"Não vá colher em outro campo e não saia daqui"

Boaz deixou seus sentimentos muito claros para Ruth, de uma forma carinhosa e pessoal que também deixa claro que a intolerância e o preconceito com ela devem parar. Sua mensagem tem dois sentidos: "Não vá a nenhum outro lugar, e não saia daqui." Há uma diferença entre esses dois pedidos.

"Não vá a nenhum outro lugar" deixa implícito que todas as suas necessidades serão supridas amplamente no campo dele, que não há nenhuma necessidade de procurar por comida em outro local. "Não

---

[*] N.T in medias res é uma expressão em Latim usada no original que acredito ser melhor se explicá-la ao invés de cortá-la do texto e inserir outra. Literalmente significa "no meio das coisas" e é usada para descrever uma situação na qual o personagem começa na história já no meio das coisas. Esta técnica é usada para atrair a atenção dos leitores.

saia daqui" é um pedido pessoal: "Por favor, fique por perto. Não estou meramente dizendo que não deves ir a nenhum outro lugar. Estou pedindo que fique aqui!"

וְכֹה תִדְבָּקִין עִם נַעֲרֹתָי

"mas fique junto das minhas outras moças.

Boaz também declara seu desejo que ela fique por perto. *Tidbakin* (תדבקין) - "fique junto" - é uma palavra sugestiva, que lembra uma primeira definição de casamento, *vedavak beishto* (ודבק באשתו) - "E ele irá se juntar à sua esposa, e se tornarão uma só carne" (Gênesis 2:24)

Mais uma vez o Talmud questiona a linguagem aparentemente inapropriada e íntima:

וכי דרכו של בועז לדבק עם הנשים א''ר אלעזר כיון דחזא (רות א-יד) ותשק ערפה לחמותה ורות דבקה בה אמר שרי לאידבוקי בה

Boaz tinha o hábito de ficar perto das moças? ... Quando ele viu que "Orpá tinha beijado sua sogra [dizendo adeus], mas Ruth tinha se juntado a ela (*davká bá*)" (Ruth 1:14), ele declarou, "É apropriado que eu me junte (*idvukê*) a ela!"

(Shabat 113b)

Boaz usa a palavra "juntar-se" porque sabe que Ruth é aquela que se juntou – a *devuká* – em contraste com sua irmã, que foi quem beijou (*neshuká*).[114] A escolha de palavras que Boaz faz, anuncia que lhe é permitido que "se junte" a essa mulher, que case com ela. Tal afirmação era controversa na lei Judaica, uma vez que a Torá comanda:

לֹא יָבֹא עַמּוֹנִי וּמוֹאָבִי בִּקְהַל ה' גַּם דּוֹר עֲשִׂירִי לֹא יָבֹא לָהֶם בִּקְהַל ה' עַד עוֹלָם

Um Amonita ou Moabita não pode entrar para a congregação de D'us. Até mesmo a décima geração não pode entrar na Congregação de Deus, até a eternidade.

(Deuteronômio 23:4)

Este versículo está banindo um Moabita convertido de casar-se com uma judia de nascimento. Afirma que não há um estatuto que coloque limitações nesta lei – a proibição é para sempre. No entanto, Ruth é uma Moabita que se converte! Boaz, como juiz e líder do San'hedrin, teria que lidar com esta questão legal e debatível: A proibição se estendia as mulheres Moabitas ou era restrita aos homens? O versículo usa a palavra Moavi (מואבי), em sua forma masculina. É óbvio que Boaz conhecia a lei, que foi mais tarde registrada no Talmud:

מואבי - ולא מואבית

"Moavi" [um Moabita do sexo masculino] e não Moabitas mulheres.

(Yevamot 69a[*])

O versículo usa somente a forma masculina da palavra Moabita, que a tradição oral entendeu como se referindo somente aos homens e excluindo as mulheres. Uma vez que esse era o caso, um judeu nativo teria permissão de casar-se com Ruth. Ao usar tal expressão,

---

[*]   Esta é realmente a lei. Naquele tempo de Boaz e Ruth, esta ainda era uma questão controversa. Mais sobre esse assunto virá ao procedermos.

Boaz não somente sugere seu interesse nela, mas também toda a permissão haláchica de fazê-lo.

עֵינַיִךְ בַּשָּׂדֶה אֲשֶׁר יִקְצֹרוּן וְהָלַכְתְּ אַחֲרֵיהֶן הֲלוֹא צִוִּיתִי אֶת הַנְּעָרִים לְבִלְתִּי נָגְעֵךְ

9. "Mantenha seus olhos no campo onde eles estão colhendo e os siga; eu já não ordenei que os homens jovens não a tocassem?"

Boaz nunca deu tal instrução! Ele tinha chegado ao campo alguns momentos antes e não disse nada além de "De quem é aquela moça? Mas como já vimos, ele sim, tinha emitido esta ordem. Não havia uma pessoa sequer que havia presenciado a conversa entre ele e seu supervisor que não entendeu do que se tratava. Boaz tinha deixado evidentemente claro a todos que valorizava Ruth o bastante para considerar casar-se com ela. A própria pergunta "De quem é aquela moça?" já demonstrava seu interesse pessoal por ela. Isto, juntamente com a evisceração pública do supervisor que se seguiu, deixou evidente a todos que Ruth era especial e proibida para outros.

וְצָמִת וְהָלַכְתְּ אֶל הַכֵּלִים וְשָׁתִית מֵאֲשֶׁר יִשְׁאֲבוּן הַנְּעָרִים

"Quando tiver sede, vá até os jarros e beba da água que os rapazes tiraram do poço."

Boaz neste momento confere a Ruth um tratamento especial, praticamente garantindo a ela total liberdade no local. Ela não precisava ficar perto das moças (*naarotai*) mencionadas anteriormente, ele disse; deixa claro que ela pode ir e vir quando quiser, mesmo que seja para beber água de onde os rapazes (*nearim*) guardavam os refrescos.

וַתִּפֹּל עַל פָּנֶיהָ וַתִּשְׁתַּחוּ אָרְצָה

10. Ela então caiu sobre seu rosto enquanto se curvava para o solo,

Este magnífico revés em sua sorte deixa Ruth atordoada. Ela é uma estranha que não é bem-vinda, está aterrorizada e vulnerável, hesitantemente encontrou seu destino para aquele campo colocando pequenas pedras para marcar seu caminho. Ela saiu da choupana pobre que dividia com Naomi, antecipando abuso moral e até mesmo a morte, e agora o líder do local anuncia a todos que ela deve ser tratada com solicitude. Ela foi escolhida para receber tratamento especial pelo juiz, que a reconhece publicamente como extraordinária. Esta nova situação a deixa boquiaberta. Ela cai no chão e se prostra.

וַתֹּאמֶר אֵלָיו מַדּוּעַ מָצָאתִי חֵן בְּעֵינֶיךָ לְהַכִּירֵנִי וְאָנֹכִי נָכְרִיָּה

e ela disse a ele, "Porque encontrei graça a seus olhos que o senhor me nota, quando sou uma estrangeira?"

Em um nível mais simples, Ruth fica maravilhada diante da bondade de Boaz, tão inesperada depois de tanta intolerância de que foi vítima. No entanto, havia algo mais sutil acontecendo. Lembre-se que no versículo 2 deste ato, Ruth havia dito a Naomi que procuraria por comida somente em um campo onde encontrasse "graça aos olhos de seu proprietário (*emtzá chen*)" - que ela estava a procura de um relacionamento além de comida. Não entraria em um campo onde fosse meramente tolerada ou o objeto de generosidade. Sua primeira incursão independente em Israel foi a busca por um relacionamento profundo o bastante para ser chamado de *metziat chen*, encontrar graça. Quando ela pergunta a Boaz, "Porque me concedeu graça a seus olhos? (*matzati chen*)" ela não está fazendo uma pergunta retórica. Precisa saber se realmente encontrou *chen* aos olhos de Boaz ou se sua bondade é pelo fato de ela ser uma estrangeira – o desejo de ser bondoso com um convertido. Se for este o caso, ela irá continuar sua busca.

A questão existencial está inserida na pergunta de Ruth "*veanochi nochriyá*" - "quando eu sou uma estrangeira." A palavra *anochi* – em oposição a *ani*, que também significa "Eu sou" - deixa implícita a consciência existencial: "Esta é quem sou! Estou presente e com uma identidade específica."* Notamos anteriormente que quando a Meguilá descreve a chegada de Naomi e Ruth a Beit Lechem, se refere a ela como Ruth, a Moabita.[115] Aqui, novamente, ela reitera aquela identidade: "Sou uma estrangeira, e é como uma que cumprirei meu destino. Somente aquele que se referir a mim como tal, descobrirá *chen* em mim e desejará me conhecer (*lehakireni*)."

Ruth usa, assim como Boaz, uma linguagem com alta carga de sentido neste primeiro contato. "*Lehakireni*" que significa literalmente "me conhecer," também traz uma forte conotação de intimidade:

מְלַמֵּד שֶׁנִּתְנַבְּאָה שֶׁהוּא עָתִיד לְהַכִּירָהּ כְּדֶרֶךְ כָּל הָאָרֶץ

[O uso da palavra *lehakireni*] nos ensina que Ruth previu que Boaz iria "conhecê-la" no sentido conjugal.

(Ruth Rabá 5, 2)[116]

A conotação implícita em sua pergunta era: "Você é aquele homem? É possível que esta visão do futuro seja verdadeira? Preciso saber se encontrei *chen*."

---

* Assim com em "Eu sou (*Anochi*) o Todo-Poderoso, seu D'us" (Deuteronômio 20.2). Veja SMA'G (acrônimo para Sefer Mitzvot HaGadol, uma enciclopédia das 613 mitzvot, escrita em 1250 por R. Moshe MiKutzi), primeiro mandamento positivo.

INTERLÚDIO:
O Beijo da Morte

O foco de Ruth em um relacionamento é consistente com todo o caminho que traçou até agora. Afinal de contas, ela não seguiu Naomi por questões religiosas. Foi levada pela luz que irradiava da mesma, foi motivada pelo desejo de se juntar a pessoas como ela. A vida religiosa de mitzvot era uma questão para depois da conversão.[117]

Surpreendentemente, como já foi dito anteriormente, este caminho para D'us reflete a revelação do Sinai: estabelecer relacionamentos não foi o único foco da *kabalat haTorá* de Ruth- Aceitação da Torá de Ruth-, mas da aceitação da Torá por Israel também. Consideremos como Hashem ofereceu-a para o povo Judeu. Ele proclamou, "Senhoras e senhores, Eu, neste momento, presenteio vossa senhoria com a Torá, a versão autorizada da Verdade?" Não. Ele não fez assim. Ele disse:

כֹּה תֹאמַר לְבֵית יַעֲקֹב וְתַגֵּיד לִבְנֵי יִשְׂרָאֵל: אַתֶּם רְאִיתֶם אֲשֶׁר
עָשִׂיתִי לְמִצְרָיִם וָאֶשָּׂא אֶתְכֶם עַל כַּנְפֵי נְשָׁרִים וָאָבִא אֶתְכֶם אֵלָי:
וְעַתָּה אִם שָׁמוֹעַ תִּשְׁמְעוּ בְּקֹלִי וּשְׁמַרְתֶּם אֶת בְּרִיתִי וִהְיִיתֶם לִי
סְגֻלָּה מִכָּל הָעַמִּים כִּי לִי כָּל הָאָרֶץ: וְאַתֶּם תִּהְיוּ לִי מַמְלֶכֶת כֹּהֲנִים
וְגוֹי קָדוֹשׁ אֵלֶּה הַדְּבָרִים אֲשֶׁר תְּדַבֵּר אֶל בְּנֵי יִשְׂרָאֵל

Isto é o que você [Moshe] deve dizer à Casa de Yaakov e relatar aos Filhos de Israel: "Vocês testemunharam o que Eu fiz no Egito e que Eu carreguei vocês em asas de águias e os trouxe a Mim. E agora, se escutarem Minha voz e se importarem com a Minha aliança, vocês serão para Mim o povo mais estimado de todos os povos, pois o mundo inteiro é Meu. Vocês serão para Mim, um reino de sacerdotes e um povo santo." Estas são as palavras que você [Moshe] dirá aos Filhos de Israel.

(Êxodos 19:3-6)

Hashem instrui Moshe que entregue uma mensagem ao povo judeu: "Eu amo vocês – e vocês sabem que eu amo vocês porque vocês têm visto o que eu fiz por vocês. Eu não respondi ao Egito até que eles os maltrataram. Eu os trouxe aqui, aos pés do Sinai, para que entrem em um relacionamento Comigo. E se assim fizerem, os estimarei para todo o sempre. "Toda a terra é Minha" - "Posso ter o que Eu quiser, mas isso não significa nada para Mim, só vocês."

Hashem conclui Suas instruções a Moshe dizendo novamente, "Estas são as palavras que você dirá ao Filhos de Israel." A repetição parece desnecessária, mas, há uma razão para tal:

אלה הדברים שלא תפחות ולא תוסיף

"Estas são as palavras" - nem mais, nem menos.

(Mechilta, Parashat Bechodesh 2)

Hashem está sendo bem específico aqui, pois isto é tudo que Ele quer que Moshe diga ao povo: "Estas são as palavras que você dirá a eles. Não se atreva a dizer nenhuma palavra a mais!" Ao Se repetir aqui, é como se Ele estivesse dizendo, "Não vá ensiná-los sobre mitzvot, verdade e filosofia. Eu não quero que o povo procure por verdades filosóficas. Quero pessoas que queiram a Mim."

No famoso Midrash que descreve como Hashem ofereceu a Torá para as outras nações, percebemos que as nações não focaram em D'us, mas nas leis que a Torá continha:

ונגלה על בני עשו הרשע ואמר להם : מקבלים אתם את התורה?
אמרו לו : מה כתוב בה? אמר להם : לא תרצח. אמרו : זו היא
ירושה שהורישנו אבינו, שנאמר : על חרבך תחיה. נגלה על בני
עמון ומואב אמר להם : מקבלים אתם את התורה? אמרו לו : מה
כתוב בה? אמר להם : לא תנאף. אמר לו : כלנו מניאו, דכתיב :
ותהרין שתי בנות לוט מאביהן והיאך נקבלה?! נגלה על בני
ישמעאל, אמר להם : מקבלין אתם את התורה? אמרו לו : מה
כתוב בה? אמר להם : לא תגנוב. אמרו לו : בזו הברכה נתברך
אבינו, דכתיב : הוא יהיה פרא אדם. וכתיב : כי גנוב גנבתי.

Ele [D'us] Se revelou aos descendentes de Essav, o mau, e disse a eles: "Vocês aceitarão minha Torá?"

Eles perguntaram, "O que está escrito nela?"

Ele respondeu, "Não assassinarás."

Eles disseram, "Mas esta é a herança que recebemos de nosso antepassado, como atesta o versículo, 'E você viverá pela sua espada'" (Gênesis 27:40)

Ele Se revelou aos descendentes de Amon e Moav e perguntou, "Vocês aceitarão a minha Torá?"

Eles perguntaram, "O que está escrito nela?"

Ele respondeu, "Não cometerás incesto."

Eles disseram então, "Mas nós somos produtos de incesto, como atesta o versículo, 'As duas filhas de Lot conceberam de seu pai' (Gênesis 19:36). Como poderíamos aceitá-la?"

Ele Se revelou aos descendentes de Ishmael e perguntou, "Vocês aceitarão minha Torá?"

Eles perguntaram, "O que está escrito nela?

Ele respondeu, "Não roubarás."

Eles disseram, "Mas esta é a *brachá* que nosso antepassado recebeu, como atesta o versículo, 'Ele será um homem selvagem' (Gênesis 16:12) e 'Pois eu fui roubado [da terra dos Hebreus]'" (Gênesis 40:15).

(Mechilta, parashat BeChodesh 5)

Vemos que as outras nações sempre responderam à oferta de Hashem perguntando, "O que está escrito nela? Conte-nos sobre isso?" Hashem entende que em essência, estas perguntas já oferecem uma resposta a oferta, também. Ele sabe que não importa o que diga a eles. Não importa o que a Torá diz, a resposta deles será não, porque não têm nenhum interesse Nele.

Neste midrash, é como se Hashem dissesse as nações: "Se vocês insistem, direi a vocês o que a Torá diz. Ela diz, "Não assassinarás." E a reação é: "Totalmente irracional! Isto é ridículo. Não combina com nosso estilo de vida. Esqueça, não estamos interessados."

Hashem sabe que Ele não precisa contar às nações sobre uma *mitzvah* realmente difícil como a do ano sabático. Ele pode contar a eles sobre as mitzvot que aparecem em qualquer código legal, incluindo o deles: Não assassine; não cometa incesto; não roube. Tudo isso faz parte de qualquer contrato social. São essenciais ao pacto de todas as sociedades civilizadas. No entanto, as nações protestam, pois afirmam que tais decretos são impossíveis de serem aceitos. Eles rejeitam estas leis porque não querem que Hashem seja Aquele Que lhes dá. Não querem que Hashem diga "Não assassinarás" - querem o seu próprio "não assassinarás." Aceitam as premissas básicas destas leis, mas, as rejeitam porque a fonte é Hashem. Contudo, a Torá só pode ser aceita por aqueles que dizem, "A única verdade que conheço é Você, Hashem. Não preciso saber nada além disso." Esta foi a resposta de Israel dada no Sinai: "*Naasê venishmá*" - "Nós faremos e ouviremos." Com estas palavras, o povo disse, "Nós não temos que saber o que a Torá diz. Seja lá o que for, 'faremos!'"

Esta atitude sempre caracterizou a resposta de Israel.

ההוא צדוקי דחזייה לרבא דקא מעיין בשמעתא ויתבה אצבעתא
דידיה תותי כרעא וקא מייץ בהו וקא מבען אצבעתיה דמא
א''ל עמא פזיזא דקדמיתו פומייכו לאודנייכו אכתי בפחזותייכו
קיימיתו ברישא איבעי' לכו למשמע אי מצית קבליתו ואי לא
לא קבליתו א''ל אנן דסגינן בשלימותא כתיב בן {משלי יא-ג}
תומת ישרים תנחם הנך אינשי דסגן בעלילותא כתיב בהו {משלי
יא-ג} וסלף בוגדים ישדם

Houve um apóstata que observou que [o grande Sábio] Rava estava tão absorvido em seus estudos que não notou que estava esmagando seus próprios dedos, fazendo com que os mesmos sangrassem. O apóstata exclamou, "Povo impetuoso que coloca sua boca diante de seus ouvidos. Vocês ainda são tão impetuosos quanto antes! Vocês deveriam primeiro ter ouvido e depois entendido [os requisitos da Torá]. Se sentissem que conseguiriam administrá-los, daí, então, poderiam aceitá-los. Mas, se não, deveriam tê-los rejeitado."

Rava respondeu, "Nós amamos Hashem, confiamos Nele, e colocamos nossa fé nesse relacionamento.* Quanto a nós, o versículo diz, 'A inocência dos justos irá guiá-los' (Provérbios 11:3). Você é traiçoeiro e corrupto, e como o versículo atesta, 'A corrupção dos rebeldes irá destruí-los'" (Provérbios 11:3).

(Shabat 88a)

O apóstata acusa Rava de ser tão impulsivo como os Judeus no Sinai. "Você, alguma vez, já ouviu sobre alguém que disse, 'Sim, conte

---

*   Rashi comenta: "assim como todos aqueles que agem por amor".

conosco', sem antes saber no que estava se envolvendo?"

Rava responde: "Aqui está a diferença entre Israel e as outras nações. Todos precisavam saber antes; eles não se entregariam a um relacionamento antes de pensar bem. Mas, Israel, ama Hashem, então, o povo se entregou dizendo, 'Faremos, e depois ouviremos.' Esta é a questão – para Israel, tudo o mais era uma questão de detalhes."

Tal abordagem, como podemos lembrar, é precisamente a que Ruth expressou para Naomi e o que Hilel transmitiu para o candidato a conversão[118] – está tudo no relacionamento: "Aquilo que é odioso para você, não faça ao seu próximo." Esta é a teoria toda. O restante, são só detalhes. Pode levar décadas, uma vida inteira, para aprender todos os detalhes que perfazem um relacionamento. Mas, a pergunta mais importante é: você quer isto? Tudo o que deve saber é 'esteja pronto para a viagem', independentemente de para onde está indo. Este foi o momento de *kabalat haTorá*, um momento de compromisso, uma promessa fervente de amor.

A disposição de se atirar em um relacionamento, de desistir de tentar controlar a vida, é o que finalmente distingue Ruth de Orpá. Como podemos nos lembrar, os Sábios veem um único versículo definindo a diferença entre as duas mulheres, para sempre: "E Orpá beijou sua sogra, mas Ruth, se juntou a ela."[119]

אמר רבי יצחק אמר הקדוש ברוך הוא יבואו בני הנשוקה ויפלו ביד בני הדבוקה

O Todo-Poderoso, abençoado seja, anunciou, "Que os descendentes daquela que beijou caia diante dos descendentes daquela que se juntou."

(Sotah 42b)

Neste excelente trecho do Talmud, Orpá é a *neshukah* - "aquela que beijou,"[120] e Ruth é a *devukah* – "aquela que se juntou, que se tornou parte." Á primeira vista, estas não parecem ser identidades conflitantes. Ao contrário, poderia-se pensar que um beijo é um elemento de "união." O beijo é uma expressão universalmente aceita do desejo de se relacionar. No entanto, os Sábios veem estas duas palavras como descrevendo uma barreira intransponível entre as duas irmãs, uma barreira que se estende pela história e determina o fracasso de uma e o sucesso da outra.

A chave para entender a visão dos Sábios está na incompatibilidade essencial entre os dois termos: "beijar" é uma ação física; e "apegar-se" não implica em um ato - Ruth simplesmente se recusou a ir embora. A resposta de Orpá, seu beijo, foi uma encenação, um ato mecânico e externo. A de Ruth foi interna; foi uma resolução sem manifestação física. Esta diferença nos leva de volta ao Gan Éden, para a história que forma o pano de fundo da Meguilá.

א''ר יוחנן בר חנינא שתים עשרה שעות הוי היום שעה ראשונה
הוצבר עפרו שניה נעשה גולם שלישית נמתחו אבריו רביעית
נזרקה בו נשמה חמישית עמד על רגליו ששית קרא שמות
שביעית נזדווגה לו חוה שמינית עלו למטה שנים וירדו ארבעה
תשיעית נצטווה שלא לאכול מן האילן עשירית סרח אחת עשרה
נידון שתים עשרה נטרד והלך לו שנאמר {תהילים מט-יג} אדם
ביקר בל ילין

O dia [da criação de Adam] durou doze horas. [Durante] a primeira hora, a poeira foi juntada; [durante] a segunda, foi transformada em uma massa crua; [durante] a terceira, seus membros foram moldados; [durante] a quarta, sua alma foi insuflada nele;[durante] a quinta, ele ficou em pé, [durante] a sexta, ele deu nomes aos animais; [durante] a sétima, Chavá se tornou sua parceira; [durante] a oitava, eles se deitaram como dois e voltaram como quatro; [durante] a nona, ele recebeu o comando de não comer da Árvore; [durante] a décima, ele pecou; [durante] a décima primeira, foi julgado; [durante] a décima segunda, foi exilado e partiu. Como está escrito, "Ele não deverá dormir em glória" (Salmos 49:13).

(San'hedrin 38b)

Este trecho nos conta o que ocorreu hora a hora do primeiro dia de Adam na Terra. O Talmud nos conta que na oitava hora, ele e Chavá se deitaram juntos, e em uma hora, Adam, Chavá, e seus dois filhos, levantaram-se da mesma. No texto, não há menção alguma dos mecanismos da gravidez e do parto. Nos é dito somente, "E Adam conheceu sua esposa, Chavá" (Gênesis 4:1). Este "conhecimento" produziu as crianças. Ninguém é tão tolo para supor que crianças nascem como resultado de "conhecer." "Conhecimento" se refere a um nível de conexão que inclui o ato mecânico da relação sexual. Não há lugar para o que é mecânico nos sete dias da Criação* - o processo ocorreu em um espaço diferente, abaixo do nível de consciência humana.

O relacionamento do mundo da Criação com o nosso universo mecânico é similar ao relacionamento do nosso universo à sua realidade quântica subjacente. Tudo o que ocorre em nosso mundo é um reflexo mecânico de um processo quântico subjacente, apesar de somente sabermos disso por inferência. No entanto, o universo quântico é real, e nossa visão da causalidade mecânica é enganadora. A maioria das pessoas diria que a mesa sobre a qual estou escrevendo este livro é feita de madeira, quando na verdade, a mesa é o produto do inter-relacionamento de forças quânticas. Estas, não são visíveis, e nós, funcionamos muito bem sem saber nada sobre as mesmas, mas o fato é que elas são mais reais do que a solidez da mesa.

É verdade, um universo físico deve ter maneiras e caminhos de chegar às coisas, e estes são mecânicos. Mas, ainda é perfeitamente

---

* O Jardim é parte da história da Criação, existindo no espaço não-mecânico da pré-história.

razoável para a Torá dizer que Hashem comandou "Que a terra produza…" e declare que a mesma assim o fez. Como a terra produziu uma entidade específica requer uma explicação mecânica que pode durar milhões de anos, mas os mecanismos funcionam em um nível de existência que não nos diz respeito no mundo dos sete dias da Criação. Os mecanismos eram invisíveis naquele mundo, porque não eram parte do nível de realidade experimentado por Adam e Chavá.[*]

Mesmo em nosso nível de realidade, podemos experimentar a diferença entre os mecanismos de uma ação e o significado de uma ação. Se duas pessoas se abraçam e se beijam, o beijo não necessariamente consiste do encontro dos lábios. Tal descrição puramente mecânica é inadequada.

O beijo delas expressa o encontro de corações e mentes. Expressa um relacionamento de amor, mas, por outro lado, um beijo pode não significar nada. Pode ser vazio e degradante – assim como um beijo conseguido em um desafio feito em uma barraca de quermesse. Ou também, ser simplesmente um encontro físico e ofensivo de lábios.

Em nossa história, Orpá e Ruth estão em uma encruzilhada e devem escolher; seguir Naomi para um mundo novo ou retornar a seus familiares, para a sua vida antiga. Orpá decide dar as costas a Naomi, literalmente e figurativamente, e retornar a uma vida que é diametralmente oposta a tudo o que Naomi representa. Mesmo assim, quando Orpá se vai, ela pensa, "É verdade, estou indo de volta para minhas raízes idólatras, mas existe muita água debaixo da ponte entre Naomi e eu. Talvez, deva dar-lhe um beijo de adeus. Não terá muito sentido, será somente um ato mecânico de reconhecimento de nosso relacionamento anterior e da vida que tivemos juntas. A verdade é que agora estamos separadas por um precipício; não há

---

[*]   Este é o porquê da histeria fundamentalista causada pelas alegações científicas com relação à idade do universo e seu desenvolvimento. Os princípios essenciais da evolução – não são, realmente, uma questão.

mais amor entre nós. Na verdade, suspeito que de manhã sentirei tal ódio, tão cego por ela, que vou dedicar a vida de meus filhos para a destruição da vida dela e de suas conquistas. Mas, mesmo assim, farei um mise en scène e lhe darei um beijo de adeus." * Este é o maior momento de alienação, que Orpá acredita que pode ser contornado com um toque de lábios mecânico, mas que é, na essência, um beijo de morte.

Ruth escolhe "se apegar" a Naomi e reconhece que isso trará mudanças significativas em sua vida. Sua personalidade, ideais, compromissos, narrativa pessoal, e visão do mundo serão transformados. Neste momento decisivo (veja ato 1, versículo 14), ela ainda não é capaz de traduzir uma infinidade de emoções em um único e expressivo ato físico. Ruth percebe que ainda não atingiu uma conexão completa com sua sogra e para tal, seria necessário se converter. Tudo o que consegue neste momento é estar convicta de seu compromisso e "se apegar" a Naomi.

A escolha de Orpá de deixar Naomi foi uma decisão de retornar ao caminho de seu ancestral Lot, que deixou Avraham séculos antes. De alguma forma, também fez ecoar as escolhas feitas por Adam, que conscientemente deu as costas para o Gan Éden, porque acreditava que este escape seria o único caminho para a liberdade.[121]

O resultado destas duas partidas implicou em um relacionamento problemático com a mecânica. Imediatamente após o julgamento de Hashem do pecado de comer do Fruto Proibido, uma passagem estranha aparece:

וַיֹּאמֶר ה' אֱלֹקִים הֵן הָאָדָם הָיָה כְּאַחַד מִמֶּנּוּ לָדַעַת טוֹב וָרָע וְעַתָּה
פֶּן יִשְׁלַח יָדוֹ וְלָקַח גַּם מֵעֵץ הַחַיִּים וְאָכַל וָחַי לְעֹלָם

---

*   Isto é o que queremos dizer quando falamos em nos livrar de algo com "um beijo de adeus." Em inglês *kiss it off* ou *kiss it goodbye.*

> E o Eterno D'us disse, "Veja, o Homem se tornou como um
> de nós, conhecedor do bem e do mal. E agora [devemos
> nos preocupar], para evitar que estenda sua mão, pegue
> da Árvore da Vida e coma e viva para sempre.

> (Gênesis 3:22)

Deixando de lado a questão da preocupação de D'us a respeito de que o Homem seria muito parecido com Ele, o que há de tão terrível se o Homem vivesse para sempre? A linguagem por si só é estranha: "para evitar que estenda sua mão, pegue da Árvore da Vida e coma." Por que a Torá especificaria este detalhe em particular? Não é óbvio que ele usou sua mão para pegar o fruto da árvore? Se o problema todo era o comer, porque enfatizar "Evitar que estenda sua mão"?

Na verdade, estas palavras são a chave para o entendimento da passagem e redefinir toda a ideia do "Fruto Proibido." É claro que Hashem deseja que o Homem no final das contas coma da Árvore da Vida. Afinal de contas, a Torá, o presente mais valorizado de Hashem para a humanidade, é chamada de "a árvore da vida para aqueles que a alcançam" (Provérbios 3:18). Mas, para viver para sempre, o Homem deve se desenvolver e ganhar a vida eterna. "Comer" da Árvore da Vida é uma conquista, algo que não pode ser alcançado através de um ato mecânico. É uma realidade interna, não pode ser afirmado externamente.

As palavras *"pen yishalach yado"* - para evitar que estenda sua mão" - lembra o uso pela Torá do mesmo termo em outro contexto (Êxodos 22:7): se um objeto que está sob custódia é perdido, a pessoa que estava responsável pelo mesmo deve jurar "que não estendeu sua mão para pegar o objeto que pertencia ao seu amigo"(*im lo shalach yado bemlechet re'ehu*" - אם לא **שלח ידו** במלאכת רעהו). Neste versículo, "Estender sua mão" se refere a pegar algo que você não ganhou. O termo deixa implícito uma visão mundana que mina o sentido e significado da vida. Nesta forma de pensar, o mundo não oferece oportunidades para conquistas verdadeiras – é um lugar onde as ações são desempenhadas somente para garantir controle e realidades podem ser criadas através de atos mecânicos, inclusive se apropriar de algo que não lhe pertence.

Se Adam tivesse realmente "estendido sua mão," teria sido um desastre, um curto-circuito em sua tentativa de conseguir o que desejava comendo o Fruto Proibido. Ao invés de seguir através de um processo gradual que permitiria que o investimento do indivíduo no final das contas levasse a um surgimento de sentido, este sentido poderia ser agora estabelecido. Em um mundo pós-queda do Homem, as coisas poderiam ser mudadas mecanicamente, a força. O que aconteceu é que evitou-se que Adam manipulasse a Árvore da Vida, Hashem não poderia deixá-lo controlá-la. Porque Adam e Chavá comeram da Árvore do Conhecimento, Deus os exilou do Jardim e colocou no lugar "um caminho para a Árvore da Vida" - "**derech** *Etz Hachayim*" (Gênesis 3:24).

Ao invés de "estender sua mão" para apanhar o fruto da Árvore da Vida, Adam agora deveria procurar o caminho para ela, forçando-o a reconhecer que este caminho é longo e sinuoso, repleto de perigos e obstáculos espalhados.* Ele deve vir a entender que o único caminho

---

*O símbolo do mecânico mundo pós-queda do homem é a decadência.

וּלְאָדָם אָמַר... בְּזֵעַת אַפֶּיךָ תֹּאכַל לֶחֶם עַד שׁוּבְךָ אֶל הָאֲדָמָה כִּי מִמֶּנָּה לֻקָּחְתָּ כִּי עָפָר אַתָּה וְאֶל עָפָר תָּשׁוּב

Para Adam, Ele disse, "Você comerá o pão através do suor do seu rosto, até que retorne à terra, pois você foi retirado dela. Pois você é pó, e para o pó voltarás." (Gênesis 3:17,19)

O homem vive uma vida de processo na qual morte e enterro se tornam sine quibus non* do desenvolvimento.

* N.T: sine quibus non = sine qua non = sem a qual não.

para o sucesso requer compromisso com um relacionamento que tem uma conclusão incerta.

Como Ruth, ele tinha que aprender a "se juntar" internamente aos seus compromissos mais profundos ao invés de se aproximar fisicamente, como Orpá, a fim de mecanicamente entender o que ele não podia mais possuir. Certamente, este é um caminho que leva milhares de anos e considerável sofrimento e dor. Mas, no final, se o Homem perseverar e se mantiver fiel, irá saborear a conquista da redenção Messiânica.

A VOLTA À CENA UM

וַיַּעַן בֹּעַז וַיֹּאמֶר לָהּ

11. Boaz disse a ela, em resposta,

As palavras *vayaan* (ele respondeu) e *láh* (a ela) parecem desnecessárias aqui. Teria sido suficiente para o versículo afirmar *vayomer Boaz* (e Boaz disse). A linguagem repetitiva tem certamente uma justificativa. O uso da palavra *vayaan* faz um paralelo com a palavra *vayaan* do supervisor no versículo 6 deste ato. E a duplicação de *vayaan* (ele respondeu) com *vayomer* (ele disse) indica contundência, força. Boaz, quem fala, está declarando enfaticamente. O supervisor não somente respondeu a Boaz, mas falou alto para que todos pudessem ouvir seu desprezo por Ruth. Boaz, por sua vez, retrucou com um pronunciamento enfático, feito de tal forma que todos escutassem seu apreço por Ruth.[122]

A especificação de lá - "para ela" - indica que Boaz falou "para ela" - para sua essência – deixando claro que sabia muito mais sobre ela, do que ela poderia supor.

הֻגֵּד הֻגַּד לִי כֹּל אֲשֶׁר עָשִׂית אֶת חֲמוֹתֵךְ אַחֲרֵי מוֹת אִישֵׁךְ

"Me foi dito tudo o que você fez por sua sogra depois da morte de seu marido,

Boaz conta a Ruth que tem seguido sua história e está muito ciente de suas conquistas e devoção. Isto deixa implícito que Boaz iniciou sua conversa anteriormente com o supervisor somente para fazer uma distinção entre Ruth e as outras pessoas e tornar pública sua grandeza. Ele não precisava perguntar ao rapaz quem ela era – como está dito, ele já sabia.

וַתַּעַזְבִי אָבִיךְ וְאִמֵּךְ וְאֶרֶץ מוֹלַדְתֵּךְ

"como você deixou seu pai e sua mãe e a terra onde nasceu

As palavras de Boaz fazem eco ao comando de Hashem a Avraham, "Vá por você mesmo de sua terra, do lugar onde nasceu, e da casa de seu pai" (Gênesis 12:1), deixando então implícito: "Você, Ruth, não é menos do que uma recriação de nosso pai Avraham, que fez uma jornada parecida e passou por um desafio similar. Você também deixou a casa de seu pai e de sua mãe e sua terra natal."

וַתֵּלְכִי אֶל עַם אֲשֶׁר לֹא יָדַעַתְּ

"e veio para um povo que não conhecia

Com a palavra *vatelchi* ("e você veio") Boaz novamente faz uma alusão ao comando de Hashem para Avraham. A raiz desta palavra *halach* (הלך), significa andar ou ir, e é a mesma raiz de *lech [lechá]*" - a palavra que Hashem usou para comandar Avraham a deixar sua casa. O que é ainda mais impressionante é que é uma palavra usada como um código pelo Tanach para se referir à independência corajosa. Boaz continua fazendo um paralelo entre Ruth e Avraham. Como ele, que viajou rumo a uma "terra que [Eu] te mostrarei," Ruth viajou com destino a um local sobre o qual só havia ouvido falar. Avraham foi o "primeiro convertido" (*tehilá leguerim*),[123] o seguidor original de D'us, e Ruth é a convertida por quem Israel está esperando há séculos.

Não é possível para Boaz demonstrar mais respeito e consideração por Ruth do que compará-la a Avraham. Ele lhe diz, "Você emulou o pai do nosso povo. Contudo, você fará mais do que emulá-lo, você

chegou depois de séculos para trazer a solução para o problema que
afligiu o trabalho de vida de Avraham. No entanto, você diz de si
mesma, 'Eu sou uma estrangeira'?!"

תְּמוֹל שִׁלְשׁוֹם

"ontem ou anteriormente.

Com esta frase, Boaz alude a controvérsia que cerca a aceitação de
Ruth como uma potencial companheira – e à solução do problema.[124]

שאילו באת אצלינו מתמול שלשם לא היינו מקבלין אותך,
שעדיין לא נתחדשה הלכה עמוני ולא עמונית מואבי ולא מואבית

Ele disse a ela, "Se você tivesse chegado dois ou três dias
atrás, nós não poderíamos ter permitido que se casasse
com um Judeu de nascimento, porque a lei que somente
os homens Moabitas estão exclusos de se converter não
havia sido publicada ainda."

Pessikta Derav Kahana 16

יְשַׁלֵּם ה' פָּעֳלֵךְ

12. Que Hashem recompense seus atos,

Boaz declara que ele somente pode reconhecer a grandeza de
Ruth e dividir tal reconhecimento com outros; ele nunca conseguirá
retribuir-lhe. Somente o Próprio Deus poderá retribuir a ela "Seja lá
o que for que eu possa fazer por você para recompensá-la será muito
pouco em comparação ao que você já fez," ele diz a ela.

Ruth não fez nada menos do que restaurar a fé de Boaz no
valor de Israel: acaba de ensiná-lo quem ele verdadeiramente é.
O povo de Beit Lechem ficou com medo, pois eram intolerantes e
preconceituosos herdeiros do manto de Sodoma. Yehuda era uma

sociedade disfuncional assolada pela fome. No entanto, Ruth, uma perfeita estranha, respondeu ao chamado trêmulo de *pekidá*,[125] porque ela tinha uma visão e uma crença do que Israel poderia vir a ser. Boaz diz a ela, "Eu nunca entendi o que Israel poderia significar para os outros até conhecer você. Nunca apreciei o que significa "aceitar a Torá", nunca entendi o que era o relacionamento com D'us, até conhecer você."

Moshe disse ao seu sogro, o famoso convertido Yitró, "Você tem sido nossos olhos" (Números 10:31). Isto, Boaz pensou, pode ser dito sobre Ruth, também. "Você tem sido meus olhos. Você me devolveu minha visão. Você abraçou Israel, porque queria 'estar debaixo das Asas Divinas'. Você sabe que este relacionamento foi o significado do Sinai; é a única coisa que importa ou que vale a pena se importar. Tinha me esquecido. Você me lembrou quem sou e quem devo ser, e agora, consigo ver claramente. Não sou mais Ivtzan. Sou Boaz, renascido com a coragem de fazer o que quer que seja para devolver o sonho que foi Israel. Aquele sonho tão frágil. Tudo que posso fazer agora é aspirar para isto. Mas, lutarei por isso com força e ferocidade por causa de você. Esta é a razão pela qual eu amo você." *

וּתְהִי מַשְׂכֻּרְתֵּךְ שְׁלֵמָה מֵעִם יְהוָה אֱלֹהֵי יִשְׂרָאֵל אֲשֶׁר בָּאת לַחֲסוֹת תַּחַת כְּנָפָיו

"e que você receba pagamento completo do D'us de Israel, sob cujas asas você veio se abrigar."

---

*   Esta é a base principal para a *mitzvah* de amar os convertidos, como foi codificado por Maimônides:

אהבת הגר שבא ונכנס תחת כנפי השכינה שתי מצות עשה

Amar ao convertido que vem para se abrigar debaixo das Asas Divinas consiste de duas *mitzvot* positivas.

(Mishnê Torá, Leis de Caráter 6.4)

Não foi somente Elimelech que estava apto a entender que *malchut* estava destinada a surgir de Moav.[126] Boaz entendeu isto também, e aqui faz a primeira de muitas referências veladas à sua percepção do destino de Ruth:

ותהי משכורתך שלימה שלמה כתיב א״ר יוסי אמר לה שלמה
יעמוד ממך

E sua recompensa será *shleimah* (שלימה) – completa. A palavra *shleimah* é escrita שלמה [sem a letra *yud* (י) e, portanto, pode ser lida como] Shlomo. Ele [Boaz] disse a ela "[o futuro rei chamado] Shlomo (Salomão)* será seu

____

* O Rei Salomão foi o construtor do Templo, lar das "Asas Divinas," sob as quais Ruth, e todos os convertidos, desejam se abrigar. Estas asas, conhecidas como os querubins, estavam localizadas no *Kodesh HaKodashim*, em cima da Arca da Aliança. De acordo com o Talmud, estas asas são o símbolo e o local do amor.

וכתיב {מלכים א ז-לו} כמער איש ולויות מאי כמער איש ולויות אמר רבה
בר רב שילא כאיש המעורה בלוייה שלו אמר ריש לקיש בשעה שנכנסו נכרים
להיכל ראו כרובים המעורין זה בזה הוציאון לשוק ואמרו ישראל הללו
שברכתן ברכה וקללתן קללה יעסקו בדברים הללו מיד הזילום שנאמר {איכה
א-ח} כל מכבדיה הזילוה כי ראו ערותה

O versículo [que descreve os querubins do Templo] afirma, "Todos abraçaram firmemente" (Reis I 7:36). Ao que se refere este forte abraço?

Como o homem que está entrelaçado com seu consorte.

Quando os gentios entraram no Santuário, eles viram os querubins abraçados um ao outro. Eles os expuseram publicamente e disseram [com escárnio], "Olhem para a obscenidade com a qual estes Judeus, cujas bênçãos são bênçãos e maldições são maldições, se ocupam [i.e., olhem para a lascívia que eles retratam aqui]! Eles imediatamente os desprezaram, como está escrito (Lamentações 1:8), "Todos os que uma vez tiveram respeito por Israel, agora o desprezam, pois viram sua nudez." (Yomá 54b).

Eles o compreenderam mal, é claro, e julgaram o amor como sujo e imoral.

descendente.

(Pessikta DeRav Kahana 16)

O descendente de Ruth foi, na verdade, Shlomo, rei de Israel. É impressionante que de acordo com o Talmud, ela viveu para vê-lo reinar e ter seu lugar de honra em um trono ao lado dele.

עם המלך במלאכתו ישבו שם זו רות המואביה שראתה במלכות
שלמה בן בנו של בן בנה שנאמר {מלכים א ב-יט} וישם כסא
לאם המלך וא''ר אלעזר לאמה של מלכות

"Eles se sentaram lá, a serviço do rei" (Crônicas I 4:23). Isto se refere a Ruth, a Moabita, que viu o reinado do neto de seu neto, como está escrito, "E Shlomo colocou um trono para a mãe do rei" (Reis I 2:19): para a mãe da *malchut*.

(Baba Batra 91b)

וַתֹּאמֶר אֶמְצָא חֵן בְּעֵינֶיךָ אֲדֹנִי

13. E ela respondeu, "Que eu continue a encontrar graça em seus olhos, meu senhor,

Em resposta a declaração de Boaz, Ruth reconhece que ela realmente encontrou o *chen* que procurava.

כִּי נִחַמְתָּנִי וְכִי דִבַּרְתָּ עַל לֵב שִׁפְחָתֶךָ

"pois você me confortou, e falou ao coração de sua serva,

A diferença entre pornografia e amor é inteiramente resultado do contexto. Mecanicamente, eles são exatamente iguais. A diferença é o ponto essencial.

Nechamá é geralmente traduzida como "consolo," mas, seu sentido mais profundo é "transformação" ou "mudança."[127] Ao entender a palavra desta maneira, Ruth está dizendo, "Você falou ao meu coração e mudou tudo. Minha situação agora é completamente diferente do que era a alguns minutos atrás."

וְאָנֹכִי לֹא אֶהְיֶה כְּאַחַת שִׁפְחֹתֶיךָ

"Embora eu não seja nem mesmo como uma de suas servas."

Estas palavras são a fonte da lei de conversão, que foi citada anteriormente, como codificada por Maimônides:[128]

כֵּיצַד מְקַבְּלִין גֵּרֵי הַצֶּדֶק. כְּשֶׁיָּבוֹא אֶחָד לְהִתְגַּיֵּר מִן הָעַכּוּ״ם
וְיִבְדְּקוּ אַחֲרָיו וְלֹא יִמְצְאוּ עִלָּה. אוֹמְרִים לוֹ מָה רָאִיתָ שֶׁבָּאתָ
לְהִתְגַּיֵּר. אִי אַתָּה יוֹדֵעַ שֶׁיִּשְׂרָאֵל בַּזְּמַן הַזֶּה דְּווּיִּים וּדְחוּפִים
וּמְסֻחָפִין וּמְטֹרָפִין וְיִסּוּרִין בָּאִין עֲלֵיהֶן. אִם אָמַר אֲנִי יוֹדֵעַ וְאֵינִי
כְּדַאי מְקַבְּלִין אוֹתוֹ מִיָּד

Qual é o procedimento para a aceitação de convertidos íntegros? Quando um gentio se candidata a conversão, é investigado, e se nenhum motivo escuso é descoberto, pergunta-se ao candidato, "Qual é sua motivação para se converter? Você sabe que em nossos tempos, os Judeus são humilhados, oprimidos, desprezados, e sobrecarregados de sofrimentos? Se ele responder, "Estou ciente e não me considero digno de me juntar ao povo," aceitamos este candidato imediatamente.

(Mishnê Torah, Leis de Relações Proibidas 14.1)

A afirmação de Ruth de que ela não é digna nem mesmo de ser uma serva de Boaz é equivalente a declaração dos convertidos íntegros *"eini kedai"* - "Não sou digno". Isto implica, "Quem dera eu ter tido a mesma formação e experiências que teriam me qualificado para ser até mesmo o membro de mais baixo nível espiritual de Israel!"

וַיֹּאמֶר לָה בֹעַז לְעֵת הָאֹכֶל

14. Na hora da refeição, Boaz disse a ela,

A palavra *láh* (a ela) sem o *hei mapik*[129] pode ser entendida como significando "*lo*" - "não." Boaz diz enfaticamente, "Não! Você reivindica que não é nem mesmo igual a uma das servas. A isto, eu digo, absurdo!"

אָמַר לָהּ חַס וְשָׁלוֹם אֵין אַתְּ מִן הָאֲמָהוֹת, אֶלָּא מִן הָאִמָּהוֹת

Ele [Boaz] disse a ela, "D'us nos livre [que você se refira a si mesma como uma das] servas (*amaot* - אמהות). Você é uma das matriarcas (*imaot* – אימהות)!"

(Ruth Rabá 5.5)

Este midrash se refere a palavra *amá*, que é um sinônimo para *shifchá*, a palavra que Ruth usa no versículo anterior para dizer que ela tem menos valor do que uma das servas dele. O Midrash troca a palavra *shifchá* por *amá* e então faz um jogo de palavras, usando alternadamente a pronúncia de *amaot* (o plural de *amá*). Na leitura do versículo feita pelo Midrash, portanto, Boaz faz uma asserção arrebatadora. "Você não é somente uma de minhas *amaot* (servas), mas, uma das *imaot* (matriarcas) de nosso povo!"

Boaz acredita que a chegada de Ruth representa uma oportunidade histórica. Como um descendente de Yehudá, ele está sensível a necessidade de mudanças revolucionárias que trarão *malchut*. Como um descendente de Peretz, o filho de um relacionamento de *yibum*, ele também está sensível às implicações de *yibum* com relação à questão de *chessed*. Ele vê em Ruth a única mulher com a qual ele pode se unir em um ato cósmico de *yibum* que irá levar a *malchut*. Isto seria uma conquista digna de uma matriarca, uma *"em beIsrael"* (Mãe de Israel).

גְּשִׁי הֲלֹם

"Venha até aqui

Este é um convite monumental: a palavra *halom* (aqui) tem uma história bastante rica.

וַיֹּאמֶר אַל תִּקְרַב הֲלֹם שַׁל נְעָלֶיךָ מֵעַל רַגְלֶיךָ כִּי הַמָּקוֹם אֲשֶׁר אַתָּה עוֹמֵד עָלָיו אַדְמַת קֹדֶשׁ הוּא

D'us disse, "Não venha '*halom*'. Tire seus sapatos de seus pés, pois o chão onde você está pisando é sagrado."

(Êxodo 3:5)

אמר עולא בקש משה מלכות ולא נתנו לו דכתיב {שמות ג-ה} אל תקרב הלום ואין הלום אלא מלכות שנאמר {שמואל ב ז-יח} מי אנכי ה' אלהים [וגו'] כי הביאתני עד הלום

Moshe desejou o reinado, mas este não lhe foi garantido, pois está escrito, "Não venha *halom*," e *halom* se refere a *malchut*. [Aprendemos isto de David], pois está dito, "Quem sou eu, Oh Eterno D'us... Que Você me trouxe até *halom*?" (Shmuel II 7:18)

Zevachim 102a

As primeiras palavras que Hashem diz a Moshe são "Não chegue perto *halom*." Os Sábios escutam nestas palavras uma resposta a um pedido não verbalizado de Moshe – o de ser dado a ele *malchut*- e isto lhe foi negado.* Eles se baseiam em uma ligação intertextual a outro lugar onde a palavra *halom* aparece: A prece de agradecimento de David depois que Hashem lhe promete que irá estabelecer uma dinastia eterna vinda dele e que seu filho irá construir o Templo. David reage a esta aliança eterna dizendo, "Quem sou eu e quem é minha dinastia que o Senhor me trouxesse *halom*?" *Halom*, então, se refere a *malchut*. Neste versículo, Boaz está pedindo que Ruth se aproxime do reinado. Novamente, ele insinua que *malchut* é o destino dela: "Aproxime-se *halom* – a *malchut* é sua."[130]

א''ר אלעזר רמז רמז לה עתידה מלכות בית דוד לצאת ממך
דכתיב ביה הלום שנאמר {שמואל ב ז-יח} ויבא המלך דוד וישב
לפני ה' ויאמר מי אנכי אדני ה' ומי ביתי כי הביאתני עד הלום

Ele [Boaz] insinuou a ela que a casa real de David estava destinada a vir dela [usando a palavra] *halom*, pois está escrito, "E o Rei David foi e sentou-se diante de D'us e disse, 'Quem sou eu, Oh, Eterno D'us, e o que é minha casa que o Você me trouxe até *halom*?'" (Shmuel II 7.18).

(Shabat 113b)

וְאָכַלְתְּ מִן הַלֶּחֶם וְטָבַלְתְּ פִּתֵּךְ בַּחֹמֶץ וַתֵּשֶׁב מִצַּד הַקּוֹצְרִים

"e compartilhe do pão, molhe seu pedaço no vinagre." Ela, então, sentou-se ao lado dos apanhadores,

Mesmo esta refeição, cujo convite foi feito para vir *halom*, contém dicas do futuro detalhado de *malchut*.

ר' שמואל בר נחמני אמר רמז רמז לה עתיד בן לצאת ממך

שמעשיו קשין כחומץ ומנו מנשה {רות ב-יד} ותשב מצד
הקוצרים א''ר אלעזר מצד הקוצרים ולא בתוך הקוצרים רמז
רמז לה שעתידה מלכות בית דוד שתתחלק

[Ao dizer a ela que molhasse seu pão no vinagre, Boaz] insinuou que ela teria um descendente da [realeza], Menache, cujas ações seriam tão ácidas quanto o vinagre.[131]

[Ao afirmar que Ruth] "sentou-se ao lado dos apanhadores" ao invés de "entre os fazendeiros" [os fazendeiros intercederam entre ela e Boaz, o versículo indica que ele] insinuou que a dinastia de David seria, no futuro, dispersada.

(Shabat 113b)[132]

וַיִּצְבָּט לָהּ קָלִי וַתֹּאכַל וַתִּשְׂבַּע וַתֹּתַר

e ele entregou a ela grãos assados, e ela comeu e ficou satisfeita, e deixou sobrar um pouco.

Ao final desta refeição, encontramos o nexo entre *malchut* e o chag de Shavuot. Nós chegamos *halom*, e pela primeira vez, encontramos a palavra *sova* (שבע) – satisfação. Em hebraico, a palavra para semana é *shavua* (שבוע), baseada na palavra *sheva* (שבע), que significa sete, e no plural, *shavuot* (שבועות). O nome do *chag*, Shavuot, portanto, não deveria ser interpretado somente como "semanas," referindo-se às sete semanas entre Pessach e Shavuot, mas como sendo relacionada à palavra "satisfação":

אל תקרי שבע אלא שבע

Não leia a palavra como *sova* (satisfação), mas sim, como *sheva* (sete).

(Berachot 14a)[133]

Os Sábios veem a palavra para designar satisfação e a palavra para designar o número sete como intercambiáveis. A interconexão entre as duas é aprofundada através de todos os motivos de Shavuot. O conceito de satisfação está ligado especificamente ao pão:

וְאָכַלְתָּ וְשָׂבָעְתָּ וּבֵרַכְתָּ אֶת ה' אֱלֹהֶיךָ עַל הָאָרֶץ הַטֹּבָה אֲשֶׁר נָתַן לָךְ

E você comerá [pão],* e ficará satisfeito, e você irá abençoar o Eterno seu D'us pela terra boa que Ele lhe deu.

(Deuteronômio 8:10)

E Shavuot, a culminação dos sete ciclos de sete dias, é o chag no qual atingimos *sova*, satisfação, pelo pão. O dia é celebrado trazendo-se uma única oferenda ao Templo: os "Dois Filões" de pão, feito do trigo da nova colheita.

Até mesmo o nome de Ruth tem relação com o tema, vem da raiz *rava* – רוה – o saciar da sede, satisfação que vem da bebida:

תַּעֲרֹךְ לְפָנַי שֻׁלְחָן נֶגֶד צֹרְרָי דִּשַּׁנְתָּ בַשֶּׁמֶן רֹאשִׁי כּוֹסִי רְוָיָה**

Você [D'us] prepare para mim uma mesa em frente aos meus inimigos; Você ungiu minha cabeça com óleo, e meu copo transborda (*revayá*).

(Salmos 23:5)

Como diz o Talmud:

מאי רות א''ר יוחנן שזכתה ויצא ממנה דוד שריוהו להקב''ה

---

*   Este versículo é a fonte da *mitzvá* de *Bircat Hamazon*, que deve ser feita após uma refeição que inclui pão (veja Berachot 21a).

**   Nas palavras de Rashi, "*lashon sova*"- "לשון שובע".

בשירות ותשבחות

Qual é o significado do nome Ruth? [A ela foi dado este nome porque] David descendeu dela, e ele satisfez (ריווהו) Hashem com canções e louvores.

(Berachot 7b)

Nossa história começou com uma fome e um homem chamado Elimelech (*elai melech*) na busca de *malchut*. Sua busca equivocada o levou de Beit Lechem, a Casa do Pão, para Moav – uma nação descendente de Lot, que fugiu para Sodoma a fim de escapar do "pão da vergonha" oferecido pelo *chessed* de Avraham. Ruth, uma mulher de Moav, surge de Sodoma para produzir o rei cujo símbolo é uma mesa de pão, na qual o mesmo é colocado no Templo. Ela deixou Moav para alcançar um mundo no qual as pessoas não se sentem mais dependentes e não mais comeriam *nahama dekissufa*, o pão da vergonha, mas, comeriam sim, o pão da satisfação. Este foi o primeiro momento de *sova*. O Talmud encontra uma dimensão cósmica nesta simples, porém satisfatória refeição:

במתניתא תנא ותאכל בעולם הזה ותשבע לימות המשיח ותותר
לעתיד לבא

"E ela comeu," neste mundo.

"E ela ficou satisfeita," durante a era Messiânica.

"E ela deixou que sobrasse um pouco," para o *Olam Habá* (Mundo Vindouro).

(Shabat 113b)

Iremos explicar brevemente a ironia da satisfação proveniente de uma refeição que consistia de caridade e a dependência que foi criada.

וַתָּקָם לְלַקֵּט וַיְצַו בֹּעַז אֶת נְעָרָיו לֵאמֹר גַּם בֵּין הָעֳמָרִים תְּלַקֵּט וְלֹא תַכְלִימוּהָ:
וְגַם שֹׁל תָּשֹׁלּוּ לָהּ מִן הַצְּבָתִים וַעֲזַבְתֶּם וְלִקְּטָה וְלֹא תִגְעֲרוּ בָהּ

15-16. Ela se levantou para colher, e Boaz ordenou seus jovens homens, "Vocês não devem somente permitir que ela colha entre os feixes, sem que a envergonhem, mas também, devem derrubar algumas espigas das pilhas para que ela as colha – não a repreendam!"

Ruth retorna agora à sua observância meticulosa das leis que regulam a coleta de presentes aos pobres. Como o supervisor reportou, ela tinha originalmente recolhido hesitantemente, esperando que fosse estabelecido que ela tinha legalmente direito ao grão deixado pelos apanhadores.[134] Boaz, portanto, instrui seus trabalhadores que deixassem absolutamente claro quando tivessem terminado de fazer a colheita para que ela não se envergonhasse enquanto coletava os grãos que eles esqueciam ou deixavam cair propositalmente para ela. Não deve haver nenhum pão da vergonha para ela!

וַתְּלַקֵּט בַּשָּׂדֶה עַד הָעָרֶב וַתַּחְבֹּט אֵת אֲשֶׁר לִקֵּטָה וַיְהִי כְּאֵיפָה שְׂעֹרִים

17. E ela coletou no campo até o anoitecer; ela debulhou o que tinha coletado, e perfez exatamente uma *eifá* de cevada.

Como resultado das instruções de Boaz, ela conseguiu recolher uma quantidade grande de grãos.

Cena Dois

וַתִּשָּׂא וַתָּבוֹא הָעִיר וַתֵּרֶא חֲמוֹתָהּ אֵת אֲשֶׁר לִקֵּטָה

18. Ela carregou [a *eifá*] de volta e se aproximou da cidade, e sua sogra viu o que ela tinha coletado,

À primeira vista, a especificação de que tinha se "aproximado da cidade" parece desnecessária até olharmos mais de perto para a forma como o versículo continua: "e sua sogra viu o que ela tinha coletado." Estas palavras parecem indicar que Naomi viu Ruth assim que a mesma entrou na cidade, bem antes de ela ter retornado à cabana delas.

Naomi tinha testemunhado a partida difícil e ansiosa de sua nora naquela manhã; sentiu seu medo e apreensão e obviamente tinha esperado ansiosamente pelo seu retorno são e salva, durante todo o dia.

וַתּוֹצֵא וַתִּתֶּן לָהּ אֵת אֲשֶׁר הוֹתִרָה מִשָּׂבְעָהּ

e ela tirou e deu-lhe o que ela havia deixado sobrar de sua satisfação.

Ruth votou para casa com uma grande quantidade de grãos. No entanto, ela só deu a Naomi o que havia sobrado de sua modesta refeição, aquela que havia compartilhado com os trabalhadores do campo. Ela estava compartilhando a mágica de sua *sova*, a sensação que a levou além da dependência do "pão da vergonha" para a independências da satisfação.

וַתֹּאמֶר לָהּ חֲמוֹתָהּ אֵיפֹה לִקַּטְתְּ הַיּוֹם וְאָנָה עָשִׂית

19.Sua sogra lhe perguntou, "Onde você coletou hoje? Onde trabalhou?

Ao ver tamanha quantidade de grãos, Naomi percebe que algo importante aconteceu. Sua pergunta em duas partes revela sua surpresa. A primeira parte, *eifo likatet* – "onde você coletou" - simplesmente pergunta sobre a localização do campo. Expressa sua surpresa - "De onde veio todo este grão?"[135] A segunda parte da pergunta, começa com a palavra *ana* - "de onde, para onde" - está pedindo direção. Esta parte da pergunta expressa que Naomi compreende que algo mudou, pois a palavra *ana* indica uma busca.* Isto também fica claro pela mudança de verbos que são aparentemente sinônimos. A palavra *assit* (você realmente trabalhou) vai muito além de *likatet* (você coletou). A primeira pergunta de Naomi é descomplicada: "Onde você coletou todo este grão hoje, Ruth?" Sua segunda pergunta é um tanto mais profunda: "O que foi que você fez?! Como encontrou exatamente o que buscava?"

יְהִי מַכִּירֵךְ בָּרוּךְ

"Que aquele que a reconheceu seja abençoado!"

Sem saber, Naomi repete a linguagem carregada de Ruth para Boaz - "Porque encontrei graça (*chen*) em seus olhos (*lehakireni*), literalmente que você 'me reconhece?' (2:10). Ruth fez a mesma

---

* Como em אָנָה הָלַךְ דּוֹדֵךְ הַיָּפָה בַּנָּשִׁים אָנָה פָּנָה דוֹדֵךְ וּנְבַקְשֶׁנּוּ עִמָּךְ

Para onde foi o teu amado, ó mais formosa entre as mulheres? Para onde se retirou o teu amado, para que o busquemos contigo? (Cânticos 6:1). Um versículo notável sob a luz dos temas que discutimos.

pergunta a Boaz e agora, Naomi sente que alguém realmente "a conheceu." Sua reação à chegada da nora sugere sua fala a ela, "O que aconteceu hoje significa que você está indo a algum lugar – isto não acontece no curso normal das coisas. Algo extraordinário está acontecendo. Alguém a conhece. Alguém reconhece quem você realmente é, e sabe de sua grandeza. Quem quer que seja deve ser abençoado."

וַתַּגֵּד לַחֲמוֹתָהּ אֵת אֲשֶׁר עָשְׂתָה עִמּוֹ וַתֹּאמֶר שֵׁם הָאִישׁ אֲשֶׁר עָשִׂיתִי עִמּוֹ הַיּוֹם בֹּעַז

Ela contou à sua sogra com quem tinha trabalhado, e disse, "O nome do homem com quem trabalhei hoje é Boaz."

Há mágica nestas palavras, que vem com o poder de levar a humanidade para uma direção inteiramente nova. Este é um momento transformador, inebriante de possibilidades imensuráveis. Com estas palavras Ruth começa a lidar com a questão de seu antepassado, Lot. Começa a trazer uma solução para a charada mais vexatória da Criação, a questão do *chessed*. Sua jornada seguindo os passos de Avraham a levou para os campos de Boaz, e de lá, para um lugar onde nenhum humano tinha ido antes.

Naomi viu Ruth chegar em casa com um lote de grãos e fica estupefata. Durante sua primeira semana em Beit Lechem, elas haviam sido ignoradas completamente. De repente, Ruth aparece, carregada de comida, e Naomi naturalmente pensa, "Quem a favoreceu com tal reconhecimento? Alguém realmente cuidou de você. Quem quer que seja, que Hashem o abençoe."

Ruth então responde, "Ninguém cuidou de mim, eu cuidei de alguém." Este versículo repete a reivindicação duas vezes: "com quem ela trabalhou" e "o nome do homem com quem eu trabalhei." A primeira indica o monólogo interno de Ruth, a segunda, a articulação da mesma em seu diálogo com Naomi. Este é um paradigma que muda a visão do mundo:

תָּנֵי בְּשֵׁם רַבִּי יְהוֹשֻׁעַ, יוֹתֵר מִמַּה שֶׁבַּעַל הַבַּיִת עוֹשֶׂה עִם הֶעָנִי,
הֶעָנִי עוֹשֶׂה עִם בַּעַל הַבַּיִת, שֶׁכֵּן אָמְרָה רוּת לְנָעֳמִי שֵׁם הָאִישׁ אֲשֶׁר
עָשִׂיתִי עִמּוֹ הַיּוֹם, וְלֹא אָמְרָה אֲשֶׁר עָשָׂה עִמִּי, אֶלָּא אֲשֶׁר עָשִׂיתִי
עִמּוֹ, הַרְבֵּה פְּעוּלוֹת וְהַרְבֵּה טוֹבוֹת עָשִׂיתִי עִמּוֹ בִּשְׁבִיל שֶׁהֶאֱכִילַנִי
פְּרוּסָה אַחַת.

O pobre faz mais pelo rico do que o rico faz pelo pobre.
Nós derivamos isso da afirmação de Ruth para Naomi,
"O nome do homem com quem trabalhei hoje [é Boaz]."
Ruth não disse, "O nome do homem que fez algo para
mim, mas sim, "eu fiz por ele," [como que dizendo] "Eu
consegui tanto para ele, fiz tanto bem a ele, tudo por um
pedaço de pão!"

(Ruth Rabá 5.9)

Aqui, Ruth dá os primeiros passos em direção à resolução da
questão de *chessed*. Ela declara, "Não me diga quanto eu devo a este
homem por ter sido bom para mim. Ao invés disso, diga para mim o
quanto ele me deve por ter permitido que fosse bom para mim. Ao
permitir que assim o fosse, eu transformei sua vida!" Ela continua,
"Eu fiz tanto bem a ele (הרבה טובות עשיתי עמו)- você não pode
imaginar o que fiz por ele hoje, mudei sua vida por completo, e dei
a ele um sentido e uma identidade. Eu dei a ele algo pelo qual viver,
e tudo isso, por um pedaço de pão. Você quer saber quem foi bom
para mim? Ao contrário! Pergunte-me para quem fiz o bem?" Esta
reversão representa um vislumbre de um corajoso e novo mundo.

Boaz estava profundamente consciente disto. A interação começou
quando ele pediu a ela que não fosse embora do seu campo, dizendo,
"e não saia daqui!"[136] Naquele momento, eles começaram a lidar
abertamente com a questão do *nahama dekissufa*. Boaz disse a Ruth
que nunca teria palavras o bastante para agradecer-lhe, e admitiu que
somente Hashem, e não ele, poderia recompensá-la.[137] Ao olharmos
para esta interação entre os dois, não fica claro quem está fazendo

favor a quem.

Isto fica bastante consistente com a identificação de Ruth no início deste ato como "Ruth, a Moabita." No momento em que chegou a Beit Lechem, ela se identificou como uma representante de Moav, e insistia em continuar a representar seu lugar de origem, pois havia muito o que Israel tinha de aprender de Moav através de Sodoma. A única maneira de se integrar realmente em Israel e de vencer em Beit Lechem, onde recebeu um tratamento à la Sodoma, era proclamar e reafirmar suas raízes. O *chessed* puro e que induzia à dependência de Avraham deveria ser mesclado com a *midat hadin* pura, exigente e ávida por independência, a discriminação (em todos os sentidos da palavra) de Sodoma, para produzir, pelo menos, um *chessed shel emet*, que permitiria relacionamentos significativos mesmo entre os que viviam.[138]

Ruth se recusou a buscar caridade. Ao invés disso, buscou *chen*, pois não buscava um benfeitor; buscava um relacionamento. Somente então, em um relacionamento, ela aceitaria comida. Somente de alguém que reconhecesse o imenso favor que ela havia feito por ele, concedendo a aceitar os grãos caídos em seu campo. Neste sentido, Ruth é a única que verdadeiramente "retorna dos campos de Moav."[139] Nosso versículo expressa o princípio que ela trouxe de volta daqueles campos, o de mudança de vida.

וַתֹּאמֶר נָעֳמִי לְכַלָּתָהּ

20. Naomi disse a sua nora,

Ao ouvir sobre o encontro providencial entre Ruth e Boaz, Naomi conclui rapidamente que algo havia definitivamente mudado. Agora, ela passa a se referir a Ruth, não como "minha filha" e não como "Ruth," mas como "minha nora." Desta forma, ela contempla a possibilidade de que Ruth, como viúva de seu filho morto sem filhos possa entrar em um relacionamento de *yibum* com o homem que pode redimir a família e a vida perdida de Elimelech. Ela não havia se permitido sonhar com esta possibilidade anteriormente, porque tal pensamento teria sido absurdo. Boaz era o juiz, líder e o homem mais poderoso da geração, enquanto Ruth era pobre, uma convertida Moabita. A diferença de classe social teria condenado esta possibilidade. Além do mais, a diferença de idade entre os dois era significativa, pois de acordo com o midrash, ele tinha oitenta anos[140] e havia enfrentado uma vida de sofrimento e perdas.[141] O que poderia motivá-lo a investir em um novo relacionamento com uma mulher mais jovem e um possível desgosto?

Lembremos, no entanto, que esta sessão começou com uma dica sobre esta união: "Naomi tinha um parente pelo lado de seu marido… e seu nome era Boaz" (2:1). Este versículo no início define o cenário para tudo o que ocorre depois,[142] e Naomi, agora, se atreve a sonhar. "Talvez," ela pensa, "*yibum* será realmentc possível."

בָּרוּךְ הוּא ה' אֲשֶׁר לֹא עָזַב חַסְדּוֹ אֶת הַחַיִּים וְאֶת הַמֵּתִים

"Abençoado de D'us é aquele que não abandonou a bondade aos vivos e aos mortos."

A reação de Naomi pode ser entendida como uma assertiva de que sim, o *yibum* é realmente possível. "Na verdade," ela diz a Ruth, "Agora, estou certa disso. É a única explicação para o que aconteceu hoje." Há *chessed* feito aos vivos, e há *chessed* em benefício dos mortos. O último tipo, *chessed shel emet*, é mais profundamente expresso em *yibum*. Naomi abençoa Boaz como o homem que não somente fez *chessed* para ela e Ruth, mas também, como o homem que irá fazê-lo, sem dúvida, para os mortos.

A reação de Naomi também pode ser vista como uma resposta às palavras anteriores de Ruth. Ela percebe que a mesma é capaz de fazer algo sem precedentes: pela primeira vez na história há um indivíduo para quem o *chessed* para com os vivos e os mortos não tem distinção, e nem produz dependência. *Chessed* para com os mortos é *chessed* verdadeiro porque não pode diminuir o receptor. Para Ruth, no entanto, o *chessed* para com os vivos não diminui também. Ela não se intimida pela dependência, mas sim, a enfrenta e a desafia. Este é um desenvolvimento pelo qual a humanidade estava esperando desde o dia da Criação, e Naomi abençoa Boaz por valorizar a conquista única de Ruth.

No entanto, há um sentido muito mais profundo e uma conotação comovente em suas palavras. Elas sugerem que o *yibum* antecipado entre Ruth e Boaz será extraordinário e inigualável. Lembremos que Boaz foi introduzido na história como um parente de Elimelech; aquela a quem esperava-se que iria reconstruir Elimelech era sua viúva, Naomi. "Eu estou viva," insinua Naomi, "e os mortos estão mortos. Você, Ruth agirá por ambos." Somente alguém que não se amedronta diante de *chessed* poderia lidar com o desafio à identidade pessoal que este *yibum* acarretará.

Um *yibum* comum requer que um homem abra mão de "sua semente" para "reconstruir um nome" por outro alguém. A Torá descreve este processo assim:

וַיֹּאמֶר יְהוּדָה לְאוֹנָן בֹּא אֶל אֵשֶׁת אָחִיךָ וְיַבֵּם אֹתָהּ וְהָקֵם זֶרַע לְאָחִיךָ

Yehudá disse ao [seu filho] Onan, "Junte-se à esposa de seu irmão, faça *yibum* com ela, e providencie semente para seu irmão [morto]."

(Gênesis 38:8)

וְהָיָה הַבְּכוֹר אֲשֶׁר תֵּלֵד יָקוּם עַל שֵׁם אָחִיו הַמֵּת וְלֹא יִמָּחֶה שְׁמוֹ מִיִּשְׂרָאֵל

O primeiro filho que ela gera será contado em nome de
seu irmão morto, para que seu nome não seja apagado
do povo de Israel.

(Deuteronômio 25:6)

Este *yibum* sem precedentes não requer somente que Boaz aja
por Elimelech, mas também que Ruth o faça por Naomi, entregar
sua vida por outra pessoa. Ruth não fará isso somente como a viúva
de Machlon, aceitando a semente de Boaz para carregar o nome de
seu falecido marido; irá ficar no lugar de sua sogra, Naomi, a viúva
de Elimelech e aceitará a semente de Boaz para dar continuidade ao
nome de seu sogro falecido, Elimelech. O primogênito deste *yibum*
suis generis será, portanto, filho de Naomi! Podemos ver isso ao final
da Meguilá, que este *yibum* foi assim interpretado:

וַתִּקְרֶאנָה לוֹ הַשְּׁכֵנוֹת שֵׁם לֵאמֹר יֻלַּד בֵּן לְנָעֳמִי

As mulheres vizinhas deram a ele [à criança] um nome.
Elas disseram, "Um filho nasceu para Naomi!"

(Ruth 4:17)

Na verdade, o holofote foi fixado em Elimelech desde o versículo
que abre este ato: "Naomi tinha um parente pelo lado de seu marido,
um homem de estatura, da família de Elimelech."

Boaz precisava reconhecer que ele não seria somente o redentor de
Machlon, mas também de Elimelech, ao entrar neste relacionamento
com Naomi através de 'uma barriga de aluguel' de Ruth. Como já
foi dito anteriormente, este *yibum* não será apenas para os mortos,
será pela primeira vez nesta saga, para os vivos. O ato de sacrificar
a semente para beneficiar um irmão morto é certamente admirável.
Mas, a semente vale muito pouco. É um sacrifício de uma dimensão
inteiramente diferente dar sua vida inteira em benefício de outrem

como Ruth fará. Este é um momento de grande nobreza! *

וַתֹּאמֶר לָהּ נָעֳמִי קָרוֹב לָנוּ הָאִישׁ מִגֹּאֲלֵנוּ הוּא

E Naomi disse a ela, "O homem é um parente próximo a nós; ele é um de nossos redentores."

A primeira parte da afirmação de Naomi neste versículo é dita a "sua nora," porque ela está pensando sobre um *yibum* para redimir a vida de Machlon, que neste caso, Ruth funcionará como sua nora. A segunda parte da afirmação dela é introduzida como uma nova fala. O versículo diz "e Naomi disse" uma segunda vez. Mas, desta vez, Naomi se dirige a "ela (*láh*)" - Ruth – de mulher para mulher. Naomi está a um passo de pedir a Ruth que faça algo que nunca foram feitos anteriormente. Ela irá pedir para Ruth realizar um *yibum* duplo, que fique em seu lugar, não somente para redimir a vida de Machlon, mas a vida de Elimelech também.[143] "O homem é *nosso* parente," diz Naomi, "parente de nós duas – e como tal, irá redimir não somente a perda de seu marido, mas também a perda do meu marido."

Na escolha de palavras feitas por Naomi, o Midrash identifica uma afirmação sutil da surpreendente afirmação anterior feita por Ruth: "Fui eu quem fiz um favor a ele!"

---

* Agora é possível entender o sentido mais profundo de Ruth ao se dirigir a Naomi no segundo versículo. A expectativa é que o versículo tivesse dito que ela falou "com sua sogra," ao invés de se referir à mesma pelo nome, o que parece ser uma familiaridade inapropriada. Contudo, ao usar seu nome, a Meguilá indica que ela já iniciou a transformação que permitirá que se torne a mãe de aluguel de Naomi no relacionamento com Boaz e quando ficar grávida dele. A transformação que permitirá com que ela responda subconscientemente como Naomi deve começar agora, no início de sua estadia em Beit Lechem. Ela não poderia finalmente assumir a identidade de Naomi se a mesma permanecesse simplesmente sua sogra – uma abstração fria e distante. Ela precisava se referir a "Naomi" – um ser humano vivo, de carne e osso, com quem ela não somente se "juntou", mas inacreditavelmente, com quem finalmente se torna "uma só carne."

אָמַר רַבִּי שְׁמוּאֵל בַּר נַחְמָן בְּעַז גְּדוֹל הַדּוֹר הָיָה, וְהָאִשָּׁה עָשְׂתָה
אוֹתוֹ קָרוֹב, שֶׁנֶּאֱמַר : קָרוֹב לָנוּ הָאִישׁ

Boaz era o líder da geração. Não obstante, Naomi se refere a ele como parente delas [ao invés de se referir a ela mesma e a Ruth como parentes dele, como é esperado quando nos referimos a alguém de estatura maior].[144] Isto afirma o princípio, que acabou de ser estabelecido por Ruth, de que um homem pobre faz mais por um rico do que um homem rico faz pelo homem pobre.[145]

(Ruth Rabá 5.10)

וַתֹּאמֶר רוּת הַמּוֹאֲבִיָּה גַּם כִּי אָמַר אֵלַי עִם הַנְּעָרִים אֲשֶׁר לִי תִּדְבָּקִין

21. Ruth, a Moabita disse, "Ele até mesmo disse para mim, 'Fique grudada com os rapazes que trabalham para mim (ceifeiros),

De uma forma oblíqua, Ruth responde aos anseios de Naomi. A desnecessária palavra *gam* (até mesmo) – indica que Ruth sentiu que Naomi não estava totalmente a par dos fatos e estava portanto, se iludindo: "Você deve ouvir o que ele também (*gam*) disse, antes de tirar conclusões precipitadas e fantasiosas! Disse-me que meu futuro estava entre os trabalhadores. É verdade, ele me disse para 'grudar' (*davak*) nas moças (*na'arotai*), mas também disse que me sentisse a vontade para pegar bebida com os rapazes (*ne'arim*). Sua intenção era claramente que eu ficasse em seu campo o tempo suficiente para que fizesse um *shiduch* com um "dos rapazes" - daí, o uso sugestivo da palavra grudar (*davak*).* Ele quer prover para mim, mas meu futuro

---

*   Esta é a razão pela qual ela é identificada aqui com a Moabita. Ruth estava convencida de que o que ela realmente tinha a oferecer era o fato de ser uma Moabita (veja o comentário do versículo 19 acima). Ela pressupôs que como

certamente não é com ele!"

Ao olharmos mais a frente do tempo sabemos que Naomi estava certa, mas se Boaz tinha realmente planejado casar-se com Ruth, por que disse a ela que se sentisse a vontade para beber com os rapazes? Esta ambiguidade dá espaço a confusão. Por que Boaz usaria uma expressão que poderia ser entendida erroneamente tão facilmente? Para entendermos isso, consideremos rapidamente a história de Rebeca e o servo de Avraham, Eliezer, Gênesis 24. Avraham o enviou à casa de seus ancestrais a fim de encontrar uma esposa adequada para Yitzchak. Eliezer criou um teste para estabelecer parâmetros de adequação das noivas em potencial: Ele iria ficar junto à sua caravana perto de um poço de água, onde sabia que iria encontrar as moças do local pegando água; ele, então, iria se aproximar e pedir por um pouco d'água para beber. A moça que oferecesse tirar água do poço não só para ele como também para seus camelos, seria, com certeza, a que iria florescer na casa de Avraham, uma casa tendo *chessed* como fundação. Quando Eliezer fez este pedido a Rivka, a mesma respondeu, "Eu também irei tirar (*esh'av*) água para seus camelos, até que terminem de beber" (Gênesis 24:19).

Os camelos são animais extremamente independentes, bebem até se satisfazerem plenamente, e então, não requisitam mais água por um tempo considerável. Rebeca era sensível a isso, e por esta

---

uma estrangeira oriunda de uma nação hostilizada, ela não exerceria atração sobre Boaz. Ela concluiu que Boaz devia ter adicionado "da água que os rapazes tiraram" porque ele intencionava que ela se casasse com um de seus trabalhadores. Boaz nunca teria dito algo tão descarado como "se grude nos rapazes." Ruth acreditava que apesar de ser isso o que ele intencionava, ele simplesmente expressou a ideia de uma maneira mais branda. Portanto, foi sua visão de si mesma como uma Moabita que lhe permitiu traduzir a referência aos "rapazes" do versículo 9 como uma expressão de "me conhecer" do versículo 10, uma expressão que se refere a casamento. Veja o comentário do versículo 10 acima. (Cf. ומתנות כהונה לרות רבה ה. ., que entende "a Moabita" em um sentido depreciativo. A explicação dos mesmos pareceria insuficiente à luz da palavra extra *gam*.)

razão não disse a Eliezer "*ashkê* (אשקה)" - "Eu providenciarei bebida para seus camelos," ao invés disso ela disse que iria tirar água "*esh'av*" (אשאב), para que pudessem beber o quanto quisessem. Além do mais, ela não somente ofereceu o bastante para que saciassem sua sede temporariamente, mas disse que tiraria água, até que "terminassem de beber". Depois disso, eles poderiam ficar um bom tempo sem assistência. Rebeca não somente fez *chessed* – a marca e também a falha da casa de Avraham[*] - ao invés, ela se engajou em *guemilat chessed* (גמילת חסד), literalmente "*chessed* desmamado" (da mesma raiz de camelo – *gamal* (גמל)), um novo tipo de *chessed* representado pelo camelo independente, aquele que escapa da dependência.[**]

Boaz teve discernimento e percebeu a forte independência de Ruth.[146] Ela sabia que ela iria considerar intolerável confiar em outras pessoas para ter o que beber. O protocolo daquele tempo era que as trabalhadoras eram dependentes de seus colegas homens, que seriam responsáveis pelo que ela iria beber. Boaz demonstrou grande sensibilidade ao reconhecer que este sistema não funcionaria para Ruth. Ele, então, disse a ela que bebesse quando quisesse, do local onde os homens mantinham suas bebidas. Desta maneira, sua dignidade e independência seriam preservadas.

עַד אִם כִּלּוּ אֵת כָּל הַקָּצִיר אֲשֶׁר לִי

"Até que eles completem minha colheita inteira."

Perceba como a frase usada aqui, *ad im kilu* - "até que eles completem" - é a expressão idêntica à usada por Rebeca em Gênesis 24:

---

[*]   Veja primeiro ato, "Interlúdio II: Sobre a Crueldade da Bondade."

[**]   Este é o motivo pelo qual uma criança que é desmamada é descrita como *nigmal* – נגמל!

וַתְּכַל לְהַשְׁקֹתוֹ וַתֹּאמֶר גַּם לִגְמַלֶּיךָ אֶשְׁאָב עַד אִם כִּלּוּ לִשְׁתֹּת

E ela [Rivka] terminou de dar a [Eliezer] de beber, e ela disse, "Eu também irei tirar água para seus camelos até que eles terminem de beber (*ad im kilu*)."

(Gênesis 24:19)

Estas palavras indicam que para Boaz, o "terminar" de sua colheita está interligado com o "terminar" (*ad im kilu*) com o qual Rivka deu de beber aos camelos. Somente Ruth é capaz de atingir – e então suprir – a necessidade e satisfação da independência por *ad im kilu*. A integridade que Boaz buscava dependia que Ruth permanecesse com ele no campo. Boaz sugere, "A única forma pela qual terei algo que é realmente meu – *asher li* – é se você permanecer aqui até o período da colheita terminar. Ela só será completa com você."

וַתֹּאמֶר נָעֳמִי אֶל רוּת כַּלָּתָהּ

22. Naomi disse a sua nora, Ruth,

Novamente, Naomi se dirige a Ruth como sua nora, insistindo gentilmente que sua interpretação dos fatos está correta. Ruth está enganada em pensar que Boaz pretende que ela se case com um dos homens de seu campo. Para Naomi, não há dúvida das claras intenções de Boaz: ele irá fazer o *yibum*.

טוֹב בִּתִּי כִּי תֵצְאִי עִם נַעֲרוֹתָיו וְלֹא יִפְגְּעוּ בָךְ בְּשָׂדֶה אַחֵר

"É melhor, minha filha, se você sair com as moças dele e não ser incomodada em outro campo qualquer."

"Minha querida filha," diz Naomi, "a razão pela qual ele a encorajou a compartilhar da água dos rapazes foi para deixar seu status claro para todos. Ele queria que todos entendessem que ninguém deveria tomar liberdades com você. Eu garanto para você que a intenção dele não é que tenha um futuro com um de seus trabalhadores. Ele lhe disse que "grudasse" nas moças, não foi? Então, faça isso e se junte a elas – *naarotav* (נערתיו)!"

וַתִּדְבַּק בְּנַעֲרוֹת בֹּעַז לְלַקֵּט

23. E ela permaneceu junto às moças de Boaz para coletar,

Aha! Naomi estava correta. Ruth ficou a maior parte da época da colheita com as moças.

עַד כְּלוֹת קְצִיר הַשְּׂעֹרִים וּקְצִיר הַחִטִּים

até o final das colheitas de cevada e trigo.

Isto continuou ao longo do período da colheita, que corresponde ao período da transição de Pessach para Shavuot... e além:

אָמַר רַבִּי שְׁמוּאֵל בַּר נַחְמָן מִתְּחִלַּת קָצִיר שְׂעוֹרִים עַד כְּלוֹת קְצִיר
הַחִטִּים שְׁלשָׁה חֳדָשִׁים

Do início da colheita de cevada [no décimo sexto dia de Nissan] até o fim da colheita de trigo, são três meses.

(Ruth Rabá 5.11)

O período de três meses tem relevância haláchica.

גר וגיורת צריכין להמתין ג' חדשים... להבחין בין זרע שנזרע

בקדושה לזרע שלא נזרע בקדושה

Os convertidos devem esperar três meses [antes de se casarem com um Judeu nato] ... a fim de que haja uma distinção entre a semente que foi semeada em [um estado de] santidade e a semente que não foi semeada em [um estado de] santidade.

(Yevamot 42a)

וַתֵּשֶׁב אֶת חֲמוֹתָהּ

Ela, então, ficou [em casa] com sua sogra.

As coisas agora estão no limbo: nada aconteceu entre Ruth e seus companheiros de trabalho, nem tampouco houve qualquer desenvolvimento na relação entre Boaz e Ruth. A colheita terminou, e com ela, o período de espera de três meses. Agora Ruth retorna a sua sogra e aí há um ar de antecipação sutil.

Terceiro Ato

Acredito que seja necessário um evento grande ou terrível para fazer a fusão de duas pessoas sem inibição. Sem calor ou choque, isso não pode ser feito. Acredito que esta é a razão pela qual o amor sexual, que não precisa ser, é tão intensamente interligado com o pecado.

Mark Helprin, Um Soldado da Grande Guerra

PRELÚDIO: Esta Visão da Vida

*A Criação Criativa**

Talvez, a *mitzvá* mais inclusiva e importante subjacente a identidade de Israel é o requisito de emular o Criador. Em Deuteronômio, nos é dito para "caminhar em Seus caminhos" (28:9),[147] nos instruindo a viver nossas vidas em *imitatio dei*.** O Talmud comenta versículos similares em Deuteronômio e Êxodo.

---

*   No livro A Origem das Espécies, Charles Darwin diz: "Há grandeza nesta visão da vida, com seus poderes diversos, tendo sido originalmente soprado em algumas formas ou em uma; e, enquanto este planeta fez seus ciclos de acordo com a lei fixa da gravidade, de tão simples início de formas infindáveis, as mais belas, as mais extraordinárias, e estão sendo, desenvolvidas."

Ele escreve sobre duas categorias diferentes de tempo que representam duas visões diferentes da realidade, ou, em suas palavras, "visões da vida." Há um tempo cíclico, repetitivo, e há um tempo linear, de desenvolvimento, no qual o mundo continua a mudar e crescer. Esta segunda categoria contém a ideia transformativa de Darwin. A ideia que prevalecia antes da dele era baseada na primeira categoria de tempo. Isto resultou em uma cosmologia mecânica que concebia o mundo como uma máquina gigante. De acordo com esta opinião, a Criação é bem definida e ordenada – logo, não há criatividade. O universo simplesmente funciona em ciclos, e enquanto o ciclo acontece em seu ritmo monótono, há uma outra versão do tempo desperdiçando seu ritmo dinâmico. Esta versão do tempo, apesar de caótica, e aparentemente desordenada, apresenta uma visão da vida muito maior do que a primeira. Nela, há uma diversidade e complexidade crescente. No universo mecânico, nunca haverá algo novo. Mas na visão de vida articulada por Darwin, há uma renovação constante.

**   N.T: Imitação de D'us.

ואמר רבי חמא ברבי חנינא מאי דכתיב }דברים יג-ה{ אחרי ה'
אלהיכם תלכו וכי אפשר לו לאדם להלך אחר שכינה והלא כבר
נאמר }דברים ד-כד{ כי ה' אלהיך אש אוכלה הוא אלא להלך
אחר מדותיו של הקב''ה מה הוא

Qual é o sentido do versículo, "Vocês devem seguir o
Eterno, seu D'us" (Deuteronômio 13:5)? É possível que
uma pessoa siga a Presença Divina? Não foi dito, "Pois o
Eterno, seu D'us é um fogo que consome?" (Deuteronômio
4:24). Na verdade, seguir Hashem significa emular Seus
atributos.

(Sotá 14a)

אבא שאול אומר ואנוהו הוי דומה לו מה הוא חנון ורחום אף
אתה היה חנון ורחום

A palavra *veanvehu* (Êxodos 15:2) significa "seja como
Ele" - assim como Ele é amável e misericordioso, vocês
também devem ser amáveis e misericordiosos.

(Shabat 133b)

O atributo mais importante e fácil de ser reconhecido do
Criador, é obviamente, o da criatividade, pois a mesma é a força
vital e urgente que dirige a humanidade, e se refere a habilidade
de inventar algo novo através da imaginação, originalidade, ou
disposição ao inesperado. Em um mundo físico, a iniciativa criativa
requer atos mecânicos. Tais atos foram executados por D'us quando,
por exemplo, Ele criou o corpo de Adam do material bruto da
terra. Contudo, a natureza essencial da criação não é mecânica. Na
verdade, sua essência natural envolve um processo heurístico, ou
seja, uma abordagem para solucionar problemas que emprega um

método que não é garantido que seja ideal, perfeito ou racional, mas que no entanto, é suficiente para atingir um resultado imediato, sendo a consciência gradual do Homem um exemplo de tal processo. A criação se estende através da criatividade, que surge da tentativa e erro; exploração; experimentação; e independência de pensamento. Os Sábios ressaltam este ponto em uma bela história que descreve o Criador regozijando quando uma de Suas criações começa a agir de forma independente, inesperada e criativa.

דרש רבי חנינא בר פפא {תהילים קד-לא} יהי כבוד ה' לעולם ישמח ה' במעשיו פסוק זה שר העולם אמרו בשעה שאמר הקב''ה {בראשית א-יב/כא/כד/כה} למינהו באילנות נשאו דשאים קל וחומר בעצמן אם רצונו של הקב''ה בערבוביא למה אמר למינהו באילנות ועוד ק''ו ומה אילנות שאין דרכן לצאת בערבוביא אמר הקב''ה למינהו אנו עאכ''ו מיד כל אחד ואחד יצא למינו פתח שר העולם ואמר יהי כבוד ה' לעולם ישמח ה' במעשיו

"Deixe que a Glória de Hashem perdure para todo o sempre, que Hashem regozije em Suas criações"(Salmos 104:31): Esta declaração foi feita pelo Ministro da Terra de D'us no momento em que [a erva ouviu] Hashem comandar as árvores [a crescer] "de acordo com suas espécies"* e elas tiraram a seguinte conclusão: Se Hashem desejasse confusão e mistura [genética], Ele não teria instruído as árvores "de acordo com suas espécies." Além

---

*

וַיֹּאמֶר אֱלֹהִים תַּדְשֵׁא הָאָרֶץ דֶּשֶׁא עֵשֶׂב מַזְרִיעַ זֶרַע עֵץ פְּרִי עֹשֶׂה פְּרִי לְמִינוֹ אֲשֶׁר זַרְעוֹ בוֹ עַל הָאָרֶץ וַיְהִי כֵן

"E D'us disse, que a terra brote vegetação, erva produzindo semente, árvores frutíferas produzindo frutas de acordo com sua própria espécie, contendo sua própria semente na terra, e foi assim." (Gênesis 1:11)

do mais, há um argumento a fortiori* para ser considerado: as árvores são naturalmente discretas e crescem separadas, mas, mesmo assim, foram comandadas por Deus a manter a integridade de suas espécies. Portanto, nós, as ervas, que crescemos em um estado natural de mistura e confusão, devemos, com certeza, manter nossa integridade [genética]! Cada erva imediatamente surgiu de acordo com sua espécie distinta.** Naquele momento, o Ministro da Terra declarou, "Que a glória de Hashem perdure para todo o sempre; que Hashem se regozije em Suas criações."

(Chulin 60a)

As implicações desta história têm desdobramentos abrangentes. Os Sábios identificam um momento de felicidade Divina, um evento único que faz com que Hashem se regozije em Sua própria criação. Este é o momento em que a criação exibe pela primeira vez sua capacidade de auto-organização. Quando a erva "decidiu" proteger sua integridade genética, deu-se a ignição da Criação, e o Ministro

---

* N.T.: Por causa de uma razão mais forte, com muito mais razão. "Se aceitamos a verdade daquilo, então, com muito mais verdade temos que aceitar a verdade disto."

** וַתּוֹצֵא הָאָרֶץ דֶּשֶׁא עֵשֶׂב מַזְרִיעַ זֶרַע לְמִינֵהוּ וְעֵץ עֹשֶׂה פְּרִי אֲשֶׁר זַרְעוֹ בוֹ לְמִינֵהוּ וַיַּרְא אֱלֹהִים כִּי טוֹב

"E a terra produziu vegetação, erva produzindo semente de acordo com sua própria espécie (*leminehu*) e árvores produzindo fruto de acordo com sua própria espécie, e D'us viu que era bom." (Gênesis 1:12)

Note que no versículo citado no rodapé anterior, a palavra *leminehu* ("de acordo com sua própria espécie) não aparece no comando da erva. No entanto, aparece no versículo que reconta o que realmente aconteceu. Esta é a base da interpretação do Talmud de que a erva agiu com independência.

da Terra, de repente, começou a falar, "Que Hashem se regozije em Suas criações," ele declarou. Hashem teria ficado feliz porque Sua Criação tinha começado a se desenvolver por si própria, a "tomar decisões." Estas decisões deixam implícito um processo de mudança intuitivo através da experimentação. A erva "auto descobriu" como precisava melhorar por si só. Hashem não precisou dar instruções detalhadas.* Toda e qualquer informação necessária para o futuro desenvolvimento da natureza foi infundido no momento inicial da Criação.** A utilização desta informação se desenvolve em desdobramentos com o passar do tempo, através da tentativa criativa de erro e acerto. Não é mecânica, mas é evolucionária e espontânea.***

Uma vez que a Criação começa a responder aos problemas, a agir com independência, as mudanças e adaptações podem seguir caminhos opostos – alguns bons (*tov*), alguns não.**** As boas

---

* Hashem evitou usar mecanismos na Criação. Ao invés disso, Ele fala ao universo e diz ao mesmo que produza. Hashem não cria animais, grama ou peixes diretamente, mas diz à terra e ao mar que os tragam. Esta é a razão pela qual a frase "e Hashem viu que era bom" aparece várias vezes na narrativa da criação. (veja Gênesis 1:12,18, 21, 25, e 31). A frase é uma avaliação do inesperado, de algo que é "visto" de repente. Uma pessoa só vê que "era bom" se a terra e o mar estão fazendo seu trabalho de criação heuristicamente. Do contrário, é absurdo para a Torá certificar como "bom" aquilo que Hashem comandou. Se Ele comandou, deve ser "bom" por definição! Veja as notas de rodapé a seguir.

** Há uma exceção à regra colocada na nota de rodapé anterior – a criação da luz no primeiro dia. Isso porque a luz não era parte do processo de Criação, mas a precedeu e continha em si absolutamente tudo que surgiu e se desenvolveu durante o processo que se seguiu. Veja Chaguigá 12a.

*** A criação do universo físico requer atos mecânicos. Mas, durante os dias da Criação, eles têm um papel coadjuvante por detrás das cenas. Veja o comentário do segundo ato, versículo 3, para um detalhamento maior desta ideia.

**** Não é coincidência que todas essas decisões "independentes" girem em torno da reprodução: elas são o resultado da vontade, inerente a cada parte constituinte da Criação, de se relacionar. Veja no prelúdio do ato um mais sobre isso. Essas inter-relações, experimentais e aleatórias por natureza, conduzem a adaptação e a mudança em direções imprevisíveis.

mudanças são causa para a felicidade Divina. As ruins, levam a um colapso. A criatividade é volátil, e a independência também pode levar ao pecado:

תָּנֵי בְּשֵׁם רַבִּי נָתָן, שְׁלשָׁה נִכְנְסוּ לְדִין וְאַרְבָּעָה יָצְאוּ מְחַיָּבִין, וְאֵלּוּ הֵן: אָדָם וְחַוָּה וְנָחָשׁ נִכְנְסוּ לְדִין, וְנִתְקַלְלָה הָאָרֶץ עִמָּהֶן, שֶׁנֶּאֱמַר (בראשית ג, יז): אֲרוּרָה הָאֲדָמָה בַּעֲבוּרֶךָ... וְלָמָּה נִתְקַלְלָה, רַבִּי יְהוּדָה בֶּן רַבִּי שָׁלוֹם אָמַר, שֶׁעָבְרָה עַל הַצִּוּוּי, שֶׁכָּךְ אָמַר לָהּ הַקָּדוֹשׁ בָּרוּךְ הוּא, תַּדְשֵׁא הָאָרֶץ דֶּשֶׁא וגו', מַה הַפְּרִי נֶאֱכָל אַף הָעֵץ נֶאֱכָל, וְהִיא לֹא עָשְׂתָה כֵן, אֶלָּא וַתּוֹצֵא הָאָרֶץ דֶּשֶׁא וגו' הַפְּרִי נֶאֱכָל וְהָעֵץ אֵינוֹ נֶאֱכָל

Três ficaram diante de Hashem em julgamento, e quatro foram condenados: Adam, Chavá, e o Serpente foram julgados, mas a terra foi amaldiçoada junto com eles. Como atesta o versículo, "A terra foi amaldiçoada por sua culpa" (Gênesis 3:17).

E por que foi assim? Porque violou os mandamentos de Hashem. D'us disse à terra, "Traga sua erva… e árvores frutíferas que produzem frutos," o que deixava implícito que tanto a árvore quanto o fruto da mesma seriam igualmente comestíveis. Mas, ela não fez assim. Ao invés, "produziu erva… e árvores que produzem frutos," o que deixa implícito que os frutos eram comestíveis, mas, as árvores, não.

(Gênesis Rabá 5.9)

Ao mesmo tempo em que a erva tomou a iniciativa de se melhorar, as árvores tomaram medidas para se protegerem. Elas concluíram que ao seguir as orientações de Hashem, seriam consumidas pelo Homem junto com seus frutos. No entanto, apesar de as árvores terem agido com o intuito de auto preservação, Hashem ficou aborrecido com este desdobramento das coisas. Os desdobramentos imprevisíveis da vida abrem caminho para o mal. A terra, que "apresentou" as árvores e as ervas independentes, também está implicada no pecado da humanidade.

Esta imprevisibilidade, no entanto, é essencial para a posição do Homem na Terra. Se uma pessoa vê a vida como um resultado de manipulação mecânica, então, o mundo é um palco sobre o qual a vida faz uma performance dramática artificial – uma história desenhada com muita inteligência, com a atuação de marionetes de última geração. Não há como possuir um mundo assim, torná-lo seu, pois você nada mais é do que um fantoche em uma peça impessoal e impassível, na qual você é participante tanto quanto público.

Hashem vislumbrou um papel bem diferente para a humanidade:

וַיִּקַּח ה' אֱלֹקים אֶת הָאָדָם וַיַּנִּחֵהוּ בְגַן עֵדֶן לְעָבְדָהּ וּלְשָׁמְרָהּ

E Hashem pegou Adam e o colocou no Gan Éden, para trabalhá-lo e salvaguardá-lo.

(Gênesis 2:15)

O Talmud define o "trabalho" requerido ao Homem de uma maneira inesperada:

רב אסי רמי כתיב {בראשית א-יב} ותוצא הארץ דשא בתלת
בשבתא וכתיב {בראשית ב-ה} וכל שיח השדה טרם יהיה בארץ
במעלי שבתא מלמד שיצאו דשאים ועמדו על פתח קרקע עד שבא
אדם הראשון ובקש עליהם רחמים וירדו גשמים וצמחו ללמדך
שהקב''ה מתאוה לתפלתן של צדיקים

O versículo que descreve o terceiro dia [da Criação] afirma, "A terra trouxe a tona a vegetação" (Gênesis 1:12); no entanto, o versículo que descreve o sexto dia afirma, "Quando nenhum arbusto do campo estava ainda na terra" (Gênesis 2:5)!

Esta [aparente contradição] indica que a erva veio a tona no terceiro dia, mas permaneceu debaixo da superfície da terra até que Adam aparecesse no sexto dia e rezasse por ela. A chuva caiu, e somente então, a erva brotou.

Isto nos ensina que Hashem anseia pelas preces dos íntegros.

(Chulin 60b)

ומה טעם לא המטיר, לפי שאדם אין לעבוד את האדמה, ואין מכיר בטובתן של גשמים, וכשבא אדם וידע שהם צורך לעולם, התפלל עליהם וירדו, וצמחו האילנות והדשאים

O versículo traz a explicação do porque não havia chuva – porque não havia o Homem para "trabalhar" a terra, e estar ciente da benevolência da chuva. Quando o Homem chegou e reconheceu a necessidade que a terra tem de chuva, ele rezou por ela, que caiu, e as árvores e a erva brotaram.

(Rashi, Gênesis 2:5)

O Talmud descreve um mundo que está em estado dormente, esperando pelo surgimento da consciência. A terra se torna capaz de produzir frutos somente com a chegada do Homem e sua consciência, que é comunicada através da *tefilá*. O relacionamento do Homem com a terra, seu cuidado para com suas necessidades, e seu envolvimento no desenvolvimento da mesma são componentes essenciais dos dias da Criação. A mesma não está completa até que o Homem faça a primeira *tefilá*, expressando então, sua atenção apaixonada. O mundo, portanto, não é um palco no qual "o homem marionete" escora seu papel; é uma entidade que acorda para a vida quando o Homem fala com consciência. A criatividade e a criação resultam de um momento de completo inter-relacionamento.[148]

Esta não é uma questão menor. O relacionamento da humanidade com Hashem foi maculado por um erro religioso comum que vê Este Mundo meramente como um trampolim para o Mundo Vindouro. Nesta visão, o mundo é destituído de um significado intrínseco; não é parte de "mim," mas uma matriz inerte sobre a qual eu estou agindo. Esta, perspectiva deixa a humanidade alienada, fazendo com que seja impossível que o Homem participe do desenvolvimento do mundo. Finalmente, a ideia de que este mundo é somente uma antessala para um outro, torna o Homem, o ator, uma figura sem sentido – sua vida não é nada mais do que momentos de "som e fúria, o que significa nada."[149] Tal ponto de vista estático do relacionamento entre a humanidade e o mundo, em última instância, destrói a criatividade, pois vistas por este lado, as escolhas do Homem assim como suas ações não causam nenhum impacto neste mundo.

Entretanto, como vimos, os sábios descrevem um paradigma no qual o Homem é um elemento indispensável no contínuo desenvolvimento da Criação – e esta é a visão de vida que anima o conceito de mutualidade. Mutualidade, um tema central de nossa Meguilá, deixa implícita uma aliança entre a responsabilidade conjunta e a paixão pela Criação. É uma ligação entre parceiros que amam a Criação, celebram a criatividade, e têm um compromisso em fazer o que for preciso para aperfeiçoar seu relacionamento.

---

*   Há, é claro, uma conhecida frase talmúdica que compara este mundo a "um corredor ao Mundo Vindouro" (Avot 4:21), o que parece apoiar a visão religiosa comum discutida acima. Uma leitura cuidadosa do primeiro capítulo do Mesilat Yesharim (do R. Moshe Chaim Luzzato) revela que essa visão do nosso mundo como "um corredor ao Mundo Vindouro", é apenas a fase inicial do relacionamento do homem com o mundo. Existem outras metáforas para esse mundo que indicam obrigações mais profundas. Uma análise completa sobre o primeiro capítulo do Mesilat Yesharim está, contudo, fora do escopo desse livro.

A conquista singular de Ruth está em demonstrar o sentido da mutualidade através de seu relacionamento com Boaz. Depois de tantos séculos de confusão, ela traz a solução para o paradoxo de *chessed*.

De Chessed para a Mutualidade

A única resposta para o maior problema da humanidade (e da Criação) – a falha inata de *chessed* – é a mutualidade. Nós já discutimos o paradoxo de um universo despertado para a criatividade ao ser um receptor passivo de *chessed*.[150] Esta tensão fundamental entre dependência e criatividade assombrou Adam – e continua a fazê-lo com os seus descendentes.[151] Ao receber o *chessed* de Hashem, Adam se viu em uma armadilha de ferro de dependência, que esmagou sua psique e o impediu de imaginar uma identidade alternativa. O sentimento de fraqueza criou nele uma necessidade de autoproteção – o que causa em uma pessoa a impossibilidade de se inter-relacionar. Um dependente tímido não pode ser um criador, mas se torna um parasita, vivendo da criatividade alheia, uma vítima que não consegue se libertar. Então ele rejeita a esposa que lhe "foi dada" por D'us, e dá as costas para ambos; a Hashem e a Chavá ao mesmo tempo.[152]

A inabilidade de se inter-relacionar não é simplesmente uma falha individual – a ruptura de um relacionamento pessoal. É a falha da própria criatividade, pois ela surge de múltiplas conexões inesperadas. Muito simples, a criatividade, seja ela física ou espiritual, requer intercurso. Isto é verdadeiro no sentido físico de "E eles [Homem e Mulher] devem se tornar uma única carne" (Gênesis 2:24), mas também, no sentido conceitual de que toda criatividade resulta de envolvimento com o mundo. O Talmud expressa esta ideia de uma maneira dramática quando sugere que antes de Adam dar nomes aos animais, ele sentiu a necessidade de sentir cada um de uma forma íntima:

ואמ״ר אלעזר מאי דכתיב {בראשית ב-כג} זאת הפעם עצם מעצמי ובשר מבשרי מלמד שבא אדם על כל בהמה וחיה ולא נתקררה דעתו עד שבא על חוה

Qual é o sentido da declaração de Adam [quando Chavá foi trazida a ele], "Desta vez, é osso dos meus ossos e carne de minha carne" (Gênesis 2:23)?

Isto nos ensina que ele teve relações com cada animal, e sua mente não se aquietou até que tivesse tido relações com Chavá.

(Yevamot 63a)

Para Adam, o protótipo do Homem que continha em si o potencial de toda a humanidade, os nomes dos animais refletiam a natureza de cada um e seu lugar no mundo. Em essência, este ato de nomeá-los foi um ato de amor, o que fez com que descobrisse que amor, linguagem e conexão são um e a mesma coisa. Somente interagindo com o mundo é que ele descobre sua própria identidade – a carne de sua carne, osso de seu osso.

Diferentemente de Adam, Ruth via o fato de ser uma receptora de *chessed* como uma abertura para um relacionamento recíproco. Ao invés de se sentir ameaçada por ele, ela permitiu que a situação a ajudasse a descobrir seu "*anochi*" - seu eu existencial. Para ela, os relacionamentos são mútuos; o que dá e o que recebe são ambos parte de um único, insolúvel todo, cada um completando o outro. Ruth entra no campo de Boaz como uma pedinte destituída de tudo e recebe grande bondade do mesmo. No entanto, quando Naomi pergunta a respeito de seu benfeitor, ela responde, "O nome do homem para o qual tanto fiz hoje é Boaz" (2:19), como que deixando implícito, "Ele me deu pão, e eu dei sentido a ele. Dei a ele o presente de me relacionar com ele aceitando seu pão." Com esta perspectiva única, Ruth é a primeira pessoa a experimentar a *sova* verdadeira – a satisfação completa – porque tal conquista só pode ser obtida por alguém que é totalmente independente, que é completamente por si.[153] Para esta pessoa não há dores agudas por aceitar o pão da vergonha, porque o *chessed* não tira nada dela. Ao contrário, a aceitação de *chessed* faz desta pessoa um doador maior. Ambos os membros da díade de *chessed* alimentam um ao outro em um ciclo eterno de mutualidade que não para de se expandir.

No terceiro ato, Ruth e Boaz desenvolvem um novo tipo de identidade – que é espontânea.* Lemos sobre o quanto ele, já tendo trocado seu nome,** prova ser a única pessoa com a coragem de revolucionar a sociedade,[154] e também lemos sobre como Ruth, já tendo aceito uma nação nova, prova ser a única pessoa com o discernimento sobre o verdadeiro *chessed*. Mas, também lemos uma história de amor: sobre um homem e uma mulher que correm grandes riscos para estarem um com o outro, em um amor mútuo que se torna a concretização de *"chessed neurayich,"* a vibração do amor jovem sobre o qual Yirmiahu nos informa, que é a única esperança para a redenção.[155] A história deles iria mudar o curso da história e transformar o mundo.

---

* A identidade espontânea será discutida mais profundamente neste ato. Veja, por exemplo, Interlúdio II: Identidade e Ego, neste ato.

** De acordo com a *mitzvá* de Adam de dar nomes a todas as criaturas como expressão de sua essência, Boaz renomeia a si mesmo como uma expressão de sua nova persona.

Cena Um

וַתֹּאמֶר לָהּ נָעֳמִי חֲמוֹתָהּ בִּתִּי

1. Naomi, sua sogra, disse a ela, "Minha filha,

A primeira frase que inicia este ato atribui duas identidades a Naomi: ela é chamada de sogra de Ruth; e então, ao chamá-la "minha filha," ela essencialmente se denomina mãe da mesma. Como foi discutido acima,[156] Naomi está a um passo de pedir que Ruth se envolva no *yibum* mais incomum da história – um duplo *yibum* no qual ela terá o papel normativo de uma esposa redimindo a perda de um esposo e o mais incomum ainda, o de barriga de aluguel, redimindo assim, as perdas da vida de Naomi. Este é o motivo pelo qual ela fala com Ruth como uma "sogra." Ruth irá se envolver em um *yibum* para o benefício de Machlon, mas ela também a chama de minha filha. Na verdade, ela está pedindo à mesma que se torne sua representante, seu segundo eu.

הֲלֹא אֲבַקֶּשׁ לָךְ מָנוֹחַ

"devo buscar tranquilidade para você,

Naomi está a um passo de pedir a Ruth que desempenhe uma função que exigirá grande auto sacrifício – começar um relacionamento com um homem bem mais velho[157] para que redima o falecido marido de Naomi e seus filhos. Considerando-se o que está sendo pedido a ela, a sugestão de que este *yibum* irá realmente beneficiar Ruth, que irá trazer tranquilidade a ela, parece exibir uma grande temeridade por parte de Naomi. Isto não é um tanto hipócrita? Será que pensava que Ruth seria tão inocente para aceitar esta proposta sem considerá-la mais profundamente? Além do mais, Naomi começa dizendo *"halo"* - "eu não..." ou "não é o caso de..." - implicando pensar que Ruth já está ciente de que a primeira preocupação é o bem-estar de Ruth, ainda que este seja um pedido ultrajante. Mas porque Naomi estaria tão certa de que Ruth entendia isso?

A palavra *manoach* (מנוח), que significa tranquilidade, contentamento, ou sentimento de realização, é a chave para entender esta conversa. Ao usar esta palavra, Naomi está se referindo a uma conversa anterior, na qual uma forma da palavra aparece pela primeira vez na Meguilá. Vamos dar uma olhada no primeiro ato, versículos 8 e 9:

וַתֹּאמֶר נָעֳמִי לִשְׁתֵּי כַלֹּתֶיהָ לֵכְנָה שֹּבְנָה אִשָּׁה לְבֵית אִמָּהּ... יִתֵּן ה' לָכֶם וּמְצֶאןָ מְנוּחָה אִשָּׁה בֵּית אִישָׁהּ

> Naomi disse a suas duas noras, "Vão, retornem, cada uma para a casa de sua mãe... Que D'us dê a ambas a chance de encontrar contentamento (*menuchá*) na casa de seu marido."

Podemos concluir destes versículos que Ruth estava, na verdade, ciente de que o maior compromisso de Naomi era para com a felicidade de sua nora. Do momento em que deixou Moav, a maior preocupação de Naomi tinha sido se seria possível que Ruth encontrasse alguém para casar caso persistisse com seu plano de se converter e ir para Yehuda.[158] O foco em *menuchá* leva o Midrash a afirmar que:

אִשָּׁה בֵּית אִשָּׁהּ, מִכָּאן שֶׁאֵין קוֹרַת רוּחַ לְאִשָּׁה, אֶלָּא בְּבֵית בַּעְלָהּ

> "Cada uma na casa de seu homem" - isso nos ensina que uma mulher somente encontrará tranquilidade na casa de seu marido.

(Ruth Rabá 2.15)

Ao notar o padrão da palavra *menuchá* que se repete, o Midrash faz um comentário quase idêntico sobre nosso versículo:

שאין מנוח לאישה אלא בבית בעלה

Uma mulher somente encontra realização na casa de seu marido.

(Midrash Lekach Tov, Ruth 3.1)

Longe de ser hipócrita, Naomi está basicamente dizendo, "Eu sei que o que vou sugerir fará com que pense que não dou importância para você e estou pensando somente em mim mesma. Por isso, tenho que te pedir que não suspeite de mim, que eu tenha motivos escusos. Tenho certeza que sabe que sempre coloquei sua felicidade em primeiro lugar. Sabe que eu a encorajei a voltar para a casa de sua mãe, ainda que isso significasse que eu estaria completamente sozinha no mundo, pois queria ver você estabelecida e feliz em um novo lar. Eu sabia que a vida em Yehuda seria difícil. Sempre tive seus interesses em primeiro lugar, e da mesma maneira que disse naquela época o que acreditava ser o melhor para você, estou dizendo o que acredito ser o melhor para você agora. Vou lhe dizer o que realmente acho ser o melhor a fazer neste momento, o melhor *para você*. Por favor, confie em mim."

Há uma outra, estranha alusão intertextual no termo *manoach*, que não se refere ao uso da palavra por Naomi anteriormente. O Midrash também entende este uso do termo como uma referência ao homem chamado Manoach – pai de Shimshon.

אמר רבה בר רב הונא אמר רב אבצן זה בעז מאי קמ''ל כי אידך
דרבה בר רב הונא דאמר רבה בר רב הונא אמר רב מאה ועשרים
משתאות עשה בעז לבניו שנאמר {שופטים יב-ט} ויהי לו שלשים
בנים ושלשים בנות שלח החוצה ושלשים בנות הביא לבניו מן
החוץ וישפט את ישראל שבע שנים ובכל אחת ואחת עשה שני

משתאות אחד בבית אביו ואחד בבית חמיו ובכולן לא זימן את
מנוח אמר כודנא עקרה במאי פרעא לי תאנא וכולן מתו בחייו
והיינו דאמרי אינשי בחייך דילדת שיתין שיתין למה ליך איכפל
ואוליד חד דמשיתין זריז

Ivtzan [o juiz mencionado em Juízes 12] é ninguém mais do que Boaz. Qual é o sentido deste ensinamento? [Como nos beneficia? Há aí alguma conduta apropriada que nós podemos aprender disto? - Rashbam[159]]. A questão é a seguinte: Boaz fez cento e vinte banquetes de casamento para seus filhos, como afirma o versículo: "E ele tinha trinta filhos e trinta filhas, que enviou para o exterior. Ele trouxe trinta filhas para seus filhos, e julgou Israel por sete anos" (Juízes 12:9). Ele fez dois banquetes para cada um de seus filhos – um em sua casa e outro na casa de seus genros e noras (na casa dos pais deles). Porém, ele não convidou Manoach, que era um dos líderes da geração, para nenhum destes banquetes. Ele assim raciocinou, "Como esta mula estéril [Manoach então não tinha filhos, pois Shimshon ainda não havia nascido] vai retribuir?"

Diz-se que todos os seus filhos morreram antes dele. Como dizem, "de que vale ter sessenta filhos [eles podem todos morrer antes de você -Rashbam]? Case-se novamente e tenha uma criança que será mais do que todas as sessenta." [Isto se refere a *Oved*, filho de Boaz e Ruth, e bisavô do rei David -Rashbam].

(Baba Batra 91a)

É chocante que Naomi proponha um *"manoach"* para Ruth que inclua oferecer-se para Boaz, um homem que perdeu todos seus filhos por causa de sua repulsa ao homem chamado Manoach.

Ironicamente, o futuro de Boaz somente será assegurado pelo filho nascido do resultado de ele ter agido como *manoach* – apesar de ter tido outros sessenta filhos!*

אֲשֶׁר יִיטַב לָךְ

"Que é bom para você.

---

* Há uma importância mais profunda na alusão a Manoach, que nos permite melhor entender a transformação de Ivtzan em Boaz. O Talmud afirma que ele não o convidou para nenhum banquete de casamento, porque o mesmo não tinha filhos (na época) e que não seria capaz de retribuir. À primeira vista, parece uma atitude insensível e desumana. Por que ele o insultaria de tal forma notória, deixando-o de fora da lista de convidados? Será que esta lista era feita com base na possibilidade de retribuição?

Ler este midrash a luz dos temas da Meguilat Ruth esclarece o assunto. Considere a sensibilidade de Boaz para com a necessidade de independência de Ruth, pois ele é um homem profundamente ciente do embaraço causado pela dependência. Um convite que não pode ser retribuído cria um peso sobre a gratidão. Ao perceber que tal convite poderia trazer desconforto, Boaz se absteve de convidá-lo. Ele entendeu que o peso criado pelo "débito" iria exacerbar a dor de Manoach mais do que a dor de não ter sido convidado.

Na época do casamento de seus filhos, Boaz ainda não havia adotado seu novo nome. Ele era Ivtzan, um homem ainda preso na armadilha do problema de Lot. Sua visão dos relacionamentos era limitada pelos paradoxos de *chessed*. Para Ivtzan, a dependência somente poderia ser reparada por reciprocidade. Se Manoach não poderia fazê-lo, o *chessed* seria, por definição, uma imposição.

Antes de se tornar Boaz, Ivtzan não conseguiu entender que é possível apreciar a presença de outra pessoa ao ponto de que um ato de doação seja transformado em um ato de receber e a linha entre o doador e o receptor desfoca. Apesar de sua escolha por uma linguagem mais severa, o Talmud indica que sem este nível de amor, a atitude de Ivtzan em relação a Manoach resumiu-se a vê-lo como não mais do que uma mula estéril. Sua avaliação das preferências de Manoach foi, na verdade, um barômetro de suas próprias limitações. Enquanto a sensibilização de Ivtzan ao problema de dependência continha as sementes de sua futura grandeza, seu comportamento desmentiu sua cegueira à possibilidade de mutualidade. Foi necessária a perda de seus filhos para transformá-lo em Boaz, um homem destemido e aberto a tudo.

Palavras de momento. Chegamos ao momento no qual podemos traduzir "Cada homem agia da forma que considerava justo a seus próprios olhos (*yashar beenav*)"[160] - a atitude que caracterizava o período dos juízes:

שָׁמֹר וְשָׁמַעְתָּ אֵת כָּל הַדְּבָרִים הָאֵלֶּה אֲשֶׁר אָנֹכִי מְצַוֶּךָ לְמַעַן יִיטַב
לְךָ וּלְבָנֶיךָ אַחֲרֶיךָ עַד עוֹלָם כִּי תַעֲשֶׂה הַטּוֹב וְהַיָּשָׁר בְּעֵינֵי ה' אֱלֹקֶיךָ

Ouça e guarde todas estas palavras que Eu lhe ordeno para que sejam boas para você e seus filhos depois de você para sempre, quando você fizer tudo que é bom e justo aos olhos de D'us.

(Deuteronômio 12:28)

Como um indivíduo pode traduzir aquilo que é justo aos seus próprios olhos para aquilo que é justo aos olhos de Hashem? Somente seguindo a receita de Naomi – fazendo *"asher yitav lach"* - "aquilo que é bom para você." À primeira vista, isto nos parece contra intuitivo, afinal, não é fazendo o que é "bom para você" simplesmente um aspecto de fazer o que é "justo a seus olhos"? A verdade é, no entanto, que uma pessoa não consegue entender da forma correta o que Hashem deseja dela a não ser que tenha se tornado um homem por completo, um ser independente, capaz de um relacionamento que não é parasítico. Ele deve primeiro fazer o que é bom para si, antes mesmo que possa imaginar fazer o que é bom aos olhos de D'us. Esta é a razão pela qual a primeira comunicação de D'us com Avraham, o primeiro Judeu, começou com *lech lecha* - "Vá por você mesmo." Rashi explica que "por você mesmo" significa "para seu benefício e seu próprio bem." Antes que uma pessoa possa relacionar-se com D'us, deve primeiramente tornar-se um ser significante, do contrário, seu relacionamento consistirá de uma tentativa patética de extrair significância pessoal como uma sanguessuga da significância de Hashem. Então Naomi diz a Ruth, "Entre neste relacionamento pelo seu próprio bem. É a única maneira para que este faça sentido."

INTERLÚDIO I:
Rumo à Independência

Shavuot (שבועות) é o dia no qual é possível conseguir satisfação completa, *sova* (שובע), que a Criação não pôde prover devido ao paradoxo de *chessed*, o colapso conhecido com pão da vergonha:[161] A provisão de comida que Hashem deu a Adam criou no mesmo um sentimento de dependência, o qual cerceou sua habilidade de experienciar *sova*. Em Shavuot, o dia de *sova*, nós celebramos a vida de Ruth, cujo nome significa satisfação[162] e que experimentou satisfação no seu primeiro encontro com Boaz (2:14). É também o principal dia dedicado a celebrar a outorga da Torá.

Enquanto este dois elementos de Shavuot, Ruth e o recebimento da Torá – não parecem intrinsecamente conectados, na verdade, estão intimamente ligados* - não somente porque Ruth, como uma convertida, seja um modelo para a aceitação da Torá, mas, mais profundamente, porque ambos finalmente oferecem uma solução para o inato paradoxo da Criação. Assim como Ruth, uma descendente de Lot, oferece uma solução para o colapso de *chessed*, a Torá também nos permite um escape do problema da independência:

א''ר יהושע בן לוי הני עשרים וששה הודו כנגד מי כנגד כ''ו

---

*   Eles estão ligados na medida que o nome Ruth – (רות) – e a palavra Torá (תורה) – compartilham das mesmas letras principais (assim como também faz o nome de outro famoso convertido, cujo nome é dado à parashá que relata a história do recebimento da Torá – Yitró – (יתרו)!

דורות שברא הקב״ה בעולמו ולא נתן להם תורה וזן אותם
בחסדו

Qual é o significado das vinte e seis repetições da frase [em Salmos 118] "Agradeça à D'us porque Ele é bom, pois Sua bondade (*chessed*) dura para sempre"?

Essas repetições representam as [primeiras] 26 gerações que não haviam ainda recebido a Torá e então eram sustentadas [somente] através do *Chessed* de D'us

(Pessachim 118a*)

---

*   Avraham não conseguiu oferecer uma resposta ao problema de Lot. Ele nasceu em uma geração na qual as pessoas eram todas receptoras do *chessed* sem limites de Hashem. Ele só conseguia moldar sua vida observando o que via da Criação. Não tinha nenhuma outra evidência e não podia confiar em nada além do poder de seu intelecto para tirar conclusões relacionadas à natureza da vida (veja Mishnê Torah, Leis de Idolatria 1.3). O que viu foi *chessed* em ação, então, dedicou-se ao mesmo. Não tinha como saber que as conclusões a que havia chegado eram baseadas em uma falsa premissa, porque ele não tinha como saber que a Criação, como foi constituída, era inviável! Avraham foi pego em uma cilada. Ele deve ter pensado, "Eu realmente não sei como resolver o problema de *chessed*. Vejo que o mesmo prejudicou meu movimento e distanciou Lot, mas eu tenho um compromisso com o universo de D'us, e Seu universo "grita" por *chessed*. No entanto, Lot tinha tocado em uma imperfeição verdadeira e fundamental.

Avraham partiu de um pressuposto eminentemente razoável. Porque a única informação dada a ele estava contida no universo e era possível de se observar. Ele supôs que o mesmo deveria ser daquela forma, da forma que o havia encontrado.

Este foi um alicerce fundamental para a abordagem de Avraham. Se uma pessoa não parte desta premissa, não há fim para a loucura que pode ser criada.

A primeira e única vez em que Avraham teve sérias dúvidas em sua vida se deveria obedecer a D'us, foi quando recebeu o comando de fazer brit milá. Suas dúvidas eram tão sérias, que consultou três confidentes, se seria realmente aconselhável proceder o comando explícito de Hashem! (Veja Gênesis 17:1-3

A Torá, dada em Shavuot, nos traz a chave para a satisfação e realização – a *sova* que iludiu Lot e as vinte e seis gerações.[*] Ela oferece a primeira possibilidade de escapar do fardo da caridade.

שמעו אלי אבירי לב הרחוקים מצדקה רב ושמואל ואמרי לה
רבי יוחנן ורבי אלעזר חד אמר כל העולם כולו נזונין בצדקה והם
נזונין בזרוע

"Ouçam-Me, vocês de coração feroz, distantes da caridade!" (Isaías 46:12). Todas as outras pessoas do mundo são mantidas pela caridade de Hashem [e não devido aos seus méritos – Rashi], mas estes [homens de coração feroz] são sustentados pelo seu próprio poder [seus próprios méritos - Rashi].

(Berachot 17b)

O Talmud interpreta "corações ferozes" como uma descrição dos estudiosos da Torá, e conclui, portanto, que aqueles que não têm Torá, não têm como contribuir com a Criação e devem, então, viver da caridade de Hashem. Os íntegros, pelo contrário, são capazes de construir seu próprio caminho no universo e contribuir com a concretização da Criação. Eles estão "longe da caridade," pois doam tanto quanto recebem.[**]

---

e Midrash Agadot, Gênesis 19). Esta resistência é indicativa de sua filosofia: ele teve problemas em aceitar a necessidade de fazer mudanças no universo, em como este havia sido criado. A circuncisão demanda a alteração de uma forma que foi decidida pela natureza, e Avraham sabia que fazer mudanças no universo era uma montanha russa. Onde e quando você parou? Somente com a outorga da Torá, foi que Israel se tornou sócio de Hashem em uma aliança mútua de aperfeiçoar a criação – aliança esta representada pelo brit milá.

[*]   Por definição, aquele que se sente diminuído por causa de *chessed*, não se sente completo.

[**]   O Talmud oferece uma segunda e radicalmente diferente explicação para

O sentido da Torá é o de ser um modo pelo qual a pessoa cria um eu independente. Esta é a visão implícita da Torá, dada como garantida pelos Sábios:

‫ר' אליעזר אומר אין לו לאדם בי''ט אלא או אוכל ושותה או‬
‫יושב ושונה ר' יהושע אומר חלקהו חציו לאכילה ושתיה וחציו‬
‫לבית המדרש וא''ר יוחנן ושניהם מקרא אחד דרשו כתוב‬
‫אחד אומר }דברים טז-ח{ עצרת לה' אלהיך וכתוב אחד אומר‬
‫}במדבר כט-לה{ עצרת תהיה לכם ר' אליעזר סבר או כולו לה'‬
‫או כולו לכם ור' יהושע סבר חלקהו חציו לה' וחציו לכם:)עב''ם‬
‫סימן(א''ר אלעזר הכל מודים בעצרת דבעינן נמי לכם מ''ט יום‬
‫שניתנה בו תורה הוא‬

R. Eliezer afirma: Uma pessoa pode passar o *yom tov* inteiramente festejando ou estudando Torá [e irá cumprir a *mitzvá* de regozijar-se na festa da peregrinação].

R. Yoshua diz: Divida o dia. [Para cumprir a *mitzvá* de regozijar-se na festa] a pessoa deve dedicar parte do dia a

---

o versículo em Isaías:

> "Homens de coração feroz refere-se aos cidadãos [gentios] de Massa Mechassia [um centro de Torá na Babilônia conhecido como Sura], que observavam a glória da Torá duas vezes ao ano [quando a cidade estava repleta de Judeus vindos para ouvir as palestras de pré-Pessach e pré-Sucot -Rashi], no entanto, nenhum deles se converteu." (Berachot 17b)

É interessante ver que as duas explicações do Talmud refletem os dois primeiros assuntos da Meguilá. Uma pessoa que está muito longe da Torá, é sustentada pela caridade de Hashem; ela é dependente e, portanto, incapaz da criatividade que é central para o empreendimento da Torá. Tal pessoa não será contada entre os estudiosos íntegros. Além do mais, aquele que é indiferente e insensível não deseja a profundidade de relacionamento que a Torá proporciona. Esta pessoa é a verdadeira feroz de coração, e diferentemente de Ruth, nunca sentirá a necessidade de se converter. Estes dois assuntos estão interligados.

festejar e parte dele no Beit Midrash.

R. Yochanan diz: Ambos baseiam suas posturas nas mesmas fontes das escrituras. Um versículo (Deuteronômio 16:8) afirma, "As festas são *laHashem Elokecha* – para D'us" [i.e., para estudar Torá]. Outro versículo (Números 29:35) afirma, "As festas são *lachem – para vocês* [para festejar]." R. Eliezer acredita [que os versículos dão opção à pessoa escolher]: ou o mesmo é inteiramente para você, ou inteiramente para Hashem. R. Yoshua acredita [que há duas exigências nas festas, e] uma pessoa deve dividir o dia entre festejar e estudar.

R. Elazar diz: *Mas todos concordam que em Shavuot, a observância deve ser "para você" [e inclui festejar].*

Por que? Porque foi o dia em que a Torá foi outorgada.

(Pessachim 68b)

O comentário final de R. Elazar é contra intuitivo e provocante. Tanto quanto ele entende, nas outras festas de peregrinação, Pessach e Sucot, a posição de R. Eliezer é de que a pessoa deve observar a *mitzvá* de regozijar-se somente através do estudo da Torá. Em Shavuot, no entanto, para que haja observância apropriada da *mitzvá* deve-se incluir o ato de festejar. Por que? Porque a Torá foi outorgada em Shavuot.

Mas, não deveríamos entender o oposto?! A observância em Shavuot não deveria incluir o estudo e não festejar, já que foi o dia da outorga da Torá? Ao contrário, descobrimos que todos concordam que uma pessoa deve festejar em Shavuot, e que o estudo pode nem ser obrigatório. E a razão para esta singularidade peculiar de Shavuot é que "é o dia em que a Torá foi outorgada"!

Este trecho implica que para os Sábios era óbvio – um fato indiscutível, o qual todos concordam – que a descoberta da Torá requer a descoberta de si mesmo. Shavuot, é fundamentalmente o dia que é sempre *"lachem"* - "para vocês". Este, não pode ser dedicado somente a Hashem. Receber a Torá demanda a realização e a celebração de si mesmo.

O Talmud reforça este argumento ao citar duas histórias:

רב יוסף ביומא דעצרתא אמר עבדי לי עגלא תלתא אמר אי אי לא
האי יומא דקא גרים כמה יוסף איכא בשוקא רב ששת כל תלתין
יומין מהדר ליה תלמודיה ותלי וקאי בעיברא דדשא ואמר חדאי
נפשאי חדאי נפשאי לך קראי לך תנאי

Em Shavuot, R. Yossef instruía [os membros de sua casa -Rashi] que preparassem [a grande iguaria] um terceiro bezerro, para sua festa. Ele explicava: "Se não fosse por este dia, eu seria simplesmente uma outra pessoa chamada Yossef no mercado!"

R. Sheshet revisava todo seu aprendizado da Torá estudando todos os meses. Ele se apoiava na porta e dizia, "Regozije-se, minha alma; regozije-se minha alma! É por você que eu estudo, por você que eu estudo!"

(Pessachim 68b)

O estudo da Torá, na verdade, nos dá acesso às ferramentas usadas por D'us durante a Criação:

קודשא בריך הוא אסתכל באורייתא וברא עלמא

O Santíssimo olhou na Torá e criou o mundo.

(Zohar, Terumá 161b)

A Torá, portanto, abre uma janela para a mente de Hashem,

permitindo àqueles que a estudam a virem a amar a Hashem – não como um dependente escravizado, mas como alguém que é íntimo Dele. Através da Torá a pessoa pode chegar a compartilhar uma consciência e visão da vida com Ele; pode entrar no espaço mental de D'us. No momento em que você começa a explorar a Torá, você passa a dividir preocupações, paixões, e sonhos com Ele, pois, a maior alegria de D'us não vem somente do universo se descobrindo, mas do universo entendendo a si mesmo ao sonhar os sonhos Dele para a Criação. Tomar parte em atos criativos e compartilhar a mente de Hashem são, na verdade, uma coisa só. O universo somente pode conhecer a si mesmo através da consciência daqueles que estudam a Torá.

O estudo da Torá é totalmente *lachem* – para vocês[*] - porque somente entrando no espaço da mente de Hashem você poderá tornar-se você. Quando uma pessoa fica no centro das leis imutáveis dos Céus e da Terra e com um entendimento de sua identidade independente, ela é capaz de se juntar no empreendimento da Criação, em um relacionamento mútuo com Hashem. A Torá provê os meios para chegar-se a esta intersecção. Quando alguém se torna um estudioso da Torá, ele se torna, pelo menos, pronto para ser um *melech*, uma contra parte do Reis dos Reis.[**]

רב הונא ורב חסדא הוו יתבי חליף ואזיל גניבא א׳׳ל חד לחבריה
ניקום מקמיה דבר אוריין הוא אמר לו ומקמי פלגאה ניקום
אדהכי אתא איהו לגבייהו אמר להו שלמא עלייכו מלכי שלמא

---

[*]   Veja *Avodá* Zará 19a: "Rava ensina que a pessoa deve sempre estudar o que seu coração almeja, como ensina o versículo: 'ele *deseja* a Torá de D'us' (Salmos 1:2). Rava também ensina que quando uma pessoa começa a estudar, a Torá é chamada 'Torá de D'us'. Já depois da dedicação no estudo ela se torna da própria pessoa. Por isso o versículo continua: 'e ele pensa na *sua* Torá dia e noite.'"

[**]   De acordo com o Midrash (Pessikta Rabati 20), este é o motivo pelo qual a Torá foi dada no mês de Sivan. O símbolo astrológico deste mês é Gêmeos, o que sugere o conceito de mutualidade!

עלייכו מלכי אמרו ליה מנא לך דרבנן איקרו מלכים אמר להו
דכתיב {משלי ח-טו} בי מלכים ימלוכו וגו׳

R. Chuna e R. Chisda estavam sentados juntos, e Gniva passou por eles... Ele os cumprimentou, dizendo, "Que a paz esteja convosco, reis; que a paz esteja com vocês, reis."

Eles o indagaram, então, "Como sabe que estudiosos da Torá são chamados reis?"

Ele respondeu, "Porque está escrito, "Através de Mim [i.e., da Torá de Hashem] reis irão reinar" (Provérbios 8:15).

(Guitin 62a)[163]

Malchut, a criatividade, e a Torá estão, então, intrinsecamente conectadas, e portanto, aqueles que descobrem sua identidade através da interação com a Torá tornam-se como *melachim*, reis espontâneos que integram e inter-relacionam-se através de sua consciência. Em essência, a criação de *malchut* através do estudo da Torá é equivalente à criação de *malchut* por Ruth quando deu a luz a David.

קודשא בריך הוא אסתכל באורייתא וברא עלמא, בר נש מסתכל
בה באורייתא ומקיים עלמא

O Santíssimo olhou na Torá e criou o mundo; o Homem olha na Torá e mantém o mundo vivo.

(Zohar, Terumá 161b)

O Autor da Torá e do universo é o Criador, e de acordo com o Zôhar, o Homem participa do processo contínuo da criação através da consciência e da paixão pela Torá – em uma palavra, através do amor. A Torá também proporciona a estrutura para o desenvolvimento de um eu independente.[164] Ao comandar-nos que "salve guardemos e ouçamos todas estas palavras que Eu [Hashem] os comando,"* a Torá habilita a pessoa a discernir simultaneamente aquilo que é "bom" e aquilo que é "justo" aos olhos de D'us. Estas duas funções aparentemente contraditórias de independência e obediência são, na verdade, desenvolvidas juntas. "Ouvir todas estas palavras" demanda entendimento. No entanto, somente uma pessoa com entendimento de si mesmo pode se entregar a um relacionamento verdadeiro com Hashem ou com o homem.[165] Uma falta de auto realização torna a conexão impossível, porque sem a mesma, a pessoa irá inevitavelmente tentar escapar de sua própria insuficiência, agarrando-se a algo fora dela, e como resultado, se sentirá destruída por esta mesma dependência. Mas, quando a pessoa tiver chegado a um nível de independência que permite este relacionamento verdadeiro, ela entenderá que chegar a esta independência pessoal faz dela capaz de preencher completamente o desejo de Hashem. Naquele momento, fazer "o que é justo aos seus próprios olhos" e fazer "o que é justo aos olhos de Hashem" tornam-se um.

---

*   Veja o comentário sobre as palavras (אשר ייטב לך) que precedem imediatamente este interlúdio.

A Primeira Cena Volta

וְעַתָּה הֲלֹא בֹעַז מֹדַעְתָּנוּ אֲשֶׁר הָיִית אֶת נַעֲרוֹתָיו

2. "Agora, há nosso parente Boaz, de cujas moças você ficou perto,

Há uma sutil ludicidade neste comentário. Naomi sugere a Ruth, "Você se lembra daquela conversa que tivemos algumas semanas atrás, quando você insistiu que Boaz não tinha nenhum plano dele com você, porque havia dito que você deveria sentir-se à vontade para interagir com os *ne'arim* – com os homens jovens que trabalhavam para ele – e eu argumentei que não era isso que ele intencionava?[166] Que muito pelo contrário, ele intencionava ter você para si próprio? Ele é *modatanu* – nosso parente – e procura a intimidade e amor que a palavra significa.[167] Então, conte-me, com quem você passou as últimas semanas? Você esteve com *naarotav* – com as jovens que trabalham para ele, não com os rapazes! Mas, agora que você já sabe mais sobre Boaz, vamos tentar as coisas à minha maneira."

A confusão de Ruth era justificável, portanto. Boaz realmente havia dito que se sentisse à vontade para interagir com os rapazes. Se ele tivesse desejado casar-se com ela, por que teria dito isso?[168] Isso nos leva a um dos temas centrais do terceiro ato: as barreiras existentes quanto ao casamento entre ambos.

Boaz não poderia iniciar um processo de *yibum* com ela devido a impedimentos haláchicos. O primeiro problema era com relação a diferença de idade:*

ודברו אליו מלמד שמשיאין לו עצה הוגנת לו שאם היה הוא ילד
והיא זקנה הוא זקן והיא ילדה אומרין לו מה לך אצל ילדה מה
לך אצל זקנה כלך אצל שכמותך ואל תשים קטטה בביתך

"E eles [os anciãos da cidade; o beit din local] falam com
ele [a pessoa que deveria fazer o *yibum*]" (Deuteronômio
25:8) e lhe guiam apropriadamente. Se ele é jovem e ela
é velha, ou se ele é velho e ela é jovem, eles dizem a ele,
"Qual é a sua intenção em entrar em um relacionamento
com uma mulher mais jovem ou mais velha? Encontre
uma compatível com sua idade e não traga disputas para
sua casa!"

(Yevamot 44a)

Boaz era um homem de idade e Ruth era uma jovem. Não teria
sido apropriado a ele propor fazer o *yibum* com ela. O beit din
local iria ficar contra esta sugestão. Os anciãos diriam a ele que o
yibum não poderia ser considerado uma obrigação se feito de uma
maneira puramente mecânica, simplesmente pela *mitzvá*. Há o
elemento humano a se considerar; deveria haver uma base para o
relacionamento.** Boaz sabia que os anciões iriam achar que a ideia
de um casamento não teria apelo para Ruth. Portanto, ele não poderia
ser aquele a iniciar o processo. Se ele propusesse o *yibum* diante do
beit din, a corte iria rechaça-lo.

Contudo, o mesmo poderia ser iniciado por Ruth, caso ela

---

* Há duas questões haláchicas aqui, mas, nós iremos retardar a consideração
da segunda por enquanto. Veja o comentário do versículo 14 abaixo.
** Ao contrário dos atos de *yibum* que produziram Ruth (Lot com sua
filha) e Boaz (Yehudá e Tamar), onde os envolvidos simplesmente participaram da
movimentação de *yibum*. Discutiremos este assunto mais à frente.

demonstrasse interesse neste relacionamento, a corte não consideraria o casamento inapropriado. Cada elemento da abordagem que Naomi está disposta a oferecer é, portanto, desenhada com somente um objetivo, o de demonstrar para Boaz que Ruth sinceramente deseja um relacionamento com ele. Somente então é que Boaz vai até os anciãos e recebe o seu consentimento.

Aqui Naomi diz a Ruth, "Enquanto você acreditar que ele não tem interesse em você, ele não terá. Você é quem deve dar início a este relacionamento. Mostre a ele que o deseja, e a ele somente. Então ele poderá ir até os anciãos e só então eles irão concordar que esse relacionamento é uma boa ideia. Mas antes de iniciar qualquer coisa, *você* deve acreditar que esse relacionamento é uma boa ideia. Este deve ser o seu *manoach*, seu futuro, sua eternidade".

"Casar-se com Boaz será a melhor coisa possível para você. Afinal de contas, o que procurava quando insistiu em continuar comigo? A maioria das mulheres busca uma família e uma vida própria. Mas você, Ruth, não é uma mulher comum! Quando começou nesta jornada, eu a adverti que não havia um futuro comum guardado para você e você disse que entendia. Agora é hora de provar que realmente entendeu. Você não veio até aqui comigo buscando uma vida convencional, veio para se juntar ao empreendimento da aliança conhecida como Israel. Você não agiu como um indivíduo, mas, com profunda consciência histórica. Agiu como 'Ruth, que retornou dos campos de Moav',[169] trazendo Lot de volta ao rebanho de Avraham. Agiu com um entendimento profundo dos padrões da história e das correntes da Criação. Você descobriu tudo isso. Eu não. Então, o que exatamente está procurando? Uma ajuda no campo? Um dos *ne'arim*? Ou está em busca de grandeza?"

"Há somente uma pessoa na qual poderá encontrar tudo o que busca. Boaz é sua cara-metade, descendente do mesmo tipo de *yibum* que você. Ele assumiu um nome que descreve sua disposição em invocar poderes espontâneos a fim de estabelecer um novo paradigma social. Nunca houve um *shiduch* tão perfeito. Junto com ele você pode chegar a algo nunca atingido anteriormente. E com ele, você se tornará imortal!"

הִנֵּה הוּא זֹרֶה אֶת גֹּרֶן הַשְּׂעֹרִים הַלָּיְלָה

"ele estará separando a cevada na eira esta noite.

Há uma ironia bem humorada aqui:

הוא היה נשיא של דור והוא זורה בגורן אלא שהיה הדור פרוץ
בעריות והוא יוצא לשמור את גרונו

Ele era o líder da geração e, no entanto, era ele quem estava separando a cevada em seu silo?! [Por que ele está trabalhando como um homem comum?]

Porque o comportamento sexual imoral era prevalecente em sua geração, Boaz saiu [para dormir no campo] a fim de guardar seu silo [ciceronear seus jovens trabalhadores e evitar o pecado].

(Midrash Hagadá, Levíticos 25)

Boaz não confiava em ninguém além dele mesmo para supervisionar os separadores de grãos. Nem podia imaginar o encontro com Ruth que estava prestes a ocorrer, no qual todas as convenções sociais seriam quebradas. O contraste um tanto irônico entre a preocupação com o comportamento adequado e o comportamento totalmente impróprio de Ruth não é acidental. O comentário do Midrash, visto à luz do que realmente ocorreu no silo, introduz a ideia de que o que é apropriado é relativo. O comportamento adequado, como veremos em breve, depende das circunstâncias. O novo paradigma que Boaz já começou a instituir em Beit Lechem demandava o reconhecimento do potencial maravilhoso de cada ser humano, por mais não convencional que fosse.[170] Isto demandava, portanto, uma abertura a relacionamentos que seriam, em outras circunstâncias, desdenhados. A inovação de Boaz requereu que ele respondesse às condições de acordo com a maneira com que se desenvolveram.

Em um mundo de espontaneidade, o contexto é muito importante, porque o contexto define as circunstâncias.[171] O contraste entre as preocupações de Boaz com o cair da noite no silo e sua atitude quando deu meia-noite não poderia ser mais poderoso.

וְרָחַצְתְּ וָסַכְתְּ וְשַׂמְתְּ (שמלתך) שִׂמְלֹתַיִךְ עָלַיִךְ

3. "Então se banhe, se unja, e coloque seu vestido,

Naomi diz a Ruth que se prepare para sua visita noturna a Boaz. Isto inclui que coloque seu melhor vestido.[172] Perceba que a palavra para vestido é dada de duas maneiras:[173] há o *ktiv*, a forma como aparece no texto escrito, e *kri*, a forma como a palavra é realmente lida. *Ktiv* apresenta a palavra para vestido no singular – *simlatech*. Ruth, obviamente só usará um vestido. Mas, *kri* nos instrui que leiamos a palavra para vestido no plural – *simlotayich*. *Kri* implícita que Naomi está, na verdade, pedindo a Ruth que use figurativamente dois vestidos – o seu próprio e o de Naomi- e vá para o silo como ela própria e como a "barriga de aluguel" de Naomi.

עָלַיִךְ (וירדתי) וְיָרַדְתְּ הַגֹּרֶן אַל תִּוָּדְעִי לָאִישׁ עַד כַּלֹּתוֹ לֶאֱכֹל וְלִשְׁתּוֹת

"e desça à eira. Porém, não se revele ao homem até que ele tenha terminado de comer e beber.

Novamente nós vemos a interação do *ktiv* e *kri*. Apesar de ler-se o texto como "E você, [Ruth] irá descer [até o silo]," o que realmente está escrito é, "E eu, [Naomi], irei [até o silo]."

וַיְהִי בְשָׁכְבוֹ וְיָדַעַתְּ אֶת הַמָּקוֹם אֲשֶׁר יִשְׁכַּב שָׁם וּבָאת וְגִלִּית מַרְגְּלֹתָיו (ושכבתי) וְשָׁכָבְתְּ

4. "Quando ele se deitar, perceba o lugar onde ele deita e vá, descubra seus pés, e deite-se;

Aqui novamente, vemos uma interação entre *ktiv* e *kri*. Apesar de a instrução para deitar-se ao lado de Boaz é lida como esperamos que seja - "E você Ruth irá deitar-se" - o que está realmente escrito é "E eu [Naomi] me deitarei!" O papel de Ruth como "mãe de aluguel" é agora evidente: Ela é aquela que irá fisicamente até o silo e se deitará ao lado de Boaz, mas, *Naomi* será considerada como tendo executado estes atos.

וְהוּא יַגִּיד לָךְ אֵת אֲשֶׁר תַּעֲשִׂין

"e ele lhe dirá o que deve fazer."

Esta é uma situação quase cômica. Naomi acaba de sugerir um ato de sedução abertamente e, no entanto, fala com Ruth, uma mulher que foi casada por dez anos, como se fosse uma ingênua. Naomi propõe, com alguns detalhes, que Ruth seduza Boaz no meio da noite,[*] em um silo isolado, e então, ela conclui sua surpreendente proposta dizendo que depois de descobrir Boaz e deitar-se com ele, ele lhe dirá o que fazer! Se tudo o que Naomi queria era uma conversa entre os dois, por que ela não escreveu uma carta para ele propondo um relacionamento com Ruth? O que estas palavras codificadas querem dizer?

Inacreditavelmente, elas querem dizer o que está dito – como

---

* Essa sedução é a primeira reversão da maldição edênica dirigida à Mulher - *"V'hu Imshol Bah"*- "E ele [o homem] irá dominar você" (Gênesis 3:16) - que avulta em nossa história. Rashi (baseado em Eruvin 100b) comenta que embora a mulher deseje relação com seu marido, ela não vai ter a ousadia de pedir para ele; na realidade a iniciativa vai vir apenas do homem. Aqui, na história da origem de *Malchut*, a iniciativa vem da mulher.

vemos quando a cena realmente acontece nos versículos 9-13. O que parece ser uma sedução ostensiva, termina com Boaz falando. Ele somente pode dizer a Ruth "o que fazer" se ela se aproximar dele desta maneira; ele só pode revelar seu verdadeiro interesse se ela expressar a profundidade de seu desejo. As mãos de Boaz estão atadas por questões legais, e somente Ruth pode desatá-las.

וַתֹּאמֶר אֵלֶיהָ כֹּל אֲשֶׁר תֹּאמְרִי (אֵלַי) אֶעֱשֶׂה

5. Ela respondeu, "Tudo o que você disser [para mim] eu farei."

Quando lemos este versículo em voz alta, ouvimos Ruth responder obedientemente à sua sogra: "Tudo que você disser *para mim*, eu farei." Exceto por um pequeno detalhe. A palavra *elai* – para mim – não aparece no texto escrito. Lemos como se estivesse lá, mas, não está de fato. *"Elai"* é o *kri*, mas nesse caso, o *ktiv* desapareceu inteiramente! No lugar da palavra, o que há, na verdade, é um espaço em branco na Meguilá.

Novamente, a tensão *kri-ktiv* envia uma mensagem sutil e deixa implícito que Naomi está pedindo a Ruth que faça um último sacrifício. O "eu" deve desaparecer. Naomi diz a Ruth, "Eu vou ao silo, não você. Eu me deitarei com Boaz, não você. Você agora é Naomi. Boaz fará o *yibum* comigo. Mas, eu sou muito velha para ter mais filhos, então você irá carregar esta criança para mim." E no entanto, Naomi ainda insiste que isto é para o próprio bem de Ruth!

Ruth teria sido desculpada se tivesse respondido, "Esta sua ideia já foi longe demais. Você diz que devo desistir de minha vida completamente e quer me convencer que é o melhor que pode acontecer comigo? Este é realmente o verdadeiro *manoach* que me prometeu?" Ao invés disso, Ruth responde sem nenhuma preocupação com seu ego. Ela diz, "Farei qualquer coisa que me disser" - o ego ("*elai*") desapareceu. "Eu irei agir como se fosse você, e Boaz se deitará com você, e eu carregarei seu filho", ela responde.

Novamente, Ruth faz algo que nunca havia sido feito antes – ela atinge autorrealização ao não se afirmar a si própria.[*]

Na sociedade contemporânea, maternidade de aluguel é frequentemente uma transação controversa, ainda que o acordo entre as partes tenha sido feito puramente pelas considerações financeiras. Não é nenhuma surpresa que o *yibum*, de certa maneira, a mais antiga forma de maternidade de aluguel, tenha sido originalmente, um fracasso. Onan, chamado por seu pai, Yehudá, para fazer *yibum* com sua cunhada Tamar não consumava o relacionamento, pois sabia que "a semente não seria dele."[174] Ele entendeu que *yibum* demandava mais dele do que uma contribuição para um banco de sêmen; que estaria dedicando aquela criança ao seu irmão morto. Yehudá esperava que Onan vivesse como se fosse seu irmão morto, para educar seu próprio filho como se não fosse seu. Onan não conseguiu se convencer a fazer isto. Ele não conseguia enfrentar a profundidade e o poder das demandas existenciais feitas por um *yibum*.

O *chessed shel emet* mais profundo é também o desafio mais profundo. Como em todos os casos deste tipo de *chessed*, o receptor está morto e não há um sentimento de dependência como consequência. No entanto, no caso do *yibum*, apesar de o receptor estar livre deste sentimento de dependência, o benfeitor deve se anular. O cunhado não será o pai, a semente será dele, mas não o filho. Renunciar a si mesmo é extremamente difícil. Onan não foi capaz de fazê-lo, e ao invés, "desperdiçou sua semente" na terra, vindo depois a morrer devido a um decreto Divino.[175] Yehudá e Lot, os outros dois homens que fizeram *yibum*, tiveram que ser ludibriados por suas parceiras e agiram sem estar conscientes do que faziam.

Diferentemente destes exemplos, foi pedido a Ruth que participasse de um duplo *yibum*, redimindo assim seu sogro e seu

---

[*]   Da mesma maneira que *malchut* não deve ser afirmado, mas sim, surgir – veja o prelúdio do primeiro ato.

marido desfilhados. Isto, já é por si só, um tanto incomum. Além do mais, o que é pedido a ela é que se entregue de tal forma completa que a conquista não será dela. Ela não irá somente fazer um *yibum* que beneficiará Naomi, mas o resultado será também considerado como de Naomi. Na verdade, quando a criança desse *yibum* entre Boaz e Ruth nasce, todos declaram, "Um filho nasceu para Naomi!" (4:17).

É uma cena indescritível: A mãe está presente, acabou de dar à luz a um bebê. E é ela quem está se recuperando do trauma e da dor de um parto. Mas, ninguém presta atenção a ela, "Um filho nasceu para Naomi!" proclamam. A Meguilá, então, nos conta que Naomi pegou o bebê e deu de mamar a ele!

וַתִּקַּח נָעֳמִי אֶת הַיֶּלֶד וַתְּשִׁתֵהוּ בְחֵיקָהּ וַתְּהִי לוֹ לְאֹמֶנֶת

E Naomi pegou a criança e a colocou em seu peito, e se tornou sua ama de leite.

Ruth 4:16

Naomi se torna a mãe. Em um surpreendente ato de *chessed shel emet*, Ruth rende-se e se dissolve em segundo plano como se esta fosse a coisa mais natural do mundo.

INTERLÚDIO II:
Identidade e Ego

No início do terceiro ato, foi pedido a Ruth que assumisse uma nova identidade e se tornasse Naomi. Ruth concorda sem hesitar sem arrepender-se depois. Sua auto renúncia suprema não vem de uma fraqueza ou de uma falta de autoconhecimento, afinal de contas, ela é a mulher cujo sentido de valor é tão forte que ela fala em "fazer o bem" para seu próprio benfeitor! Isso tudo vem de um novo modelo de identidade que não vê nenhum problema em deixar o ego de lado. Tendo deixado para trás o mundo que ela conhecia, Ruth atingiu um nível diferente de si mesma. Ela sabe que não se consegue auto realização através do controle ou manipulação dos outros. Ela entende que a identidade de uma pessoa realmente surge através de um relacionamento ilimitado com o mundo e tudo o que vem em seu rastro.

Esta visão de identidade é expressa em um midrash muito interessante:

כִּי בְּיָהּ ה' צוּר עוֹלָמִים, בִּשְׁתֵּי אוֹתִיּוֹת בָּרָא הַקָּדוֹשׁ בָּרוּךְ הוּא אֶת עוֹלָמוֹ.. הָעוֹלָם הַזֶּה נִבְרָא בְּהֵ"א, וּמַה הֵ"א זֶה סָתוּם מִכָּל צְדָדָיו וּפָתוּחַ מִלְמַטָּה... וְהֶחָלוֹן הַזֶּה שֶׁמְּן הַצַּד, רֶמֶז לְבַעֲלֵי תְּשׁוּבָה

"Pois Hashem (י-ה) é o Criador dos mundos" (Isaías 26:4) – isso nos ensina que o Todo-Poderoso criou Seus mundos [este e o próximo] por meio de duas letras [*yud* e *hei*]. Este mundo foi criado com a letra *hei*. O *hei* (ה) está fechado em todos os lados, mas está aberto na parte

> inferior... e a janela ao lado [na letra] é uma dica aos
> penitentes.
>
> (Gênesis Rabá 12.10)

O Midrash caracteriza nosso mundo metaforicamente, descrevendo-o como tendo sido criado com um *hei*, porque a letra *hei* está "aberta na parte inferior." Ele vê implicações profundas na falta definitiva de um piso na letra. O simbolismo desta letra implica que este mundo está destinado a se desenvolver através de um processo de autodescobrimento; que é um lugar em constante mudança, que não pode ser encaixotado, enclausurado. Isto implica que Hashem deseja um mundo que irá se auto realizar, irá descobrir-se. O simbolismo de *hei* implica uma criação que é ilimitada e se desenvolve de maneiras inesperadas. A abertura nos permite "cair para fora" do mundo e a janela ao lado nos permite "encontrar nosso caminho de volta" – a sermos penitentes. No entanto, é notável que não conseguimos voltar pelo mesmo caminho com que caímos. Devemos descobrir novos caminhos para voltar, e ao descobri-los, nos tornamos nós mesmos. Estas descobertas permitem-nos encontrar uma nova vida muito mais surpreendente do que aquela que pensávamos ter quando pisávamos em um chão aparente sólido. Não importa o número de anos que leva para encontrar o caminho de volta, as descobertas ao longo deste caminho de retorno nos permitem chegar além daquilo que originalmente havíamos acreditado ser possível.

A história de Ruth é, portanto, uma expressão da natureza da Criação: Ruth estava levando uma vida previsível, era uma princesa em Moav que, por causa de um movimento político, casou-se com o filho de um nobre e líder de uma vizinhança de poder. Tudo foi de acordo com o planejado até que o chão desapareceu debaixo de seus pés, levando junto a vida previsível. Embora Ruth não tivesse ideia de para onde estava indo, ela descobriu a "janela ao lado" e se comprometeu a seguir neste novo mundo, guiada somente pelo seu sentido de que um potencial imenso a aguardava do outro lado da janela. Neste momento de escolha, ela sabia que não estava se perdendo de si mesma em um ato de auto abnegação suprema, mas estava ganhando um eu imortal.

A Meguilá pode ser vista como girando em volta da criação deste novo nível de identidade, apresentando dois protagonistas cujos elementos normativos de identidade foram extirpados, e cujo sentido de si está em fluxo. Ao deixar para trás quem eram e velhos modelos de identidade, Boaz e Ruth são capazes, pela primeira vez na história, de realizar um verdadeiro *yibum*, vindo por um amor mútuo. A Meguilá aciona a liberdade e vibração deste novo tipo de identidade através do papel de um personagem que se agarra a todas as considerações de autoproteção exigidas por um sentido normativo do eu.

Há um caminho que não foi pego na Meguilá: há um "outro redentor" (3:12-13), um homem mais próximo do que Boaz, que tem o primeiro direito de recusa para redimir a casa de Elimelech. Este homem, conhecido como Ploni Almoni, está disposto a redimir a propriedade, mas não a realizar o *yibum* com Ruth, como parte do acordo. "Eu não posso redimir por mim mesmo (לי),* pois, se assim fizer, estarei destruindo minha própria herança" (4:6), ele declara. Uma imagem espelhada de Ruth e Boaz, ele é um homem paralisado pela dúvida e repleto de arrependimentos. Não consegue fazer aquilo que reconhece ser o correto e desiste da redenção que sabe que é "sua." Ao tentar se proteger, ele perde o sentido de si próprio

---

*   Observe a desnecessária palavra (לי)- "**para mim mesmo**," neste versículo. É um contraste com "segurança que será bom para você (מנוח אשר ייטב לך)" de Ruth. Ruth entendeu que ao chegar a um eu independente, poderia derrubar o ego que nos faz deficientes, enquanto Ploni Almoni não tinha nenhuma ideia de como chegar a uma verdadeira identidade. Ele não poderia redimir "por si mesmo" porque não entendeu o que poderia significar para ele e sua família redimir Ruth, para todo o sempre. Tudo que conseguia ver eram os perigos, os possíveis buracos no chão. Ele não conseguia ver a janela ao lado que poderia abrir novas possibilidades.

de tal forma que sua identidade se torna sinônimo de anonimato. Surpreendentemente, no Hebraico o equivalente a Zé Ninguém vem da Meguilá: Ploni Almoni, Sr. Anônimo.

Em contrapartida, a mulher da Meguilá que mostra não se importar com o ego e não fala em trazer as coisas *"elai,"* aquela que desaparece momentaneamente do texto, vive por mais cinco gerações! Ruth se torna *ima shel malchut*[176] – a mãe de *malchut* – um símbolo eterno de realeza, enquanto Ploni Almoni se torna um comentário de rodapé da história.

O contraste entre o comportamento de Ruth e Ploni Almoni ilumina a verdadeira natureza da identidade. A identidade pessoal não é atingida tentando-se controlar os elementos da vida que você decide que são essenciais para a sua identidade. O foco de Ploni Almoni em proteger sua "herança" termina com sua destruição. A verdadeira identidade tem muito pouco a ver com nossos planos.[*] Ao contrário, surge de nosso relacionamento com o universo, com as pessoas que nos cercam, e mais profundamente, com aqueles com quem somos *mitdabek* (מתדבק) – aqueles com quem somos ligados: Lemos em Gênesis (2:24) que no curso natural das coisas, o Homem deixa a casa de seus pais *vedavak beishto* – e "se torna ligado à sua esposa." Usando uma linguagem parecida, nossa Meguilá nos conta, *"veRuth davká bá"*- "e Ruth se ligou a Naomi" (1:14). Este nível de eu espontâneo é um *malchut* pessoal no contexto da vida cotidiana.[177] Em uma identidade enraizada em *malchut*, em inter-relacionamentos, não há *elai*, não há nenhuma necessidade de que as

---

[*]   O escritor e cartunista Allen Saunders disse brilhantemente "A vida é o que acontece para você enquanto você está ocupado fazendo planos." É louvável ter objetivos, mas equiparar sucesso com alcançar esses objetivos está terrivelmente errado. Fixar-se em um objetivo pode dificultar a adaptação, a habilidade de agir diante de oportunidades inusitadas. Planos, objetivos, e aspirações nunca devem interferir com viver espontaneamente. Veja o comentário do quarto ato, versículo 17, para mais detalhes.

coisas venham "para mim," não porque o eu foi perdido, mas porque o eu foi realmente adquirido.

Viver com sucesso significa aceitar a ideia da espontaneidade em um nível pessoal, aceitando que nossa identidade é fruto de nossas interações, não de nossos planos. A esmagadora maioria das pessoas está convencida de que estão no controle e que têm um eu impecável que é *nifrad* – separado e a parte.[178] Relacionam-se com as outras pessoas através de uma persona que age como uma barreira entre o eu verdadeiro e o resto do mundo. No entanto, enquanto uma pessoa tentar controlar a vida, enquanto tiver uma visão muito específica de para onde sua vida deve levá-la, a mesma não irá a lugar algum. Será governada por tramas e por uma paranoia controladora, e não haverá espaço real para o amor. Esta é a vida de Ploni Almoni.

Aproximar-se da vida como se fosse um caminho surpreendentemente sem fim, livra a pessoa das amarras de suas próprias ilusões – contanto que ela esteja disposta a ouvir a voz de Ruth e deixar que o Ploni Almoni dentro dela se vá. Com esta abordagem, a pessoa começa a entender que tudo que ela identifica como "si mesma" nunca foi realmente "si" de verdade; ela entra nesse relacionamento e o vê como sem barreiras, sem limites, com pessoas cujas ações, ela sabe, estão além do seu controle. Esta pessoa se entregará a estes relacionamentos sem ideias pré-concebidas, dizendo somente, *"Naassê venishmá."* Uma pessoa com este *"mindset"* - mentalidade – verá que identificar-se com os elementos que acreditava serem essenciais a sua vida é tão absurdo quanto identificar-se com os zigotos dos quais veio. As células reprodutivas, o esperma e o óvulo, são massas de potencial que se tornam algo somente dentro do contexto de "relacionamento" que eles formam. O eu verdadeiro é o que surge dos relacionamentos de um indivíduo.

Relacionamentos dinâmicos não podem ser definidos antecipadamente, não podem ser controlados ou manipulados. Para ter certeza, uma pessoa pode tentar, mas, ao controlar os outros, viverá uma vida estéril e sem amor.

Hashem proporcionou uma estrutura para a vida. Como já vimos,[179] chama-se Torá. Mas, mesmo dentro da Torá, cada elemento é definido com o passar do tempo, conforme seu desenvolvimento. A Torá Oral é evolucionária por natureza. Cada pessoa se envolve com ela de uma forma única e individual, em uma dialética que abrange milênios. A interação entre as pessoas e a Torá Escrita forja a Tá Oral. Apesar de ser um processo estimulante, é também doloroso, e demanda engajamento intenso. Esta demanda feroz por envolvimento é parte da razão do fracasso do Sinai:

ולא קבלו ישראל את התורה עד שכפה עליהם הקדוש ברוך הוא
את ההר כגיגית שנאמר ויתיצבו בתחתית ההר (שמות, יט).
ואמר רב דימי בר חמא א״ל הקב״ה לישראל אם מקבלים אתם
את התורה מוטב ואם לאו שם תהא קבורתכם, ואם תאמר על
התורה שבכתב כפה עליהם את ההר והלא משעה שאמר להן
מקבלין אתם את התורה, ענו כלם ואמרו נעשה ונשמע מפני שאין
בה יגיעה וצער והיא מעט אלא אמר להן על התורה שבע״פ שיש
בה דקדוקי מצות קלות וחמורות והיא עזה כמות וקשה כשאול
קנאתה, לפי שאין לומד אותה אלא מי שאוהב הקדוש ברוך הוא
בכל לבו ובכל נפשו ובכל מאודו שנא׳ ואהבת את ה׳ אלהיך בכל
לבבך ובכל נפשך ובכל מאודך (דברים, ו), ומנין אתה למד שאין
אהבה זו אלא לשון תלמוד, ראה מה כתיב אחריו והיו הדברים
האלה אשר אנכי מצוך היום על לבבך ואי זה זה תלמוד שהוא על
הלב הוי אומר ושננתם לבניך זו תלמוד שצריך שנון

Israel não aceitou a Torá até que Hashem segurasse a montanha sobre suas cabeças como um barril, como o versículo atesta, "Eles ficaram debaixo da montanha" (Êxodo 19:17). Isto significa que D'us disse a Israel, "Se vocês aceitarem a Torá, muito bem; mas, se não, enterrarei vocês lá."

Se você pensa que esta ameaça foi feita em relação à Torá Escrita, [este não é o caso], pois no momento em que Hashem a ofereceu a eles, os mesmos responderam,

"*Naassê venishmá*" (Êxodo 24:7). A Torá Escrita não envolve grandes esforços ou dor, por isso, aquela ameaça foi feita com relação à Torá Oral, que é bastante detalhada e "forte como a morte," com "um ciúme tão feroz quanto o inferno."*

Pois ela só pode ser aprendida por aqueles que estão completamente apaixonados por Hashem, de coração, alma, e força, como diz o versículo, "Vocês devem amar seu D'us com todos os seus corações, todas as suas almas, e com toda sua força" (Deuteronômio 6:5). Como se pode saber que este amor se refere ao estudo da Torá? Leia o próximo versículo - "E estes assuntos que Eu os comando hoje devem estar em seu coração" (6:6). Qual tipo de estudo requer o coração? [as próximas palavras afirmam], "*Veshinantam levanecha*" - "Repita ensinando as mesmas para seus filhos" - o tipo de aprendizado que demanda "*shinun*" (acuidade, afiamento) se refere ao Talmud [a Torá Oral].

(Midrash Tanchuma, Noach 3)

Inicialmente Israel entendeu que Hashem iria dizer a eles tudo o que precisavam saber, e com este entendimento, alegremente abraçaram a Torá com um entusiasmo sem reservas: "*Naassê venishmah*." Então, Ele os informou que "ouvir" significava descobrir as coisas por si mesmos. D'us disse implicitamente, "Vocês não disseram "*nishmá venaassê*" - escutaremos e depois faremos. Vocês foram direto dizendo "*naassê*," o que quer que seja que tenhamos que fazer, faremos. Agora, vocês querem saber exatamente o que a Torá demanda de vocês? Sinto muito, mas não posso dizer-lhes. Para

---

*   Esta descrição faz uma alusão a um retrato do amor em Cântico dos Cânticos (8:6), que certamente não é nenhuma coincidência.

falar a verdade, "A Torá não está no Céu (*Shamayim*) (Deuteronômio 30:12), por isso, vocês terão que Me dizer como ela pode ser entendida!*

רַבִּי אֶחָא בְּשֵׁם רַבִּי יוֹסִי בַּר חֲנִינָא אָמַר, בְּשָׁעָה שֶׁעָלָה מֹשֶׁה לַמָּרוֹם,
שָׁמַע קוֹלוֹ שֶׁל הַקָּדוֹשׁ בָּרוּךְ הוּא יוֹשֵׁב וְעוֹסֵק בְּפָרָשַׁת פָּרָה אֲדֻמָּה,
הֲלָכָה בְּשֵׁם אוֹמְרָהּ, (רַבִּי) אֱלִיעֶזֶר בְּנִי אָמַר... אָמַר מֹשֶׁה לְפָנָיו,
רִבּוֹנוֹ שֶׁל עוֹלָם, הָעֶלְיוֹנִים וְתַחְתּוֹנִים שֶׁלְּךָ הֵן וְאַתָּה אוֹמֵר הֲלָכָה
בִּשְׁמוֹ שֶׁל בָּשָׂר וָדָם. אָמַר לוֹ, צַדִּיק אֶחָד עָתִיד לַעֲמֹד בְּעוֹלָמִי,
וְעָתִיד לִפְתֹּחַ בְּפָרָשַׁת פָּרָה אֲדֻמָּה תְּחִלָּה, רַבִּי אֱלִיעֶזֶר אוֹמֵר, עֶגְלָה
בַּת שְׁנָתָהּ, וּפָרָה בַּת שְׁתַּיִם. אָמַר לְפָנָיו, רִבּוֹן הָעוֹלָמִים, יְהִי רָצוֹן
שֶׁיְּהֵא מֵחֲלָצַי. אָמַר לוֹ, חַיֶּיךָ, שֶׁהוּא מֵחֲלָצֶיךָ, הָדָא הוּא דִכְתִיב,
וְשֵׁם הָאֶחָד אֱלִיעֶזֶר (שמות יח, ד). וְשֵׁם אוֹתוֹ הַמְיֻחָד, אֱלִיעֶזֶר

---

*   Tão verdade, que quando D'us tenta se envolver em uma disputa pós-Sinai, os Sábios pedem a Ele que não interfira.

תנא באותו היום השיב רבי אליעזר כל תשובות שבעולם ולא קיבלו הימנו...
ואמר להם אם הלכה כמותי מן השמים יוכיחו יצאתה בת קול ואמרה מה
לכם אצל ר''א שהלכה כמותו בכ''מ עמד רבי יהושע על רגליו ואמר {דברים
ל-יב} לא בשמים היא מאי לא בשמים היא אמר רבי ירמיה שכבר נתנה תורה
מהר סיני אין אנו משגיחין בבת קול שכבר כתבת בהר סיני בתורה {שמות
כג-ב} אחרי רבים להטות

Naquele dia, R. Eliezer adiantou todos os argumentos possíveis do mundo [como suporte de sua decisão haláchica], mas, seus colegas não as aceitaram... então, R. Eliezer disse a eles, "Se a halachá for de acordo com a minha opinião, deixem que o *Shamayim* prove isto."

Foi daí então, que uma voz Celestial proclamou, "Que argumento vocês podem ter contra R. Eliezer cujas decisões haláchicas são seguidas em todos os casos?"

R. Yehoshua levantou-se e declarou, "Ela [A Torá] não está no Céu" (Deuteronômio 30:12).

O que se entende por "Ela não está no Céu?" A Torá já foi dada a Israel no Sinai, então não devemos prestar atenção a vozes Celestiais. Afinal de contas, Hashem já ensinou na Torá no Sinai (Êxodo 23:2) que [em questões de halachá] uma pessoa deve "Seguir a maioria" (Baba Metzia 59b).

Quando Moshe subiu ao *Shamayim*, ele ouviu a voz de Hashem estudando a porção da Torá sobre a vaca vermelha. D'us repetiu a halachá em nome do Sábio que a instituiu, "Meu filho Eliezer diz..."

Moshe exclamou, "Mestre do Universo, todos os seres acima e abaixo são Seus, e O Senhor repete a halachá em nome de um ser de carne e osso?!"

Hashem respondeu, "Está destinado que haverá no futuro um estudioso íntegro que irá explanar sobre a porção que envolve a vaca vermelha... [e Eu a repito em seu nome].*

Moshe [ficou tão emocionado que] disse, "Que seja a Sua vontade que ele seja um descendente meu!"

Hashem replicou, "Por sua vida, ele será."

Existe uma alusão a isto no versículo [que menciona o segundo filho de Moshe], "E o nome *daquele* um era Eliezer" (Êxodo 18:4) – o nome daquele que seria especial era Eliezer!

(Midrash Tanchuma, Chukat 8)

A compreensão de que a Torá demanda um engajamento pessoal intenso foi um choque para Israel. Foi como se tivessem dito a Hashem: "Se o Senhor não nos irá dizer o que precisamos fazer para nos tornarmos nós mesmos, se Você nos fez responsáveis por descobrir o que a Torá significa, então nossa aceitação da mesma, foi baseada em uma premissa falsa. Pensávamos que Hashem iria nos trazer todas as respostas. Tudo isso é um erro catastrófico!" Em um resultado trágico, o Sinai foi experienciado como coercivo.[180]

---

* Também não é uma interdependência, que nada mais é do que dependência conjunta. Este tipo de relacionamento não resolve o problema de dependência, e com frequência, o torna pior.

Israel falhou em entender, como Adam e Lot também tinham falhado anteriormente, que o sentido de um relacionamento pactual, está na mutualidade. O *brit* do Sinai não é que a Torá existe por um lado e Israel por outro. Mas o *brit* consiste de uma única unidade de Torá-Israel, cada um sendo definido através do outro. O Sinai é comparado a um casamento por boas razões:

צאינה וראינה בנות ציון במלך שלמה בעטרה שעטרה לו אמו
ביום חתונתו וביום שמחת לבו ביום חתונתו זה מתן תורה

"Donzelas de Tzion, vão em frente e contemplem O Rei da Paz, usando a coroa que Sua mãe [Sua nação -Rashi] deu a Ele no dia do Seu casamento e no dia em que Seu coração foi alegrado" (Cânticos dos Cânticos 3:11). "O dia do Seu casamento" se refere ao dia em que a Torá foi dada.

(Taanit 26b)

Um casamento, também, não consiste em um marido de um lado e de uma esposa do outro, cada um agindo à sua maneira. Consiste em um marido e uma esposa agindo em conjunto, como uma unidade. A interação entre as partes em uma aliança inclui as identidades individuais, com todo seu potencial imaturo e subdesenvolvido, criando algo que nenhuma das partes teria acreditado ser possível. Mutualidade não é um acordo comercial, nem tampouco uma sociedade.* É uma unidade.

Em toda parceria há uma constante análise de custo-benefício. Cada parte se pergunta regularmente se houve equidade no investimento

---

* Nem é uma interdependência, que nada mais é do que uma dependência conjunta. Esse tipo de relacionamento não resolve o problema de dependência. Frequentemente, torna tudo pior.

de capital e uma divisão de trabalho igualitária; no entanto, um casamento que é baseado neste tipo de análise, irá certamente fracassar. Uma sociedade em um negócio não é verdadeiramente mútua. Consiste em comprar e vender serviços. O resultado deste tipo de parceria de sucesso é *mútuo benefício*. Já o resultado de um relacionamento verdadeiro é *mutualidade*.

אַל יֹאמַר אָדָם הֲרֵינִי עוֹשֶׂה מִצְוֹת הַתּוֹרָה וְעוֹסֵק בְּחָכְמָתָהּ... כְּדֵי שֶׁאֶזְכֶּה לְחַיֵּי הָעוֹלָם הַבָּא... אֵין רָאוּי לַעֲבֹד אֶת ה' עַל הַדֶּרֶךְ הַזֶּה, שֶׁהָעוֹבֵד עַל דֶּרֶךְ זֶה הוּא עוֹבֵד מִיִּרְאָה וְאֵינָהּ מַעֲלַת הַנְּבִיאִים וְלֹא מַעֲלַת הַחֲכָמִים

Uma pessoa nunca deve declarar que faz *mitzvot* e estuda Torá… para que mereça uma porção no *Olam Habá*… não é apropriado servir a D'us desta maneira, pois aquele que o faz, serve-O por medo. Esta não é a abordagem dos profetas ou de sábios.

(Mishnê Torá, Leis de Arrependimento 10.1)

Maimônides ensina que uma pessoa que define seu relacionamento com a Torá pelos benefícios que sua observância traz – ainda que estes incluam uma porção no *Olam Habá* – não o faz de acordo com os parâmetros do *brit*. Este tipo de atitude está aquém de um verdadeiro servo de Hashem.

É realmente louvável viver sua vida da maneira prescrita por outrem, de agir e estudar certos textos que não tem valor real para você, somente porque alguém está lhe pagando o suficiente para fazê-lo? Esta não é a vida de um profeta ou de um sábio. Está aquém de sua dignidade, ainda que aquele que está pagando é Hashem! Viver desta forma seria um ato de deslealdade contra sua própria humanidade.

Em uma análise final, é, na verdade, a vida de prostituição. Sim, o pagamento esperado é uma porção no Mundo Vindouro, mas nada mais faz do que elevar a transação ao nível de "prostituição de alto luxo," no qual a pessoa só estará dando sua vida porque é em troca de algo bem mais valioso. Se o Olam Habá for oferecido a uma pessoa que se prostitui, como pagamento pelo seus serviços e esta pessoa concorda, isto sanciona o relacionamento? A Torá fala sobre este cenário e o chama de *etnan zoná*, que é um animal recebido pelos serviços de uma pessoa que se prostitui e que seria oferecido ao Templo como sacrifício.[181] Hashem considera tal ato uma aberração e rejeita tais ofertas.

Este é precisamente o motivo pelo qual a Torá nunca fala explicitamente do Mundo Vindouro. Todos os pactos forjados entre D'us e o Homem na Torá apresentam os termos de interação neste mundo. Estes giram em torno de como o Homem se relaciona com o mundo e de como consegue atingir sua identidade através da contribuição para a concretização da iniciativa da Criação. Este é o único assunto que merece nossa atenção. É chamado de *malchut*.

Malchut surge da interação de todos os elementos que compreendem um sistema. É o nome que damos à sinergia evasiva que junta todas as unidades de um relacionamento pactual e forma uma unidade sem emendas. Está inegavelmente presente em cada sistema, mas não conseguimos vê-la. Como tal, *malchut* está em tudo e em nada, em todos os lugares e em nenhum lugar. O Zohar expressa esta ideia em uma história sobre David – a personificação humana de *malchut*:

וּבְשַׁעֲתָא דְּקוּדְשָׁא בְּרִיךְ הוּא אַחֲמֵי לֵיהּ לְאָדָם כָּל אִנּוּן דָּרִין דְּעָלְמָא, וְחָמָא לוֹן כָּל חַד וְחַד כָּל דָּרָא וְדָרָא כֻּלְּהוּ קָיְמֵי בְּגִנְתָּא דְּעֵדֶן בְּהַהוּא דִּיּוּקְנָא דְּזַמִּינִין לְקָיְימָא בְּהַאי עָלְמָא. וְתָא חֲזֵי, הָא אִתְּמָר כֵּיוָן דְּחָמָא לֵיהּ לְדָוִד דְּלָאו בֵּיהּ חַיִּים כְּלַל, תַּוָהּ, וְאִיהוּ יָהִיב לֵיהּ מִדִּילֵיהּ ע' שְׁנִין, בְּגִין כָּךְ הֲוֵו לֵיהּ לְאָדָם תְּשַׁע מֵאוֹת וּתְלָתִין שְׁנִין. וְאִנּוּן שִׁבְעִין אִסְתַּלָּקוּ לֵיהּ לְדָוִד

Quando Hashem mostrou a Adam suas gerações futuras,

ele as viu no Gan Éden, na forma que estavam destinadas a assumir neste mundo. Nos disseram que ele viu que David não tinha um tempo de vida imputado a ele. Adam ficou entristecido e deu para David 70 anos de sua própria vida. Este é o motivo de Adam ter vivido 70 anos a menos do que um milênio. O resto [dos anos] foram dados a David

(Zohar, Lech Lechá 91b)

Foi mostrada a Adam uma visão de David, mas, ao futuro Rei não havia sido garantidos anos de vida próprios. Ao invés disso a humanidade como um todo - incorporada em Adão – doa os anos que permitem ao rei existir. Para o Zohar, isso expressa a essência de *malchut*. Um *melech* não tem nada de exclusivamente seu, nem mesmo sua vida, porque *malchut* existe somente através da mutualidade. Na verdade, o Zohar vê a palavra *melech* (מלך) como uma abreviação para este conceito:

וּמַה דְּאִתְּמַר אִי לָךְ אֶרֶץ שֶׁמַּלְכֵּךְ נַעַר כְּמָה דְאוּקְמוּהָ, דְּהַאי אֶרֶץ תַּתָּאָה וְעַלְמָא תַּתָּאָה לָא יָנְקָא אֶלָּא מִגּוֹ שַׁלְטָנוּתָא (דְעֵילָא) דְּעָרְלָה. וְכֹלָּא מֵהַהוּא מַלְכָּא דְּאִקְרֵי נַעַר כְּמָה דְאוּקְמוּהָ. וַוי לְאַרְעָא דְּאִצְטְרִיךְ לְינָקָא הָכִי. תָּא חֲזֵי, הַאי נַעַר לֵית לֵיה מִגַּרְמֵיה כְּלוּם

As palavras "Aflição para você, oh terra, quando seu rei é um menino" (Eclesiastes 10:16) refere-se ao mundo inferior [este mundo], que extrai o seu sustento somente do reino dos não circuncidados e daquele rei chamado "menino." Aflição para a terra que tem que extrair seu sustento desta maneira! Pois, este "menino" não possui nada que seja realmente dele...

(Zohar, Chayei Sará 124b)

O Zohar afirma, "‏לית ליה מגרמיה כלום‎" - literalmente, "o rei não possui nada que seja dele." As primeiras letras dessas quatro palavras são ‏כ, מ, ל‎ [*], um anagrama da palavra *melech* (‏מלך‎). [**] Quando Adam pergunta a D'us quantos anos de vida foram alocados para David, a resposta é zero – um rei verdadeiro não tem ego, não tem *elai*. Se não há *elai*, não há demanda para que tenha coisas para si próprio, D'us não pode lhe conceder vida, mas pode ser concedida a tal pessoa, vida que surge da natureza da humanidade. A vida de um rei pode surgir de Adam – a espécie humana – da destilação de tudo o que a humanidade pode adquirir. [***]

---

[*]   Fascinantemente, as primeiras letras dessas palavras, seguidas em sua ordem, formam o nome de Lemech (‏למך‎). Ele era o bis- bisneto de Cain, cujo papel na história de *yibum* foï discutido no segundo interlúdio do primeiro ato, "Sobre a Crueldade da Bondade." Lemech relaciona tanto seu bis- bisavô quanto ele mesmo ao conceito de Shavuot (‏שבועות‎) ao afirmar:

‏כִּי שִׁבְעָתַיִם יֻקַּם קָיִן וְלֶמֶךְ שִׁבְעִים וְשִׁבְעָה‎

"Se Cain sofreu vingança em sete gerações, então Lemech, em setenta e sete!" (Gênesis 4:24).

Sete é o número associado com *malchut*, e Lemech viveu por precisamente 777 anos (Gênesis 5:31). Exploraremos esta profunda conexão de Cain com nossa história no prelúdio do quarto ato.

[**]   Notavelmente a definição de *malchut* é capturada pelas letras que formam a palavra!

[***]   Yalkut Reuveni ("Avraham e as gerações dele," parágrafo 120) traz conjuntamente os personagens centrais díspares de nossa história em um comentário enigmático e incrível ligando Avraham, Lot, Adam, David, e o futuro Messias:

‏סוד קלסטר פנים של לוט דומה לאברהם כי כמו שאברהם שהוא אדם גדול‎

‏בענקים כן לוט בגימטריא אדם כמו דאד"ם דויד משיח‎

O segredo da incrível semelhança [física] entre Avraham e Lot é que, assim como Avhaham era um grande homem entre os gigantes, Lot também era, pois, seu nome tem o valor numérico de 45, o mesmo valor numérico de Adam. O nome Adam pode ser visto como um acrônimo para **Adam**, **David**, **Messias** (‏א = אדם, ד = דוד, ם = משיח‎).

ואת יהודה שלח לפניו רומז על דוד המלך ע״ה בסוד אדם דוד
משיח והוא זכה לע׳ שנים המובחרים של אדם

"Ele [Yaakov] enviou Yehudá a sua frente [para Yossef no Egito]" (Gênesis 46:28). Isto alude ao Rei David [de Yehudá] que contém os segredos de Adam, David, Messias." Ele [David] recebeu os setenta melhores anos da vida de Adam.

(SheL'A Hakadosh,[182] Pessachim, Terceira leitura
para Shabat Hagadol, Parashat Metzorá)

Ao abrir mão de seu *elai*, Ruth define o cenário para o nascimento do rei que "não tem nada" e, no entanto, é tudo, ligando juntamente o Homem primordial e o final, Messias.

Cena Dois

וַתֵּרֶד הַגֹּרֶן וַתַּעַשׂ כְּכֹל אֲשֶׁר צִוַּתָּה חֲמוֹתָהּ

6. Ela foi à eira, e ela fez como tudo o que sua sogra a tinha instruído.

A linguagem aqui é um tanto incomum. Qual é o significado de Ruth fazer "como tudo" (*kechol*) que Naomi a tinha instruído, ao invés de simplesmente "tudo" (*kol*) que lhe foi dito para fazer? O Midrash nos ajuda a entender o uso desta linguagem. De uma forma distorcida, o Midrash vê a palavra *elai* que está faltando como um indicador de que Ruth não fez exatamente como havia sido instruída:

אֵלַי קְרִי וְלֹא כְּתִיב, אָמְרָה לָהּ שֶׁמָּא יָבוֹא אֶחָד מִן הַכְּלָבִים וְיִזְדַּוֵּג לִי, וְאַף עַל פִּי כֵן עָלַי לְיַשֵּׁב הַדְּבָרִים

A palavra *elai* é lida, mas não é escrita. [Isto deixa implícito que] Ruth disse a Naomi, "[Se eu seguir seus conselhos e me embelezar antes de ir ao silo, eu serei desvalorizada aos olhos daqueles que me veem, e] acredito que serei atacada por um dos cachorros [como uma pessoa imoral]."[183] No entanto, ela disse, devo respeitar o espírito de suas instruções [fazendo tudo o que você disse, mas não exatamente da maneira como *me* disse (*elai*)].

(Ruth Rabá 5.13)

No mesmo instante em que aquilo que parece ser auto anulação, o Midrash vê como autoafirmação. Ruth talvez tenha abdicado de seu corpo, mas não de sua mente! Este é o motivo pelo qual o texto diz *kechol* e não *kol*. Ruth não se sentiu obrigada a seguir as instruções de Naomi ipsis litteris. Contrariamente às instruções da mesma, ela primeiro foi ao silo e viu Boaz, e somente então, se enfeitou.

תן לחכם ויחכם עוד אמר רבי אלעזר זו רות המואביה... דאילו נעמי קאמרה לה ורחצת וסכת ושמת שמלותיך עליך וירדת הגורן ואילו בדידה כתיב ותרד הגורן והדר ותעש ככל אשר צותה חמותה

"Ensine o homem sábio, e ele se tornará mais sábio ainda" (Provérbios 9:9) – isto se refere a Ruth, de Moav ... Naomi disse a ela, "Banhe-se e se unja, vista-se bem, e vá ao silo" [embeleze-se antes de ir ao silo]. Contudo, está dito [com relação às atitudes de Ruth], "Ela foi ao silo" e somente então, "ela fez tudo como sua sogra a havia instruído" [primeiro foi ao silo, e só depois, se embelezou].

(Shabat 113b)

Ainda que ela se dispa de seu ego, Ruth expressa sua perspectiva única e sabedoria amadurecida. Ela sabe que para lidar com os problemas trazidos por seu bis-bisavô Lot, e por Adam, antes dele, ela deve substituir dependência por amor verdadeiro – um amor que é caracterizado pela mutualidade. Ela dá o primeiro passo aqui. Ao invés de aproximar o *chessed shel emet* do *yibum* indo simplesmente com o movimento – como fez Tamar, e a filha de Lot, a ancestral de Ruth – Ruth quer iniciar um relacionamento com o homem que irá "redimi-la." Ela quer se arrumar para Boaz, quer se embelezar para ele. Estando devidamente vestida com adornos e atraente antes de chegar ao silo, seria perder o ponto inteiramente. Faria do ato de arrumar-se, uma preparação manipuladora ao invés do resultado de sua reação a situação. Faria com que o relacionamento pelo qual anseia, empobrecesse. Ao mudar a ordem das instruções de Naomi, ela faz de cada elemento de sua preparação, uma demonstração de seu desejo por Boaz e somente por ele.

O amor deve ser a resposta, não um plano. Ruth não iria se arrumar antes que o visse. Ela iria se embelezar porque ela o viu. Ela quer vê-lo e ser acordada para o desejo de se sentir atraente. Ela entende que sua paixão é a única coisa que irá consagrar o relacionamento deles.

וַיֹּאכַל בֹּעַז וַיֵּשְׁתְּ וַיִּיטַב לִבּוֹ וַיָּבֹא לִשְׁכַּב בִּקְצֵה הָעֲרֵמָה

7. Boaz comeu e bebeu, e seu coração estava contente, e ele foi se deitar na beirada da pilha de grãos.

De acordo com o Midrash, este "contentamento" se refere às duas preocupações centrais da Meguilá (e o *chag* no qual é lida). Em sua primeira interpretação, nós vemos uma referência ao tema principal de Shavuot: a aceitação da Torá.

מהו וייטב לבו שעסק בד''ת שנ' כי לקח טוב וגו' וכתיב לכו לחמו בלחמי

Qual é o significado de "E seu coração estava contente" (*vayitav libo*)? Boaz estava entretido com seu estudo de Torá, que é chamado de "bom" [*tov*, da mesma raiz de *vayitav libo*], como no versículo em Provérbios 4:2. "Pois Eu dei a vocês um bom ensinamento, não abandonem Minha Torá." Mais a frente está escrito, "Venham e partilhem de Meu pão" (Provérbios 9:5). [a Torá é o "pão" que Boaz "comeu," e que contentou seu coração.]*

(Midrash Tanchuma, Behar 3)

Há uma segunda explicação para o "bom," que novamente mescla relacionamento com Torá.

וַיִּיטַב לִבּוֹ, שֶׁהָיָה מְבַקֵּשׁ אִשָּׁה, שֶׁנֶּאֱמַר (משלי יח, כב) : מָצָא אִשָּׁה מָצָא טוֹב

"E seu coração estava contente (*vayitav libo*)": isso ensina que ele buscava uma mulher, como diz o versículo (Provérbios 18:22), "Aquele que encontrou uma mulher, encontrou o bom (*tov*)."

(Ruth Rabá 5.15)

A mescla não é acidental. O uso da raiz *tov* em *vayitav* nos leva de volta as palavras de Naomi para Ruth no início: o *manoach* que é bom (*yitav*) para você." O bom que Naomi prometeu e que Boaz busca, é o mesmo bom que estava faltando na Criação até Adam descobrir Chavá: "Não é bom (*tov*) para o Homem estar sozinho" (Gênesis 2:18). A solidão do Homem não é a única instância de "não bom" na narrativa da Criação, na qual tudo o mais é considerado bom, de novo e de novo.** Somente através da paixão, do desejo, e do

---

* Nossa Meguilá é lida em Shavuot, o feriado que celebra a Torá e o novo grão para o pão. Veja primeiro ato, Interlúdio I: "Sobre Alimento, Relacionamentos, e *Malchut*," para uma discussão extensa sobre o pão e seu relacionamento com nossa história.

** Ver Gênesis 1: 4, 10, 12, 18, 21 e 31 para muitos exemplos do uso da palavra tov. É muito revelador que o nome verdadeiro de Ploni Almoni seja Tov! Veja o versículo 13 deste ato e Ruth Rabá 6,3. Tov deveria ter sido o redentor de Ruth, Naomi, Elimelech e Machlon. Ele deveria ter fornecido a solução para a situação "não boa" do Homem estar sozinho. Ele falhou devido à sua incapacidade

compromisso de um relacionamento entre um homem e uma mulher é que o *tov* da Criação é finalmente suprido. A Torá vem para prover um local à humanidade dentro da Criação – e, portanto, a Torá deve finalmente lidar com relacionamentos. O "contentamento" sentido por Boaz mescla seu envolvimento com a Torá e seu desejo por amor.

וַתָּבֹא בַלָּט וַתְּגַל מַרְגְּלֹתָיו וַתִּשְׁכָּב

E ela veio sorrateiramente, descobriu seus pés, e deitou-se.

O Midrash Tanchuma interpreta a palavra incomum *valat* (בלט) como *benoach* (בנוח) – de forma sutil, tranquila. Em um nível mais simples, o Midrash sugere que apesar de as apostas serem altas, arriscadas e as consequências de um fracasso, calamitosas, Ruth prosseguiu com serenidade, totalmente confiante no caminho apontado por sua sogra. Em um sentido mais profundo, o Midrash vê a palavra como uma alusão a afirmação de Naomi, "Devo procurar um *manoach* para você"- uma declaração que por si só ecoa seu desejo anterior, "Que Hashem conceda a ambas que encontrem *menuchá* na casa de seu marido" (1:9).[184] Ruth entra no silo para buscar um relacionamento que traria a ela a plenitude que Naomi tinha desejado a ela.

Isto faz com que a *Meguilat Eliahu*[185] ofereça a seguinte, notável interpretação: ele vê a palavra *valat* (בלט) como um acrônimo para *bessimchá leil taharatá* (בשמחה ליל טהרתה)[186] - "na alegria da noite de sua purificação." Em outras palavras, Ruth foi a Boaz depois de se purificar, repleta da alegria que uma mulher experimenta na noite em que vai à *mikvê*, para que possa ter relações conjugais com seu marido. Ela havia sido muito bem educada por Naomi e entendia a primazia dos relacionamentos. Ela descobriu o que Israel descobriu

---

de se livrar de restrições mesquinhas e preocupações estreitas. Veja o comentário ao versículo 5, acima, e ao quarto ato, versículo 6.

no Sinai – que não existe algo como a Torá sem os relacionamentos que nos trazem alegria.[187]

Ruth chegou ao silo com um novo entendimento da natureza do amor. Entendeu que a mutualidade é a única resposta à questão mais antiga da Criação, a questão articulada por Adam e Lot. Isso sugere uma terceira interpretação para a palavra *valat*: "*Vatavô valat*" (ותבא בלט) pode ser visto como sugerindo que Ruth foi até a cama de Boaz "com Lot" (ב-לוט), isto quer dizer, com uma consciência da questão de Lot, e, depois de tanto tempo, com uma solução para a mesma.

וַיְהִי בַּחֲצִי הַלַּיְלָה

8. E foi à meia-noite,

Que palavras importantes! Como lemos no famoso poema da Hagadá, que tira seu título e seu refrão destas palavras,[188] o badalar da meia-noite anuncia mudanças significativas na história Judaica: o triunfo de Avraham em sua guerra contra os reis; a luta entre Yaakov e o anjo; a praga dos primogênitos e o subsequente êxodo do Egito, e a derrota de tantos arqui-inimigos de Israel, de Sisserá a Haman, até a futura redenção – eventos importantes ocorrem ao bater da meia-noite. Estas foram (ou serão) ocasiões de transformação, mudanças de paradigmas de dimensões históricas. Este momento humilde no silo agora, acontece entre as articulações da história.

O próprio Rei David, o produto da união entre Ruth e Boaz, entendeu o quão delicado era este momento, o quão frágil era sua existência e quão efêmera era sua coroa:

חֲצוֹת לַיְלָה אָקוּם לְהוֹדוֹת לָךְ עַל מִשְׁפְּטֵי צִדְקֶךָ... וּצְדָקוֹת שֶׁעָשִׂיתָ
עִם זְקֵנַי וְעִם זְקֵנְתִּי, שֶׁאִלּוּ הֶחֱישׁ לָהּ קְלָלָה אַחַת מֵאַיִן הָיִיתִי בָא

"À meia-noite eu [David] irei me levantar para agradecê-Lo por Suas leis íntegras..." (Salmos 119:62) ... e pela bondade que Você teve para com meus bisavós [Boaz e Ruth], pois se Boaz tivesse reagido a ela com uma simples maldição, de onde eu teria vindo?

(Ruth Rabá 6.1)

O Midrash entende que este salmo quer dizer que David levantava-se à meia-noite (חצות לילה) para agradecer pela vida que lhe foi dada à meia-noite (בחצי לילה). Ele percebeu que se este encontro tivesse acontecido de maneira diferente, se Boaz tivesse reagido aos avanços de Ruth chocado ou indignado, ele nunca teria nascido; sua *malchut* nunca teria surgido; e o Messias, destinado a vir de sua casa, nunca seria concebido.

וַיֶּחֱרַד הָאִישׁ וַיִּלָּפֵת וְהִנֵּה אִשָּׁה שֹׁכֶבֶת מַרְגְּלֹתָיו

e o homem estremeceu e recuou, e eis que havia uma mulher deitada a seus pés.

O Talmud nos dá uma interpretação chocante da reação de Boaz ao descobrir uma mulher em sua cama:

מאי וילפת? אמר רב שנעשה בשרו כראשי לפתות

Qual é o sentido da palavra *vayilafet* (וילפת)? ... Sua carne[189] ficou tão rígida quanto cabeças de nabos (לפתות ראשי).

San'hedrin 19b

O Midrash faz uma interpretação semelhante.

מהו וילפת כמו דאמרת וילפת שמשון את שתי עמודי וגו׳ התחיל
אותו צדיק לצעוק לפפתו

Qual é o sentido de *vayilafet* (וילפת)? É parecido com seu uso no versículo: "Shimshon envolveu (וילפת) [as duas colunas centrais]" (Juízes 16:29). Boaz começou a chorar, e Ruth se envolveu a si mesma ao redor dele [para acalmá-lo].

(Midrash Tanchuma, Behar 3)

De acordo com os Sábios, o versículo descreve Boaz como tendo ficado assustado ao acordar, ou por ter percebido que ficou fisicamente estimulado ou por ter percebido que estava entrelaçado a uma mulher! Em ambos os casos, os Sábios deram uma interpretação explicitamente sexual à palavra *vayilafet*. A questão que exploraremos ao longo deste ato é: Por quê? Por que devemos saber sobre a resposta física de Boaz a Ruth? Por que devemos saber sobre seu emaranhamento físico? Veremos que a resposta a essas perguntas é central para a ideia de *malchut* e a chave para a compreensão da meguilá.

וַיֹּאמֶר מִי אָתְּ

9- Ele perguntou: "Quem é você?"

Essa pergunta reverberante se tornará um *leitmotif*. Naomi fará a Ruth exatamente a mesma pergunta quando ela retornar deste encontro à meia-noite com Boaz: "Quem é você, minha filha?" (3:16). A repetição da pergunta dá à mesma uma ressonância mais profunda (Naomi certamente sabe quem Ruth é). Discutiremos as implicações desta pergunta no versículo 16.

וַתֹּאמֶר אָנֹכִי רוּת אֲמָתֶךָ

Ela respondeu, "Eu sou sua serva, Ruth.

Esta é a terceira vez que ela usa o pronome *anochi*, ao invés de *ani*, para referir-se a si mesma. Como foi notado anteriormente,[190] *anochi* é uma afirmação de identidade, e tais afirmações demandam reconhecimento. D'us começou a revelação no Sinai declarando, "*Anochi*" - "Eu Sou o Eterno seu D'us" (Êxodo 20:2).[191] Esta declaração "*Ani Hashem*" teria sido meramente uma afirmação de identidade, não um comando.[192]

Neste momento, em resposta à pergunta de Boaz, Ruth afirma sua verdadeira identidade, pois ela esteve passando por um processo de descoberta. Anteriormente, no segundo ato, versículo 10, ela declarou, "*Veanochi nochria* – Eu sou uma estrangeira" - enfatizando que ela é, e continua sendo uma Moabita. Sabia que seu destino só poderia ser cumprido se continuasse como *nochriá*, e precisava que Boaz reconhecesse este fato.[193] Na segunda vez em que ela usa esta linguagem, no segundo ato, versículo 13, ela se identifica na negativa: "embora eu (*anochi*) não seja nem mesmo como uma de suas servas." Naquele momento, Boaz faz uma exceção enfaticamente: "D'us me livre que você se refira a si mesma como uma serva (*shifchá*). [Um sinônimo para esta palavra em hebraico é *amá*]. Você não é uma das *amaot* (אמהות)- servas; você é uma das *imaot* (אימהות) – matriarcas![194] Você deve acreditar que como uma Moabita convertida, você é inferior e subserviente a mim, mas, é o contrário! Sua jornada a Israel é equivalente à de Avraham! Você desvaloriza o que significa para uma pessoa como você, com seu antecedente, de se converter. Você, como as matriarcas, proporciona a Israel algo essencial e novo."

Ruth agora afirma uma identidade diferente. Ela é Ruth - "*Anochi Ruth*" - uma mulher que se tornou completamente aquela que Boaz insistiu quando se encontraram anteriormente. Ela ainda se refere a si mesma como *amatecha* - "sua serva" - mas, no contexto deste versículo, *amatecha* é tão parte de sua identidade quanto seu nome. Ao usar esta palavra, ela está dizendo a Boaz, "Eu desejo que você 'abra suas asas sobre mim' como *amatecha*."

Ao definir sua relação com Boaz, Ruth retorna à ruptura da Criação: a redução da Lua. Ao definir-se como uma *amá*, está aceitando o comando de Hashem de "Vá e faça-se pequena."[195] No entanto, há uma diferença crucial, pois para Ruth, esta é uma afirmação de conclusão, não de redução. Para ela, ser "sua serva" não é uma ameaça à sua identidade – é a conquista de sua identidade: Mutualidade não implica em igualdade. Significa somente o que a palavra diz, que o relacionamento é mútuo. Enquanto Ruth completar Boaz assim como ele a completa, a questão da igualdade é irrelevante.

Esta é também a resposta para o protesto da Lua. É verdade que ela é insignificante, quase uma fração invisível do Sol, mas, em termos de como os "dois grandes luminares" são percebidos pela humanidade, a Lua e o Sol são praticamente do mesmo tamanho. Vista da Terra durante um eclipse solar total, ela cobre o Sol precisamente. Não parece nem um pouquinho maior, nem um pouquinho menor do que o sol, mas em perfeita simetria artística!*

Hashem tentou convencer a Lua de que não havia nada de errado com seu tamanho pequeno, que Ele não estava tirando nada dela. Ela seria visível tanto durante o dia quanto durante a noite; os íntegros iriam se referir a si mesmos usando o nome da Lua, como *katan* – pequena. Mas, nada disso fez diferença para ela, pois acreditou que estava sendo punida, e injustamente.

Ruth trata deste problema primário, o qual D'us Mesmo não conseguiu resolver. Ela percebe que em uma *malchut*, cada pessoa não é meramente uma parte; cada um é também tudo! Em uma *malchut*, ninguém precisa ser algo diferente do que é, nem tampouco oferecer algo a mais do que já oferece. Não há essa ideia de "mais." Se o mundo está para sempre em falta sem a minha contribuição,

---

*   Enquanto que o diâmetro do Sol é, mais ou menos, 400 vezes maior que o da Lua, está também, mais ou menos, 400 vezes mais distante da terra.

porque precisaria ser algo que não sou? O que Significaria ser aquilo que eu não sou? Estou completamente satisfeito com quem eu sou, mas, somente por causa da mutualidade. Somente porque o Sol e a Lua são partes essenciais de um sistema único, ambos insubstituíveis, e ambos tendo um papel indispensável ao definir o mundo juntos.

וּפָרַשְׂתָּ כְנָפֶךָ עַל אֲמָתְךָ כִּי גֹאֵל אָתָּה

"Estende sua capa sobre sua serva, porque você é um redentor."

Ruth declara, "Eu sou, de verdade, a pessoa que você publicamente reconheceu; Eu vim realmente para "me abrigar debaixo das asas Divinas" (2:12), como disse sobre mim naquele dia fatídico em seu campo. Agora, eu digo a você, "Suas são as asas que Hashem proveu para mim, pois você é meu redentor."

וַיֹּאמֶר בְּרוּכָה אַתְּ לַה' בִּתִּי

10. E ele disse, "Que seja abençoada por D'us, minha filha!

Para todos os efeitos, o comportamento de Ruth foi descarado e despudorado. No entanto, a resposta de Boaz é o oposto: nenhuma censura, nenhuma imprecação, nenhuma ameaça. Ao invés disso, ele a abençoa, como que dizendo, "Eu pensava que conhecia você, mas isso, excede qualquer coisa que já tenha feito. Você faz não somente o que precisa ser feito sem nenhum traço de manipulação, mas também o faz com desejo e paixão... por mim!"

הֵיטַבְתְּ חַסְדֵּךְ הָאַחֲרוֹן מִן הָרִאשׁוֹן

"Sua mais recente bondade é maior do que a primeira,

Boaz declara que o *chessed* da devoção de Ruth para com ele é ainda maior do que o *chessed* da devoção para com sua sogra. Parece estranho, no entanto, que ele dê a este *chessed* o maior valor. Ele é poderoso e rico enquanto que ela é pobre e sem nenhum poder. Por que ele nem mesmo considera a possibilidade de que ela esteja somente interessada em sua fortuna?

Evidentemente, a paixão e interesse de Ruth por Boaz estava tão clara, seu compromisso tão aparente, que não poderia haver outra explicação para o comportamento da mesma. Esta é a razão pela qual Boaz inicia com uma bênção: os motivos de Ruth eram tão óbvios que transformaram o comportamento que poderia, em outra situação, ter sido interpretado erroneamente como lascivo ou descarado, em ações que foram "abençoadas por D'us."

Até agora, nós entendíamos que *chessed** representa um problema terrível para o qual *chessed shel emet* traz uma solução. Descobrimos agora, através de Ruth, que não é exatamente assim: em relacionamentos onde há a mutualidade, não há diferença entre *chessed shel emet* e *chessed* (*shel chinam*) – o *chessed* verdadeiro e o gratuito! Desta forma, o *chessed* mais recente de Ruth, ao escolher se relacionar com Boaz como a mais profunda concretização dela mesma, é, na verdade, maior do que seu *chessed* anterior.

לְבִלְתִּי לֶכֶת אַחֲרֵי הַבַּחוּרִים אִם דַּל וְאִם עָשִׁיר

"pelo fato de você não ter procurado por homens mais jovens, ricos ou pobres.

No segundo ato, versículo 11, Boaz comparou a jornada de Ruth à busca *lech lecha* de Avraham.

וַתַּעַזְבִי אָבִיךְ וְאִמֵּךְ וְאֶרֶץ מוֹלַדְתֵּךְ וַתֵּלְכִי אֶל עַם אֲשֶׁר לֹא יָדַעַתְּ
תְּמוֹל שִׁלְשׁוֹם

---

*　　*Chessed shel chinam* significa *chessed* gratuito. Veja ato 1, "interlúdio II: sobre a crueldade de *chessed*."

Você deixou seu pai e sua mãe, e a terra onde nasceu, e veio para um povo que você não conhecia antes.

Agora, ele afirma que Ruth trouxe sua jornada para um outro nível. Boaz percebe que ao buscar este relacionamento, ela se relaciona com ele da mesma maneira que teria feito com um homem jovem. Ela traz a mesma paixão e ternura, o mesmo desapego por poder e riqueza, que teria trazido para um encontro romântico com "homens mais jovens, fossem eles ricos ou pobres."

Sim, este é um relacionamento de *yibum*, um ato de *chessed shel emet*. Contudo, ela não age com uma devoção impessoal ao dever, que suas ancestrais haviam mostrado. As filhas de Lot usaram seu pai simplesmente por sua semente, puramente em nome dos Céus.[196] Já Ruth, não. Ela abraça a promessa de Naomi de que seu relacionamento com Boaz traria "a tranquilidade para você, que é boa para você" (3:1). Ela traz a paixão para o *chessed*, o desejo, e o compromisso que provêm o *tov* que está faltando na criação do Homem.[197] No *yibum*, ela encontra romance, que incorpora um tipo diferente de *chessed* – o *chessed* de amor que o profeta Yirmiahu identificou como o alicerce do relacionamento entre Hashem e Israel:

כֹּה אָמַר ה' זָכַרְתִּי לָךְ חֶסֶד נְעוּרַיִךְ אַהֲבַת כְּלוּלֹתָיִךְ לֶכְתֵּךְ אַחֲרַי בַּמִּדְבָּר בְּאֶרֶץ לֹא זְרוּעָה

Assim diz Hashem, "Eu lembro a vocês o *chessed* de sua juventude, o amor de suas núpcias, vocês Me seguindo no deserto, rumo a uma terra infértil."

(Yirmiahu 2:2)

Ruth transformou *chessed shel emet* em amor apaixonado.

וְעַתָּה בִּתִּי אַל תִּירְאִי כֹּל אֲשֶׁר תֹּאמְרִי אֶעֱשֶׂה לָּךְ

11. "E agora, minha filha, não tenha medo. O que quer que diga, farei por você,

Com estas palavras, Boaz diz a Ruth, "Embora eu saiba que você fala comigo por Naomi, meu interesse está realmente em você. Farei qualquer coisa que você queira, por você (*'lach'*), por seu bem, e não pelo de Naomi."

כִּי יוֹדֵעַ כָּל שַׁעַר עַמִּי כִּי אֵשֶׁת חַיִל אָתְּ

"pois todos os anciãos da minha cidade sabem que você é uma mulher de valor.

Boaz indica aqui que uma mudança dramática de paradigma ocorreu em Beit Lechem. Quando Ruth chegou a Yehuda, ela foi cruelmente rejeitada pelo povo. Na melhor das hipóteses, poder-se-ia dizer que foi tratada com desprezo como "uma moça Moabita… que retornou com Naomi" (2:6). No entanto, agora, somente algumas semanas depois, Boaz afirma que todos sabem que ela é uma *eshet chayil* – uma mulher de valor – um modelo de virtude para mais tarde ser imortalizado por Shlomo em Provérbios.[198] Aparentemente, a metamorfose de Ivtzan para Boaz e sua defesa pública a Ruth, teve resultados profundos e transformadores. Ao usar o termo incomum *eshet chayil*, Boaz não somente faz uma alusão a futura grandeza de Shlomo, mas também ao seu sentimento de que Ruth é sua perfeita cara-metade. Afinal, Boaz foi apresentado como um *"ish guibor chayil* – um homem de valor."* (2:1)

וְעַתָּה כִּי אָמְנָם כִּי (אם) גֹאֵל אָנֹכִי

12. Agora, enquanto é verdade (se for) verdade que sou um redentor,

Novamente, há uma interação *kri-ktiv* na Meguilá que sugere diferentes níveis de entendimento. A palavra *im* - "se" - está escrita no pergaminho, mas não é lida em voz alta. Na realidade, representado pelo que está escrito, o papel de Boaz como redentor é condicional: há um redentor mais próximo de Naomi que tem o direito de redimir primeiro a casa de Elimelech. Tecnicamente, o status de Boaz depende da aceitação ou rejeição, por parte de outra pessoa, do papel de redentor. Mas, Boaz tem certeza do resultado das negociações com Tov, o homem que é também conhecido como Ploni Almoni.[199] Ele *sabe* que ele, Boaz será o redentor. Ele sabe que o futuro de Ruth é com ele. Em um nível experimental, no *kri*, não há um "se" - há somente certeza

וְגַם יֵשׁ גֹּאֵל קָרוֹב מִמֶּנִּי

"há um outro redentor, mais próximo do que eu".

Sabemos que Ruth entrou na cidade assim que a esposa de Boaz havia falecido, como ela o havia encontrado "por acaso" no campo, na primeira vez que deixou Naomi. Boaz e Ruth parecem destinados um ao outro. No entanto, neste momento em que acreditamos ter encontrado a certeza, surge um problema: Boaz não é *o* redentor, ele é somente *um* redentor. Este não é um momento do destino, mas simplesmente um cenário possível entre muitos.*

Há uma ironia enorme nesta situação. O que parece minar o status de Boaz como o *goel* é, na verdade, exatamente aquilo que possibilita que se torne o redentor! No segundo ato, nós introduzimos a controvérsia legal com relação a permissão de casar com uma

---

*   Isto é realmente consistente com um dos temas centrais da Meguilá: espontaneidade. Espontaneidade, por definição, é evolucionária e requer que cada história tenha pontos alternativos e pontos finais. Tov é uma alternativa final para a história de Ruth. Se Boaz fosse o único final possível, a história teria sido pré-determinada, e portanto, mecânica.

convertida vinda de Moav, pois Boaz sabia que havia uma tradição oral que fazia distinção entre convertidos Moabitas homens e mulheres: enquanto os homens eram proscritos de casar-se com uma judia de nascimento, esta proibição não se aplicava às mulheres Moabitas convertidas. Contudo, esta tradição legal não era ainda largamente pública ou aceita. Havia uma espera por um primeiro caso e uma decisão por parte do San'hedrin. Ruth deveria ser este primeiro caso, e como o líder de sua geração, Boaz era o titular da tradição. Infelizmente, isto apresentava um conflito de interesses inegável. Se Boaz tivesse um interesse pessoal no resultado, não teria permissão de testemunhar em um assunto haláchico.[200] Ironicamente, Boaz teve esta permissão, que permitiria, a partir de então, que um judeu de nascimento pudesse se casar com uma Moabita convertida, somente porque outra pessoa tinha o direito de ser o *goel* antes dele.

לִינִי הַלַּיְלָה וְהָיָה בַבֹּקֶר אִם יִגְאָלֵךְ טוֹב יִגְאָל וְאִם לֹא יַחְפֹּץ לְגָאֳלֵךְ וּגְאַלְתִּיךְ
אָנֹכִי חַי ה׳ שִׁכְבִי עַד הַבֹּקֶר

13. "Durma [aqui] esta noite. Então, ao amanhecer, se ele a redimir, bom, deixe-o fazê-lo. Mas, se ele não quiser fazê-lo, então, eu juro, por D'us, que irei redimi-la! Deite-se até de manhã."

Em um nível mais superficial, esta sugestão é ultrajante. Ao mesmo tempo em que ele admite que casualmente poderá não ser o redentor, que talvez outro homem o faça e se case com ela, ele diz a ela que passe a noite com ele! Isto claramente não é uma oferta avuncular[*], de proteção. Lembre-se que o texto saiu do seu caminho para insinuar que Boaz estava estimulado. Estes sentimentos certamente não haviam desaparecido:

---

[*]   N.T. O texto original traz esta palavra que é a mesma em português, e por este motivo a mantive. O dicionário Cambridge define avuncular como amigável, carinhoso, e prestativo, como um tio do qual se espera tal comportamento.

רַבִּי יְהוּדָה אוֹמֵר כָּל אוֹתוֹ הַלַּיְלָה הָיָה יִצְרוֹ מְקַטְרְגוֹ וְאוֹמֵר, אַתְּ פָּנוּי וּמְבַקֵּשׁ אִשָּׁה וְהִיא פְּנוּיָה וּמְבַקֶּשֶׁת אִישׁ עֲמֹד וּבָעֲלָה וְתִהְיֶה לְךָ לְאִשָּׁה, וְנִשְׁבַּע לְיִצְרוֹ וְאָמַר חַי ה׳ שֶׁאֵינִי נוֹגֵעַ בָּה

Ao longo da noite, seu *yetzer hará* se debateu dentro dele, argumentando: Você está "solteiro" e está a procura de uma esposa; ela é solteira e também a procura de um marido. Deite-se com ela e a faça sua esposa!* Ele jurou ao seu *yetzer hará*, dizendo, "Juro por D'us, (3:13) eu não a tocarei!"

(Ruth Rabá 6.4)

Para resistir à tentação apresentada pela presença de Ruth, um homem necessita de grande força, Hercúlea e determinação, similar a de Palti ben Layish. O Talmud compara o autocontrole de Boaz ao de Palti ben Layish, o homem a quem o Rei Shaul deu sua filha Michal depois de a mesma já ter se casado com David:

כתיב פלטי וכתיב פלטיאל אמר ר׳ יוחנן פלטי שמו ולמה נקרא שמו פלטיאל שפלטו אל מן העבירה מה עשה נעץ חרב בינו לבינה אמר כל העוסק בדבר זה ידקר בחרב זה... אמר רבי יוחנן תוקפו של יוסף ענוותנותו של בועז תוקפו של בועז ענוותנותו של פלטי בן ליש

Em um versículo, ele é chamado de Palti, e em outro, de Paltiel. [Por quê?] Seu verdadeiro nome é Palti, mas é chamado de Paltiel [literalmente, "resgatado por D'us"],

---

* O compromisso de casamento pode ser efetivado legalmente através de relação íntima, e é o único método prescrito pela Torá para o *yibum*. Veja Kidushin 2a e 14a.

porque Hashem o resgatou do pecado.

O que Palti fez [para se proteger, para que não tivesse relações com Michal, uma mulher casada]? Ele colocou uma espada na cama entre os dois e declarou, "Quem quer que seja que se envolva em ter relações, ficará espetado nesta espada."

A força de Yossef foi modesta quando comparada ao desafio encarado por Boaz;* e a força de Boaz foi modesta quando comparada à de Palti ben Layish.**

(San'hedrin 19b)

Boaz precisou fazer um juramento, o equivalente à espada de Palti ben Layish, a fim de assegurar que não tivesse relações com Ruth até que se tivesse certeza das intenções de Tov. No entanto, Boaz diz, "Durma aqui, comigo, até o amanhecer. Fique exatamente onde você está." E eles permaneceram abraçados na ardente intimidade do silo a noite toda.[201]

Novamente devemos perguntar: Por quê? Boaz é um *gadol hador*, o juiz da geração, por que razão ele se colocaria nesta posição altamente comprometedora? Toda a cena, desde as instruções de Naomi até as ações de Ruth e as reações de Boaz são uma violação explícita dos modelos mais elementares de modéstia e do que é apropriado, uma depreciação imoral das normas haláchicas. Por que Naomi insiste neste encontro, e por que Boaz não somente consente, mas, participa ativamente? Qual foi o propósito de tal comportamento sexual exacerbado?

---

*   Rashi explica que a sedutora de Yossef era casada e indisponível, enquanto que Ruth era solteira e disponível; a sedutora de Yossef não deitou em sua cama, porém, Ruth, sim, esteve na cama de Boaz, o que tornou resistir a ela muito mais difícil.

**   Rashi explica que Boaz foi tentado por uma noite somente, enquanto que Palti ben Layish foi tentado por anos.

Comecemos nos lembrando da regra do Talmud: "Se ele for velho e ela, jovem, aconselha-se que ele não faça o *yibum*. Diriam a ele, "Qual é a sua intenção em se envolver com uma jovem... encontre uma mulher da sua idade para casar e não traga discórdia para sua casa!" (Yevamot 44a).[202]

O *yibum*[*] deve resultar em um relacionamento normal e socialmente aceitável, e neste caso, o relacionamento de Boaz e Ruth que Naomi vislumbrou não era nem uma coisa, nem outra. Não poderia ter sido simplesmente proposto em uma carta como se fosse um simples *shiduch* entre duas pessoas compatíveis. Para que o *yibum* acontecesse, Ruth teria que demonstrar que sentia atração física por Boaz, como demonstraria a um homem jovem. Ao agir da forma como fez, indo até ele, no meio da noite, colocando-se em uma situação extremamente comprometedora, ela deixa claro para Boaz que quer conhecê-lo intimamente.

Ao se entregar a Boaz, Ruth torna-se completamente vulnerável, arriscando assim, seus sentimentos mais íntimos. Ela se desnuda de tal forma que poderia ser muito humilhante para ela. Este tipo de exposição merece uma resposta equivalente. Boaz não poderia simplesmente dizer, "Concordo com você, Ruth. Alguém deve fazer o *yibum*, mas por agora, vá para casa, e de manhã conversaremos." Uma resposta como esta teria sido indescritivelmente insensível e Ruth teria ficado desolada. Sua vida seria arruinada no altar da integridade de Boaz.

A resposta dele é portanto, proporcional a situação, Ruth se colocou em uma situação vulnerável e ultrapassou os limites do que é apropriado para salvaguardar o relacionamento, e Boaz precisou fazer o mesmo. Independentemente do resultado do *yibum* no dia seguinte, as emoções do momento são reais, quase mágicas. Este momento que

---

[*]   Ou seu equivalente conceitual, como por exemplo, o casamento de Boaz e Ruth.

brilha nos campos de ouro[203] demanda reconhecimento, mesmo que o relacionamento não acontecesse no futuro.

Em um nível mais profundo, a Meguilá deve ser explícita, porque a conquista da mutualidade requer a resolução de assuntos primordiais levantados pela sexualidade. Vamos retornar mais uma vez a fonte de *tov* e *lo tov*, o bom e o não bom: o primeiro relacionamento humano no Gan Eden.

וַיִּהְיוּ שְׁנֵיהֶם עֲרוּמִּים הָאָדָם וְאִשְׁתּוֹ וְלֹא יִתְבֹּשָׁשׁוּ

Eles estavam ambos nus, o homem e sua esposa, e não se envergonhavam.

(Gênesis 2:25)

Este versículo se refere à época anterior a queda do homem, antes de qualquer conhecimento do bem o do mal. No entanto, a afirmação "eles então estavam com vergonha" soa como uma acusação. Se eles ainda não tivessem pecado e seus olhos ainda não estivessem sido abertos pela Árvore do Conhecimento, por que deveríamos esperar que tivessem ficado envergonhados? Além do mais, estas palavras são seguidas no texto por um versículo aparentemente não relacionado que descreve o Serpente como "o mais astuto do que qualquer animal do campo." O Midrash comenta:

וְהַנָּחָשׁ הָיָה עָרוּם (בראשית ג, א), לֹא הָיָה צָרִיךְ קְרָא לוֹמַר אֶלָּא
(בראשית ג, כא) : וַיַּעַשׂ ה' אֱלֹהִים לְאָדָם וּלְאִשְׁתּוֹ וְגוֹ', אָמַר רַבִּי
יְהוֹשֻׁעַ בֶּן קָרְחָה לְהוֹדִיעֲךָ מֵאֵי זוֹ חַטָיָה קָפַץ עֲלֵיהֶם אוֹתוֹ הָרָשָׁע,
מִתּוֹךְ שֶׁרָאָה אוֹתָן מִתְעַסְּקִין בְּדֶרֶךְ אֶרֶץ וְנִתְאַוָּה לָהּ

"E o Serpente era mais astuto [do que qualquer animal do campo]" (Gênesis 3:1). [Com certeza, este não é o versículo que deveria dar sequência a "Ambos estavam nus... e eles não estavam com vergonha."] Na verdade, o versículo subsequente deveria ter sido, "E o Eterno D'us fez para Adam e sua esposa roupas e Ele os vestiu" (Gênesis 3:21). [Por que interromper agora com a história do serpente?] A Torá quer que nós saibamos qual pecado causou o sofrimento deles. Foi porque o Serpente os viu [Adam e sua esposa] tendo relações [abertamente e sem nenhuma vergonha], e desejou Chavá.

(Gênesis Rabá 18:6)

O midrash roga pela seguinte pergunta: Qual é o pecado do Homem e da Mulher? O ato deles parece perfeitamente inocente, uma doce expressão de conexão entre os dois. Enquanto a sombra do pecado tinha acabado de ser introduzida no Gan Eden,[204] não tinha nada à ver com ter relações em público – consistia somente do fato de terem comido do fruto da Árvore do Conhecimento. Adam e Chavá não tinham nenhum motivo para esconder seu comportamento. Por que então o Midrash deixa implícito que relações sexuais levaram às ações desastrosas do Serpente?

O Midrash, reconhece claramente que o relacionamento entre Fruto Proibido e sexualidade é a temática da história. A resposta de Hashem ao pecado de terem comido do Fruto é fornecer *roupas* aos dois! Esperaríamos que Sua resposta fosse cobrir somente as partes envolvidas no pecado – a boca, ou talvez, as mãos também. Ao invés disso, D'us ajuda Adam e Chavá a cobrir seus órgãos sexuais. A natureza do pecado, deste momento em diante, gira em torno da sexualidade.[205]

Rashi oferece uma interpretação que nos ajuda a entender a conexão entre o pecado e a resposta de Hashem em prover roupas aos dois:

ולא יתבוששו שלא היו יודעים דרך צניעות

"E eles não estavam envergonhados" - eles não tinham consciência do que seria recato (*tzniut*).

(Rashi, Gênesis 2:25)

Comumente traduzido como recato, *tzniut* é um dos conceitos mais centrais e mal interpretados da Torá.[206] O midrash a seguir explica que o conceito é muito mais complexo do que é normalmente entendido:

בשכר צניעות שהית' בה ברחל זכתה ויצא ממנה שאול... ומאי צניעות היתה בה ברחל דכתיב {בראשית כט-יב} ויגד יעקב לרחל כי אחי אביה הוא וכי אחי אביה הוא והלא בן אחות אביה הוא אלא אמר לה מינסבא לי אמרה ליה אין מיהו אבא רמאה הוא ולא יכלת ליה אמר לה אחיו אנא ברמאות... אמר לה ומאי רמיותא אמרה ליה אית לי אחתא דקשישא מינאי ולא מנסיב לי מקמה מסר לה סימנים כי מטא ליליא אמרה השתא מיכספא אחתאי מסרתינהו ניהלה

Como recompensa pela sua *tzniut*, Rachel teve o mérito de ter Shaul como seu descendente...

Mas qual é a *tzniut* demonstrada por Rachel? A Torá nos conta: "Yaakov disse a Rachel que ele era o irmão de seu pai" (Gênesis 29:12). No entanto, ele não era o irmão de seu pai. Ele era o sobrinho do pai dela!* Yaakov a pediu em casamento, e ela consentiu, mas, o advertiu de que seu pai, Lavan, era um mestre vigarista e não era possível vencê-lo em seu jogo.

---

*   A afirmação imprecisa de Yaakov deixa implícito que havia um subtexto na conversa que teve com Rachel.

Yaakov disse: "Eu sou irmão dele em enganação..."

Ele, então perguntou qual tipo de fraude deveria esperar por.

Ela respondeu: "Eu tenho uma irmã mais velha [Leá] e não posso me casar antes dela" [sugerindo assim que seu pai iria enganá-lo para que se casasse com Leá].

Yaakov então combinou códigos secretos com Rachel [para que pudesse identificá-la]. Quando a noite do casamento chegou, Rachel percebeu que sua irmã seria humilhada publicamente, e deu a Leá os códigos.

(Meguilá 13b)

Esta história é desconcertante porque define que Rachel compartilhou os códigos com sua irmã como um ato de *tzniut*. Ao mesmo tempo que era certamente um ato de sacrifício e devoção fraternal – Rachel desistiu do homem que amava para que Leah não fosse humilhada – este fato não parece ter nada a ver com recato. Rashi explica:

והוא צניעות שלא יתפרסם הדבר שמסר לה סימנין

É chamado de um ato de *tzniut* porque Rachel não quis que ninguém soubesse que Yaakov tinha combinado códigos com ela.

(Rashi, Meguilá 13b)

Rachel poderia ter facilmente frustrado as intenções de seu pai e ainda assim ter salvado sua irmã da humilhação. Tudo que tinha que fazer era declarar que tinham combinado tais códigos e evitar que a trapaça acontecesse. Mas ela não o fez, Rashi explica, porque isso significaria ter exposto a profundidade de seu relacionamento com Yaakov para pessoas que iriam depreciar o mesmo. Seu pai teria ridicularizado ele, e Rachel não poderia suportar isto.

Ao fazer de Rachel um paradigma de *tzniut*, os Sábios nos ensinam que a verdadeira *tzniut* consiste da sensibilidade da possível depreciação daquilo que você valoriza, daquilo que é mais importante e único para você. A modéstia vem de uma sensibilidade refinada à vulnerabilidade, e, portanto, é um componente crucial de qualquer relacionamento maduro. Por definição, um relacionamento íntimo demanda exposição de si mesmo, fazendo com que uma pessoa se torne perigosamente vulnerável. A vulnerabilidade é, portanto, a essência do relacionamento. *Tzniut* é a consciência madura de quão facilmente um relacionamento pode ser machucado. Adam e Chavá eram verdadeiramente inocentes, tinham ainda que experimentar o pecado. Mas paradoxalmente, sua inocência os privou da capacidade de se sentir vulneráveis. Como recém-nascidos, não tinham literalmente nenhum pudor.

Os elementos dos relacionamentos que fazem com que as pessoas se sintam duramente vulneráveis são aqueles que são espontâneos: uma vez que não podemos controlá-los, temos que ser cuidadosos sobre como estes relacionamentos serão vistos e interpretados. Este é o motivo pelo qual não confiamos um pensamento, um sentimento, ou uma história – nada que signifique muito para nós pessoalmente – com alguém que é passível de interpretar erroneamente ou depreciar o que foi dito. O Axioma da Relatividade Chinesa de Lazlo expressa isto sucintamente:

"Não importa o quão grandes são seus triunfos ou quão trágicas suas derrotas, aproximadamente um bilhão de chineses não estão nem aí para isso."[207]

Quando uma pessoa fala em triunfos ou em derrotas, dos momentos da vida que mais tem significado para esta pessoa, ela expõe algo privado, e não está preparada para revelar tais sentimentos para ninguém. A grande maioria das pessoas simplesmente não se importa nem um pouco, então por que se deixar vulnerável? Por que arriscar a exposição? Esta é a essência da *tzniut*.

Adam e Chavá não tinham vergonha porque, naquele momento, não havia nada de espontâneo em seu relacionamento. Era o que era, e sexo era simplesmente um ato. É daí que se abre uma janela para o pecado. A humanidade insiste que os relacionamentos devem conter elementos de mistério, singularidade e significado. Sem nada a proteger, o sexo se torna mecânico e quando um relacionamento é reduzido ao reflexo, está arruinado, desnudado de amor. Este é o motivo pelo qual a pornografia é tão degradante. É sem humanidade.

Hashem, Ele Mesmo, declarou que a única coisa que afligia uma Criação perfeita era que o "homem deveria ser sozinho" (Gênesis 2:18). A forma como isto está escrito implica que a *solidão* do homem era a questão, não sua habilidade de reproduzir-se. Rashi cita um midrash que explica este ponto claramente.:

זכר ונקבה ברא אותם. ולהלן הוא אומר ויקח אחת מצלעותיו
וגו' (בראשית ב, כא.), מדרש אגדה[208] שנבראו שני פרצופים
בריאה ראשונה ואחר כך חלקן

"Macho e fêmea Ele os criou [ao mesmo tempo]" (Gênesis 1:27). Contudo, mais à frente está escrito, "E Ele pegou um dos lados dele... [e Ele construiu deste a mulher," depois de ter criado o Homem! (Gênesis 2:21-23)]. Um midrash [explica] que eles foram criados originalmente um com duas faces [um lado era macho e o outro era fêmea], e depois Ele os dividiu.

(Rashi, Gênesis 1:27)

O Homem primordial e andrógeno era certamente capaz de se reproduzir, mas era incapaz de ter um relacionamento. A solução que D'us encontrou foi fazer uma cirurgia que resultou em dois indivíduos, uma "*ezer kenegdo*" - uma ajudante contra ele (Gênesis 2:20) – ou, em outras palavras, "uma parceira que poderia encará-lo" e ter relações sexuais.[209] Mas, a prescrição é repleta de efeitos colaterais:

há um problema sério no cerne da sexualidade. Notavelmente, isso é revelado especialmente através de Yishai, o pai de David.

ארבעה מתו בעטיו של נחש ואלו הן בנימין בן יעקב ועמרם אבי
משה וישי אבי דוד וכלאב בן דוד וכולהו גמרא לבר מישי אבי
דוד דמפרש ביה קרא דכתיב {שמואל ב יז-כה} ואת עמשא
שם אבשלום תחת יואב (שר) הצבא ועמשא בן איש ושמו יתרא
הישראלי אשר בא אל אביגיל בת נחש אחות צרויה אם יואב וכי
בת נחש הואי והלא בת ישי הואי דכתיב {דברי הימים א ב-טז}
ואחיותיהן צרויה ואביגיל אלא בת מי שמת בעטיו של נחש

Quatro pereceram como resultado do conselho do Serpente [não pelos próprios erros], e eles são: Benjamin, filho de Yaakov; Amram, pai de Moshe; Yishai, pai de David; e Kilav, filho de David.

Sabemos disso baseados na tradição oral, exceto no caso de Yishai, pois com relação a ele, temos um versículo como fonte: "Avshalom apontou Amassá como comandante do exército no lugar de Yoav. Amassá era o filho de um homem chamado Yitra, o Israelita que se deitou com Avigayil, filha de Nachash (literalmente, "serpente"), irmã de Tzruyá, que era mãe de Yoav" (Shmuel II 17:25). Mas, Avigayil era mesmo filha de Nachash? Nós sabemos que ela era uma filha de Yishai! Está escrito, "E suas irmãs [as dos filhos de Yishai] eram Tzruyah e Avigayil" (Crônicas I 2:16). Ao contrário, isso significa "a filha daquele que pereceu somente por causa do conselho da Nachash [o Serpente].

(Shabat 55b)

Yishai, pai de David, foi uma das quatro exceções na história à regra fixada em Eclesiastes (7:20), "Pois não há um homem tão íntegro na terra que faça sempre o bem e nunca cometa pecados."[210] No entanto, ele ainda tinha uma falha primária. O "Conselho do Serpente" teve um profundo e permanente efeito sobre a psique humana, que sutilmente compromete o coração humano para sempre:

הֵן בְּעָווֹן חוֹלָלְתִּי, רַבִּי אַחָא אָמַר אֲפִלּוּ אִם יִהְיֶה חָסִיד שֶׁבַּחֲסִידִים אִי אֶפְשָׁר שֶׁלֹּא יִהְיֶה לוֹ צַד אֶחָד מֵעָווֹן, אָמַר דָּוִד לִפְנֵי הַקָּדוֹשׁ בָּרוּךְ הוּא רִבּוֹן הָעוֹלָמִים כְּלוּם נִתְכַּוֵּן אַבָּא יִשַׁי לְהַעֲמִידֵנִי וַהֲלוֹא לֹא נִתְכַּוֵּן אֶלָּא לַהֲנָאָתוֹ, תֵּדַע שֶׁהוּא כֵן שֶׁמֵּאַחַר שֶׁעָשׂוּ צָרְכֵּיהֶן זֶה הוֹפֵךְ פָּנָיו לְכָאן וְזוֹ הוֹפֶכֶת פָּנֶיהָ לְכָאן וְאַתָּה מַכְנִיס כָּל טִפָּה וְטִפָּה שֶׁיֵּשׁ בּוֹ, וְהוּא שֶׁדָּוִד אָמַר (תהלים כז, י) : כִּי אָבִי וְאִמִּי עֲזָבוּנִי וַה' יַאַסְפֵנִי

"Veja, em pecado eu fui formado" (Salmos 51:7) – mesmo o mais íntegro dos íntegros não consegue escapar das matizes do pecado! David disse: "Mestre do Universo, meu pai, Yishai, teve intenção de me trazer ao mundo? Ele não estava preocupado somente com a satisfação de seu prazer pessoal?

A prova é que quando meus pais satisfizeram suas necessidades, ele [meu pai] virou-se para um lado, e ela [minha mãe] virou sua face para o outro lado [e eles foram dormir]. Foi somente o Senhor que se preocupou em recolher a gota [de semente que eventualmente seria eu]." Isto é o que David quis dizer quando disse, "Apesar de meu pai e minha mãe terem me abandonado, Hashem me juntou" (Salmos 17:10).

(Levíticos Rabá 14, 5)

David aparentemente declara que seu pai sagrado, Yishai, estava preocupado somente com a satisfação de seus desejos sexuais. Esta é uma afirmação incrível, pois nunca iríamos imaginar tal coisa sobre um *gadol hador*! Como pode David dizer tais coisas sobre seu pai, sobre o qual o Talmud ensina que era perfeitamente íntegro? Além do mais, a afirmação de David "em pecado, eu fui formado" parece contradizer a atitude fundamental da Torá de que sexo não é um ato pecaminoso.

Visto dentro deste contexto do midrash que foi citado acima, a declaração de David revela uma verdade de importância inigualável: O sexo vem para curar o "não bom" da solidão do Homem; mas, paradoxalmente, quando termina, cada parceiro se vê sozinho, tendo chegado ao clímax físico em seu/sua própria experiência individual. Este prazer é atingido através da perda da mente e a dominação completa da fisicalidade, e como tal, é mecânico. David entendeu que não importa o quão grande é o indivíduo, as emoções não estão em sintonia com a sua biologia no momento do clímax. Sim, ele diz, suponho que meus pais estavam apaixonados. Mas, o que importa é que quando uma tempestade de hormônios se aquietou, o estar junto despareceu.* Ele foi gratificado, ela também, juntos, mas sozinhos, sem mutualidade verdadeira. Ao terminar, seu pai virou-se para um lado, sua mãe para outro, ainda envolvidos em seus universos

---

* Nas palavras do Midrash, o foco de David está no fato de que seu pai não tinha uma intenção específica de trazê-lo ao mundo. Em um nível mais superficial, este parece ser um assunto diferente do desaparecimento do amor de seus pais. O ponto que David, no entanto, está discutindo é o aspecto único de *malchut* – amor, o tipo de amor que Boaz e Ruth representam.

Ele está indicando que se tivesse havido mutualidade, se tivesse havido *malchut* verdadeiro, a intenção teria sido incluída, uma total consciência de para onde este relacionamento poderia levar. (Veja o quarto ato, "Interlúdio: O Milagre de *Yibum*," para mais sobre este tema) O amor verdadeiro, como ensina a Mishná, não depende de nada em particular (Avot 5:16). Depende na totalidade, daquilo que significa ser. David está dizendo: "Se os hormônios decidem se meus pais estão face a face, então, eu sou irrelevante. Se o relacionamento deles tivesse sido levado pela realidade daquilo que poderia ter acontecido como consequência do mesmo, então, não haveria como a perda de desejo sexual ter impactado o momento de uma possível concepção. O momento pós-relação teria sido o mais emocionante. Naquele momento é que eles deveriam ter se abraçado e sonhado juntos, com o que poderia estar se formando no útero dela." Esta é maneira que as pessoas reagiriam em um mundo de *malchut*, no qual cada última coisa é muito significativa e conectada com a matriz entrelaçada da biologia, da história, e do futuro.

ilhados.*

Este colapso fundamental nos relacionamentos não é um pecado. É o resultado do "Conselho do Serpente." Mesmo em um mundo pós-queda do homem, entendemos que a sexualidade e a mutualidade estão intimamente conectadas. Alguém poderia dizer que uma pessoa é egoísta por se permitir aproveitar de uma relação sexual? Claro que não! Se ele não a aproveitar, como poderia esperar que seu parceiro a aproveitasse? Se um parceiro é indiferente e somente tem a preocupação em dar prazer ao outro, seu comportamento é perverso. A mutualidade não significa que eu dou e você pega, ou que você dê e eu pegue. Mutualidade significa que um relacionamento chega a um ponto em que não consigo distinguir entre nós dois. Isto é muito mais facilmente alcançável em sexualidade, como atesta o versículo:

עַל כֵּן יַעֲזָב אִישׁ אֶת אָבִיו וְאֶת אִמּוֹ וְדָבַק בְּאִשְׁתּוֹ וְהָיוּ לְבָשָׂר אֶחָד

Portanto, um homem deve deixar seu pai e sua mãe e se ligar a sua esposa, e eles devem se tornar uma só carne.

(Gênesis 2:24)

Em contrapartida, o conselho venenoso do Serpente levou

---

*   O Rashi, em Gênesis 1:27 faz uma citação de um midrash que afirma que o Homem e a Mulher foram originalmente criados dando as costas um para o outro e foram separados somente mais tarde (Gênesis 2:18-22). Esta separação veio para habilitar o relacionamento: eles tinham que estar frente à frente para que fosse resolvido o problema de "Não é bom (*lo tov*) que o Homem esteja sozinho." A afirmação de David de que seus pais deram as costas um para o outro após terem tido uma relação é muito significativa: é um retorno para o estado primário de *lo tov*! Portanto, agora é possível interpretar as famosas palavras, *ezer kenegdo*, no versículo, "Não é bom para o Homem estar sozinho; Eu farei para ele uma *ezer kenegdo*." D'us criou a Mulher como uma parceira que é literalmente oposta, encarando o Homem.

à Maldição Edênica de "E ele [Homem] deverá dominar você [Mulher]" (Gênesis 3:16). O Serpente disse a Chavá que a intenção de Hashem em dominá-la e a Adam era controlar aquilo que comiam para que pudesse limitar sua liberdade.[211] Ao aceitar este argumento, Chavá garantiu que a mutualidade total não seria atingida, nem mesmo pelos que não tivessem pecados.* A maldição de Chavá é uma elegante *midá kenegued midá*, uma resposta medida por medida: ao escolher escutar o Serpente, ela entrou em um mundo de relações de poder e desta forma, envenenou seu próprio relacionamento com Adam. Ao aceitar que a Criação foi um ato de dominação ao invés de um ato de compartilhar, ela abriu a porta para *memshalá*. O "Conselho do Serpente" inseriu o egoísmo e a desconexão em um relacionamento que estava destinado a ser perfeitamente mútuo e conectado como "uma única carne."

Ao definir as origens de *malchut*, a Meguilat Ruth toca nos pontos mais básicos da Criação. Nós não só lidamos com a questão do *chessed* e da dependência, mas também com a natureza maculada da própria sexualidade. Adquirir um mundo de *malchut*, de relacionamento mútuo, ao invés de *memshalá*, dominação, deve envolver a resolução do colapso na satisfação sexual. Esta tarefa parece mais apropriada à mulher, cujo nome significa satisfação.[212] Não é nenhuma surpresa, então que o momento climático da Meguilá é altamente erótico, e os Sábios enfatizam a sexualidade explícita da cena por uma boa razão: é essencial para a nossa compreensão do *tikun* – a reparação do mundo – conseguida através de *malchut*. As mudanças descritas na Meguilá sobre a natureza da sexualidade definem a natureza do reinado Messiânico.

---

* O Sinai falhou porque Israel retornou a visão do Serpente de que Hashem é um executor dominador. Ao invés de experienciar o dar de uma aliança compartilhada, eles sentiram que "D'us segurou a montanha sobre suas cabeças" e ameaçou enterrá-los caso recusassem a Torá. Veja a sessão "A Dor da Gratidão" no prelúdio do segundo ato.

Isto se torna muito claro no início extraordinário do Livro dos Reis,* que começa com a coroação de Shlomo, filho de David. Apesar do fato de haver uma introdução de quatro versículos, que à priori, parece não ter nenhuma relação com o mesmo:

וְהַמֶּלֶךְ דָּוִד זָקֵן בָּא בַּיָּמִים וַיְכַסֻּהוּ בַּבְּגָדִים וְלֹא יִחַם לוֹ : וַיֹּאמְרוּ
לוֹ עֲבָדָיו יְבַקְשׁוּ לַאדֹנִי הַמֶּלֶךְ נַעֲרָה בְתוּלָה וְעָמְדָה לִפְנֵי הַמֶּלֶךְ
וּתְהִי לוֹ סֹכֶנֶת וְשָׁכְבָה בְחֵיקֶךָ וְחַם לַאדֹנִי הַמֶּלֶךְ : וַיְבַקְשׁוּ נַעֲרָה
יָפָה בְּכֹל גְּבוּל יִשְׂרָאֵל וַיִּמְצְאוּ אֶת אֲבִישַׁג הַשּׁוּנַמִּית וַיָּבִאוּ אֹתָהּ
לַמֶּלֶךְ : וְהַנַּעֲרָה יָפָה עַד מְאֹד וַתְּהִי לַמֶּלֶךְ סֹכֶנֶת וַתְּשָׁרְתֵהוּ וְהַמֶּלֶךְ
לֹא יְדָעָהּ

E o Rei David estava velho, avançado em anos. Eles o cobriram com roupas, mas mesmo assim, ele não conseguia ser aquecido.

Seus servos disseram a ele, "Deixe-nos trazer uma jovem virgem que ficará em pé diante do rei e ser sua ajudante, ela se deitará em seu colo e nosso mestre, o rei, aquecer-se-á."

Eles buscaram uma jovem bela em todo Israel, e encontraram Avishag de Shunam, e levaram-na ao rei.

A garota era extremamente bela, e se tornou a ajudante do rei e o serviu, mas o rei, nunca teve intimidade com ela.

(Reis I 1:1-4)

---

*   Você deve se lembrar que o Livro dos Juízes e a era que o mesmo descreve são precursores indispensáveis para *malchut*; que nossa Meguilá vem elucidar os elementos que são necessários para a criação de *malchut*; e que o Livro de Shmuel registra os eventos que resultaram na coroação de Shaul e David e seus respectivos reinados. O Livro dos Reis gira em torno do estabelecimento e ruptura da dinastia monárquica.

Que início peculiar para o livro sobre a dinastia Davídica – e aparentemente completamente desvinculado da história da coroação de Shlomo nos muitos versículos que seguem!

O Rei David está velho, e está com frio. Para resolver este problema, seus servos sugerem que uma jovem donzela se deite em seu colo para aquecê-lo. À primeira vista, esta parece ser uma sugestão descabida. Por que não sugerir que o rei – o chefe do San'hedrin, a fonte de Torá para sua geração, e ancestral do Messias – use uma bolsa de água quente ou mais cobertores? O corpo de uma mulher é a única solução? E não nos esqueçamos de que ela não era somente uma mulher, era a mais bela do reino.* A implicação clara destes versículos é que David não precisava ser somente aquecido fisicamente. Ele precisava ser despertado, estimulado.

Surpreendentemente a história que inicia o Livro dos Reis parece anunciar que para que a dinastia Davídica seja estabelecida através da coroação de Shlomo, David precisava ser estimulado sexualmente. Além do mais, isto não poderia ser feito de uma maneira haláchicamente aceitável. David e Avishag não poderiam se casar.

אמרה נינסבן אמר לה אסירת לי... אמר רב שמן בר אבא בוא
וראה כמה קשין גירושין שהרי דוד המלך התירו לו לייחד ולא
התירו לו לגרש

Ela [Avishag] disse a ele [David], "Case-se comigo."

Ele disse, "Você está proibida para mim..."**

---

*　　　Veja o comentário do segundo ato, versículo 3. Isto é curiosamente reminiscente da excepcional beleza de Ruth.

**　　　Rashi explica que David já possuía o número máximo de esposas que um rei poderia ter, e os sábios daquele tempo não permitiriam o divórcio de uma delas para que pudesse casar-se com Avishag.

Venha e veja o quão terrível o divórcio é! Pois [os Sábios] permitiram que David se isolasse com uma mulher solteira, mas não permitiram que ele se divorciasse de uma de suas esposas [para que seu relacionamento com Avishag pudesse ser legalmente sancionado].

(San'hedrin 22a)

Para que você não pense que a conexão entre a sucessão de Shlomo e a história de David e Avishag é algo acidental, Avishag tem um papel a fazer. Ela está envolvida na sucessão de Shlomo de uma maneira inesquecível (Reis I 1:5-15).

A história inicia com Shlomo sendo desafiado por seu meio-irmão, Adoniyá, que se cerca de adornos e roupagens de realeza, oferece um banquete cerimonial, e se comporta como se fosse o sucessor de David, com o apoio total do comandante do exército e do Sumo Sacerdote anterior. O profeta Natan combate a provocação de Adoniyá ao colaborar com a mãe de Shlomo, Batsheva, para persuadir David que publicamente aponte Shlomo como seu herdeiro.

A tensão aumenta quando Natan insiste que Batsheva vá ao rei a fim de pleitear o caso de seu filho:

וַיֹּאמֶר נָתָן אֶל בַּת שֶׁבַע אֵם שְׁלֹמֹה לֵאמֹר הֲלוֹא שָׁמַעַתְּ כִּי מָלַךְ אֲדֹנִיָּהוּ בֶּן חַגִּית וַאֲדֹנֵינוּ דָוִד לֹא יָדָע: וְעַתָּה לְכִי אִיעָצֵךְ נָא עֵצָה וּמַלְּטִי אֶת נַפְשֵׁךְ וְאֶת נֶפֶשׁ בְּנֵךְ שְׁלֹמֹה: לְכִי וּבֹאִי אֶל הַמֶּלֶךְ דָּוִד וְאָמַרְתְּ אֵלָיו הֲלֹא אַתָּה אֲדֹנִי הַמֶּלֶךְ נִשְׁבַּעְתָּ לַאֲמָתְךָ לֵאמֹר כִּי שְׁלֹמֹה בְנֵךְ יִמְלֹךְ אַחֲרַי וְהוּא יֵשֵׁב עַל כִּסְאִי וּמַדּוּעַ מָלַךְ אֲדֹנִיָּהוּ: הִנֵּה עוֹדָךְ מְדַבֶּרֶת שָׁם עִם הַמֶּלֶךְ וַאֲנִי אָבוֹא אַחֲרַיִךְ וּמִלֵּאתִי אֶת דְּבָרָיִךְ

"Você escutou que Adoniyá, filho de Haguit, se pronunciou rei?" Natan perguntou a Batsheva. "Nosso rei, David, não sabe disso."

"Eu recomendo fortemente que você salve sua vida e a de seu filho."

"Vá até David e conte a ele, 'Meu mestre e rei, você me prometeu que meu filho Shlomo seria o rei e sentaria em seu trono depois de você. Por que então Adoniyá se tornou o rei?"

"Enquanto você estiver ainda falando com o rei, eu entrarei e direi a ele que aquilo que você disse sobre Adoniyá é verdade."

(Reis I 1:11-14)

No entanto, quando a cena vem à tona e Batsheva se apressa para falar com o rei, o versículo 15 quebra a tensão:

וַתָּבֹא בַת שֶׁבַע אֶל הַמֶּלֶךְ הַחַדְרָה וְהַמֶּלֶךְ זָקֵן מְאֹד וַאֲבִישַׁג הַשּׁוּנַמִּית מְשָׁרַת אֶת הַמֶּלֶךְ

E Batsheva foi aos aposentos do rei, e o rei estava muito velho, e Avishag de Shunam estava cuidando do rei.

(Reis I 1:15)

Por que a menção flagrante de Avishag neste momento da narrativa? Já fomos anteriormente informados no versículo 4, que ela é a cuidadora de David.

Considere a cena: Batsheva, a paixão da juventude de David, a esposa pela qual ele sacrificou tanto, entra nos aposentos do rei. Ela encontra seu marido com uma jovem arrebatadoramente atraente.

"*Ma lach?*" - "O que você quer?" - David diz como que a dispensando.

Batsheva lê do roteiro de Natan.

Natan entra no momento exato a fim de reforçar as palavras dela e apela para que David instale Shlomo no trono. No versículo 28, David responde:

קראו לי לבת שבע ותבא לפני המלך ותעמד לפני המלך

"Chamem Batsheva para mim." E ela veio e permaneceu diante do rei.

Por que Batsheva precisou ser chamada novamente? Por que ela tinha se ausentado?

O Talmud encontra um subtexto um tanto bizarro nesta anomalia. Já vimos que de acordo com o Talmud, Avishag implorou para que David se casasse com ela e o mesmo a recusou em virtude de a mesma ser proibida para ele. O Talmud continua recontando o diálogo:

אמרה ליה חסריה לגנבא נפשיה לשלמא נקיט אמר להו קראו
לי לבת שבע וכתיב {מלכים א א-טו} ותבא בת שבע אל המלך
החדרה אמר רב יהודה אמר רב באותה שעה קינחה בת שבע
בשלש עשרה מפות

Ela disse a ele [depois de ter recusado a casar-se com ela], "Quando falta ao ladrão a capacidade de roubar, ele se torna, de repente, um cidadão que respeita a lei!"

David diz: "Convoquem Batsheva."

E o versículo diz, "E Batsheva foi aos aposentos do rei" (Reis I 1:28).

Naquela época, Batsheva se purificou treze vezes [uma vez após cada relação entre ela e David].

(San'hedrin 22a)

Avishag contestou a recusa de David em se casar com ela,

reivindicando que o mesmo estava se escondendo atrás da halachá – que não estava preocupado com tais questões, a recusa era devido ao fato de ele estar impotente! A resposta de David foi então que chamassem Batsheva e tivesse relações com ela treze vezes.

A história é bastante estranha como é, mas seu contexto a torna mais inexplicável ainda: Por que este é o relato que estrutura a transição de *malchut* de David para Shlomo? Parece pura loucura escolher este momento de transição para provar que David estava sexualmente potente!

Para entender a razão pela qual esta estranha história é contada neste momento, considere a história sob a luz do encontro entre Ruth e Boaz à meia-noite. Uma, é a história das origens de *malchut*, e a outra, é a história do estabelecimento desta. Em ambos os casos, os Sábios surpreendentemente brincam com as alusões sutis à sexualidade do texto. A conclusão da qual não se pode escapar é que a natureza de *malchut* e a natureza da sexualidade estão inexplicavelmente interligadas. No entanto, a sexualidade destas cenas é única. Comparemos.

Ruth se arrastou até a cama de Boaz no meio da noite e o estimulou. Ele acordou totalmente estimulado, e então insistiu para que ela permanecesse em sua cama com ele pelo resto da noite enquanto ele exercitava disciplina suprema e se continha de consumar o relacionamento. David estava mortalmente gélido e como remédio, procurou a mais bela jovem do reino para estimulá-lo. Apesar de estar heroicamente potente (como demonstrou mais tarde com Batsheva), ele nunca ficou estimulado quando Avishag cuidava dele – tanto quanto Avishag sabia, ele era um homem velho e impotente.

O denominador comum que une estas duas histórias de *malchut* é uma mudança na progressão costumeira de um relacionamento sexual. Boaz fica estimulado, mas não prossegue; David está estimulado o suficiente para ser "aquecido," mas não demonstra nenhuma evidência física. Algo extraordinário está sendo atingido nestas histórias aparentemente estranhas: a lacuna entre o mecânico e o espontâneo, a resposta física e o componente emocional, está sendo apagada.*

Nós, tipicamente nos referimos à questão do pecado e sexualidade muito como um psicólogo Freudiano o faria: a fim de evitar pecado, nós deveríamos sublimar nossos desejos. Se sentimos um desejo sexual, deveríamos utilizá-lo apropriadamente. Canalizando-o em direção ao cumprimento de uma *mitzvá* faz com que nosso comportamento seja correto, até mesmo recomendável. O problema é que a sublimação nunca permite que escapemos dos processos mecânicos subjacentes da sexualidade. Este é o verdadeiro veneno do "conselho do Serpente": Uma pessoa pode decidir com absoluta convicção que irá utilizar seus desejos da forma correta, mas são os seus desejos que o estão conduzindo, não o contrário – tudo que ele está fazendo é seguir o tráfego.

Nestas histórias, algo muda. A prova é que Boaz sentiu-se capaz de pedir a Ruth que ficasse a noite toda com ele, enquanto se sentia confiante em se controlar, e que Avishag estava convencida de que Davis era impotente. As respostas de ambos, Boaz e David à sexualidade são qualitativamente diferentes da norma. A sexualidade frequentemente traz à tona o aspecto mais elementar da mente humana, fazendo com que as pessoas ajam como máquinas reptilianas, que no fundo, todos somos. Podemos ter despertado em nós um ponto de vista espontâneo ao lidar com nosso lado físico, nossas respostas automáticas, mas nossas respostas mecânicas não respondem às nossas mentes – nossas mentes respondem aos nossos mecanismos. Primeiro, vem a reação automática do corpo, daí, a

---

* A dinastia Davídica só é considerada estabelecida depois disto ter sido adquirido, e Shlomo só pode ser ungido depois que isso é demonstrado. Este é o motivo do porquê Boaz faz referência a Shlomo, e não a David, quando ele alude primeiro ao futuro *malchut* de Ruth: "Que você receba total (*shlemá*) recompensa do D'us de Israel"(2:12), usando a palavra *shlemá*, um cognato para o nome Shlomo – Salomão. (Veja comentário sobre o segundo ato, versículo 12.)

consciência, a interpretação espontânea. Não foi assim com Boaz e David. Eles não estavam meramente sublimando e utilizando desejos que eram naturais de seus corpos, de forma apropriada. Eles estavam, na verdade, definindo o curso que seus desejos tomariam.

Porque Avigash não era permitida para David, ele não teve o desejo de responder a ela, mesmo podendo ter sido "aquecido" até onde os aspectos de seu relacionamento permitiam. Porque Boaz sabia que não poderia ainda se casar com Ruth, ele resistiu ao desejo de consumar seu relacionamento enquanto ainda celebrando os outros aspectos do relacionamento que eram, sem dúvida, reais. Ao nível de *malchut*, os relacionamentos são guiados pelo que precisa ser adquirido, e não pela realização das necessidades.*

---

* Os efeitos de vasto alcance desta mudança não podem ser exagerados. Para o Zôhar, o diálogo da meia-noite entre Boaz e Ruth se torna uma metáfora para o relacionamento entre Hashem e Israel. A "redenção" do campo incorpora o caminho da redenção como um todo.

וְעַל דָּא אָמַר לֵיה הַקָּדוֹשׁ בָּרוּךְ הוּא, הֵטַבְתְּ חַסְדֵּךְ הָאַחֲרוֹן מִן הָרִאשׁוֹן,
דְּאִתְקַיְּימַת בְּקִיּוּמָא לְגַבָּאי, וְלָא חַיְישַׁת לְחֵרוּפָא וְגִידוּפָא דִּשְׁאָר עַמִּין. אֲבָל
לִינִי הַלַּיְלָה, הֱוֵי הַשְׁתָּא בְּגָלוּתָא, וְאַנְהִיגִי לִבְנַיְךָ תַּמָּן בְּאוֹרַיְיתָא וּבְעוֹבָדִין טָבִין.
וְאִם יִסְחֲדָן עֲלַיְךָ עוֹבָדִין טָבִין לְמִפְרוֹק לָךְ, יִפְרוֹק. וְאִם לָאו, וּגְאַלְתִּיךְ אָנֹכִי. חַי
ה' שִׁכְבִי עַד הַבֹּקֶר, עַד דְּיֵיתֵי צַפְרָא וּנְהִירוּ דְּפוּרְקָנָא.

Com relação a sua devoção, D'us [representado por Boaz] disse a Israel [representado por Ruth], "Seu mais recente ato de *chessed* é ainda maior do que o primeiro" (3:10), pois vocês permaneceram fiéis à Mim apesar de terem sido ridicularizados pelas nações gentias. Portanto, Eu digo a vocês, "Durmam aqui esta noite": Sejam pacientes no exílio, ensinem Torá a seus filhos e os instruam para que façam *guemilut chassadim*. E, se pela manhã, seus "bons" atos forem suficientes para que sejam redimidos, deixem que eles os redimam. Mas, se não "Juro por D'us, Eu os irei redimir! Deitem-se aqui Comigo até de manhã" - até o amanhecer de sua redenção, o qual Eu garanto." (Zôhar Chadash, Midrash Ruth, Maamar Chatzot Layla)

D'us diz a Israel, "Eu sei que vocês estão mergulhados em um mundo obscuro

וַתִּשְׁכַּב מרגלתו (מַרְגְּלוֹתָיו) עַד הַבֹּקֶר

14. Então ela se deita aos seus pés até o amanhecer.

A palavra aparentemente supérflua *marguelotav*- "Aos seus pés" - sugere que Ruth permaneceu na mesma posição íntima por toda a noite.

וַתָּקָם בטרום (בְּטֶרֶם) יַכִּיר אִישׁ אֶת רֵעֵהוּ

Ela se levantou antes que um homem pudesse reconhecer a outro,

---

e de mau agouro. Vocês já experimentaram tantos fracassos que não sabem se irão, algum dia, sair disso tudo. "Permaneçam esta noite." Não irá durar tanto. Vocês sobreviverão a ela. E pela manhã, quando o momento para o amanhecer tiver chegado, e seu "bem" for o suficiente para sua redenção, então, terão chegado a ela por si mesmos. Mas, se não houver o bem suficiente em você para atingirem o empurrão final para a redenção, Eu juro a vocês que irei redimi-los de qualquer maneira."

Nossos próprios atos de bondade podem não ser suficientes para nos redimir, mas, por causa de nossa disposição em nos comprometer com a história, por causa de nosso compromisso ao laço com D'us, Ele irá prover o que faltar. Esta é a promessa feita pelo maior amante para forjar o mais gratificante relacionamento. Hashem busca nosso empenho, nosso compromisso rumo a um relacionamento mútuo. Esta é a razão pela qual Ele criou o mundo, o que Ele deseja da Criação.

As implicações deste Zôhar são estarrecedoras, pois estamos acostumados a ver o mundo como um lugar controlado pela mecânica. Nós fomos condicionados, através dos séculos, a ver o mundo como uma máquina perfeita, com suas marchas governadas pelas leis da física, fazendo com que cada aspecto seja completamente previsível.

Chegamos, portanto, a acreditar que o relacionamento de D'us com o mundo é mecânico, que causa e efeito é o único fator determinante no destino do mundo. D'us soma os bons atos e subtrai o número de maus, e se o mundo está no vermelho, Ele suspira e diz, "Bem, isso é uma pena, mas sinto muito, não há redenção para vocês." O Zohar vê o Livro de Ruth como provendo uma visão alternativa – é nosso empenho, o relacionamento per se, que é o fator decisivo na redenção.

Novamente, a tensão entre *kri* e *ktiv* assumem significado. O Midrash faz um comentário sobre a letra *vav* (ו) que aparece no texto escrito da Meguilá na palavra *beterem* (בטרום).

א"ר ברכיה... מלמד שנשתהתה שש שעות כמנין הוי"ו

O *vav* extra indica que Ruth permaneceu com Boaz durante seis horas – o valor numérico desta letra.

(Ruth Rabá 7.1)

Estas seis horas continuarão a ressoar através do equilíbrio deste ato.

וַיֹּאמֶר אַל יִוָּדַע כִּי בָאָה הָאִשָּׁה הַגֹּרֶן

pois ele disse [a si mesmo], "Que não fique conhecido que a mulher veio à eira."

A explicação simples, favorita de Rashi, é que Boaz está preocupado com sua reputação, pois seria no mínimo, embaraçoso se as pessoas descobrissem que um homem de sua estatura tinha passado a noite com uma mulher com quem não era casado. Contudo, esta justificativa não consegue explicar o enfático "a" (a letra *hê*) que precede a palavra *ishá*. Boaz mostra preocupação que ninguém descubra que ele passou a noite com "a" mulher, e não apenas com "*uma*" mulher.

Em todo caso, que diferença faria qual mulher era? Não seria degradante para o juiz e líder da geração, ter sido pego passando a noite debaixo das estrelas com *qualquer* mulher?

O Talmud traz luz a preocupação de Boaz de ser pego com "*a* mulher." De acordo com os Sábios, ele não está preocupado com o embaraço pessoal, mas está consternado sim, com a possível reverberação desta noite através da história. O Talmud conta uma história do Rei Shaul assistindo ao jovem David avançar em direção a Goliat e como, com agonia e medo, ele perguntou se David descendia de sangue real:

א''ל דואג האדומי עד שאתה משאיל עליו אם הגון הוא למלכות אם לאו שאל עליו אם ראוי לבא בקהל אם לאו מ''ט דקאתי מרות המואביה א''ל אבנר תנינא עמוני ולא עמונית מואבי ולא מואבית... שאני הכא דמפרש טעמא דקרא {דברים כג-ה} על אשר לא קדמו אתכם בלחם ובמים דרכו של איש לקדם ולא דרכה של אשה לקדם היה להם לקדם אנשים לקראת אנשים ונשים לקראת נשים אישתיק מיד ויאמר המלך... שאל אמרו ליה עמוני ולא עמונית מואבי ולא מואבית... אקשי להו דואג כל הני קושייתא אישתיקו בעי לאכרוזי עליה מיד... ואמר כל מי שאינו שומע הלכה זו ידקר בחרב כך מקובלני מבית דינו של שמואל הרמתי עמוני ולא עמונית מואבי ולא מואבית

Doeg, o Edomita [um grande estudioso e o principal conselheiro de Shaul] interveio, "Antes que pergunte se ele serve para ser um rei, pergunte primeiro se ele serve para se casar com uma judia!"

Qual é a razão [pela qual David não serviria para se casar com uma judia]?

Ele era descendente de Ruth, de Moav [e a Torá proíbe Moabitas de se casarem com judeus de nascimento].

Avner [o comandante do exército] contra argumentou, "Não fomos ensinados: um Amonita homem [está proibido], mas não uma Amonita mulher, um Moabita homem [está proibido], mas não uma Moabita mulher...?

"No caso de um Moabita, a Torá dá a razão para a exclusão dos mesmos: "Porque eles não receberam e não cumprimentaram o povo com pão e água [no nosso caminho ao sair do Egito] (Deuteronômio 23:5)." É o costume que os homens cumprimentem os viajantes homens com comida e bebida, mas não é o costume das mulheres [daí, a proibição só se aplicar aos homens].

Doeg persistiu. "Os Moabitas homens deveriam ter cumprimentado os homens e as Moabitas, cumprimentado as mulheres [então, as Moabitas não são tão isentas de culpa e estão incluídas no embargo]."

Avner não conseguiu responder.

Shaul, imediatamente... disse a Avner que fizesse esta pergunta no beit hamidrash.

Ele assim o fez, e a resposta foi, "O versículo afirma que "Amoni" [os homens de Amon], o que exclui Amonit [as mulheres] do embargo; de forma semelhante, o versículo afirma, "Moavi" [os homens de Moav], o que exclui as mulheres, Moavit. Doeg então questionou a todos os estudiosos do Beit Hamidrash [com as mesmas perguntas[213] que havia colocado a Avner], e eles ficaram em silêncio. Eles estavam a um passo de anunciar que David sofreria embargo de casar-se com uma judia, quando alguém interviu...

[Yitra] cingiu sua espada... e disse, "Aquele que não aceita esta halachá será morto com esta espada. Eu recebi a seguinte *massoret* (tradição) da corte de Shmuel de Ramá: [a palavra] Amoni [homen Amonita] exclui Amonit [mulher]; [e a palavra] Moavi [Moabita homem] exclui Moavit [mulher]."

(Yevamot 76b)

O Talmud afirma que mesmo quatro gerações depois, a união entre Ruth e Boaz ainda estava mergulhada em controvérsias. Doeg tranquilizou Shaul dizendo que não precisava temer uma ameaça de David, pois o mesmo era um Moabita pelo lado de sua bisavó – que não somente ele não servia para ser rei como também não poderia se casar com uma judia de nascença! Doeg conseguiu derrubar todas as defesas legais da linhagem de David oferecidas por Avner e pelos estudiosos. Somente através da intercessão violenta de Yitra, que possuía a tradição haláchica da diferenciação entre homens e mulheres Moabitas, é que a ancestralidade de David foi legitimada.

Esta história mostra vividamente a profundidade das questões haláchicas em jogo. Boaz estava muito consciente do debate que seu casamento com Ruth iria provocar. Ele era o juiz, o chefe do San'hedrin e o titular das tradições haláchicas e seu testemunho com relação à tradição que Yitra iria eventualmente carregar, era a chave para a aceitação de Ruth. Era imperativo que ele assegurasse que seu testemunho fosse endossado. Até o momento em que Ruth, "a primeira das *preidot tovot*,"[214] retornou ao rebanho de Avraham, o assunto não tinha sido relevante. A maioria das pessoas acreditava que as mulheres de Moav não eram diferentes dos homens – uma posição que Doeg continuava a endossar um século depois. Era uma decisão que cabia a Boaz, como o portador da tradição traçada desde o próprio Moshe, mudar isso.

Se, no entanto, viesse a público que não uma mulher, mas, a mulher, Ruth, a Moabita, tinha passado a noite em sua cama, o testemunho de Boaz teria sido rejeitado. As pessoas teriam cinicamente se convencido de que ele estava mudando a halachá por influência de seu relacionamento com Ruth. Seria vital, portanto, certificar-se que seu envolvimento pessoal não fosse revelado.

וַיֹּאמֶר הָבִי הַמִּטְפַּחַת אֲשֶׁר עָלַיִךְ וְאֶחֱזִי בָהּ

15. E ele disse, "Traga o cinturão que está sobre você e segure-o,"

A palavra *mitpachat* pode se referir tanto a um *kissui*, uma cobertura para o cabelo usado por uma mulher, ou um cinto com dinheiro, usado por um homem. Ruth já havia sido casada uma vez e ainda era necessário que usasse um *kissui*,[215] e o Midrash então faz uma inferência de que Boaz não estava pedindo que removesse o seu *kissui,* mas sim, o seu cinto com dinheiro:

מלמד שחגרה מתניה כזכר

Isto nos ensina que ela se cingiu como um homem!

(Ruth Rabbah 7.3)

Novamente, retornamos a mistura de características femininas e masculinas demonstradas por Ruth e Naomi quando marcharam de volta a Yehuda no primeiro ato.[216] Ruth conseguiu incorporar em si tanto a masculinidade quanto a feminilidade, a extrema dependência e a completa doação.

וַתֹּאחֶז בָּהּ וַיָּמָד שֵׁשׁ שְׂעֹרִים

e ela a segurou enquanto ele media seis grãos de cevada.

Aqui está o tão esperado amanhecer, a mais bela manhã da vida de Ruth, vinda depois de uma intimidade mágica. Neste momento, Boaz oferece a ela um grande presente: seis grãos de cevada!

מאי שש השעורים אילימא שש שעורים ממש וכי דרכו של בועז
ליתן מתנה שש שעורים... אלא רמז [רמז] לה שעתידין ששה
בנים לצאת ממנה שמתברכין בשש [שש] ברכות ואלו הן דוד
ומשיח דניאל חנניה מישאל ועזריה

Qual é o sentido de "seis grãos de cevada"? É possível que literalmente signifique seis grãos de cevada? Essa era a prática [entre os homens ricos]? Boaz deu a ela seis grãos de cevada [um presente tão insignificante!]? …

Na verdade, ele estava insinuando a ela, através desse presente simbólico, que seis filhos estavam destinados a descender dela, e que os mesmos seriam abençoados com seis bênçãos: David e o Messias, Daniel, Hananyah, Mishael e Azaryah.

(San'hedrin 93a)

Com o ato de presentear Ruth com estes grãos, Boaz e Ruth retornam a intensa consciência histórica que permeou seu relacionamento quando se encontraram pela primeira vez.[217] Mais uma vez, ele dá uma dica sobre Ruth estar destinada a se tornar a mãe de *malchut*. As seis horas passadas juntos entre meia-noite e o amanhecer estão contidas nos seis grãos de cevada, o que representa o futuro deles: seis descendentes excepcionais que serão descritos como possuidores de seis virtudes excepcionais.

וַיָּשֶׁת עָלֶיהָ וַיָּבֹא הָעִיר

Ele as colocou sobre ela, e ele retornou à cidade.

Com o uso da palavra *vayashet* (וישת), o versículo faz uma alusão a *Sheth* (שת), o terceiro filho de Adam e Chavá.

רַבִּי הוּנָא אוֹמֵר כְּתִיב (בראשית ד, כה) : כִּי שָׁת לִי אֱלֹהִים זֶרַע אַחֵר, זֶרַע הַבָּא מִמָּקוֹם אַחֵר, וְאֵיזֶה זֶה, זֶה מֶלֶךְ הַמָּשִׁיחַ

O versículo diz, "D'us me proveu (שת) com outra semente (*zera*) no lugar de Abel, a quem Cain assassinou" (Gênesis 4:25), o que significa [ao usar a palavra desnecessária "outra"] um descendente que virá de "outro" lugar. E quem é este? O Rei Messias.

(Ruth Rabá 8.1)

O Midrash traça a história deste "descendente prometido de outro lugar" - o último descendente de Ruth e Boaz.

ר' תנחומא משום רבי שמואל: ונחיה מאבינו זרע, ונחיה מאבינו
בן אין כתיב: כאן, אלא ונחיה מאבינו זרע, אותו זרע שהוא בא
ממקום אחר. ואי זה? זה מלך המשיח

Lá, [na história de Lot e suas filhas] está dito, ["Venha, vamos embebedar nosso pai com vinho e dormir com ele] para que possamos dar vida a descendentes através de nosso pai"(Gênesis 19:32). A palavra "filho (*ben*) não é usada, mas, a palavra "descendente" (*zera*). Esta é uma referência ao "descendente" que virá [para Israel] de "outro" local. E quem é este? O Rei Messias.

(Ruth Rabá 7.16)

Aqui, o Midrash traça as primeiras raízes da união entre Ruth e Boaz. A primeira violação pós-Edênica – o assassinato de Abel por seu irmão Cain – criou uma necessidade por uma *zera acher*, "outro" ou "diferente" descendente vindo de um lugar não esperado, alguém que iria trazer as ferramentas para reconstruir um mundo em ruínas. O "lugar inesperado" é Sodoma, Moav e Ruth. Remontando até Cain e Abel, a única esperança real era Ruth e *malchut*.[218] O uso do verbo *vayashet* implícita que Boaz pressentiu estas correntes antigas.

---

*   "De outro lugar" (*mimakon acher* – ממקום אחר) implica uma fonte inesperada, de um lugar diferente do qual você está olhando. Isto está conceitualmente conectado ao Salmo 89.21: "Eu *encontrei* Meu servo David." Como foi discutido largamente no prelúdio do primeiro ato, o Midrash (Gênesis Rabá 41:4) diz, "Onde o encontrei [David]? Em Sodoma." É possível traçar a ancestralidade de David até Ruth, que traça a dela até Moav, nascido da relação incestuosa entre Lot e suas filhas, os únicos que conseguiram escapar de Sodoma. "Encontrar" (*metziá* – מציאה) indica uma descoberta inesperada, uma surpresa – e realmente, a conexão entre David e Sodoma é extremamente inesperada. De forma parecida, os midrashim citados aqui traçam o Messias, o membro ilustre da linha de David, ao primeiro "outro descendente" - *zera acher* – vindo de um lugar inesperado.

וַתָּבוֹא אֶל חֲמוֹתָהּ וַתֹּאמֶר מִי אַתְּ בִּתִּי

16. Ela veio até sua sogra, que perguntou, "Quem é você, minha filha?"

O cumprimento de Naomi para Ruth é quase que um eco da pergunta de Boaz no silo: "Quem é você?" Esta é certamente uma fraseologia estranha se tudo que deseja saber é o que aconteceu a Ruth no silo. A pergunta de Naomi significa que ela entende o quão fundamental os eventos da noite podem ter sido, ao ponto de poder ter causado uma mudança na identidade pessoal de Ruth.

As palavras de Naomi também ecoam uma outra história no Tanach, na qual tal pergunta é feita, sob circunstâncias parecidas:

א''ר יוחנן דאמר קרא {שמואל א יז-נה} וכראות שאול את דוד
יוצא לקראת הפלשתי אמר אל אבנר שר הצבא בן מי זה הנער
אבנר... ולא ידע ליה והכתיב {שמואל א טז-כא} ויאהבהו מאד
ויהי לו נושא כלים... ה''ק שאול אי מפרץ אתי אי מזרח אתי אי
מפרץ אתי מלכא הוי שהמלך פורץ לעשות דרך ואין ממחין בידו
אי מזרח אתי חשיבא בעלמא הוי²¹⁹

O versículo afirma, "E quando Shaul viu David indo em direção ao Filisteu [Goliat], ele disse a Avner, comandante do exército, "De quem aquele rapaz é filho, Avner?" (Shmuel I 17:55)...

É possível que Shaul não soubesse quem David realmente era? O versículo diz explicitamente que [Shaul] o amava [David] muito e o nomeou o guardião de sua armadura" (Shmuel I 16:21) [e isto é dito sobre um tempo antes da luta com Goliat]!...

Na verdade, Shaul estava pedindo a Avner que encontrasse [qual dos gêmeos de Tamar e Yehuda era o ancestral de David]: "David é descendente de Peretz ou Zerah? Se for de Peretz (פרץ), então ele será rei,²²⁰ pois um rei deve "romper" (פרץ) as cercas de outras pessoas a fim de fazer uma estrada que ninguém tenha o direito legal de protestar. Se for descendente de Zerah, será meramente uma pessoa eminente [e não será uma ameaça para mim]."

(Yevamot 76b)

A pergunta de Shaul reverbera com as palavras de Naomi. O que cada um deles pergunta é uma questão fundamentalmente existencial. Naomi diz a Ruth, "Não estou perguntando o que fez ou o que aconteceu com você, Ruth. Quero saber quem é, no sentido mais profundo. Há uma chance de que *malchut* emane de você?"

וַתַּגֶּד לָהּ אֵת כָּל אֲשֶׁר עָשָׂה לָהּ הָאִישׁ

Ela contou-lhe tudo o que o homem tinha feito para ela.

Mas Boaz "não fez" nada! O versículo 13 não mediu esforços para explicar que a grandeza de Boaz foi mostrada por ter se *recusado* a agir?

Contudo, Ruth entende que ao "não fazer nada" ele tinha "feito" tudo por ela, e a reconheceu por tudo que ela verdadeiramente era, permitindo assim que encontrasse seu *anochi*, seu eu existencial. Seu reconhecimento pela contribuição histórica única de Ruth "fez" algo por ela. Ao "não o fazer" Boaz demonstrou que não a vê como um mero objeto para seu prazer sexual, mas como uma parceira em um relacionamento de mutualidade sem precedentes.

וַתֹּאמֶר שֵׁשׁ הַשְּׂעֹרִים הָאֵלֶּה נָתַן לִי כִּי אָמַר (אֵלַי) אֶל

17. E ela disse, "Ele me deu seis grãos de cevada, pois ele me disse,

Novamente, a tensão entre *kri* e *ktiv* voltam à tona. Este é o segundo momento[221] no qual a palavra *elai* (para mim) é lida, mas não aparece no texto escrito. A palavra não está realmente lá por causa de Ruth; não há nenhum "para mim" nuclear. O ego com o qual as pessoas se identificam desapareceu para Ruth e, no entanto, enquanto escuta sua nora, Naomi sente que um *elai* não pode ser escrito, um sentido de si mesmo vindo inteiramente de outro lugar.

אַל תָּבוֹאִי רֵיקָם אֶל חֲמוֹתֵךְ

"Não volte para sua sogra de mãos vazias."

Boaz não quer que Ruth volte para casa "*reikam*" - vazia. Esta palavra evocativa ressoa de volta à primeira vez em que aparece na Meguilá. No primeiro ato, versículo 21, quando Naomi retorna à hostil Beit Lechem, transformada de nobre a uma pedinte, ela lamenta em voz alta: "Eu era cheia quando fui embora, mas D'us me trouxe de volta *reikam*, vazia." Apesar de que estava em pé, ao lado de Ruth, quando Naomi viu a casa que havia deixado junto com um marido e dois filhos, tudo que podia ver naquele momento era devastação.

Ao ecoar a declaração pública de Naomi, Boaz está enviando a Ruth uma mensagem poderosa. Implicitamente, ele está dizendo a ela, "Diga a sua sogra que eu lhe dei estes seis grãos, porque simbolizam sua grandeza e para que ela nunca mais a mande embora. Diga a ela que embora acreditasse que retornou a Yehuda de mãos vazias, ela voltou com a futura eternidade de Israel."

Os seis grãos de cevada simbolizam a grandeza dos descendentes de Ruth, de David ao Messias. Longe de ter voltado de mãos vazias, Naomi tinha, na verdade, retornado com tudo o que poderia ter esperado.

וַתֹּאמֶר שְׁבִי בִתִּי עַד אֲשֶׁר תֵּדְעִין אֵיךְ יִפֹּל דָּבָר

18. Então, ela disse, "Sente-se, minha filha, até que saiba como

o assunto irá se resolver.

Naomi entendeu a mensagem, percebe que Boaz agirá como redentor e que não há nada mais que ela ou Ruth possam fazer até que o drama seja resolvido nos portões de Beit Lechem.

כִּי לֹא יִשְׁקֹט הָאִישׁ כִּי אִם כִּלָּה הַדָּבָר הַיּוֹם

"Porque o homem não descansará enquanto não resolver a questão hoje."

A palavra *kilá* (כלה), que significa completo, resolvido, vem da mesma raiz de *kalá* (כלה) – uma noiva. Esta raiz também aparece no versículo que completa a narrativa da Criação:

וַיְכַל אֱלֹהִים בַּיּוֹם הַשְּׁבִיעִי מְלַאכְתּוֹ אֲשֶׁר עָשָׂה

No sétimo dia, Hashem **completou** (*vaychal*) todo o trabalho que Ele tinha feito.

(Gênesis 2.2)

R. David Abudraham[222] liga estas palavras em forma de uma bela observação. Em sua análise das preces de sexta-feira à noite, ele busca pela fonte da afirmação das preces do Shabat que "O Senhor (D'us) chamou o Shabat um dia desejável (חמדת הימים)."[223] Ele traça isto ao versículo que acabamos de citar e também o Targum Yerushalmi, que explica as palavras *vaychal Elokim* (ויכל אלקים) como significando "D'us estava cheio de desejo (וחמיד) quando Ele completou a Criação, no sétimo dia, com o Shabat." A implicação disso é que com a conclusão (*vaychal*) da criação, D'us considerou o Shabat, o dia em que a Criação ficou completa, uma *kalá*, uma noiva, a personificação do desejo.

A conexão entre finalização e desejo aparecem em outro lugar também. A Torá é igualmente descrita como completa, uma noiva. O versículo declara:

וַיִּתֵּן אֶל מֹשֶׁה כְּכַלֹּתוֹ לְדַבֵּר אִתּוֹ בְּהַר סִינַי

Ele [D'us] deu [as duas tábuas de pedra] para Moshe quando Ele **terminou** (*kechaloto*) de falar com ele no Sinai.

(Êxodo 31:18)

Mais uma vez, o Midrash traça a metáfora da noiva usando as raízes etimológicas relacionadas:

אָמַר רַבִּי שִׁמְעוֹן בֶּן לָקִישׁ: אָסוּר לְתַלְמִיד חָכָם לְהוֹרוֹת הֲלָכָה בַּצִּבּוּר, עַד שֶׁיְּהוּ דִבְרֵי תוֹרָה עֲרֵבִין עַל שׁוֹמְעֵיהֶם, כַּכַּלָּה הַזּוֹ שֶׁהִיא עֲרֵבָה עַל בַּעְלָהּ וּמִתְאַוֶּה לִהְיוֹת שׁוֹמֵעַ אֶת דְּבָרֶיהָ

É proibido a um estudioso da Torá ensiná-la publicamente até que as palavras estejam tão doces para o público quanto uma noiva para seu marido, que deseja ouvir cada palavra que ela diz.

(Midrash Tanchuma, Ki Tissá 16)

Naomi escolhe as palavras com cuidado. O verbo que usa, sugere que Boaz está completamente comprometido ao relacionamento com Ruth, que é para ele tão querido quanto uma *kalá* – e que ele não estará satisfeito até que a questão chegue ao ponto de uma celebração universal da preciosidade pré-histórica de Ruth.

Ato Quatro

Não haverá nenhuma bandeira branca acima de minha porta.

Estou apaixonado e sempre estarei.

Dido, "Bandeira Branca"

Prelúdio: O Sol em Seu Céu Ciumento[224]

No quinto dia, o mundo acordou com um sol frio. A Lua tinha sido banida para as sombras no quarto dia, e o Sol ocupou todo o céu como um colosso, imperial e sozinho. Daí, a conhecida "disputa"[225] entre D'us e a Lua fora resolvida.[226] A Lua não conseguia imaginar como ela e o Sol poderiam dividir a mesma coroa de "grandes luminares" (Gênesis 1:16). Ela insistia que seria uma impossibilidade existencial. Não seria possível ter dois reis. Com certeza, do momento em que a Lua foi criada, ela se viu como uma entidade separada do Sol – um dos dois monarcas diferentes criados por D'us, e não, como uma parte integral de um único reinado. D'us implorou a ela que entendesse que quando há uma mutualidade genuína, não há lugar para ciúme; que, onde há compartilhamento verdadeiro, não há competição. No entanto, ela não conseguia entender, e se tornou governante (*moshel*) do céu da noite – diminuída e desolada. Com a ruptura da mutualidade, não há compartilhamento verdadeiro, somente competição e disputas de poder e dominação. O texto agora fala da "grande luz para *dominar* o dia (*Lememshelet hayom*)" e a luz pequena para *governar* à noite (*Lememshelet halayla*)" (Gênesis 1:16).

Com certeza, o Sol em seu céu ciumento incorporou a morte do sonho de *malchut* e a ascendência do implacável* reino de *memshalá*.

---

*   Eu não pude resistir ao jogo de palavras: "Ruth" é uma palavra do inglês medieval que aparece no décimo segundo século com o sentido de, entre outras coisas, compaixão. Ser "ruthful" (em inglês) é ser repleto de ternura. "Ruthless"

A próxima vítima da influência perniciosa do ciúme foi Chavá. No sexto dia, o serpente a convenceu de que D'us estava competindo com ele e Adam:

רַבִּי יְהוֹשֻׁעַ דְּסִכְנִין בְּשֵׁם רַבִּי לֵוִי אָמַר הִתְחִיל אוֹמֵר דֶּלַטוֹרְיָא עַל בּוֹרְאוֹ, אָמַר מֵאִילָן הַזֶּה אָכַל וּבָרָא הָעוֹלָם, וְהוּא אוֹמֵר לָכֶם לֹא תֹאכְלוּ מִמֶּנּוּ, שֶׁלֹּא תִבְרְאוּ עוֹלָמוֹת אֲחֵרִים, דְּכָל אִינָשׁ וְאִינָשׁ סָנֵי בַּר אֻמְנָתֵיהּ

O Serpente difamou seu Criador, dizendo: D'us comeu da Árvore [do Conhecimento] e então, criou o mundo. Ele os comandou a não comer do mesmo para que vocês não criem mundos alternativos. Todo artesão odeia seu concorrente."

(Gênesis Rabá 19:4)

O Serpente disse a Chavá, "D'us não quer que você e Adam sejam criadores. Ele é o controlador deste mundo competitivo, e quer manter Seu domínio. Ele os comandou a não comer do Fruto, para poder manter Sua vantagem a qualquer custo."

E Chavá, seguida de Adam, engoliu o veneno do "conselho" do Serpente. Se não fosse pela calamidade do fruto Proibido, a primeira família teria celebrado Shavuot no quinquagésimo dia,* e trazido o experimento da Criação a uma conclusão satisfatória.

וַיְהִי מִקֵּץ יָמִים[227] (בראשית ד, ג), רַבִּי אֱלִיעֶזֶר וְרַבִּי יְהוֹשֻׁעַ. רַבִּי אֱלִיעֶזֶר אָמַר בְּתִשְׁרֵי נִבְרָא הָעוֹלָם. רַבִּי יְהוֹשֻׁעַ אָמַר בְּנִיסָן נִבְרָא

---

veio depois, aparecendo por volta do século 14, como um sinônimo para cruel. N.T. A palavra usada do texto original em inglês é ruthless, que significa impiedoso, implacável.

* Shavuot – literalmente, "semanas" - é o quinquagésimo dia que completa o 49 dias na contagem das sete semanas entre Pessach e Shavuot.

הָעוֹלָם. מַאן דְּאָמַר בְּתִשְׁרֵי נִבְרָא הָעוֹלָם עָשָׂה הֶבֶל קַיָּם מִן הֶחָג
וְעַד הַחֲנֻכָּה. מַאן דְּאָמַר בְּנִיסָן נִבְרָא הָעוֹלָם עָשָׂה הֶבֶל קַיָּים מִן
הַפֶּסַח וְעַד הָעֲצֶרֶת. בֵּין לְדִבְרֵי אֵלּוּ בֵּין לְדִבְרֵי אֵלּוּ הַכֹּל מוֹדִים
שֶׁלֹּא עָשָׂה הֶבֶל בָּעוֹלָם יוֹתֵר מֵחֲמִשִּׁים יוֹם

"No fim dos dias" [quando Cain e Abel trouxeram oferendas para Hashem]" (Gênesis 4:3):

R. Eliezer mantém a opinião de que o mundo foi criado em Tishrei, ao passo que R. Yehoshua mantém que o mesmo havia sido criado em Nissan.

De acordo com R. Eliezer, Abel viveu de Sucot até Chanuká; de acordo com R. Yehoshua, ele viveu de Pessach até Shavuot. Em ambos os casos, os dois concordam que Abel não viveu por mais do que cinquenta dias.

(Gênesis Rabá 22.4)[228]

O dia em que Cain e Abel fizeram suas oferendas para Hashem foi o primeiro *Yom HaBikurim* (יום הביכורים) – o Dia dos Primeiros Frutos – que é o outro nome de Shavuot.[229] Neste dia de conclusão e realização, a Torá nos diz que "Abel também trouxe dos primogênitos (*mibechorot* – מבכורות) de seu rebanho, dos mais seletos dos carneiros" para celebrar os primeiros frutos maduros da Criação.

Mas, algo saiu errado. Shavuot não trouxe satisfação - *sova* – e ao invés disso, o quinquagésimo dia trouxe ódio e ciúme:

וַיִּשַׁע ה' אֶל הֶבֶל וְאֶל מִנְחָתוֹ : וְאֶל קַיִן וְאֶל מִנְחָתוֹ לֹא שָׁעָה וַיִּחַר
לְקַיִן מְאֹד וַיִּפְּלוּ פָּנָיו : וַיֹּאמֶר קַיִן אֶל הֶבֶל אָחִיו וַיְהִי בִּהְיוֹתָם
בַּשָּׂדֶה וַיָּקָם קַיִן אֶל הֶבֶל אָחִיו וַיַּהַרְגֵהוּ

D'us respondeu a Abel e à sua oferenda.

Mas, para Cain e sua oferenda, Ele não respondeu. Cain ficou furioso e chorou...

Cain disse a seu irmão Abel, e quando eles estavam

juntos no campo, Cain se levantou contra seu irmão Abel
e o matou.

(Gênesis 4:4-8)

Nesta passagem de Gênesis vemos que Hashem favoreceu Abel,
causando o ódio assassino de Cain. Rabenu Bachie nos oferece uma
interpretação que conecta a escolha de Hashem por Abel devido ao
caráter imperfeito de Cain:

מפרי האדמה. היה לו להביא בכורים מפרי האילן משבעת
המינים, אבל יגיד הכתוב פחיתותו וצרות עינו כי היה איש רע עין.
וזה שלא אמר מראשית פרי האדמה אבל מפרי האדמה כלומר מן
הפחות שבכל, וזרע פשתן היה כמו שדרשו רז״ל. והכתובים יורו
כן כי על כן קצר במנחתו שלא היתה רצויה והאריך במנחתו של
הבל הרצויה, וזהו שאמר מבכורות צאנו ומחלבהן כי הבל הביא
בכורים מדבר הראוי לקרבן, וקין הביא פירות שאינם ראויים
לקרבן ולא בכורי פירות אלא פחות שבפירות. וכן דרשו במדרש
משל לעבד שאוכל את הבכורות ומשגר למלך את הסייפות כלומר
האחרונות... המנחה הזאת היתה ביום חמשים לבריאת עולם,
בין לדברי רבי אליעזר בין לדברי רבי יהושע

Ele [Cain] deveria ter trazido *bikurim* de uma das
árvores das sete espécies [com as quais a terra de Israel
é abençoada] como sua oferenda. A Torá, no entanto,
explica que foi sua indignidade e avareza, pois ele era um
homem com "mau-olhado". Por isso está escrito que ele
havia trazido [meramente] "dos frutos da terra" e não
"dos *primeiros* frutos da terra."

A verdade, é que ele ofereceu da espécie mais inferior,
linho, como os Sábios explicaram no Midrash (Tanchuma,
Bereshit 9) .... Os versículos atestam este fato salientando
que Abel trouxe do melhor de seu rebanho, enquanto
Cain não trouxe os primeiros de seus frutos, aqueles
que seriam mais adequados a uma oferenda. O Midrash

(Gênesis Rabá 22) compara o comportamento de Cain ao de um servo que guarda as melhores partes para seu próprio consumo e leva as sobras para o rei ...

Tanto R. Eliezer quanto R. Yehoshua concordam que estas oferendas foram feitas no quinquagésimo dia da Criação.[230]

(Rabenu Bachie, Gênesis 4.3)

De acordo com esta explicação, o mesmo ciúme intenso que levou Cain a assassinar seu irmão estava também presente em seu relacionamento com Hashem. Na verdade, seu próprio nome – a definição de sua essência – sugere avareza e a necessidade de possuir:

וְהָאָדָם יָדַע אֶת חַוָּה אִשְׁתּוֹ וַתַּהַר וַתֵּלֶד אֶת קַיִן וַתֹּאמֶר קָנִיתִי אִישׁ אֶת השם

E Adam conheceu sua esposa, Chavá, e ela concebeu, dando à luz a Cain. E ela disse, "Eu adquiri um homem com Hashem."

(Gênesis 4:1)

Este trecho nos conta que o nome de Cain, pronunciado **Cain** em hebraico, é derivado da palavra *kaná* (קנה) que significa adquirir. Um foco na aquisição leva a ganância, que por sua vez, leva a *kiná* (קנאה), ciúme – outra palavra relacionada. A ganância estimula a competição e o desejo de controle. Não pode haver satisfação (*sova*) em uma sociedade competitiva, onde os seres humanos se medem pelas vantagens que conseguem sobre outras pessoas, e não pelos relacionamentos que constroem.* Ao escolher esta visão do mundo

---

* Este é o motivo pelo qual nós lamentamos a morte dos alunos de R. Akiva durante o período do *omer*, entre Pessach e Shavuot, o período no qual nossa

através do prisma das relações de poder, Cain inaugura a dolorosa saga da história humana.

Para Cain, Abel era o rival supremo. Sem Abel, ele seria o único herdeiro de Adão e Chavá – herdeiro de todo o planeta. Cain se viu como o homem que traria realização a Criação, aquele que iria viabilizar o mundo para cumprir seu vasto potencial. Mas, a presença de Abel o forçou a alterar seu plano. Esta foi a mais primária rivalidade fraterna: em um mundo de somente dois homens, Cain via seu irmão como uma ameaça a natureza de sua própria existência.

Cain precisava aceitar que não poderia haver domínio completo,

---

Meguilá acontece.

> אמרו שנים עשר אלף זוגים תלמידים היו לו לרבי עקיבא מגבת עד אנטיפרס
> וכולן מתו בפרק אחד מפני שלא נהגו כבוד זה לזה... תנא כולם מתו מפסח
> ועד עצרת

Diz-se que R. Akiva teve doze mil pares de alunos... e todos morreram durante o mesmo período, porque não demonstraram honra (*shelo nahagu kavod*) um ao outro...

Foi ensinado: todos eles morreram entre Pessach e Shavuot (Yevamot 62b).

O Talmud descreve como a competitividade caracterizou a Torá dos alunos de R. Akiva. Cada um se tornou uma ilha em si mesmo, introduzindo a alienação e o ciúme nos recintos rarefeitos da própria Torá.

A intenção da Torá era resolver os problemas de ciúme, e agindo de forma tão competitiva, os alunos de R. Akiva violaram a essência da Torá. Aqueles que a estudam, deveriam apreciar seu peso – *koved* – do mundo particular e único que cada indivíduo é capaz de criar.

Não entendendo que cada aluno demonstrava um entendimento único da realidade, os alunos de R. Akiva competiram com seus mundos paralelos.

Eles, portanto, falharam em honrar – oferecer *kavod* – aos seus colegas. É interessante que estas milhares de visões da realidade são características do individualismo desenfreado e tumultuoso do período dos juízes que precedeu o período de *malchut* – muito parecido com o período de luto que precede Shavuot. Veja no prelúdio do primeiro ato uma análise mais extensiva deste assunto.

que a singularidade de seu próprio relacionamento com a terra era a única realidade que poderia possuir. Mas, ele não conseguiu fazer este ajuste em sua vida, estava irremediavelmente ameaçado pela resposta de Hashem a outro ser humano, o que o levou a decidir eliminar a ameaça. D'us, então, o amaldiçoou com uma vida errante e de afastamento, uma punição que claramente fez jus ao crime:

כִּי תַעֲבֹד אֶת הָאֲדָמָה לֹא תֹסֵף תֵּת כֹּחָהּ לָךְ נָע וָנָד תִּהְיֶה בָאָרֶץ

Quando você [Cain] trabalhar a terra, ela não mais lhe dará força. Você será isolado e inquieto sobre a terra.

(Gênesis 4:12)

Ao ver o mundo como um lugar para ele controlar e governar, Cain, com certeza, assegurou que a terra não mais responderia a ele. Depois de assassinar seu irmão, ele veria que seria uma punição severa e difícil estabelecer um relacionamento único com a terra, a substância da qual o Homem tinha tão recentemente sido criado. Cain foi condenado a viver como um estranho, em uma terra estranha, sempre sozinho, para sempre a parte. Ele, portanto, se tornou o fundador das cidades – sociedades artificialmente criadas, que eram removidas da natureza e afastadas da terra.

וַיֵּדַע קַיִן אֶת אִשְׁתּוֹ וַתַּהַר וַתֵּלֶד אֶת חֲנוֹךְ וַיְהִי בֹּנֶה עִיר וַיִּקְרָא שֵׁם
הָעִיר כְּשֵׁם בְּנוֹ חֲנוֹךְ

E Cain conheceu sua esposa, e ela concebeu e deu à luz a Enoch. E ele foi o construtor de uma cidade e deu a ela o nome de seu filho.

(Gênesis 4:17)

O bisneto de Cain, que tinha seu nome, continuou no mesmo

caminho que seu ancestral. Tuval Cain[*] foi o fundador da ciência da metalurgia que resultou na tecnologia da fabricação das armas:

וְצִלָּה גַם הִוא יָלְדָה אֶת תּוּבַל קַיִן לֹטֵשׁ כָּל חֹרֵשׁ נְחֹשֶׁת וּבַרְזֶל וַאֲחוֹת תּוּבַל קַיִן נַעֲמָה

Tzilá também teve um filho, Tuval Cain, o produtor de todos os implementos de cobre e ferro.

(Gênesis 4:22)

Esta competição assassina entre irmãos foi finalmente o que causou o início da guerra, verdadeiramente o subproduto mais grotesco do ciúme. A guerra é o selvagem executor do potencial, o saqueador da vida e vândalo da esperança, que leva junto a si a ruína e a solidão. Esta é o patrimônio de Cain.

Não é nenhuma coincidência que o patrimônio de Cain também inclui um crescimento sociológico e tecnológico rápido – de cidades,

---

*   O Midrash faz uma conexão fascinante entre Tuval Cain e Shavuot:

תּוּבַל קַיִן, תִּבֵּל עֲבוֹדָתוֹ שֶׁל קַיִן, קַיִן הָרַג וְלֹא הָיָה לוֹ בַּמֶּה לַהֲרֹג, אֲבָל זֶה לֹטֵשׁ כָּל חֹרֵשׁ נְחֹשֶׁת וּבַרְזֶל

Tuval Cain salientou o trabalho de Cain. Cain assassinou sem uma arma [de verdade], mas ele foi o produtor de implementos de ferro e cobre.

(Yalkut Shimoni, Gênesis 4.38)

Shavuot, como o quinquagésimo dia que culmina a contagem dos quarenta e nove dias da contagem das sete semanas do omer, é uma forma de *yovel*, o quinquagésimo ano do ciclo da agricultura que culmina uma contagem de quarenta e nove anos *shemitot*. *Yovel*, é um cognato de Tuval (Cain), que significa rendimento, produção, e Tuval Cain é descrito pelo Midrash como adicionando ao trabalho de Cain, "salientou" o mesmo, produzindo um rendimento mortal. Veja a conexão entre Cain e Shavuot mais tarde neste prelúdio.

a cultura, maquinários. O grande insight da biologia moderna é que a evolução é movida pela competição: é a força que propulsiona a especiação, a mudança e o desenvolvimento. Shlomo fez uma observação mordaz, verdadeiramente visionária um milênio antes que a ciência pudesse ressaltar sua verdade penetrante:

וְרָאִיתִי אֲנִי אֶת כָּל עָמָל וְאֵת כָּל כִּשְׁרוֹן הַמַּעֲשֶׂה כִּי הִיא קִנְאַת אִישׁ
מֵרֵעֵהוּ גַּם זֶה הֶבֶל וּרְעוּת רוּחַ

E vi que todo trabalho e realização especializada resulta, na verdade, da competição entre o homem e seu semelhante ("*kiná*," literalmente, ciúme). Isso também é uma futilidade e um agravamento do espírito.

(Eclesiastes 4:4)

A fim de poder entender a profundidade da observação de Shlomo, imagine um cientista brilhante que descobre a cura para o câncer e recebe o Prêmio Nobel de Medicina. Talvez, ele estivesse altamente motivado por uma necessidade de entender o mundo e se conectar a ele mais profundamente. Ele pode ter sido levado por um desejo de ajudar a humanidade, aliviando o sofrimento dos doentes e eliminando a doença. No entanto, se vencer o prêmio era o importante, ele foi levado, pelo menos parcialmente, por um desejo de competir. A necessidade de vencer é certamente parte da razão pela qual ele trabalhou mais arduamente do que outros cientistas para atingir esta cura indescritível. Teria ele investido o mesmo esforço, se não houvesse ninguém para vencer no final? Infelizmente, com algumas exceções, a resposta é não. As pessoas são levadas pela vontade de competir com o outro, e então, enquanto o desejo de compartilhar estiver interligado com o desejo pelo poder, a verdadeira mutualidade permanece fora de alcance.

Nós já encontramos estes desejos de competir anteriormente, sob um disfarce diferente. Os Sábios deram a ele o nome de *Itio shel nachash* - "o conselho do Serpente." Mesmo os perfeitos, sem pecados, como Yishai, o pai de David, estão sujeitos a ele.[231] Enquanto nosso pensamento estiver fundamentado em um universo mecânico, restrito à crença da manipulação mecânica que prevalece – o desejo de moldar a vida a nossa própria imagem – mesmo os mais puros e sem pecados entre nós não poderão ser protegidos do conselho do serpente. Nós continuaremos a procurar vantagens sobre os outros, e permaneceremos sempre sozinhos, mesmo em nossos relacionamentos mais íntimos.

A única maneira de escapar da nossa necessidade à la Cain de manipular é se relacionar com o mundo da maneira como Ruth o fez, a fim de experienciar nossa identidade e realidade como não planejadas, completamente espontânea. Na verdade, o escape deste automatismo é uma característica tão comum no nosso dia-a-dia, que nós sequer a percebemos. Intuitivamente, nós captamos que deve haver um nível de existência no qual o indivíduo é, fundamentalmente, uma entidade pensante. Vivemos em um mundo de pensamento e com frequência, não temos a necessidade de ter consciência dos processos automáticos em ação.[232] Nosso sentido de identidade transcende o automatismo, que são justamente expedientes a serem usados para atingir resultados espontâneos.* É assim que pensamos e amamos, e como experienciamos a nós mesmos.**

---

* Dizer que experienciamos a identidade como espontânea não é uma negação de que a consciência esteja baseada na interação física dos neurônios. Ao contrário, significa que a consciência não é automática: as conexões entre neurônios simples levam aos efeitos espontâneos que vão além de qualquer coisa que uma conexão mecânica é capaz de produzir. De uma matriz de botões de liga-desliga vem pensamentos, amor, e outros elementos que não parecem ter um lugar no mundo físico. Veja a sessão "*Malchut* e Espontaneidade" no prelúdio do primeiro ato.

** Esta é uma das principais ideias por trás do brit milá: O Brit milá incorpora a afirmação da mente sobre a biologia. A circuncisão altera o corpo de como foi feito pela natureza. Estranhamente, o versículo diz que somente ao mudar o corpo, nos tornamos "perfeitos, inteiros" (Gênesis 17:1). A implicação é de que o

Entretanto, quando se trata do impulso para a sexualidade, a situação costuma ser inversa. Confrontados com os impulsos sexuais, somos subitamente convictos de que não é a mente que nos impulsiona, mas o corpo. Os Sábios, porém, não enxergam dessa forma. O princípio haláchico relativo ao *yavam* e *yevamá* (cunhado e cunhada ligados por *yibum*) afirma que a sexualidade é também

---

cérebro humano possui características que não provêm valor de sobrevivência em um nível biológico. A apreciação da beleza é um primeiro exemplo. Nosso sentido de beleza é um efeito colateral da força biológica em direção a reprodução. No entanto, em um nível espontâneo, a beleza é muito mais real do que as flutuações da atração sexual que acontecem e a mecânica que faz com que a apreciação da beleza se torne possível. Ambos os seres humanos e as abelhas se sentem atraídos pelas flores através dos exatos mesmos mecanismos biológicos, mas somente os seres humanos acham as flores bonitas e escrevem odes e sonetos sobre as maravilhas da primavera. O brit milá ensina que a apreciação dos fenômenos espontâneos – por exemplo, a apreciação da beleza – não é meramente um efeito colateral, mas sim, a conquista mais importante da humanidade.

Em termos de biologia, poderíamos não nos importar nem um pouco com a aparência de algo. O que importa é a função. Mas, do ponto de vista da estética, nós nos importamos, e muito profundamente. É assim que os sábios entendem as palavras ואנוהו אלי זה- "Este é meu D'us e eu irei embelezá-lo" (Êxodo 16:2):

התנאה לפניו במצות

"Embeleze-se" diante Dele ao fazer as mitzvot de forma bela. (Shabat 133b)

יפוי מילה מצוה היא

Embelezar o brit milá é uma *mitzvá*.   (Rashi, Shabat 133b)

"Fazer as mitzvot de uma forma bonita" inclui investir na estética do brit milá. A circuncisão é vista como um ato estético – nós estamos tornando um ser humano "perfeito," tão belo como pode ser. O embelezamento se torna a essência da aliança: é um foco consciente naquilo que emerge ao invés da matriz biológica da qual provém. O brit remove o prepúcio e expõe a *atará* – a "coroa": o símbolo de *malchut*. O prepúcio está ligado ao primeiro Serpente: e é jogado na poeira, que é a comida dele (Isaías 65:25). Os mecanismos puramente biológicos são reptilianos e retornam aos répteis. Ao contrário, a aliança foca na beleza dos relacionamentos espontâneos.

guiada pela mente:

תני ר' חייא אפי' שניהם שוגגים שניהם מזידים שניהם אנוסים
אנוס דמתניתין היכי דמי אילימא כשאנסוהו עובדי כוכבים ובא
עליה והאמר רבא אין אונס לערוה לפי שאין קישוי אלא לדעת

Mesmo... se ambos, o *yavam* e *yevamá* foram coagidos, o *yibum* é válido. Em qual circunstancia ambos podem ser coagidos? Não é possível ser no caso de idólatras coagiram o *yavam* para dormir com a *yevamá*, pois Rava ensinou: ninguém pode alegar coerção em casos de relações proibidas, uma vez que a estimulação só pode ser conseguida por vontade própria.

Yevamot 53b

A razão pela qual a maioria das pessoas está certa de que é o corpo, não a mente, que dirige a sexualidade é porque a maioria das pessoas não experienciam a sexualidade espontânea. Estão presos na armadilha do conselho do Serpente, considerando o sexo como um ato mecânico do qual se está tentando "tirar algo." Esta abordagem das relações sexuais deixa implícito que os relacionamentos são meramente "commodities" (mercadorias) a serem comercializados – mais uma coisa a se adquirir em uma vida longa de aquisições e outra arena onde vantagens podem ser ganhas.* Mas, como Shlomo observou em Eclesiastes:

אֹהֵב כֶּסֶף לֹא יִשְׂבַּע כֶּסֶף וּמִי אֹהֵב בֶּהָמוֹן לֹא תְבוּאָה גַּם זֶה הָבֶל

---

* Infelizmente, "amigos por benefícios" é uma forma de relacionamento muito em voga hoje em certos segmentos da sociedade.

Um amante do dinheiro nunca estará satisfeito (*sova*) com dinheiro, e um amante da abundância não tem nenhum ganho. Isto também é futilidade.

(Eclesiastes 5:9)

Quando uma pessoa escolhe ser dirigida pela competição e poder de aquisição em sua vida, nunca estará contente com o que tem, mesmo nas áreas mais privadas de sua vida. Ao invés de fazer uma equação entre sexo e intimidade, ternura, e conexão emocional, uma pessoa com esta visão mecânica da vida vê a sexualidade da perspectiva da performance, da competição e da conquista. A satisfação permanece fugaz para esta pessoa, que irá estar sempre em busca do próximo nível de estimulação.

No nível de *malchut*, de espontaneidade, o que importa é o relacionamento. Não há nada a se "conseguir" fora desta ligação. Boaz declara a Ruth, "Nós iremos nos deitar aqui juntos, e eu gostaria que você ficasse a noite toda. Precisa ficar bem claro – nós não precisamos chegar ao próximo nível.

Outros podem pensar sobre como ficaremos assim a noite toda; eles podem nos dizer que somos loucos e que não seremos capazes de nos controlar. Mas, nós não ficaremos fora de controle. Não estamos sendo dirigidos pelos desejos. Ao contrário, nós é que dirigimos e controlamos. O *yetzer*, a força criadora, está em nossas mãos.

Para Ruth e Boaz, desejos não são sublimados, são integrados; são parte de uma personalidade espontânea, não uma força com a qual a pessoa tem que lutar. A integração de desejos diferentes em um é o que forma *malchut*. Esta é a grande conquista de Boaz e Ruth nos campos de ouro, e o produto supremo desta conquista é David.

Malchut é também a única solução para o mundo da competição de Cain, no qual as pessoas lutam para ganhar o máximo possível de vantagem sobre os outros. A Torá sugere como Cain pode ser redimido:

כִּי שִׁבְעָתַיִם יֻקַּם קָיִן

Se Cain for vingado sete vezes (*shivatayim*) ...

(Gênesis 4:24)

Shivatayim (**שבעתים**) é um cognato para Shavuot (**שבעות**), o feriado da Torá e de Ruth. Este versículo pode, portanto, ser entendido como fazendo uma alusão à suprema solução dos problemas causados por Cain e nos diz que ele poderá se levantar novamente – que ele será salvo (literalmente, vingado) – como resultado de Shavuot. E realmente, o próximo versículo na Torá sugere a futura chegada de Ruth e sua descendência, o Messias.

וַיֵּדַע אָדָם עוֹד אֶת אִשְׁתּוֹ וַתֵּלֶד בֵּן וַתִּקְרָא אֶת שְׁמוֹ שֵׁת כִּי שָׁת לִי אֱלֹהִים זֶרַע אַחֵר תַּחַת הֶבֶל כִּי הֲרָגוֹ קָיִן

E Adam conheceu sua esposa de novo, e ela teve um filho. Ela o chamou de Shet (שת / *Shet*), pois Hashem me concedeu (*shaat* - שת) um novo descendente (*zera acher* – זרע אחר) no lugar de Abel, que foi assassinado por Cain.

(Gênesis 4:25)

De acordo com o Midrash, o *zera **acher*** (**זרע אחר**), o outro descendente, é o Messias, o ilustre herdeiro de Ruth:

רַבִּי הוּנָא אוֹמֵר כְּתִיב (בראשית ד, כה): כִּי שָׁת לִי אֱלֹהִים זֶרַע אַחֵר, זֶרַע הַבָּא מִמָּקוֹם אַחֵר, וְאֵיזֶה זֶה, זֶה מֶלֶךְ הַמָּשִׁיחַ

O versículo afirma, "Porque D'us me concedeu (*shaat*) outro descendente" (Gênesis 4:25): [A palavra extra "outro" alude a] um descendente distante que vem de outro lugar. E quem é? O Rei Messias.

(Ruth Rabá 8.1)

Ruth e Boaz abrem o caminho para o escape do mundo competitivo de Cain, com direção ao mundo de espontaneidade, de *memshalá* para *malchut*. Eles deixam um mundo no qual juízes são julgados para um mundo no qual há um rei de Israel.

TRANSIÇÃO

Chegamos ao ato final de nossa história. Finalmente, todos os fios disparatados que temos traçado neste livro – fios que vão do início dos dias até o fim dos tempos – estão formando uma intrincada e unificada tapeçaria. Nós estamos entrando no mundo de *malchut*: um mundo tão interconectado que cada componente tem um impacto sobre todos os outros; um mundo no qual o significado surge da soma total dos relacionamentos entre os elementos, ao invés de algum ponto pré-definido. Em nosso comentário, começaremos também a agir como *melachim*, integrando as muitas ideias que exploramos até agora e desvendando novos aspectos, mesmo quando combinamos o que aprendemos em um complexo, desfecho multinível para a história de Ruth.

Estas ideias tocam as raízes da humanidade, e são trazidas como mariposas para a luz, à chama incandescente do *yibum* – uma *mitzvá* que conecta nossas origens no Eden até o reinado Messiânico. O *yibum* está presente na história desde o início, mas até aqui, permaneceu no pano de fundo – sentido, mas não visto. Neste ato, ele surge das cinzas e chega ao estrelato, afirmando-se como o conceito fundamental em volta do qual o Livro de Ruth inteiro coalesce, se funde.

Os elementos que devem vir juntos para formar o mundo multifacetado de *yibum* e *malchut* são muitos, entre eles, o inter-relacionamento de identidade local e nacional; a redenção dos campos; o relacionamento entre a Mulher e a terra; a ideia de lugar; o relacionamento de Israel com as mitzvot; e a questão da coerção e escolha. Quando os fios temáticos são colocados juntos, a trama conceitual se torna mais densa e intrincada. No entanto, a tapeçaria complexa expressa uma visão coerente quando começamos a sentir como seria viver em um mundo de *malchut*. Vamos dar os passos finais no caminho a David...

Cena Um

וּבֹעַז עָלָה הַשַּׁעַר וַיֵּשֶׁב שָׁם

1. E Boaz foi ao portão e lá ele se sentou,

Assim como Naomi previu, Boaz "não descansa" (3:18). Ele imediatamente vai ao portão da cidade, o local onde a corte se reúne. Mas, estranhamente, ele procede e não faz *nada*. Ele "simplesmente" se senta como que a esperar que algo aconteça por si.

וְהִנֵּה הַגֹּאֵל עֹבֵר אֲשֶׁר דִּבֶּר בֹּעַז

e eis que o redentor do qual Boaz havia falado ia passando.

E voilà, algo acontece! *Vehinê* - "e eis, vejam!" Há Tov, também conhecido como Ploni Almoni, o redentor alternativo do qual Boaz falou. O Midrash vê esta aparição repentina como uma expressão do assunto central de nossa Meguilá – a espontaneidade:

מָה לַאֲחוֹרֵי תַּרְעָא הֲוָה קָאֵים, אָמַר רַבִּי שְׁמוּאֵל בַּר נַחְמָן, אֲפִלּוּ הָיָה בְּסוֹף הָעוֹלָם הֱטִיסוֹ הַקָּדוֹשׁ בָּרוּךְ הוּא וֶהֱבִיאוֹ לְשָׁם... רַבִּי אֱלִיעֶזֶר אוֹמֵר בֹּעַז עָשָׂה אֶת שֶׁלּוֹ, וְרוּת עָשְׂתָה אֶת שֶׁלָּהּ, וְנָעֳמִי עָשְׂתָה אֶת שֶׁלָּהּ, אָמַר הַקָּדוֹשׁ בָּרוּךְ הוּא, אַף אֲנִי אֶעֱשֶׂה אֶת שֶׁלִּי

Ele estava [Ploni Almoni] perto do portão da cidade [e então Boaz apareceu imediatamente]?! R. Shmuel bar Nachman respondeu: mesmo se ele estivesse do outro lado do universo, D'us teria transportado ele até lá…

> Eliezer observou: Boaz fez sua parte; Ruth fez sua parte; Naomi fez sua parte. D'us, portanto, declarou, "Eu também farei a Minha parte!"
>
> Ruth Raba 7,7

Todos os personagens principais da Meguilá - Boaz, Ruth, e Naomi- fizeram o que era para ser feito, eles cumpriram suas "partes," nem menos, nem mais, e nenhum deles tenta "fazer as coisas acontecerem." É intrigante que todos eles são descritos da mesma maneira, com a mesma palavra estranha que é usada para descrever Boaz neste dia importante: "sentando" (ישב).

Boaz chega ao portão da cidade de manhã, como havia prometido e depois de ter corrido um grande risco com Ruth no silo, lemos que ele se sentou serenamente -"*vayeshev sham*" (וישב שם) antecipando que os acontecimentos se desenrolariam da maneira necessária. Quanto a Naomi, ela passou semanas observando Ruth deixar seu casebre todos os dias de manhã para colher nos campos de Boaz, esperando para ver como as coisas iriam se desenvolver. O texto usa uma palavra semelhante para expressar a paciência que Naomi teve ao esperar Ruth terminar seu trabalho no final da estação de colheita: "*vateshev et chamotá*" (ותשב את חמותה) - "Então ela ficou [lit. *sentou*] [em casa] com sua sogra" (2:23) – que havia permitido que as coisas se desenvolvessem como preciso. Somente então é que Naomi sugeriu que dessem o próximo passo. Finalmente, depois de ter arriscado tudo naquele encontro à meia-noite, fazendo tudo o que podia, Ruth retorna para casa, e Naomi a instrui a sentar-se pacientemente - "*Shvi biti*" - e permitir que as coisas aconteçam.

Tendo feito tudo o que podiam, os três protagonistas sentam-se tranquilos e serenos. Estão repletos de um sentimento de calma que vem da confiança no poder da espontaneidade. Se este for o lugar, e este for o momento, então a confluência das correntes da história produzirão o tão esperado *malchut* e as sementes da *gueulá* (redenção). Ao se entregar ao turbulento fluxo, eles agora esperam que D'us teça a luz do messias.

E assim, D'us faz a Sua parte e Se assegura de que Ploni Almoni apareça justamente naquele momento, nos portões de Beit Lechem.

וַיֹּאמֶר סוּרָה שְׁבָה פֹּה פְּלֹנִי אַלְמֹנִי וַיָּסַר וַיֵּשֵׁב

E ele disse, "Venha até aqui, e sente-se Ploni Almoni (fulano)." E ele veio e se sentou.

Perceba o tom de comando que Boaz exibe. Ele é o juiz, e está firmemente no comando. Não há um "por favor;" não há uma troca de gentilezas. Boaz não está falando com seu parente Tov, mas com a nova persona de Tov, o anônimo Ploni Almoni. Tov começa a perder sua identidade ao mesmo tempo em que Ruth e Boaz começam a descobrir sua identidade mútua.

וַיִּקַּח עֲשָׂרָה אֲנָשִׁים מִזִּקְנֵי הָעִיר וַיֹּאמֶר שְׁבוּ פֹה וַיֵּשֵׁבוּ

2. Ele então chamou dez homens entre os anciãos da cidade e disse, "Sentem-se aqui;" e eles se sentaram.

Como no versículo anterior, Boaz fala com um tom de comando – e logra resultados instantâneos. Ele instrui dez anciões, ou sábios, a sentarem-se, e eles assim fazem. Dez sábios são necessários, porque Boaz pretende usar o caso de Ploni Almoni para começar uma revolução: ele deseja estabelecer um precedente legal para a lei controversa de que uma Moabita que se converte, tem permissão para casar-se com um judeu nato. A instituição pública de uma halachá pouco conhecida requer mais do que um *beit din* de três: um quórum de dez sábios é necessário.[233] Boaz agora cria as condições para o dramático desfecho da história.

O estabelecimento de um *beit din*, no entanto, é somente o primeiro passo de uma dança haláchica complexa. Boaz agora deve se equilibrar em uma corda-bamba haláchica a fim de tornar seu casamento com Ruth permitido. Discutimos anteriormente que um sábio não pode tomar uma decisão ou testemunhar para uma halachá que seja relevante para ele pessoalmente.* Este não é um assunto de menor importância. Boaz, como o juiz, é o titular da tradição haláchica que permite a inclusão de mulheres Moabitas convertidas. Ele é a única autoridade que pode instituir tal revolução na lei. Ao mesmo tempo, o fato de ele estar pessoalmente envolvido e comprometido com Ruth pode fazer com que se torne inapto a defender o caso.

Boaz está em um impasse – ele deve encontrar uma maneira de se tornar o redentor sem comprometer a legitimidade da halachá que está a um passo de instituir. Por um lado, ele está inteiramente comprometido com Ruth. Mas, por outro, ele só pode estabelecer a halachá que permite o casamento com uma Moabita se for relevante para um outro redentor – Ploni Almoni.

Outro perigo em potencial neste labirinto haláchico é a possível acusação de perverter o processo haláchico. Se Boaz tivesse que instituir a lei para o interesse de Ploni Almoni e no entanto, acabasse por apelar que ele mesmo se case com Ruth, as pessoas poderiam ainda assim reivindicar que esta era uma tradição inaceitável e que ele não era uma testemunha confiável. Afinal de contas, a halachá neste caso estaria sendo usada para seu próprio benefício![234] Boaz precisava, portanto, assegurar-se de que nenhuma acusação de subterfúgios ou manipulação fosse trazida após o fato. Ele teria que estar completamente a frente de sua posição e de seus interesses.

---

* Este é o motivo pelo qual Boaz estava tão preocupado com o fato de que Ruth não deveria ser vista depois de ter passado a noite com ele! Veja o comentário no terceiro ato, versículos 12 e 14.

Havia uma delicada linha a ser trabalhada. A fim de que o testemunho haláchico fosse aceito, Boaz deveria deixar claro que ele não era o redentor a ser considerado, mas sim, Ploni Almoni, e também não poderia haver duplicidade ou sugestão de desonestidade. Seu interesse deveria estar bem claro.

Nos próximos versículos, iremos perceber a forma delicada com a qual Boaz lidou com estes requisitos conflitantes. É o tipo de exercício de equilíbrio que só pode ser feito por uma pessoa que não tem um interesse escuso – alguém que deixou seu *elai* para trás para adentrar um nível de relacionamento mais profundo e existencial. Suas ações não são manipulativas, mas um processo interativo. Boaz, o *beit din*, e Ploni Almoni sairão desta experiência completamente transformados.

וַיֹּאמֶר לַגֹּאֵל חֶלְקַת הַשָּׂדֶה אֲשֶׁר לְאָחִינוּ לֶאֱלִימֶלֶךְ מָכְרָה נָעֳמִי הַשָּׁבָה מִשְּׂדֵה מוֹאָב

3. Ele disse ao redentor, "Este pedaço de terra que pertenceu ao nosso irmão Elimelech foi vendido por Naomi, que retornou dos campos de Moav.

Boaz começa informando a Tov, que seria o redentor, sobre a venda de Naomi do campo que tinha pertencido a seu parente Elimelech. Perceba como ele identifica Naomi, como aquela que "retornou dos campos de Moav." Este é precisamente o "nome" dado a Ruth no primeiro ato e a descrição que foi usada novamente pelo supervisor dos campos de Boaz, no segundo ato, para descrever Ruth.

Com a transferência deste "nome" de Ruth para Naomi, a junção das duas se completa. Nós já vimos Ruth fazer o papel de mãe de aluguel para Naomi e ao descrevê-la como uma refugiada de Moav, o versículo sugere que a troca de identidades é uma via de mão dupla – que é tão importante para Naomi se tornar Ruth quanto para Ruth se tornar Naomi. Somente a mutualidade pode realmente juntar identidades. Este é o motivo pelo qual os Sábios explicam que um homem deve se relacionar com sua esposa como *ishtô kegufô* - "a esposa de um homem é como seu próprio corpo."[235] Como se fossem um casal, Naomi e Ruth devem experienciar *uma à outra* como que compartilhando a mesma identidade. Naomi somente consegue pedir a Ruth que seja sua "mãe de aluguel" por causa dos elementos nela que a identificam como Ruth.

וַאֲנִי אָמַרְתִּי אֶגְלֶה אָזְנְךָ לֵאמֹר

4. "Agora, acredito que deveria informá-lo e dizer,

"Meu desejo é deixar claro quais são suas opções," Boaz diz a Ploni Almoni. Ele não quer que haja nenhuma acusação de subterfúgio: Ploni deve ser informado sobre tudo. Ele deve saber exatamente quais são suas escolhas e quais consequências elas acarretarão.

קְנֵה נֶגֶד הַיֹּשְׁבִים וְנֶגֶד זִקְנֵי עַמִּי

"Adquira na presença daqueles que sentam aqui e na presença dos anciãos de meu povo.

Boaz se dirige a Ploni Almoni na presença de dois grupos: *hayoshvim* (aqueles que sentam) e *ziknei ami* (os anciões, sábios de meu povo). Como foi percebido acima, Boaz pretende estabelecer a halachá, e então requer a presença dos sábios. Mas qual é o papel dos *yoshvim*?

Como percebemos no comentário sobre o versículo 1 no primeiro ato, "sentar-se" é uma palavra chave nesta Meguilá, pois indica uma mentalidade que é paciente o suficiente para deixar que as situações aconteçam e o inesperado surja. O versículo expressa a atitude daquele que espera que a história dê o veredito, sem sentir a necessidade de interferir ou manipular. O resultado da conversa entre Boaz e Ploni Almoni será *malchut*,[236] e, portanto, deve acontecer na presença de *yoshvim* – as pessoas que esperam alertas pelo inesperado e que aceitam a realidade das forças históricas que irão eminentemente varrer as preocupações provincianas deste tempo e lugar em particular.

Estes *yoshvim*, estas pessoas pacientes que se sentam, esperam no portão. A menção do portão sugere o mandamento Bíblico da *mitzvá* de *yibum*, que revela que quando o *yibum* for iniciado...

וְעָלְתָה יְבִמְתּוֹ הַשַּׁעְרָה

Sua cunhada (*yevimto*) [a esposa do falecido] irá ao portão.*

(Deuteronômio 25:7)

Boaz procurou não somente estabelecer a halachá permitindo mulheres Moabitas a se casarem com judeus natos – trazendo assim Lot de volta ao rebanho de Avraham – mas ele desejava fazer o mesmo dentro de um contexto de *yibum*. Desta maneira ele iria restaurar o "nome dos mortos" - seu parente Elimelech, Machlon e Kilion.

Boaz declara o motivo deste *yibum*:

---

* Apesar de o significado simples deste versículo ser que a *yevamá* vai ao beit din porque o *yavam* se recusou a fazer o *yibum*, nós já vimos que este versículo pode ser entendido como que dando uma pista quanto ao papel da *yevamá* na iniciação do *yibum*. Veja Yevamot 44a e o que Rashi diz lá, s.v* *kal sheeina olá*, para uma das fontes para esta interpretação. Veja também o comentário do segundo ato, versículo 2, e terceiro ato, versículo 13; o interlúdio no quarto ato, "O Milagre do *Yibum*"; e o comentário de rodapé.

N.T * s.v sensitive value

וְלֹא יִכָּרֵת שֵׁם הַמֵּת מֵעִם אֶחָיו וּמִשַּׁעַר מְקוֹמוֹ

Para que o nome do falecido não desapareça dentre seus parentes e *do portão* de seu lugar.

(Ruth 4:10)

A *mitzvá* de *yibum*, que está largamente na trama da história de ambos, nosso herói e nossa heroína, pode ir agora para o centro do palco. Boaz traz a tona a importância da "continuação" do nome do falecido, um conceito que já estava rondando o pano de fundo. Para entender esta ideia, nós precisamos olhar para a função do nome.

O nome de uma pessoa representa sua identidade, suas conquistas e reputação. O nome de uma pessoa combina com coordenadas no espaço e no tempo – o lugar desta pessoa – a fim de determinar seu papel na história. O propósito do *yibum* é garantir a continuação do nome de uma pessoa, assegurando que ele mantenha seu lugar e que seu *bait* (lar), seja restituído:

וְהָיָה הַבְּכוֹר אֲשֶׁר תֵּלֵד יָקוּם עַל שֵׁם אָחִיו הַמֵּת וְלֹא יִמָּחֶה שְׁמוֹ
מִיִּשְׂרָאֵל: וְאִם לֹא יַחְפֹּץ הָאִישׁ לָקַחַת אֶת יְבִמְתּוֹ וְעָלְתָה יְבִמְתּוֹ
הַשַּׁעְרָה אֶל הַזְּקֵנִים וְאָמְרָה מֵאֵן יְבָמִי לְהָקִים לְאָחִיו שֵׁם בְּיִשְׂרָאֵל
לֹא אָבָה יַבְּמִי: וְקָרְאוּ לוֹ זִקְנֵי עִירוֹ וְדִבְּרוּ אֵלָיו וְעָמַד וְאָמַר לֹא
חָפַצְתִּי לְקַחְתָּהּ: וְנִגְּשָׁה יְבִמְתּוֹ אֵלָיו לְעֵינֵי הַזְּקֵנִים וְחָלְצָה נַעֲלוֹ
מֵעַל רַגְלוֹ וְיָרְקָה בְּפָנָיו וְעָנְתָה וְאָמְרָה כָּכָה יֵעָשֶׂה לָאִישׁ אֲשֶׁר לֹא
יִבְנֶה אֶת בֵּית אָחִיו

O filho primogênito que ela parir [a esposa do falecido] irá estabelecer o nome do irmão morto, para que seu nome não seja apagado de Israel.

Se o homem se recusa a casar-se com ela, a cunhada (*yevamá*) deverá ir até o beit din diante dos anciãos, tirar o sapato dele, cuspir diante dele, e declarar, "Isto é o que deve ser feito ao homem que se recusa a construir a casa de seu irmão."

(Deuteronômio 25:6-9)

Aqueles que se sentam "no portão de seu lugar" são, portanto, os mantenedores das tradições locais que mantém o posto, o lugar na sociedade e a posição na comunidade. Boaz apela para esta autoridade informal tanto quanto busca a aprovação legal dos sábios, pois um *yibum* de importância histórica está para acontecer. Somente os anciões estabelecem a lei que aceita uma Moabita no povo de Israel, em um pronunciamento legal que funciona de cima para baixo. No entanto, o reestabelecimento dos mortos, de Elimelech e Machlon, requer a participação da comunidade local, espalhando-se dos portões limites para dentro da cidade. Para conseguir seu objetivo, Boaz precisa dos anciões e dos líderes locais que se "sentam" à entrada da cidade.

אִם תִּגְאַל גְּאָל וְאִם לֹא יִגְאַל הַגִּידָה לִי

"Se você está disposto a redimir, assim faça! Mas, se ele não for redimir, me diga

Uma anomalia sintática nos diz que Boaz está adentrando o segundo estágio do processo. Depois de ter informado a Tov sobre a necessidade da redenção do campo, Boaz começa a reconhecer seu próprio interesse. Tudo começa com Boaz se dirigindo a Ploni Almoni dizendo, "Se *você* está disposto a redimir, assim faça!" Mas então, ele muda o pronome no meio do versículo. Ele se refere ao mesmo na segunda pessoa (você) para então terceira pessoa (*ele*) ao falar dele: "Mas, se *ele* não for redimir, me digam." O Midrash aborda o assunto argumentando:

אִם תִּגְאַל גְּאָל (רות ד, ג ד), לַגּוֹאֵל אָמַר (רות ד, ד): וְאִם לֹא יִגְאַל,
לְבֵית דִּין אָמַר

> "Se você está disposto a redimir, assim faça!" foi dito ao redentor [Ploni Almoni]. "Mas, se ele não redimir" foi dirigido ao beit din.
>
> (Ruth Rabá 7.10)

Mesmo a continuação da sentença parece contradizer a explicação do Midrash. Boaz conclui a mesma dizendo *"haguida li"* - "me diga" - falando mais uma vez no singular, sugerindo desta forma que está novamente falando com Ploni Almoni!

A aparente explicação direta do Midrash, na verdade, destaca o foco real da declaração de Boaz. A tensão gramatical em suas palavras expõe sua intenção implícita no encontro com Ploni. Boaz está convencido de que ele será o redentor, e não esconde o fato.[237] Apesar de aparentar estar simplesmente apresentando duas alternativas – ou Ploni será o redentor, ou não será – ao dirigir a segunda alternativa à corte ao invés de para Ploni Almoni mesmo, Boaz revela que em sua opinião, o jogador importante aqui é o *beit din*, que pode estabelecer a elegibilidade de Ruth. Ele está certo de que será o redentor, e para ele, Ploni Almoni é quase uma tecnicidade incidental e anônima, que permite a este *beit din* legislar.

ואדע (וְאֵדְעָה) כִּי אֵין זוּלָתְךָ לִגְאוֹל וְאָנֹכִי אַחֲרֶיךָ

"que eu o saiba, pois não há mais ninguém para redimir exceto você, e eu venho depois de você."

As motivações implícitas de Boaz são agora aparentes a todos: Boaz é o próximo na linha. A um primeiro olhar, é estranho dizer isto. Mesmo antes de Ploni informar suas próprias intenções, Boaz já se declara parte interessada ("E eu venho depois de você"), precisamente o que ele procurava evitar a todo custo! Ele parece estar minando todos os seus esforços anteriores, convidando o *beit din* a questionar a legitimidade haláchica que ele queria assegurar.

Boaz percebe, contudo, que sua posição está comprometida, faça o que fizer. Se ele instituir a halachá em prol de Ploni Almoni, no final, acaba invocando-a para ele mesmo se casar com Ruth, as pessoas iriam mesmo assim pleitear que a tradição é inaceitável. Neste tipo de situação, portanto, a estratégia mais efetiva é confessar sua fraqueza antes que alguém o faça. Desarme as armas de seus oponentes revelando a falha na frente. Como o Talmud coloca:

אמר ליה רבא לרבה בר מרי מנא הא מילתא דאמרי אינשי מילתא גנאה דאית ביך קדים אמרה א''ל דכתיב {בראשית כד- לד} ויאמר עבד אברהם אנכי

"Qual é a fonte da expressão folclórica 'Se você tiver um defeito, mostre logo antes que alguém o faça'"?

"E ele [Eliezer, representante de Avraham, quando se apresentou à família de Rebeca com uma proposta de casamento em nome do filho de seu patrão, Issac] disse, "Eu sou servo de Avraham.'"

(Baba Kama 92b)

Como Eliezer, Boaz se certificou para que mais tarde, não houvesse acusações de manipulação ou estratagemas, sendo direto. Na presença dos *zekeinim* e dos *yoshvim*, ele declarou abertamente que se Ploni Almoni declinasse da oportunidade, ele estava ansioso para ficar em seu lugar. Ele decide deixar tudo muito bem claro e explicado: "Eu resolvi informá-lo que você, Ploni Almoni, tem o direito da recusa. Todavia, se recusar, deixo claro que não haverá uma segunda chance." Ele enfatiza este ponto com as palavras "eu venho depois de você," através das quais ele quer dizer, "Eu sou o próximo na linha e tenho total intenção de exercer meus direitos."

Boaz tece uma linha delicada. Este é o motivo pelo qual no momento em que reconhece seu interesse, ele também faz um esforço especial para publicamente encorajar Ploni a concordar em ser o redentor. Somente se os esforços de Boaz parecerem sinceros –

e são sinceros – ele terá a permissão de ir em frente, caso o primeiro recuse. Seu aviso de que "irei agir caso você não o faça!" dá a Ploni toda a razão para avançar.

A tensão aqui é mais uma vez revelada por meio de uma contradição entre *k'tiv* e *k'ri*. A frase "para que eu saiba" é escrita ואדע, que, sem vogais, se parece com a palavra *v'eida*, que significa "e eu saberei". "Mas o *k'ri* da palavra faz com que a palavra seja pronunciada "*veeid'a*", que significa "para que eu possa conhecê-*la*". O versículo pode, portanto, ser entendido de duas maneiras. De acordo com o texto escrito, Boaz simplesmente aguarda a decisão de Ploni Almoni, enquanto no nível experiencial da meguilá falada, vemos que Boaz sente que sua própria intimidade com Ruth irá, e deverá, aumentar.

Ao usar esta palavra carregada de sentido, Boaz fornece outra pista a respeito de suas intenções. Ploni Almoni inicialmente presumiu que ele havia sido convocado para resgatar o campo da família que havia sido vendido por Naomi a um comprador estranho. Boaz vai revelando gradualmente que algo mais complexo em questão. Primeiro, há a presença dos Sábios - e ,afinal, redimir um campo deveria ser uma transação simples, que não requer a reunião de dez sábios. Em seguida, há a mudança sutil onde Boaz para de falar com Ploni Almoni e dirigindo-se ao *beit din*, indicando que ele não espera que Ploni Almoni conclua a transação. Agora Boaz comete o que parece ser um deslize Freudiano escandaloso. Dizendo "que eu posso talvez conhecê-la", ele praticamente anuncia que ele e Ruth já tem um relacionamento que ele espera consumar. Ainda mais, ele entrelaça a intimidade sexual no que, até agora, era apenas um negócio comum de compra de um campo. Boaz introduz a ideia de que um relacionamento íntimo pode ser um componente da transação, enquanto coloca Ruth como a que reivindica. Embora ele esteja ostensivamente oferecendo o relacionamento a Ploni Almoni, Boaz está, de fato, publicamente propondo um casamento!

Mais uma vez, Boaz deve caminhar sobre uma linha tênue e agir em vários níveis. Por um lado, ele está na frente de Ploni Almoni.

Ele claramente diz a ele: "É melhor você não hesitar, porque se o fizer, estou ansioso para mergulhar de cabeça e tomar o seu lugar". Ao mesmo tempo ele informa aos *z'kenim* que ele já tem um relacionamento com Ruth, assim, ele se antecipa ao *beit din* de desaconselhar um casamento entre parceiros de idades diferentes, pois Ruth - com quem ele já tem um relacionamento - não considera ser um problema a diferença de idade. Assim, no exato momento em que Boaz revela que ele e Ruth tem um relacionamento, ele também revela sua vontade de renunciar a esse relação. Ao expor seu lado na questão, ele coloca o problema de forma clara e correta nas mãos de Ploni Almoni. Ele também usa uma dica quanto ao próprio interesse no assunto, o que por sua vez, poderia fazer com que fosse considerado inadequado para testemunhar e exorta Ploni a agir.

Entende-se esta "pressa" de Boaz como sendo sincera e isto pode ser visto na resposta de Ploni Almoni...

וַיֹּאמֶר אָנֹכִי אֶגְאָל

E ele respondeu, "Eu irei redimir."

Ploni Almoni se decide e aceita o papel de redentor! Além do mais, ele declara sua disposição para agir usando o existencial *anochi* ao invés do simples *ani*.[238] Com esta resposta, ele declara que ao se tornar o redentor, ele estará expressando sua própria identidade. Ele entende que esta não é simplesmente uma proposta de negócio; estará agindo com um sentimento filial profundo para restituir a fortuna de sua família. Ele estava verdadeiramente comovido pelas anomalias desta importante reunião. Boaz demonstrou uma atitude de força e comando, de seriedade e urgência. Dez sábios se reuniram dando à reunião gravitas* e prestígio. Ploni, com certeza, reconhece que, o fato de ele estar presente no local naquele momento em que sua

---

*   N.T gravitas = seriedade. Esta palavra foi usada no texto original e decidi mantê-la para não repetir termos já usados no mesmo parágrafo. O termo vem do Latim e era usado pelos romanos denotando a virtude de seriedade.

presença se fazia necessária, não foi uma simples coincidência. Ele usa a palavra *anochi*, dizendo que isto não é somente *sobre* "mim," sou "eu"!

Com a declaração de Ploni Almoni, finalmente, a porta se abre para a introdução da lei que permite a entrada de Moabitas mulheres, convertidas, a se casarem com judeus natos. Ele se declarou o redentor: inteiramente e existencialmente, fazendo com que Boaz não tenha mais nenhum interesse pessoal na questão e pode agora testemunhar sobre a tradição haláchica que carrega, já que agora seu testemunho passa a ser em favor de Ploni e não em benefício próprio. Boaz conseguiu confirmar a legitimidade da lei com sucesso e ao mesmo tempo ser franco sobre seus interesses e aspirações!

וַיֹּאמֶר בֹּעַז בְּיוֹם קְנוֹתְךָ הַשָּׂדֶה מִיַּד נָעֳמִי וּמֵאֵת רוּת הַמּוֹאֲבִיָּה אֵשֶׁת הַמֵּת
(קָנִיתִי) קָנִיתָה לְהָקִים שֵׁם הַמֵּת עַל נַחֲלָתוֹ

5. Então Boaz disse, "Quando você adquirir a propriedade das mãos de Naomi e de Ruth, a Moabita, você deve também adquirir a esposa do falecido para que se perpetue seu nome na sua herança."

O fato é que Ploni não entende a situação por completo e pensa que o que foi pedido que ele faça é redimir a propriedade de um ancestral. Boaz entende, contudo, que esta não é a forma comum de redenção e durante a noite que passou com Ruth no silo, ele chegou a um novo entendimento de *gueulat sadê* (redenção do campo). Apesar de o termo ser usado ao longo da Meguilá com um sentido de transação comum, ele agora entende que este é um termo que ecoa um sentido metafísico: A redenção do campo tem implicações escatológicas. É um ato enraizado na terra, mas que ascende aos céus. Boaz está dando a Ploni Almoni a oportunidade de redimir as almas dos mortos e forjar o destino de seu povo.

Boaz agora, procede em compartilhar todas as implicações desta aparentemente simples redenção com todos que estão reunidos no portão da cidade. Sua abordagem requer repensar nosso entendimento mais básico de *kinyian* – aquisição - e casamento. Ele não explica sua abordagem de uma maneira direta e contundente; ao contrário, ele revela seu entendimento do conceito gradualmente e quer que tanto o *beit din* quanto Ploni *sintam* a realidade incontestável desta nova definição de redenção.

Ele começa informando a Ploni que deve começar comprando de volta a propriedade vendida por Naomi, no sentido clássico da palavra redenção. No entanto, e novamente, uma anomalia linguística nos informa que algo complexo está acontecendo. Naomi e Ruth estavam destituídas quando retornaram a Beit Lechem, foram tratadas como levianas pelos antigos amigos e vizinhos de Naomi. No desespero, Ruth retornou a procurar alimentos, enquanto Naomi vendeu a terra para levantar dinheiro para sustentá-las. Boaz informa Ploni no versículo 3 que "Naomi vendeu a terra que pertencia a Elimelech," mas, no nosso versículo Boaz parece se contradizer ao dizer a Ploni que ele irá comprar a terra "*de Naomi*"!

Isto é muito estranho, pois se Naomi já havia vendido a terra, Ploni deveria então redimi-la, comprando a mesma de um outro comprador "não identificado"![239] Além do mais, a própria palavra *goel* – redentor – sugere que a terra já havia sido vendida e que precisava ser recomprada - "redimida" - em nome da família.[240] Em que sentido, então, esta terra está sendo comprada *de* Naomi? Boaz está claramente tentando sutilmente introduzir uma nova ideia, e ao afirmar que a terra está "nas mãos de Naomi" ele está, na verdade, iniciando uma redefinição multifacetada do relacionamento entre as pessoas e a terra, e do processo de *kinyan*.

A formulação estranha "das mãos de Naomi" abre portas para uma nova e surpreendente concepção de *gueulat sadê*. Para Boaz, redimir a terra significa muito mais do que comprar a mesma de outro comprador. Não é um ato mecânico de *kinyan*. Redenção requer muito mais do redentor, pois ele é responsável por retornar o campo à herança da família para que a mesma seja reconectada ao "seu território."

Boaz fala de Naomi, não do comprador "não especificado": ele fala de um campo pertencente a "nosso irmão Elimelech." Tecnicamente, nenhuma das duas afirmações são verdadeiras. Machlon e Kilion herdaram o campo depois da morte de Elimelech. Naomi já vendeu a mesma, mas ao focar em Elimelech, Boaz liga o campo a uma questão maior da herança da família. A redenção envolve as pessoas para quem o campo é uma herança, às pessoas cujas identidades estão interligadas com este terreno: "àquela que retornou de Moav,"[241] Boaz afirma que a redenção deve se estender mais para fora, a fim de abordar não só as pessoas, mas também a história, e deve assim, levar em conta, tudo o que aconteceu em Moav. E a experiência de Moav remonta a um tempo antes de haver um Israel; isto está conectado a muito mais do que a história local da família, em um momento específico da história. Boaz, efetivamente, insiste que Ploni se case com Ruth, a Moabita: A jornada de volta de Moav para Israel é um elemento essencial da re-concepção de Boaz sobre *gueulat sadê*.

"Você deve saber" diz Boaz a Ploni, "que há muito mais em jogo aqui do que uma mera redenção de um campo. Como o redentor, você não está somente comprando a terra de volta porque é parente. Você está redimindo este campo porque Naomi o perdeu através de um conjunto de circunstâncias que envolveram a intersecção de uma fome histórica e a casa real de Moav. Esta intersecção se ramifica em muitas direções; um caminho leva de volta aos nossos ancestrais Yehuda e Tamar; outro, a Avraham e Lot, para *chessed* e Sodoma. As questões de *malchut* e a própria Criação estão associadas a esta trama, o que significa que seu ato de redenção está destinado a ser um *tikkun*, uma reparação, não somente da perda de Naomi, mas, da própria história. Você tem um papel a cumprir nesta saga de longo tempo, e a história está segurando o fôlego, esperando por sua resposta!"

Ao afirmar que a terra é de Elimelech, e que deve ser comprada de *miyad Naomi* (das mãos dela) – e especialmente através daquele aspecto de Naomi ter retornado de Moav – Boaz insinua que há um elemento de *gueulat sadê* que vai muito além de uma mero *kinyan*. O campo permanece propriedade de Elimelech, apesar de sua morte; estará sempre ligado às mãos de Naomi. Como Boaz faz uma alusão ao significado extraordinário desta "redenção," ele também insinua que os relacionamentos são centrais a *gueulá*. Um campo não é simplesmente "adquirido."

A fim de se certificar de que não há nenhum mal-entendido, Boaz enfatiza que o campo deve ser comprado "não somente das mãos (*miyad*) de Naomi, mas também (*meet*), de Ruth de Moav." Há uma distinção sutil, porém, significativa entre estas duas formulações: *meet* tem uma conotação muito diferente do que *miyad*.

De acordo com o Talmud (Ketubot 32b), *miyad* é uma expressão usada quando algo passa de uma mão para outra, e descreve uma transação típica na qual dinheiro passa em uma direção, e um campo ou objeto passa em outra, formando assim o que conhecemos como a fundação de aquisição. *Meet*, no entanto, denota um nível mais alto de transação e implica que para que haja o *kynian*, algo mais do que simplesmente passar objetos de uma mão para outra deve acontecer. O *kynian* deve ser efetivado **através** do envolvimento de Ruth.

Boaz então elucida o envolvimento único de Ruth: "para perpetuar o nome do falecido na sua herança." Deliberadamente, ele junta os conceitos de *gueulá* e *yibum*. Pegando frases emprestadas da descrição de *yibum* da Torá, ele cuidadosamente coloca estas alusões no contexto de *gueulat sadê*:

וְאִם לֹא יַחְפֹּץ הָאִישׁ לָקַחַת אֶת יְבִמְתּוֹ וְעָלְתָה יְבִמְתּוֹ הַשַּׁעְרָה אֶל הַזְּקֵנִים וְאָמְרָה מֵאֵן יְבָמִי לְהָקִים לְאָחִיו שֵׁם בְּיִשְׂרָאֵל לֹא אָבָה יַבְּמִי

Mas, se o homem não quer se casar com a viúva de seu irmão, então ela deve se apresentar diante dos anciãos (*zekenim*) no portão e declarar, "O irmão de meu marido se recusa a estabelecer um nome para seu irmão em Israel; ele não irá fazer o *yibum*."

Deuteronômio 25:7

Boaz pega a linguagem de *yibum* - "a perpetuação do nome" - e a coloca "na sua herança," unindo *yibum* e *gueulat sadê*. Ele insiste que ambos estão completamente interconectados, que não pode haver redenção verdadeira de um campo ou conexão verdadeira com a terra sem levar-se em conta a perpetuação do nome da pessoa e da história. Ele diz a Ploni que para tomar a responsabilidade com Naomi e Elimelech, e cumpri-la de acordo – e através deles, cumprir o compromisso com a história que esperou até este momento – deverá casar-se com Ruth em um ato de *yibum*.

Meet indica um nível de contato que é muito mais íntimo do que *miyad*, pois não há nenhuma "mão" aqui, nenhuma barreira separando os dois participantes da transação. Estamos chegando a outro nível de *kinyan*, que nos leva para além do perigoso conceito de aquisição que Cain/Kayin incorporava. E isto é destacado através da repetição da palavra *kinyan*: Boaz já havia afirmado, "*beyom kenotchá*" - "no dia em que você adquirir." Agora, ele repete a palavra **kanita**, indicando que outro nível de *kinyan* ainda deve acontecer.

Este nível de *kinyan* sobre o qual fala é sinônimo de casamento, e Boaz declara que Ploni deve não somente adquirir a terra de Naomi, e de "Ruth, a Moabita," mas também, casar-se com ela. Esta não é uma questão de prover para uma viúva ou protegê-la, mas fazer dela sua esposa em todos os sentidos. Este deve ser um ato de relacionamento, de *yibum* completo.

שֶׁלֹּא תֹאמַר יֵשׁ לִי אִשָּׁה וְיֵשׁ לִי בָנִים הֲרֵינִי כּוֹנְסָהּ לְתוֹךְ בֵּיתִי עַל מְנָת שֶׁלֹּא אֶזְקֵק לָהּ. כֵּיוָן שֶׁשָּׁמַע הַגּוֹאֵל כֵּן, אָמַר וַדַּאי דְּהִיא אֲזַלַת רוּת

Você não deve dizer, "eu tenho uma mulher e filhos. Irei levá-la para minha casa, mas não me deitarei com ela."

Quando o redentor [Ploni Almoni] ouviu isto, ele disse, "Aí vai Ruth [para outro]!"

(Ruth Rabá 7.9)

INTERLÚDIO:
O Milagre do *Yibum*

Chegamos ao cerne de nossa história. Finalmente, *yibum*, o "verdadeiro *chessed*" feito aos mortos, veio à tona. Esta força, que tem sutilmente levado a Meguilá desde a ida de Elimelech e Naomi para os campos de Moav, está sendo agora discutida abertamente. É uma *mitzvá* estranha e única que vincula os assuntos centrais levantados pela Meguilá; a questão do *chessed*, da natureza coerciva de conceder da Torá e da criação de *malchut*. *Yibum* nos força a reconsiderar nossos relacionamentos mais fundamentais, com Hashem e com a humanidade. Não é nenhuma coincidência que Boaz faz do *yibum*, a chave para a redenção.

O *yibum* traz a tona o complicado emaranhado dos elementos que formaram a experiência de Israel no Sinai, e interligadas nesta *mitzvá*, estão as questões de liberdade, escolha, contexto, e identidade. O *yibum* é experienciado de maneiras radicalmente diferentes pelo *yavam*, o irmão do morto, e a *yevamá*, a viúva. Ao justapor estas experiências contraditórias de uma simples *mitzvá*, podemos ganhar novas perspectivas em nosso relacionamento complexo, e conflitante com o Sinai, permitindo-nos identificar os elementos que devem ser encaminhados em nosso relacionamento com D'us.

Para o *yavam*, *yibum* é a única *mitzvá* da Torá que depende inteiramente de um contexto. Como vimos, o cunhado deve primeiro receber uma "*etzá hoguenet*" (conselho correto) do beit din, então, deve decidir se quer ou não realizar o mesmo. Portanto, a *mitzvá* não depende somente do contexto, mas é também opcional! Enquanto que *kavaná* (intenção) sempre tem seu papel em uma *mitzvá*,[242] no *yibum*, ela é definitiva: a intenção e o compromisso do cunhado devem ser incondicionais e puros. Se as circunstâncias não são ideais, ou, se o cunhado não tem o compromisso necessário, não deve se voluntariar e o *yibum* não deve ser feito. É impressionante que este é o único mandamento no qual a intenção adequada transforma um relacionamento que, em circunstâncias normais, seria pecaminoso, em uma *mitzvá*. E a falta de uma intenção apropriada transforma uma relação, que sob certas circunstâncias seria uma *mitzvá*, num pecado!*

Devido ao fato de esta *mitzvá* ser altamente contextualizada, todas as circunstâncias e oportunidades envolvidas em cada caso devem ser consideradas. Boaz pode, portanto, forjar uma ligação – aparentemente fora da trama – entre a redenção e o *yibum*, pois ninguém presente no portão da cidade, nem Ploni, nem os sábios ou líderes da comunidade reunidos, fez alguma objeção a insistência de Boaz de que casar-se com Ruth era parte do trato. Está claro a todos os presentes que *neste caso específico*, Boaz está correto; e o contexto demanda esta ação.

A redefinição de Boaz das duas mitzvot, acentua e estende a centralidade da escolha humana, e *yibum* enfatiza a dimensão humana das mitzvot: uma *mitzvá* é definida não somente daquilo que vem de fora como também daquilo que está em seu interior. Somos nós quem decidimos quando e como uma *mitzvá* será expressada; a humanidade define os caminhos através dos quais as palavras de

---

* A questão da intenção é tão definitiva, que por séculos a maioria das comunidades judaicas decidiram se abster de fazer *yibum*, por receio de as intenções do *yavam* não serem completamente puras. Ao invés disso, tem-se feito cerimônias de *chalitzá*, dissolução do laço de *yibum*. Veja Tur, Even HaEzer 165 (um importante código haláchico escrito por R. Yaakov ben Asher – século XIV, Toledo, Espanha; este se tornou o modelo para o Shulchan Aruch), em nome de Rabenu Tam (neto de Rashi e um dos líderes Tossafistas), assim como a interpretação de Rama (R. Moises Isserles – século XVI, Cracóvia; autor do HaMapá e autoridade de liderança dos judeus Ashkenazim) no Shulchan Aruch, Even HaEzer 165.

Hashem irão impactar o mundo. O *yibum* sugere que no final, a Torá é de Israel tanto quanto é de Hashem. Torá e *mitzvá* se tornam um sistema mútuo e dinâmico no qual a consciência humana define a vontade de Hashem.[243]

Contudo, a experiência da *yevamá* é diametralmente oposta; para ela, o *yibum* não é uma questão de escolha, não há opções. Chegamos aqui a um outro aspecto extraordinário do *yibum*: Enquanto que no caso de um casamento regular o versículo diz, "*Ki yikach ish ishá*" - "Se um homem adquire uma esposa" (Deuteronômio 24:1) – implicando que o casamento é uma escolha, no caso do *yibum*, a escolha não é operante. O versículo diz, "*Yevamá yavo alecha … veyib'má*" - "Seu cunhado irá se unir a ela… e fazer *yibum*" (Deuteronômio 25:5).[244]

De acordo com o Talmud (Kidushin 4b), a *yevamá* é *zekuká* (זקוקה) ao *yavam*. A raiz זקק significa acorrentada a, ou dependente dele.[245] Então, enquanto o *yavam* pode optar por sim ou não, a *yevamá* não pode. A conexão é automaticamente formada, sem escolha, no momento em que seu marido morre sem ter deixado filhos. O aspecto coercitivo do relacionamento* nos leva de volta a experiência no Sinai, onde a montanha foi segurada sobre Israel de forma ameaçadora até que a Torá fosse aceita. Como Israel no Sinai, a *yevamá* experiencia a vontade de Hashem como uma imposição opressora.

No entanto, na apresentação desta *mitzvá* pela Torá, as ações da *yevamá* são centrais na situação. Ela não é descrita como uma receptora passiva, mas sim, como a iniciadora ativa do processo:

וְעָלְתָה יְבִמְתּוֹ הַשַּׁעְרָה אֶל הַזְּקֵנִים וְאָמְרָה מֵאֵן יְבָמִי... **וְנִגְּשָׁה יְבִמְתּוֹ אֵלָיו** לְעֵינֵי הַזְּקֵנִים וְחָלְצָה נַעֲלוֹ מֵעַל רַגְלוֹ וְיָרְקָה בְּפָנָיו

---

* O *yibum* é obrigatório para a mulher somente de acordo com a lei da Torá. Mais tarde, os rabinos estabeleceram leis de salvaguardas a fim de assegurar que uma mulher não seja forçada a entrar em um relacionamento de *yibum*. Veja Mishnê Torá, Leis de *Yibum* e Chalitzá, 2.1.

וְעָנְתָה וְאָמְרָה כָּכָה יֵעָשֶׂה לָאִישׁ אֲשֶׁר לֹא יִבְנֶה אֶת בֵּית אָחִיו:
וְנִקְרָא שְׁמוֹ בְּיִשְׂרָאֵל בֵּית חֲלוּץ הַנָּעַל

A cunhada deve subir até o portão e declarar aos *zekenim*,

"O irmão de meu marido se recusa a perpetuar o nome de seu irmão em Israel; ele não fará o *yibum*"...

Sua cunhada deve então abordá-lo na frente dos anciãos, tirar o sapato dele e cuspir diante dele, e declarar "Isto é o que deve ser feito ao homem que não irá construir a casa de seu irmão."

(Deuteronômio 25:7-9)

Na verdade, todos os atos do *yibum* que levam a *malchut* são iniciados por mulheres! Perceba que em todos os casos de *yibum* até este ponto, o envolvimento dos homens foi involuntário: as filhas de Lot dobraram seu pai com vinho; Tamar enganou Yehuda ao dormir com ele, e foi Ruth que iniciou o *yibum* em nossa Meguilá, seduzindo ativamente Boaz.

Aparentemente, ao desafiar o modelo de casamento padrão descrito por *"ki yikách ish ishá"* - "se um homem adquirir uma mulher" (Deuteronômio 24:1), *yibum* também desafia as relações de gênero definidas pela punição de D'us a Chavá, *"vehu yimshol bach"* - "e ele irá governá-la" (Gênesis 3:16). Se no modelo de casamento tradicional, a relação é iniciada pelo homem que "adquire uma esposa," o *yibum* paradoxalmente empodera a mulher, que é ligada involuntariamente a um relacionamento – *ela* é aquela que aborda o *beit din*. Este é o paradoxo que iremos explorar ao procedermos.

O *yibum* revela os assuntos primordiais subjacentes ao relacionamento da humanidade e D'us, e os incorpora na experiência pessoal concreta de dois indivíduos. Assim como a posição da *yevamá* é um paralelo ao desafio de Israel no Sinai, o *yavam* é posicionado a re-experienciar o desafio de Adam no Éden. Ao minar o empoderamento ativo do homem – o *ki yikach* do casamento – o *yibum*, na verdade, recria o relacionamento original de Adam com Chavá.

Na sequência de ter comido do Fruto Proibido, Adam culpou Hashem pelo pecado: "a mulher que o Senhor colocou ao meu lado," disse ele, apontando para sua esposa, "ela me deu da árvore, e eu comi" (Gênesis 3:12).[246] Com uma única frase, Adam rejeitou sua dependência de D'us e seu relacionamento com sua esposa. "A mulher" era um problema, porque D'us a tinha colocado "ao meu lado," e Adam não queria estar atrelado a uma escolha de D'us de uma parceira para ele.

No *yibum*, o casamento é novamente colocado no lugar por D'us: a *yevamá* é designada ao *yavam*; ela foi simplesmente colocada "a seu lado" ao invés de "pega por ele" O *yavam* agora tem duas opções; aceitar a escolha de D'us e entrar em um relacionamento de *yibum* ou rejeitá-lo e fazer a *chalitzá*, um ritual no qual a conexão de *yibum* é dissolvida. O *yibum*, portanto, toca nos aspectos mais fundamentais de nosso relacionamento com D'us, do Éden até o Sinai, recria, de forma pessoal, os antigos desafios da dependência-*chessed* e *mitzvá*-coerção.

O *yibum* também toca os assuntos mais fundamentais que dizem respeito a humanidade, levantando muitas questões: O que significa ser humano? Qual é a contribuição mais importante do ser humano para a contínua empreitada da Criação? Como ele ganha a eternidade? O *yibum* aborda estas questões como nenhuma outra *mitzvá*: de uma forma primordial.

A essência de uma pessoa, nos mais básicos níveis físicos, é compartilhada com as gerações futuras através da transmissão da informação genética e o *yibum* lida com estas questões da genética compartilhada. A sua maneira, não é somente um caso de *chessed shel emet*, é na realidade, *chessed* por excelência. *Chessed* é geralmente traduzido como bondade, mas não significa apenas fazer atos de bondade – significa "trazer vida a tona." Lemos em Salmos, "*olam chessed yibanê*" - "o mundo é construído em *chessed*" (98:3).[247] Ele é a força motriz da Criação, o processo pelo qual Hashem transmite Seu eterno **ser** em uma vida ***transitória*** que é, no entanto, capaz expressar a existência inicial de D'us.[248] As Criações do Criador são em si mesmas capazes de criar, e é por isso que a criatividade e a reprodução são tão interligadas: assim como D'us é dinâmico, trazendo um mundo no qual não existem duas pessoas iguais,[249] nossa criatividade deve ser dinâmica. Não nos clonamos, mas sim, nos envolvemos em relacionamentos que resultam em novos seres que são capazes de se desenvolver e mudar.

A Meguilat Ruth gira em torno da necessidade da reprodução, a fim de assegurar que o "nome do morto", não se perca. No entanto, esta necessidade vai além do desejo instintivo de ter filhos. Ao contrário, é levado por um sentido de responsabilidade pelas forças maiores da Criação, por um desejo de integrar tanto os vivos quanto os mortos. É fundamentalmente, uma visão do *yibum* sobre reprodução, interligando genética e consciência. O *yibum* insiste que é possível transferir a essência de uma pessoa através do processo de "pai de aluguel" – o cunhado – contanto que o mesmo tenha a intenção correta e que a genética física junto com a consciência de identidade andem de mãos dadas. O *yibum* inicialmente falhou porque Onan, o filho de Yehuda, não conseguiu se convencer a compartilhar sua essência com a de seu irmão morto:

וַיֵּדַע אוֹנָן כִּי לֹא לוֹ יִהְיֶה הַזָּרַע וְהָיָה אִם בָּא אֶל אֵשֶׁת אָחִיו וְשִׁחֵת אַרְצָה לְבִלְתִּי נְתָן זֶרַע לְאָחִיו

Mas Onan sabia que a semente não seria dele, então ele a desperdiçava toda vez que se relacionava com sua cunhada, para que não provesse semente por seu irmão.

(Gênesis 38:9)

Em contrapartida, na Meguilat Ruth os participantes se envolvem em um relacionamento mútuo no qual desistem de suas necessidades reprodutivas normais e em um ato de redenção, fazem de si mesmos os veículos para o desenvolvimento da criação. Seus desejos reprodutivos ficam tão alinhados com seus compromissos conscientes, que eles trabalham em conjunto, sem divisão entre amor físico e espiritual e desejos sexuais.

Ao trazer juntos o compromisso e o contexto, o *yibum* prove uma resposta ao problema de *chessed*. O *yibum* verdadeiro leva ao reconhecimento de que o relacionamento entre a essência do ser humano e a genética da pessoa é uma função de compromisso intencional com a mutualidade. A questão do *chessed* está profundamente enraizada no efeito corrosivo da dependência, na qual a identidade do receptor é destruída pela confiança no benfeitor. O *yibum* deixa esta questão de cabeça para baixo.

Normalmente, o *chessed* diminui o receptor, porque o benfeitor absorveu parte do ser do receptor. No *yibum*, o benfeitor não somente não absorve o ser do receptor (pois o mesmo está morto), mas o benfeitor, na verdade, *contribui* com uma parte de sua própria essência com o receptor. O milagre do *yibum* é que o benfeitor se une ao receptor, para que se tornem uma identidade única.[*]

Não é nenhuma coincidência que o primeiro relacionamento verdadeiramente mútuo seja também um de *yibum*, pois o mesmo demanda uma meta-identidade na qual o egoísta *elai*, a necessidade de ter algo "para si mesmo," desaparece. Abre as portas, pela primeira vez, para um relacionamento no qual não há disputa de poder, nenhuma necessidade de "pegar" algo para si mesmo, e permite ao *yavam* e a *yevamá* atingir um sentido mais profundo do eu que não é dependente de pegar algo que não lhe pertence.

A Meguilat Ruth conta a história de um *yibum* supremo, a criação de David. É um *yibum* que vem da confluência de duas vertentes de

---

[*]   O *yibum* se torna o último *tikun* para Cain e Abel. Cain não conseguia tolerar a existência de seu irmão e o assassinou, destruindo assim seu nome e casa. Através do *yibum*, o *yavam* traz seu irmão morto de volta a vida juntando suas identidades e provendo ao morto com um nome eterno e uma casa reconstruída.

yibum: Yehuda e Tamar conceberam Peretz, que concebeu Boaz. Lot e suas filhas conceberam Moav, que concebeu Ruth.[250] Agora estes dois produtos de *yibum* se juntam em um ato cósmico de *yibum* para que David seja concebido.

A verdade é, todavia, que David descende do mais antigo caso de *yibum* de todos os tempos – o *chessed shel emet* feito por Adam, no dia de sua criação. O leitor se lembrará que o Zohar nos ensina (Lech Lechá 91b) que foi mostrado a Adam todas as suas futuras gerações e ele viu que não havia sido dado a David nenhum tempo de vida. Então, ele "doou" setenta anos de sua própria vida para que David pudesse viver.[251]

De acordo com o Zohar, Adam disse a David, "Pegue minha vida e a viva." Esta interação foi similar a um *yibum*, pois Adam teve que ser capaz de doar de sua vida; David, de ser capaz de viver a vida de outro – neste caso, a espécie humana com um todo.

Antes de ir ao silo, Ruth toca no *yibum* primordial, ela se torna como David, "sem anos atribuídos a ele." Este é o significado do *elai* que desapareceu.[252] Naomi insinuou em sua conversa com Ruth que a única maneira pela qual este *yibum* poderia produzir *malchut* seria se ela estivesse disposta à **não** se limitar a si mesma. David, como *melech*, não tem um "eu" limitado, nenhum tempo de vida que seja seu. Como o último fenômeno espontâneo, ele existia somente por causa da matriz da Criação que trouxe as condições para esta espontaneidade. Ele é a criação do primeiro Homem – ele surgiu da espécie como um conjunto.

Ruth teve que estar disposta a atingir uma identidade completamente nova, e ela respondeu que não tinha o menor problema com isso, estava preparada para descobrir "uma nova eu," uma "*self*"* espontâneo, que resultaria das conexões e relacionamentos

---

*   N.T. mantive aqui o termo self do original em inglês porque é o termo usado na psicologia, e é exatamente o que o texto quer dizer e para evitar repetições.

que ela nunca tinha imaginado.

O desaparecimento do *elai* nos leva de volta ao início da Meguilá. Elimelech (*elai melech* – para mim como um rei) deixa Beit Lechem, levado por um sentimento de *elai* egoísta que domina sua esposa e filhos.[253] Ele e sua família são por fim, destruídos, porque ele acredita que pode construir um *malchut* próprio que virá pela força de seu desejo. Mas, na verdade, para criar *malchut*, você deve se render ao *elai*. Quando assim faz (como Ruth fez), você é deixado, simplesmente e para sempre, com o *melech*. Este é o motivo pelo qual o ritual de redenção da Meguilat Ruth se foca no "campo de Elimelech." O *yibum* está retornando e redimindo a fonte da queda inicial da família.

Ao trazer o *yibum* para o centro das atenções, Boaz deixa implícito que a *gueulat sadê* significa muito mais do que redimir campos – significa redimir relacionamentos. Um campo é uma representação física de uma herança. Uma herança representa a colocação de um ser humano no mundo; é a única conexão deste ser com o mundo, sua ligação com o passado e o futuro. Boaz diz a Ploni Almoni, "Você não pode simplesmente comprar a terra mecanicamente – *myiad*, pois há um elemento espontâneo – a *meet* – associado a este ato de *myiad*. A *gueulá* não é meramente uma questão de um pouco de dinheiro. Ela não pode ser comprada. Quando falamos em *gueulat sadê*, estamos, na verdade, falando da questão da conexão da alma humana e a Terra de Israel, uma conexão tão forte que a alma e a terra existem como se fossem uma só, e pode ser traçada de volta à Criação, à primeira conexão entre Adam (Homem) e a *adamá* (terra). A *Mitzvá* de redimir a terra, portanto, não foi destinada a ser feita de forma mecânica; não como parte de um conselho venenoso do Serpente. Não devemos seguir os passos do primeiro Homem, que se sentiu restrito a uma *mitzvá* que lhe foi dada, nem tampouco os passos daqueles que se sentiram coagidos no Sinai. Esta, como todas as mitzvot, devem ser observadas com o sentimento de mais profundo compromisso ou no final, a pessoa irá rejeitá-las completamente.

Novamente, o *kri* e o *ketiv* sugerem as duas camadas da realidade.

Mesmo quando Boaz faz demandas para que Ploni Almoni entenda todas as implicações de *gueulat sadê*, ele sabe que esta *gueulá* deve ser feita por ele. Foi Boaz que se tornou ciente primeiro da conexão entre terra redimida e humanidade redimida e, portanto, somente ele pode entender o contexto e ter a consciência que a *mitzvá* demanda.

Neste versículo, apesar da palavra ser lida como *kanita*, significando "Terá adquirido," está escrito *kaniti*, "Terei adquirido." No nível mais profundo, somente Boaz, o homem cujo nome significa audácia, pode aproveitar esta oportunidade.[*]

Gueulat sadê, a redenção de um campo pessoal, é uma reflexão local das forças envolvidas na *gueulá* final – a redenção Messiânica que é o cumprimento e culminação da história. Séculos mais tarde, enquanto Nabucodonosor fazia um cerco em Yerushalayim, Hashem instruiu o profeta Yirmiahu a inspirar Israel com esperança. O primo de Yirmiahu, Hanamel, viria a ele com uma proposta de como proceder:

וַיָּבֹא אֵלַי חֲנַמְאֵל בֶּן דֹּדִי כִּדְבַר ה' אֶל חֲצַר הַמַּטָּרָה וַיֹּאמֶר אֵלַי קְנֵה
נָא אֶת שָׂדִי אֲשֶׁר בַּעֲנָתוֹת אֲשֶׁר בְּאֶרֶץ בִּנְיָמִין כִּי לְךָ מִשְׁפַּט הַיְרֻשָּׁה
וּלְךָ הַגְּאֻלָּה קְנֵה לָךְ... וָאֶקְנֶה אֶת הַשָּׂדֶה מֵאֵת חֲנַמְאֵל בֶּן דֹּדִי
אֲשֶׁר בַּעֲנָתוֹת... וָאֶכְתֹּב בַּסֵּפֶר וָאֶחְתֹּם וָאָעֵד עֵדִים וָאֶשְׁקֹל הַכֶּסֶף
בְּמֹאזְנָיִם... וָאֶתֵּן אֶת הַסֵּפֶר הַמִּקְנָה אֶל בָּרוּךְ בֶּן נֵרִיָּה בֶּן מַחְסֵיָה
לְעֵינֵי חֲנַמְאֵל דֹּדִי וּלְעֵינֵי הָעֵדִים הַכֹּתְבִים בְּסֵפֶר הַמִּקְנָה לְעֵינֵי
כָּל הַיְּהוּדִים הַיֹּשְׁבִים בַּחֲצַר הַמַּטָּרָה. וָאֲצַוֶּה אֶת בָּרוּךְ לְעֵינֵיהֶם
לֵאמֹר: כֹּה אָמַר ה' צְבָאוֹת אֱלֹהֵי יִשְׂרָאֵל לָקוֹחַ אֶת הַסְּפָרִים
הָאֵלֶּה אֵת סֵפֶר הַמִּקְנָה הַזֶּה וְאֵת הֶחָתוּם וְאֵת סֵפֶר הַגָּלוּי הַזֶּה
וּנְתַתָּם בִּכְלִי חָרֶשׂ לְמַעַן יַעַמְדוּ יָמִים רַבִּים: כִּי כֹה אָמַר ה' צְבָאוֹת
אֱלֹהֵי יִשְׂרָאֵל עוֹד יִקָּנוּ בָתִּים וְשָׂדוֹת וּכְרָמִים בָּאָרֶץ הַזֹּאת

---

[*]   Este mesmo recurso é utilizado no terceiro ato, versículos 3-4, para indicar que Ruth deve agir como a mãe de aluguel para Naomi com Boaz no silo. Aqui também, o texto insinua para o fato de que Ploni não mostrará a coragem necessária para casar-se com Ruth.

Assim como D'us disse, meu primo (*ben dodi*)[254] Hanamel veio a mim na prisão e disse, "Por favor, compre minha terra em Anatot, no território de Benjamin, pois o direito de herança é seu e você tem a responsabilidade de redimi-la. Compre-a por você"...

Então, eu comprei a terra em Anatot, a de meu primo Hanamel... Eu fiz um documento, o selei, e tinha uma testemunha; e pesei a prata em uma balança. Entreguei o documento a Baruch, filho de Neriá, filho de Machseia, na presença de meu primo, Hanamel, e das testemunhas que foram nomeadas no documento e na presença de todos os judeus que estavam no mesmo complexo prisional. Na presença deles, eu encarreguei Baruch da seguinte forma:

"Assim disse o Senhor dos Exercitos Celestiais, o D'us de Israel: Pegue... este documento de compra... e coloque-o[255] no jarro de barro para que possam durar por muitos dias.

"Pois assim disse o Senhor dos Exercitos Celestiais, o D'us de Israel: Casas, campos, e vinhedos deverão ser comprados novamente nesta terra."

(Yirmiahu 32:8-15)

Neste trecho, Yirmiahu redime o campo de Hanamel como um presságio da última *gueulá* da Terra de Israel, uma profecia sobre nosso retorno para nossa terra. De acordo com o Midrash, seu precedente foi a redenção do campo de Elimelech que havia sido vendido por Naomi:

בְּאוֹתָהּ שָׁעָה, גָּאַל בֹּעַז מַה שֶּׁמָּכְרָה נָעֳמִי. וּמֵהֵיכָן לָמַד בֹּעַז. מִן הַפָּרָשָׁה הַזֹּאת, וְכִי יָמוּךְ אָחִיךְ וּמָכַר וְגוֹ', וְעוֹד מִי הָיָה זֶה. זֶה יִרְמְיָה. בְּשָׁעָה שֶׁאָמַר הַקָּדוֹשׁ בָּרוּךְ הוּא, הִנֵּה חֲנַמְאֵל בֶּן שַׁלֵּם דֹּדְךָ בָּא אֵלֶיךָ וְגוֹ' (ירמיה לב, ז). וַיָּבֹא אֵלַי חֲנַמְאֵל בֶּן דֹּדִי כִּדְבַר ה' אֶל

חֲצַר הַמַּטָּרָה (שם פסוק ח). מִיָּד קִיֵּם יִרְמְיָה אֶת הַפָּרָשָׁה הַזֹּאת,
שֶׁנֶּאֱמַר: וָאֶקְנֶה אֶת הַשָּׂדֶה וְגו'

Naquele tempo, Boaz redimiu o que Naomi havia vendido. Ele derivou esta responsabilidade da porção da Torá que começa com as palavras, "Se seu parente ficar pobre e vender parte de sua herança [seu redentor que for mais próximo a ele deverá vir e redimir a sua venda]" (Levíticos 25:25).

Quem mais fez esta redenção? Yirmiahu. Quando D'us disse a ele, "Veja, Hanamel, o filho de seu tio Shalum, irá abordá-lo… E meu primo Hanamel realmente veio a mim na prisão como D'us havia dito." Yirmiahu imediatamente cumpriu sua obrigação, como o versículo atesta, "E eu comprei a terra."

(Midrash Tanchuma, Behar 3)

O que se pode pensar quando se trata de uma história "insignificante" sobre a recompra de um campo, na verdade, se torna um precedente para um ato simbolizando a redenção de Jerusalém. *Malchut* e redenção vêm do reconhecimento de nossa conexão com a terra, de entender que não somos separados do mundo, mas sim, parte dele. Para criar nosso lugar no mundo devemos integrar nosso passado e nosso futuro, através de nosso comprometimento consciente com a Criação e um relacionamento mútuo com D'us, para que os nomes dos mortos nunca sejam verdadeiramente perdidos, mas colocados na eternidade de seu lugar.

A Volta à Cena Um

וַיֹּאמֶר הַגֹּאֵל לֹא אוּכַל (לגאול) לִגְאָל לִי פֶּן אַשְׁחִית אֶת נַחֲלָתִי

6. O redentor respondeu, "Eu não posso redimir este campo por mim, pois tenho receio de desperdiçar meu próprio patrimônio.

Através de suas ações e palavras, Boaz construiu gradualmente a revelação deste novo nível de *gueulá*. Começando com suas ações nos versículos 1 e 2 e continuando com o diálogo nos versículos 3-5, ele tem insinuado coisas que não estavam totalmente claras para Ploni ou para os sábios e líderes da comunidade reunidos. Agora, os elementos se encaixam com uma força surpreendente. Todos aqueles reunidos, de repente, percebem que o que Boaz está falando vem de um profundo entendimento das questões levantadas pelo retorno de Ruth de Moav, e eles sabem que o que ele fala é verdade.

Apesar disso, o "redentor" rejeita seu papel. Ploni declara, "*Lo uchal*" - "Não posso casar com ela." Ele não discute com a verdade da posição de Boaz, não rejeita a conexão entre *yibum* e *gueulat sadê*. O que ele faz é admitir sua própria fraqueza e sentido de derrota. Ao dizer, "*lo uchal*", ele diz, "Eu simplesmente não consigo ir adiante com isto, tenho medo do que as pessoas vão dizer. Não quero ser rejeitado por me casar com ela. Eu estaria arruinando as perspectivas futuras de casamento de meus filhos e o meu futuro também. Eu sei que é a coisa certa a ser feita, e eu acredito em tudo o que você disse. Eu aceito completamente que tenho permissão haláchica para casar com ela, além de entender que é uma *mitzvá* para os tempos e uma oportunidade única na minha vida. Sei que esta é uma redenção destinada a mim – "*ligol li*" - mas, no entanto, eu simplesmente não consigo fazê-la."

Aqui, Ploni desiste de sua própria individualidade, seu próprio destino. Escolhe as aparências da religiosidade ao invés do serviço genuíno a D'us. Refugiar-se no santuário decadente da sociedade na qual ele se sente seguro, ele não pode abrir sua mente para a possibilidade de um novo paradigma social de *malchut*.

A palavra *almoni* (אלמוני), que em hebraico moderno é o termo para anônimo, é um cognato para a palavra *ilem* (אלם), que significa mudo, incapaz de se comunicar. O Ploni Almoni bitolado é um reflexo da sua sociedade. Ele incorpora a Beit Lechem essencial: um lugar frio, insensível, e inerte; uma sociedade que é cruelmente indiferente e contaminada pelo preconceito virulento; a Sodoma renascida no coração de Israel. Na verdade, as palavras de Ploni Almoni ecoam as de Lot, um sobrevivente de Sodoma. Lot foi a primeira pessoa a usar as palavras *lo uchal*, não posso, que é o que ele disse ao anjo enviado para resgatá-lo:[256]

וְאָנֹכִי לֹא אוּכַל לְהִמָּלֵט הָהָרָה פֶּן תִּדְבָּקַנִי הָרָעָה וָמַתִּי

E eu não posso escapar para a montanha, pois tenho receio de que o mal vai me pegar e eu morra!

(Gênesis 19:19)

Rashi explica as razões de Lot para recusar-se a escapar pelas montanhas:

אצל אברהם ברח שהוא יושב בהר

Escapar [seria ir] para Avraham, que vive nas montanhas.

(Rashi, Gênesis 19:17)

Para Lot, a questão do *chessed* era tão avassaladora que para ele, juntar-se novamente a Avraham, não era uma opção.[257] Aqui, também, a resposta de Ploni indica que a abordagem de Lot e de Sodoma, ainda está muito em voga em Beit Lechem. É exatamente este o assunto que Ruth voltou de Moav/Sdom para resolver.

As ações de Ploni Almoni não ecoam somente o fracasso de Lot pois, em sua inabilidade de fazer o *yibum*, ele ecoa o primeiro caso de *yibum* que fracassou. Ele não diz meramente, "Não posso redimir." Ele adiciona a palavra *li*, que significa, "Não posso redimir **para mim**." Suas palavras são reminiscências da lógica usada por Onan para justificar sua recusa em fazer o *yibum* com Tamar:

> Mas, Onan sabia que a semente não seria dele, então ele a desperdiçava sempre que mantinha relações com a esposa de seu irmão, para não prover semente para seu irmão.

> (Gênesis 38:9)

A lógica de Onan é equivalente a dizer, "Não farei o *yibum*, porque a criança não será minha." A justificativa de Ploni para não casar-se com Ruth não só ecoa o raciocínio de Onan, mas também como suas ações para evitar o *yibum*: O versículo afirma que Onan "*desperdiçava* sua semente no chão (*veshichet artza* – ושחת ארצה)," e da mesma maneira, Ploni declara, "por receio de *desperdiçar* (*pen ashchit* – פן אשחית) meu próprio patrimônio."

No exato momento em que Boaz estabelece as bases para a aceitação de Ruth em Israel, nós novamente ficamos frente a frente com a mesma Beit Lechem que Ruth encontrou quando chegou, incorporada em Ploni Almoni. Isto salienta a grandeza da conquista de Ruth: Ela não somente teve que aceitar o desprezo, mas também precisou ter a mente aberta para reconhecer que aquela sociedade judaica que a havia rejeitado, não era a que representava Israel. Entendeu que Beit Lechem era somente uma encarnação das preocupações de Israel, uma sociedade em transição. Ela teve a coragem de entender que aqueles que disseram *lo uchal* haviam perdido a conexão com seu povo e a tinham trocado por uma identidade egoísta da qual tiravam conforto.[*] Ruth precisou juntar sua coragem a ousadia de Boaz, e Ploni fez com que isso se tornasse possível graças ao seu covarde *lo uchal*.

גְּאַל לְךָ אַתָּה אֶת גְּאֻלָּתִי כִּי לֹא אוּכַל לִגְאֹל

"Você assume meus direitos de redenção, pois sou incapaz de redimir."

O reconhecimento de Ploni é sincero – pela segunda vez! - que ele não consegue fazer a coisa certa e há algo doloroso nesta incapacidade covarde. Ele reconhece que esta redenção é *sua* - *"gueulati"* - mas desiste da mesma por fraqueza.

Sua recusa representa o final de um paradigma que já foi esgotado, um sistema que substituiu a identidade comunal e a religiosidade em lugar de uma identidade nacional pan-histórica e serviço a Hashem verdadeiro. Aqueles que se agarram ao paradigma de Beit Lechem, sacrificam conscientemente seu papel na história e seu futuro eterno, presos na armadilha da sua inabilidade de se libertar. A resposta patética de Ploni Almoni está muito perto de empurrar Beit Lechem para uma revolução empoderada pelo insight transformativo de

---

[*] Considere a quantos diferentes estilos de vida os judeus se adaptaram durante os dois mil anos de exílio – uma de culturas contendo métodos diversos de estudos da Torá; sinagogas e arquiteturas; modos de rezar; estilos de música, arte, e vestimenta, etc. Muitas das experiências de Israel nestas e em muitas outras esferas, seriam irreconhecíveis para nós hoje. Nós não teríamos nada em comum com os membros destas outras culturas judaicas … exceto uma coisa que realmente conta – o conhecimento de que somos todos parte de Israel, membros da mesma comunidade através de uma aliança, apesar de todas as distinções externas.

Boaz sobre a conexão entre *yibum* e *gueulá*, de lugar e nome.[*]

וְזֹאת לְפָנִים בְּיִשְׂרָאֵל עַל הַגְּאוּלָה וְעַל הַתְּמוּרָה

7. Agora isto foi formalmente feito em Israel em casos de redenção ou troca,

Este versículo é um parêntesis sobre a natureza da transação que está prestes a acontecer, mas, ao justapor as palavras *temurá* e *gueulá*, se levantam inúmeras questões fundamentais. *Temurá* literalmente significa uma reviravolta, uma substituição. É um termo técnico que tem implicações no serviço do Templo:

וְאִם הָמֵר יְמִירֶנּוּ וְהָיָה הוּא **וּתְמוּרָתוֹ** יִהְיֶה קֹדֶשׁ

E se a substituição (*temurá*) é feita [a um animal usado para sacrifício], então ambos, o original e seu substituto serão consagrados.

(Levítico 27:33)[**]

---

[*] Susan B. Anthony expressou de forma pungente esta ideia da seguinte forma: "Pessoas cuidadosas, cautelosas, sempre se lançando a preservar sua reputação e posição social nunca serão capazes de trazer uma mudança. Aqueles que realmente têm boas intenções, devem estar dispostos a ser tudo ou nada na estima do mundo."

[**] É interessante considerar este versículo em um contexto: ao final da aliança dada na Parashat Bechucotai, que está centrada na questão da *shemitá*, aparece o ciclo agrícola que é observado na Terra de Israel. Este ciclo é composto de sete conjuntos de sete anos, culminando no quinquagésimo ano, o Jubileu, *yovel*, e a conquista da liberdade (Levítico 25:10). O ciclo da *shemitá* é um paralelo às sete semanas que seguem Pessach, que culmina no quinquagésimo dia, Shavuot, o dia de *Kabalat HaTorá*, o dia final da conquista da verdadeira liberdade (veja Avot 6.2), e é também, o aniversário de David. A aliança da *shemitá* está intimamente ligada a Shavuot e à nossa Meguilá. Ela promete, "Vocês comerão pão até se sentirem satisfeitos e viverão seguros na terra" (Levítico 26:5), abordando dois dos assuntos que estão na essência de nossa história – a falta da satisfação de pão e a saída da Terra de Israel.

A ideia de que um substituto possa ocupar o lugar de um *korban*, de que o mesmo possa compartilhar da santidade do animal originalmente pensado para o *korban*, está intimamente relacionada com a ideia de *yibum*, na qual um membro da família faz as vezes do falecido, fazendo parte de sua vida. A alusão aqui se refere ao fato de Ruth ter servido como *temurá* para Naomi. Também nos lembra do papel feito por Tamar (תמר), a ancestral de Boaz na produção de *malchut*.[258] Tamar – cujo nome é um cognato para a palavra *temurá* e que personifica a ideia de "substituição", ou "ficando no lugar de" – iniciou o *yibum* que levou ao nascimento de Peretz e, subsequentemente, de Boaz.

O uso dessa raiz aqui ressoa com a declaração de Naomi ao entrar em Beit Lechem:

> "Não me chamem de Naomi, chamem-me de Mará (מרא) – aquela que mudou, a amarga – pois o Altíssimo lidou comigo amargamente. Eu era repleta quando fui embora, mas D'us me trouxe de volta esvaziada; ... por que me chamam de Naomi quando D'us testemunhou contra mim e trouxe desgraça sobre mim?"

> (Ruth 1:20-21)

Agora as coisas estão muito perto de mudarem novamente, levando a amargura para um fim. Com certeza, o nome Tamar contém as palavras *tom mar* (תם מר) - "o final da amargura." *Yibum* vem para desfazer a amargura da morte.[259]

O uso da palavra *temurá* no sentido de "reviravolta" também sugere um revés haláchico extraordinário que ocorre aqui. Originalmente, as leis de aquisição de uma esposa eram derivadas das leis de aquisição de terras:

האשה נקנית בשלש דרכים... נקנית בכסף בשטר ובביאה

וכסף מנ''ל גמר קיחה קיחה משדה עפרון כתיב הכא {דברים
כב-יג} כי יקח איש אשה וכתיב התם {בראשית כג-יג} נתתי
כסף השדה קח ממני

Uma mulher pode ser adquirida em casamento de três formas diferentes: com a transferência de valor, um documento de casamento ou através de relações íntimas.

Como sabemos que o casamento é estabelecido através de uma transferência de valor (*kynian*)? Aprendemos isso da palavra *pegar* (adquirir) no versículo: "Se um homem *pegar* uma esposa... (Deuteronômio 24:1) e também no versículo "Eu lhe dou o dinheiro pelo campo, *pegue*-o de mim" (Gênesis 23:13).

(Kidushin 2a)

Neste caso, contudo, o direito de redimir o campo é derivado do compromisso de se casar com a mulher! Boaz declarou a Ploni que o mesmo não poderia redimir a terra de Elimelech, a não ser que se casasse com Ruth. A inversão do relacionamento entre mulher e campo fica mais largamente iluminado quando reconhecemos que as leis do casamento não são aprendidas de uma terra qualquer. O versículo citado pelo Talmud se refere a um campo específico, o terreno da Caverna de Machpelá, comprada por Avraham para ser o lugar do descanso final para sua esposa Sará. Estes dois conceitos – a esposa de um homem e o sepultamento – estão justapostos por Hashem em Suas punições para o Homem e à Mulher pelo pecado no Gan Eden:

אֶל הָאִשָּׁה אָמַר... וְאֶל אִישֵׁךְ תְּשׁוּקָתֵךְ וְהוּא יִמְשָׁל בָּךְ

Para a Mulher, Ele disse, "Seu desejo será pelo seu homem, mas ele a irá subjugar."

(Gênesis 3:16)

וּלְאָדָם אָמַר... בְּזֵעַת אַפֶּיךָ תֹּאכַל לֶחֶם עַד שׁוּבְךָ אֶל הָאֲדָמָה כִּי מִמֶּנָּה לֻקָּחְתָּ כִּי עָפָר אַתָּה וְאֶל עָפָר תָּשׁוּב

Para Adam, Ele disse… "Você comerá pão pelo suor de seu rosto, até que retorne para a terra, pois você foi tirado dela. Porque você é pó, e para o pó voltará." [*]

(Gênesis 3:17-19)

O primeiro versículo aborda o relacionamento diminuído entre o Homem e a Mulher depois do pecado no Éden, que termina em *memshalá*; o segundo, aborda o relacionamento entre o Homem e a terra, que termina em sepultamento. O relacionamento com a terra e o relacionamento com a Mulher se tornam intimamente interligados.

Como a personificação de *temurá*, Ruth começa a transformar a "amargura" das maldições Edênicas. A anulação dos eventos que ocorreram pós-queda do Homem, o relacionamento de "ele a subjugará," entre Homem e Mulher começou no granário, quando Ruth assume o controle ativamente, fazendo investidas em Boaz.[**] No próximo passo, Boaz faz da aquisição do campo de Elimelech, um ato dependente de casar-se com ela. Isto inverte a derivação da Torá Oral das leis de casamento, das leis de aquisição de terras. A Mulher não é mais outra propriedade a ser adquirida em um mundo pós-Éden, que é controlado pela aquisição. O relacionamento do homem com a propriedade deve vir através dela (da mulher).

Nas maldições do Éden, a dominação da Mulher pelo Homem está justaposta com o inevitável sepultamento dele na terra, sugerindo assim que a perda da mutualidade no casamento vai junto com a perda da mutualidade com a terra. A aceitação do conselho do Serpente, transforma Adam, eventualmente, em pó, na comida do

---

[*]   A palavra hebraica para poeira é (*afar* – עָפָר), que vem da mesma raiz do nome do vendedor da terra para o sepultamento, Efron (עפרון) o Hitita!

[**]   Veja o terceiro ato, nota de rodapé.

Serpente, como diz Isaias, "*Venachash afar lachmo*" - "E a comida do Serpente é o pó" (Isaias 65:25). Então, ao escutar o Serpente, Adam é finalmente ingerido pela realidade do Serpente, transformado em pão da vergonha, que não traz nenhuma satisfação.[260]

Ruth inicia então uma tripla reviravolta: Através da descoberta da mutualidade, ela conserta o relacionamento entre Homem e Mulher; ela remove a terra do universo do comércio para que a aquisição de propriedade seja agora dependente de um relacionamento; e, por conseguinte, transforma o pão da vergonha em pão da satisfação.

לְקַיֵּם כָּל דָּבָר שָׁלַף אִישׁ נַעֲלוֹ וְנָתַן לְרֵעֵהוּ

a fim de validar qualquer transação, um homem tirava seu sapato e o dava a outra pessoa.

O modo de *kynian* utilizado por Boaz e Ploni Almoni é chamado *chalifin* – "troca." É um ato simbólico de escambo, durante o qual um objeto é trocado para significar a transferência de propriedade, ou direitos – neste caso, o direito de se casar com Ruth e redimir a propriedade de Elimelech. O objeto usado aqui, é um sapato, o que é bastante significativo.

A desistência de Ploni Almoni do seu direito de redentor, passando o mesmo para Boaz, é apresentada aqui como um ato de *chalitzá* (que significa literalmente remoção), a dissolução de uma ligação de *yibum* descrita na Torá:

וְקָרְאוּ לוֹ זִקְנֵי עִירוֹ וְדִבְּרוּ אֵלָיו וְעָמַד וְאָמַר לֹא חָפַצְתִּי לְקַחְתָּהּ : וְנִגְּשָׁה יְבִמְתּוֹ אֵלָיו לְעֵינֵי הַזְּקֵנִים וְחָלְצָה נַעֲלוֹ מֵעַל רַגְלוֹ וְיָרְקָה בְּפָנָיו וְעָנְתָה וְאָמְרָה כָּכָה יֵעָשֶׂה לָאִישׁ אֲשֶׁר לֹא יִבְנֶה אֶת בֵּית אָחִיו : וְנִקְרָא שְׁמוֹ בְּיִשְׂרָאֵל בֵּית חֲלוּץ הַנָּעַל

Os anciãos da cidade dele o chamam para conversar. Se ele insistir e dizer, "Eu não quero me casar com ela," sua cunhada deve abordá-lo diante dos anciãos, remover (*chalitzá*) seu sapato e declarar, "Isto é o que deve ser feito para o homem que não irá construir a casa de seu irmão."

E seu nome será [agora] conhecido em Israel como a casa daquele cujo sapato foi removido.

(Deuteronômio 25:8-10)

Sapatos são simbólicos, representam proteção e totalidade, e, portanto, a remoção do sapato durante a cerimônia de *chalitzá* é uma reprimenda à escolha do *yavam* de repetir o pecado de Adam, ao dispensar a *yevamá* – a esposa que Hashem deu a ele – e uma crítica de sua insistência em fazer as coisas à sua maneira, ao invés de casar-se com a mulher ligada a ele pelo destino. O Talmud coloca claramente que usar sapatos é um ato simbólico de completitude:

כי סיים מסאניה לימא ברוך שעשה לי כל צרכי

Quando ele coloca seus sapatos [de manhã], ele deve recitar [a *berachá*], "Abençoado seja Aquele Que provém minhas necessidades."

(Berachot 60b)

A remoção do sapato, portanto, simboliza o repúdio a "Aquele Que provê minhas necessidades." Os sapatos representam a liberdade, a habilidade de se movimentar facilmente e com certeza, com um sentimento de confiança na terra. Sem sapatos, Adam é simplesmente outro animal – ligado a terra, tanto faz se morto ou enterrado.

חזייה דלא סיים מסאניה א׳׳ל דעל סוס מלך דעל חמור בן חורין ודמנעלי בריגלוהי בר איניש דלא הא ולא הא דחפיר וקביר טב מיניה

> Ele [o herege] viu que ele [R. Yehoshua ben Korcha] não estava usando sapatos.[261] Ele disse a ele, "Aquele que monta um cavalo, é um rei; aquele que monta um burro, é um homem livre; e aquele que tem sapatos nos pés, é um ser humano. Mas, aquele que não tem nem isto nem aquilo, aquele para quem uma cova foi cavada e é enterrado, está melhor do que ele!"
>
> (Shabat 152a)

Os sapatos são uma alternativa para o sepultamento. Eles levantam o Homem acima da terra, são a incorporação de *"kol tzorki"* - "todas as minhas necessidades." Como foi discutido no primeiro ato, versículo 7, o Talmud nos conta que Naomi e Ruth andaram de volta a Yehuda em tal estado de pobreza que não tinham sequer sapatos para usar durante a longa viagem. Seus pés descalços representaram seu desespero profundo, pois haviam sido destituídas de "todas as minhas necessidades" e estavam desprovidas de tudo, exceto do sonho de *gueulá* de Naomi.

A Meguilá, que começa com a perda dos sapatos, termina com a restituição de tudo que os mesmos representam. E ironicamente, aqueles que rejeitaram Ruth e Naomi terminam perdendo os sapatos deles.

Vamos retornar ao início deste versículo, que deve ser visto de uma nova forma dentro deste contexto: "Agora isto foi feito em Israel em casos anteriores de redenção e troca... um homem tirava seu sapato e o dava a outro." Uma meta-*temurá* está acontecendo aqui, uma transformação de tradição legal. Apesar de a prática de remover os sapatos ter sido seguida por séculos, a conexão com a *chalitzá*, até este momento, tinha sido subliminar, no melhor dos casos.* Somente

---

* Mesmo atualmente, com o benefício da retrospecção, muitos leitores da meguilá perdem a conexão, assumindo que o versículo está meramente informando

agora, a profundidade de uma relação entre "trocas" e *chalitzá* se tornou clara: Sempre que estivermos lidando com a redenção de um campo, onde uma troca através de *kinyan chalifin* for empregada, há uma convergência casual de ... sapatos! "וזאת לפנים ישראל" - "Isto foi feito antes em Israel"- não foi originalmente instituído com esta intenção, mas esta é a forma como Israel evoluiu. É impressionante, mas a antiga prática de usar um sapato para fazer *chalifin* acabou representando a ponte entre *gueulá* e *yibum*. Israel já estava fazendo algo profundo há séculos sem saber o verdadeiro significado do que estava fazendo! Somente agora Boaz explica as implicações deste costume para Ploni Almoni e para toda a assembleia no portão de Beit Lechem.

Este versículo, que parecia um parêntesis, um extra, não é portanto, uma mera lição de história. Ele descreve um caso de espontaneidade histórica – a maneira pela qual uma tradição pode de desenvolver e se tornar mais sábia do que originalmente planejado. É consistente com o tom de deslumbramento que permeia este capítulo, onde as coisas milagrosamente se estabelecem. É como se o autor estivesse chacoalhando sua cabeça em sinal de admiração, dizendo, "É incrível, mas mesmo os sapatos servem!"

וְזֹאת הַתְּעוּדָה בְּיִשְׂרָאֵל

Este era o procedimento para a autorização em Israel.

A palavra *teudá* (תעודה) é um cognato para *edut* (עדות), que significa testemunho.[262] O sentido simples desta frase é que a troca do sapato serve para atestar a validade da transação. A palavra *edut* está relacionada a palavra daat (דעת) – "conhecimento", "consciência",[263] que é a base de um testemunho.

---

que o objeto mais comumente usado para *Kinyan Chalifin* era o sapato.

No entanto, *daat* é muito mais do que um testemunho, é um tipo único de conhecimento – a consciência que leva a conexão e relacionamento. Nós lemos sobre isto na sua maneira primária no versículo, "E Adam conheceu (*yadá* – ידע) sua esposa, Chavá" (Gênesis 4:1), se referindo ao *daat* puro do mundo pré-queda do homem,[264] através do qual Adam estava completamente consciente da existência e de suas necessidades. O Talmud (Chulin 60b, como foi previamente citado no prelúdio do terceiro ato) ensina que em um mundo de *daat* puro, Adam, a espécie que é o Homem, define e sustenta a terra com a consciência de que ele articula através da *tefilá*; ele se conecta com as coisas com as quais se relaciona profundamente. Em um mundo como este Adam é a alma da terra, uma alma com a *adamá*. Com este *daat*, ele foi capaz de identificar a essência de todos os seres vivos, sendo capaz de dar nome aos mesmos,[265] agindo como a consciência da Terra.

O mundo pós-queda do homem, todavia, é um mundo de *shelichut yad*,[266] onde o Homem se apega a coisas que não pertencem realmente a ele. Ele manipula a realidade; ele não a celebra ou provém para a mesma. No processo, ele arruína e contamina a própria terra da qual seu nome é derivado. Em um mundo de *shelihut yad*, o Homem trava batalhas contra a terra e perde – no final, todos os homens retornam ao chão. Mas, em um mundo de *daat*, o Homem realmente se relaciona com a terra – ele fala da mesma, e sua consciência dura para sempre. Em um mundo de *shelihut yad*, um homem pode adquirir uma mulher através de relações sexuais, em um ato de "pegar" conhecido no Talmud como *chazaká* – a confirmação de propriedade usando-se força. Em um mundo de *daat* puro, contudo, o próprio *daat* – o conhecimento íntimo – é o que conecta o *ish* e a *ishá* (homem e mulher).

A Torá nos foi dada a fim de prover um caminho em direção a restituição ao mundo do *daat* puro – um que precedeu o "conhecimento do bem e do mal." Este é o último propósito de Israel.[267] "*Vezot hateudá beIsrael*" não é uma afirmação que reporta o costume étnico de Israel, relatando o fato trivial que os judeus usavam um sapato para efetivar um *kinyan*. Ao invés disso, a frase é usada para evidenciar que Israel é capaz de desenvolver uma cultura baseada em *teudá* – a comunicação das intenções de uma pessoa através de *daat* puro – e de que isto também é capaz de restituir o Homem a um Éden não corrompido. Uma pessoa observando Boaz no portão da cidade de Beit Lechem, saberia que isto é para o que Israel foi designado, e sentiria os primeiros movimentos do reino Messiânico do qual Boaz seria o pai.

וַיֹּאמֶר הַגֹּאֵל לְבֹעַז קְנֵה לָךְ וַיִּשְׁלֹף נַעֲלוֹ

8. Então o redentor disse a Boaz, "Adquira para você mesmo," e ele retirou o seu sapato.

Ploni Almoni agora formalmente desiste de seus direitos e recusa o *yibum*, dando assim, as costas a tudo o que o mesmo representa. Um sapato é retirado, como que para anunciar que ele não será uma *temurá*; que não "stand in someone else's shoes.*

וַיֹּאמֶר בֹּעַז לַזְּקֵנִים וְכָל הָעָם עֵדִים אַתֶּם הַיּוֹם כִּי קָנִיתִי אֶת כָּל אֲשֶׁר לֶאֱלִימֶלֶךְ
וְאֵת כָּל אֲשֶׁר לְכִלְיוֹן וּמַחְלוֹן מִיַּד נָעֳמִי: וְגַם אֶת רוּת הַמֹּאֲבִיָּה אֵשֶׁת מַחְלוֹן
קָנִיתִי לִי לְאִשָּׁה לְהָקִים שֵׁם הַמֵּת עַל נַחֲלָתוֹ וְלֹא יִכָּרֵת שֵׁם הַמֵּת מֵעִם אֶחָיו
וּמִשַּׁעַר מְקוֹמוֹ עֵדִים אַתֶּם הַיּוֹם

9-10 E Boaz disse aos anciãos e a todo o povo, "Vocês são testemunhas hoje de que eu adquiri de Naomi tudo o que pertencia

---

* N.T. Decidi manter a expressão em inglês a fim de que o leitor entenda o jogo de palavras, que não funcionaria em português. A expressão *"to be in someone else's shoes,"* literalmente: "estar nos sapatos de alguém" quer dizer se colocar na situação de uma outra pessoa, a fim de experimentar os sentimentos e sensações do outro para melhor entendê-lo.

a Elimelech, e tudo o que pertencia a Kilion, e Machlon. Estou também adquirindo Ruth, a Moabita, esposa de Machlon, como minha esposa, para que o nome do falecido se perpetue na sua herança, para que o nome do falecido não desapareça de entre seus parentes e do portão de seu lugar. Vocês são testemunhas hoje!"

Estes dois versículos juntos tecem uma série complexa de pares de conceitos. Boaz chama dois grupos diferentes para testemunhar o que se passou: os anciões e o povo. Ele os chama não uma vez, mas duas. *"Edim atem hayom"* - "vocês são testemunhas hoje", ele diz, tanto no início quanto no final de sua declaração. Ele pede às testemunhas que atestem para os dois fatos: primeiro, que ele adquiriu o patrimônio de Elimelech; e segundo, que tomou Ruth, a Moabita, como esposa. Ele mais tarde afirma que fez estas duas coisas para atingir dois objetivos: "perpetuar o nome do falecido em sua herança" e "para que o nome do mesmo não desapareça entre seus parentes e do portão do seu lugar." Qual é o significado destes dois pares?

Para responder a esta pergunta, vamos começar examinando os dois grupos que são chamados para testemunhar. Quem são os "anciãos" e quem é o "povo"?

כל העם אשר בשער זו סנהדרי גדולה שהיו שם... והזקנים עדים
אלו ת"ח והפרנסים

"O povo [*am*] inteiro que estava no portão" (Ruth 4:11) refere-se aos [membros] do Grande San'hedrin, que estavam presentes... "E os *zekenim* responderam, nós somos testemunhas" (Ruth 4:11) refere-se aos Sábios e líderes da comunidade...

(Zohar Chadash, Midrash Ruth - Discurso Sobre Shevá Brachot)[268]

O termo *zekenim* inclui os dez líderes locais que Boaz chamou no segundo versículo, assim como os líderes da comunidade: o *"am"* se refere aos membros do San'hedrin, a corte mais alta na terra.[269] Ambos os grupos de pessoas foram necessários.

Boaz irá agora instituir a halachá das mulheres Moabitas convertidas poderem se casar com judeus de nascimento. Este é o motivo pelo qual ele enfatizou que está se casando com Ruth "a Moabita." Estabelecer esta halachá requer a presença do San'hedrin, que está incumbido de preservar a *messorá*, a tradição judaica legal. Preservar. Para que uma halachá se torne parte do corpus da Lei Oral e se torne obrigatória em todo Israel, a permissão oficial do San'hedrin é essencial.[270]

Contudo, em um caso específico, mesmo a aprovação oficial do mesmo não é o bastante. Certificar a autenticidade desta halachá em particular não é o suficiente, porque também deve estar indiscutivelmente claro que uma oferta legítima e sincera foi feita a Ploni Almoni e que a ele foi dada a chance de exercer seus direitos de redimir Elimelech e Ruth.

As preocupações de Ploni revelam o porquê é importante para os anciãos e líderes da comunidade estarem presentes. Apesar do fato de que o San'hedrin tinha aprovado a halachá que legitimava o casamento, Ploni ainda está com receio de que se casar com Ruth, pois irá "por seu patrimônio a perder". Sua inquietação é baseada na percepção do meio social, pois sente que apesar de a halachá ter sido decidida pelo San'hedrin, a comunidade na qual ele vive irá olhar a união com desprezo.

Os membros do San'hedrin não estão necessariamente familiarizados com as realidades locais, personalidades e interações. A aprovação dos anciões locais e líderes da comunidade é o que realmente importa. Somente os mesmos podem dizer que a comunidade apoia o casamento. Somente eles podem fazer com que uma halachá teórica se torne uma possibilidade prática. Então, Boaz precisa que estejam presentes, e precisa que testemunhem que apesar de a halachá ter sido estabelecida na presença de todos, Ploni ainda assim se recusou a fazer o *yibum*. Isto deve ser gravado para a posteridade, então Boaz exige o testemunho de todos. Ele adiciona que isto deve acontecer "hoje" - claro como o dia, imediata e incontestavelmente.[271] Este é o passo final para estabelecer a permissão do casamento de Boaz e Ruth.

Ao "entrar nos sapatos" do redentor, Boaz define o processo que aconteceu ali, especificando-o a todos os presentes. Ele faz isso para assegurar que todos entendam a suma importância e implicações do que acabaram de testemunhar. Novamente, não podem ficar quaisquer dúvidas.

> Vocês são testemunhas hoje de que eu adquiri de Naomi tudo o que pertencia a Elimelech e tudo o que pertencia a Kilion e Machlon. Estou adquirindo também Ruth, a Moabita, esposa de Machlon, como minha esposa, para perpetuar o nome do falecido na sua herança, para que o nome do mesmo não desapareça dentre seus parentes e do portão de seu lugar. Vocês são testemunhas hoje!

A declaração de Boaz inclui várias irregularidades. Primeiro, ele chama duas pessoas – Elimelech e Naomi – que parecem não ser haláchicamente relevantes à compra da terra em questão. Ele então liga a compra da mesma ao casamento com uma mulher – uma contingência sem precedentes assim como casar-se com uma Moabita. Finalmente, ele enfatiza que está se casando com Ruth, a Moabita, enfatizando não somente a halachá que está sendo estabelecida, mas a herança da *yevamá*.

Tudo isso serve para ressaltar a abrangente transformação que Boaz fez no *yibum*, em *daat* e na *gueulá*.[*] Para ele, *gueulat sadê* não pode ser separada de *yibum* ou da redenção final, no fim dos tempos.

---

*   Como discutimos no comentário dos versículos anteriores.

Os nomes de todos os mortos, Elimelech, Machlon, e até mesmo de Kilion* não deveriam ser cortados; todos tinham de ser considerados. Cada um deveria ser restituído a seu lugar próprio "entre seus parentes." Os nomes dos mortos irão permanecer associados a seu patrimônio para que possam reter seu lugar entre as gerações que ligam Avraham à redenção final. Não se pode permitir que Machlon, o marido de Ruth, desapareça. Através do *yibum*, sua presença ainda será sentida "nos portões de seu lugar."

Com estas palavras, Boaz afirma que as pessoas não vivem em um vácuo – cada um existe em um lugar, entre seus parentes e amigos. O *yibum* e a *gueulat sadê* restituem metafisicamente o morto ao seu lugar, permitindo que ele exista no presente e assegurando a ele um futuro. O *yibum* mescla estas identidades com tal força que a mecânica da genética é transcendida, e nós falamos do descendente do *yibum* como se ele fosse realmente o filho do falecido!

Na visão de Boaz, quando uma *nachalá* (herança) na Terra de Israel – não está nas mãos de seus proprietários por direito, ou quando o nome de uma família em Israel foi cortada, a trama da Criação foi deslocada. E quando se mexe nos fios da Criação, os inter-relacionamentos de todas as partes podem começar a se desenredar; um tremor profundo perturba o cosmos. Através do *yibum* a integração é restituída. Ele que faz esta *mitzvá* com intenção pura, se torna o criador de *malchut*, da mais importante integração cósmica!

ר' חנינא אמר גדולה מצות יבום שהמקיים מצות יבום לשמה

נעשה שותף להקב"ה דכתיב ולא יכרת שם המת וכתיב ולא יכרת

לך איש מלפני ישב על כסא ישראל

---

* Que não foi nem o patriarca da família, nem o marido de Ruth. Ele não deve ser somente considerado, mas curiosamente, a precedência é dada a ele neste versículo para acentuar esta questão.

Grande é a *mitzvá* de *yibum*! Para aquele que a cumpre pela própria *mitzvá*, se torna um parceiro de D'us na Criação. Como diz o versículo, "Que o nome do morto não desapareça dentre seus parentes" (Ruth 4:10), e também afirma, "Sua linha no trono de Israel nunca terminará" (Reis I 8:25).

(Zohar Chadash, Midrash Ruth, "Mitzvat *Yibum*")

As raízes da redenção são profundas. Apesar de não serem tortas, defeituosas, e deformadas, elas ainda trouxeram as mais belas flores – Ruth de Moav, através de Lot e Sodoma. Boaz deixa tudo isso claro para os congregados nos portões de Beit Lechem. Eles não são testemunhas de uma transação comercial comum que precisa ser oficialmente registrada no cartório. São testemunhas de um ato de consequências históricas que têm implicações abrangentes para o futuro da nação. Boaz apela a todos: "digam-me que vocês entendem e endossem o que acabaram de observar. Digam. Atestem sua autenticidade". *

---

* Há uma grandiosa decisão haláchica do Chazon *Ish* (R. Avraham Karelitz ZT"L, um líder e autoridade haláchica da metade do século vinte) que é bem conhecida e baseada em testemunho oral, que tem relação com este versículo: No tempo do Chazon *Ish*, havia se tornado uma prática comum para adicionar-se o epíteto (termo usado junto ao substantivo, o qualifica com uma alcunha, apelido que ornamenta o mesmo) *yimach shemo* ("que seu nome seja apagado") quando se fala em apóstatas e delatores. O Chazon *Ish* ordenou que o uso deste termo fosse proibido, sob a apelação de que a esposa de tal marido pudesse precisar de um *yibum*, e que o mesmo demanda que "o nome do falecido não seja apagado de Israel" (Deuteronômio 25:6). Este é um insight inspirador! A razão para anexar o epíteto *yimach shemo* aos nomes dos apóstatas e delatores é que alguém decidiu que não há mais esperança para estas pessoas. Mas, a esperança nunca morre! "Eu encontrei meu servo David" (Salmos 89:21). "Onde o encontrei? Em Sodoma," declara o Midrash (Gênesis Rabá 41). Poderia algum outro lugar ser mais improvável do que Sodoma? No entanto, foi o lugar de nascença da linhagem Messiânica! E então, ensina o Chazon *Ish*, a Torá demanda que você preserve o nome do apóstata ou informante. Quem sabe o que pode vir dele no futuro? Esta é

וַיֹּאמְרוּ כָּל הָעָם אֲשֶׁר בַּשַּׁעַר וְהַזְּקֵנִים עֵדִים

11. Todas as pessoas no portão e os anciãos responderam, "Nós somos testemunhas."

E sim, eles proclamam sua afirmação e entendimento da natureza profunda do que acabou de transpirar.* A clareza cria momentos de

---

a natureza da *edut* que Boaz demanda daqueles homens reunidos em Beit Lechem.

* As pessoas raramente compreendem de verdade o que escutam e veem imediatamente após testemunhar um evento, e quando o fazem, é uma experiência muito profunda. A simplicidade e a certeza do entendimento aqui, evocam outro evento que aconteceria séculos mais tarde, quando Israel retornou do exílio na Babilônia para reconstruir a Casa de David que estava destruída.

וַיֹּאמֶר לָהֶם לְכוּ אִכְלוּ מַשְׁמַנִּים וּשְׁתוּ מַמְתַקִּים וְשִׁלְחוּ מָנוֹת לְאֵין נָכוֹן לוֹ כִּי קָדוֹשׁ הַיּוֹם לַאֲדֹנֵינוּ וְאַל תֵּעָצֵבוּ כִּי חֶדְוַת ה' הִיא מָעֻזְּכֶם : וַיֵּלְכוּ כָל הָעָם לֶאֱכֹל וְלִשְׁתּוֹת וּלְשַׁלַּח מָנוֹת וְלַעֲשׂוֹת שִׂמְחָה גְדוֹלָה כִּי הֵבִינוּ בַּדְּבָרִים אֲשֶׁר הוֹדִיעוּ לָהֶם

Ele disse a eles, "Vão e comam as melhores comidas e tomem as bebidas mais doces e enviem porções para quem quer que seja que não tenha nada preparado, pois o dia é sagrado para nosso Senhor. Não fiquem tristes, pois a alegria de D'us é a sua força." Então todas as pessoas foram comer e beber e enviar porções e fazer uma grande alegria, pois elas entenderam as coisas que foram ditas a elas. (Nechemias 8:10-12)

A cena acontece no primeiro Rosh Hashaná depois da reconstrução do Segundo Templo. Os participantes são um grupo excepcional de pessoas, unificadas em entendimento e propósito, com muita sensibilidade e consciência além de um sentimento de responsabilidade para com o Templo em Jerusalém, o centro de *malchut*. Eles se reúnem no Templo "como um só homem," para pedir que Ezra o Escriba leia para eles da Torá, e os mesmos escutam com atenção, absortos. (Nechemias 8:1-3)

Esta é uma recriação de outro encontro na história descrito com estas palavras. A reconstrução do Templo é uma reencenação do Sinai, do dia que Shavuot celebra: como Rashi afirma (Êxodo 19:2), "E Israel acampou lá [no Sinai]": *keish echad belev echad* – como um só homem, com um coração."

transformação, divisores de águas na história. O reconhecimento "*Edim*" - "nós somos testemunhas" - expressa a crença de que a *gueulá* é possível; que uma nova esperança nascerá deste *yibum*; *e* o tempo dos reis está para começar.

יִתֵּן ה' אֶת הָאִשָּׁה הַבָּאָה אֶל בֵּיתֶךָ כְּרָחֵל וּכְלֵאָה אֲשֶׁר בָּנוּ שְׁתֵּיהֶם[272] אֶת בֵּית יִשְׂרָאֵל

Que D'us faça com que a mulher que está vindo para a sua casa seja como Rachel e Leá, as duas que construíram a Casa de Israel.

Esta benção não é nada mais do que uma transformação verdadeiramente impressionante. Somente alguns meses antes, o povo de Beit Lechem sequer tolerava a presença de Naomi, porque ela estava associada com a de Ruth. Ninguém interagia com elas; ninguém falava com elas. Foram deixadas sozinhas para passar fome. Agora, os anciões desta mesma comunidade abençoam Ruth, dotando-a com o potencial de construir o legado de duas das matriarcas de Israel – Rachel e Leá!

A inclusão de Rachel nesta bênção é uma outra surpresa. Como mostra o Midrash, as pessoas de Beit Lechem eram membros da tribo de Yehuda, descendentes de Leá.[273] Historicamente falando, uma longa e amarga história divide os filhos de Leá (sob a liderança de Yehuda) e os filhos de Rachel (sob a liderança de Yossef). No centro do conflito havia a questão da primazia de suas respectivas matriarcas e o impacto final dos legados divergentes de Leá e Rachel.[274] O embate entre Yehuda e Yossef, descrito em detalhes tocantes nos capítulos finais de Gênesis, reverberou em toda e qualquer dissidência através da longa e torturada história de seus descendentes. As rupturas foram expressas em acentuadas divisões espirituais, intelectuais, filosóficas, e até mesmo políticas que resultaram em guerra civil.[275] No entanto, o que é chocante, ao abençoar a união entre Ruth e Boaz, os cidadãos e anciões de Beit Lechem dão precedência a Rachel!

ירא ה׳ כי שנואה לאה, אלא ורחל עקרה. היא היתה עיקר הבית,
שלא נשתעבד יעקב אלא בשבילה, שנאמר: ״ויעבוד יעקב ברחל״
(בראשית כט, כ). מנין שהיא היתה עיקרה של ביתו? שכן בניה של
לאה מודים, בועז וכל סנהדרין שלו מבני יהודה היו, מבני בניה
של לאה, ומה כתיב? ״ויאמרו כל העם אשר בשער והזקנים עדים
יתן ה׳ את האשה הבאה אל ביתך כרחל וכלאה אשר בנו שתיהן
את בית ישראל

"D'us viu que Leá não era amada [então Ele abriu seu útero, mas] Rachel era estéril (*akará* – **עקרה**)" (Gênesis 29:31). Leia isto como Rachel sendo "a principal" (*ikar* - **עיקר**, cognato de *akará* – **עקרה**), a primeira esposa, pois Yaakov havia trabalhado [na casa de seu tio Lavan] somente para casar-se com ela, como atesta o versículo, "Então Yaakov serviu [sete anos] por Rachel [e eles pareceram para ele como alguns dias, por causa de seu amor por ela]" (Gênesis 29:20).

[Ironicamente], a prova de que Rachel era a primeira esposa é a admissão disto pelos descendentes de Leá! Boaz e o San'hedrin eram membros de Yehuda, bisnetos de Leá, e no entanto, ao colocar Rachel primeiro, eles declararam, "Que D'us faça com que a mulher que está vindo para a sua casa seja como Rachel e Leá, as duas que construíram a Casa de Israel" (Ruth 4:11).

(Midrash Tanchumá, Vayetzê 15)

Neste momento influente, quando a linhagem real de David está criando raízes, os descendentes de Leá admitem a primazia de Rachel. Ao desistir do medo dos outros parecido com o de Sodoma e ao abraçar Ruth, eles declaram o final do ciúme e de seu maligno "subproduto" - a competição. Eles conseguem reconhecer e até mesmo honrar o amor único de Yaakov por Rachel, ao invés de tentar proteger seus próprios direitos. Esta conquista é fugaz, com certeza.

Israel retorna ao sectarismo, à inveja, e ao protecionismo muito rapidamente. Contudo, neste rápido e radiante momento, os homens de Yehuda demonstram que é possível fazer um *tikun*, consertar o ciúme que destrói a Casa de Yaakov. A integração de *malchut* pode ser atingida, e o Sol pode ainda viajar em um céu que não é mais ciumento.

וַעֲשֵׂה חַיִל בְּאֶפְרָתָה וּקְרָא שֵׁם בְּבֵית לָחֶם

"Prospere em Efrata e se torne famoso em Beit Lechem!

Mais uma vez, temos um par de conceitos que estão relacionados. Boaz é abençoado com dois elementos – *chayil* (valor) e *kriat shem* (o chamar de um nome) – e cada um está conectado a um lugar diferente, Efrat e Beit Lechem, respectivamente. *Chayl* é uma palavra intimamente ligada a *malchut*.[276] Um cognato do termo para armas, refere-se ao poder e à habilidade de causar um impacto profundo – o tipo de impacto que define o que é mais, estilos, convenções, e atitudes de uma sociedade; o tipo de poder que traz sem esforço algum, tudo e todos para sua órbita e debaixo de seu domínio. Efrat – de onde os "Efratim" Machlon e Kilion vieram[277] – implica estatura e nobreza.[278] *Chayil* é o poder do todo integrado como é expresso na nobreza e em *malchut*.* A benção "Faça *chayil* em Efrat" seria concretizada na futura espontaneidade da Casa de David.

Kriat shem - "o chamar de um nome" - por contraste, deve ser feito em Beit Lechem. "O chamar de um nome" tem a ver com restituição, um concerto dos erros desastrosos do passado. Para as pessoas de Beit Lechem, Naomi personificava o profundo fracasso da família líder da cidade, que tinha abandonado a todos em um momento de crise. Ela – e por extensão, Ruth – era a personificação da amargura

---

* Daí sua estreita conexão com o poder militar. A habilidade de lutar é relacionada a *malchut*. Somente uma sociedade integrada pode expressar e defender uma identidade nacional dentro do mais amplo contexto do mundo. (Maiomonides, Mishne Torá, Leis dos Reis e suas Guerras).

que havia assolado sua sociedade. "Não me chamem de Naomi; chamem-me de *Mará* – a amarga, a que mudou," Naomi declarou (no primeiro ato, versículo 20) quando implorou por reconhecimento ao entrar novamente em Beit Lechem. A benção dos anciões aqui, portanto expressa seu reconhecimento de que a restituição deve ocorrer no mesmo lugar onde a calamidade começou - "E aconteceu nos dias quando os juízes julgavam, que houve uma fome na terra, e um homem de Beit Lechem, em Yehuda foi residir nos campos de Moav, ele e sua esposa e seus dois filhos" (primeiro ato, versículo 1). No entanto, apesar de as pessoas de Beit Lechem abençoarem e perdoarem, eles também reconhecem seu próprio fracasso. Haviam tentado destruir Naomi e Ruth e agora, percebem que pode haver um *kriat shem*, uma renovação, que somente pode acontecer se for feita a reintegração das mulheres associadas com o período mais obscuro na história de Beit Lechem. Uma reviravolta — a *temurá* – como esta não tem precedentes.[279]

וִיהִי בֵיתְךָ כְּבֵית פֶּרֶץ אֲשֶׁר יָלְדָה תָמָר לִיהוּדָה

12. "E que sua casa seja como a de Peretz, que Tamar concebeu para Yehuda,

A transformação das pessoas de Beit Lechem é realmente impressionante. Boaz os instigou com discernimento, sentimento, e percepção histórica. Era uma tradição muito conhecida no meio de Israel que o filho de Yehuda e Tamar seria o pai da realeza.[280] A atitude de Tamar foi uma consequência de uma inspiração divina histórica.

וַיֹּאמֶר מָה הָעֵרָבוֹן אֲשֶׁר אֶתֶּן וְגו' (בראשית לח, יח), אָמַר רַבִּי חוּנְיָא נִצְנְצָה בָּהּ רוּחַ הַקֹּדֶשׁ, חוֹתָמְךָ, זוֹ מַלְכוּת, הֵיאַךְ מָה דְאַתְּ אָמַר (שיר השירים ח, ו) : שִׂימֵנִי כַחוֹתָם עַל לִבֶּךָ, (ירמיה כב, כד) : כִּי אִם יִהְיֶה כָנְיָהוּ בֶן יְהוֹיָקִים מֶלֶךְ יְהוּדָה חוֹתָם עַל יַד יְמִינִי. וּפְתִילֶךָ, זוֹ סַנְהֶדְרִין, שֶׁהֵן מְצֻיָּנִין בִּפְתִיל, הֵיךְ מָה דְאַתְּ אָמַר

(שְׁמוֹת לט, לא) : פְּתִיל תְּכֵלֶת. וּמַטְּךָ, זֶה מֶלֶךְ הַמָּשִׁיחַ, הֵיאַךְ מָה
דְאַתְּ אָמַר (ישעיה יא, א) : וְיָצָא חֹטֶר מִגֵּזַע יִשָׁי, (תהלים קי, ב) :
מַטֵּה עֻזְּךָ יִשְׁלַח ה׳ מִצִּיּוֹן

Ele [Yehuda] disse para [Tamar], "Que penhor devo lhe dar?"

E ela [Tamar] disse, "Seu sinete, seu cordão, e o cajado que carrega" (Gênesis 38:18).

Ela estava inspirada por um espírito divino:

"Seu sinete" faz uma alusão à realeza, como nos versículos, "Deixe-me ser um sinete sobre seu coração" (Cânticos dos Cânticos 8:6) e "Mesmo que você, Choniá, filho de Yehoiakim, rei de Yehuda, seria um sinete em Minha mão direita" (Yirmiahu 22:24).

"Seu cordão" faz uma alusão ao San'hedrin,* cujos membros são distintos pelos cordões [azuis em seus *talitot*], assim como no versículo, "E eles colocaram com a franja de cada canto, um cordão azul" (Números 15:38).

"Seu cajado" faz uma alusão ao Rei Messias, como afirma o versículo, "Um cajado irá surgir do tronco de Yishai" e "O cajado de sua força D'us irá mandar para Tzion" (Salmos 110:2).

(Gênesis Rabá 85:9)

Ao declarar a união como uma sequência da união entre Yehuda e Tamar, o povo de Beit Lechem abençoa o casamento de Boaz e Ruth

---

* Não somente ciente de que a realeza e o Messias iriam vir de sua união com Yehuda, mas Tamar também previu a necessidade do San'hedrin que iria aqui possibilitar a realeza e o Messias, ao sancionar o casamento de Boaz e Ruth! É a confirmação da halachá que as Moabitas têm permissão para casar com judeus pelo San'hedrin, que torna possível o reinado de David.

com *malchut*. Boaz não somente expandiu a visão de todos com relação ao *yibum*, mas também os ajudou a ver, e articular, que ele e Ruth são os dignos sucessores de Yehuda e Tamar, os antepassados da tribo deles.

מִן הַזֶּרַע אֲשֶׁר יִתֵּן ה' לְךָ מִן הַנַּעֲרָה הַזֹּאת

"através da descendência que Hashem irá conceder a vocês por meio desta jovem."

Descrever a viúva Ruth, que havia sido casada por dez anos, como uma *naará*, uma jovem, parece estranho, mas é uma alusão a "*chessed neurayich*," o amor jovem que caracterizou o relacionamento entre D'us e Israel depois de sair do Egito.

כֹּה אָמַר ה' זָכַרְתִּי לָךְ חֶסֶד נְעוּרַיִךְ אַהֲבַת כְּלוּלֹתָיִךְ לֶכְתֵּךְ אַחֲרַי
בַּמִּדְבָּר בְּאֶרֶץ לֹא זְרוּעָה

Então D'us diz, "Eu lembro a vocês o *chessed* de sua juventude (*neurayich*), o amor de suas núpcias, vocês Me seguindo no deserto, em uma terra infértil."

(Yirmiahu 2.2)

Ao definir Ruth como uma *naará*, o povo de Beit Lechem liga-a aos primórdios da história de Israel, à juventude vibrante da aceitação inicial da Torá. Ruth seguiu Naomi pelo deserto; se entregou ao abraço de Israel e de Boaz com o abandono desinibido de uma jovem. E por causa do fervor vital de seu amor, todos em Beit Lechem se apaixonaram por ela.

Fica também implícita aqui a solução para um outro impedimento legal para o casamento dos dois. Ao se referir a Ruth como uma *naará*, os anciãos de Beit Lechem afirmam que apesar de que não se encoraja um *yibum* entre um homem mais velho com uma mulher muito mais jovem, neste caso, o mesmo está entusiasticamente endossado.[281]

Cena Dois

וַיִּקַּח בֹּעַז אֶת רוּת וַתְּהִי לוֹ לְאִשָּׁה וַיָּבֹא אֵלֶיהָ

13. E então, Boaz tomou Ruth [como esposa], e ela se tornou sua esposa e ele a possuiu.

No início desta Meguilá, os termos *ish* e *ishto*, um homem e sua esposa foram introduzidos. A linguagem tinha foco no universal, no sentido de relacionamento.[282]

וַיֵּלֶךְ אִישׁ מִבֵּית לֶחֶם יְהוּדָה לָגוּר בִּשְׂדֵי מוֹאָב הוּא **וְאִשְׁתּוֹ** וּשְׁנֵי בָנָיו

E um homem (*ish*) de Beit Lechem em Yehuda foi residir nos campos de Moav, ele e sua esposa (*veishtô*) e seus dois filhos.

(Ruth 1:1)

Quando Boaz fala de Ruth ao final de seu encontro climático no silo, é como "*haishá*" - "*a* mulher":

וַיֹּאמֶר אַל יִוָּדַע כִּי בָאָה הָאִשָּׁה הַגֹּרֶן

Pois ele disse [a ele mesmo], "Que não se torne público que a mulher veio à eira."

(Ruth 3:14)

Esta fraseologia é repetida quando as pessoas de Beit Lechem abençoam a união de Boaz e Ruth. Mais uma vez, ela é *haishá*, a mulher:

יִתֵּן ה' אֶת הָאִשָּׁה הַבָּאָה אֶל בֵּיתֶךָ כְּרָחֵל וּכְלֵאָה

Que D'us faça com que a mulher que está vindo para a sua casa seja como Rachel e como Leá.

(Ruth 4:11)

Interligada nesta história tão pessoal está uma referência à natureza do relacionamento entre Homem e Mulher, que é continuamente repetida, pois um dos temas subliminares mais importantes desta Meguilá é o *tikun* das maldiçõcs pós-Éden, através da restituição do relacionamento entre *ish* e *ishá*.[283] Este, foi desvirtuado pela maldição "Seu desejo será por seu homem, mas ele irá subjugá-la (*yimshol*)" (Gênesis 3:16).

No mundo pós-Éden, então, o relacionamento entre Homem e Mulher é caracterizado por *memshalá*, dominação. A ordem de *Nashim*, a sessão da *Mishná* que lida com os diferentes relacionamentos e leis relativas a mulher, inicia com o tratado de Yevamot (que trata de *yibum*) e conclui com *Kidushin* (que trata das leis do casamento). Uma transição acontece na ordem quando vai de *yibum* para kidushin: O relacionamento por *yibum* é coercivo por natureza, é definido por *ziká* – obrigação, acorrentamento – ao invés do exercício da escolha. É impessoal e não há intimidade, conectando "homem" e "mulher" somente pela virtude de um relacionamento de família, sem levar em conta a individualidade ou circunstâncias pessoais de cada um. Na continuação desta ordem, o relacionamento entre Homem e Mulher vai progredindo para *kidushin*, casamento, no qual os envolvidos entram por livre e espontânea vontade e, portanto, profundamente pessoal e íntimo, um relacionamento onde o consentimento é uma parte essencial para o estabelecimento da ligação de casamento. A esmagadora maioria das pessoas não é capaz de converter um relacionamento de *yibum* em *kidushin*, por acreditar que a intimidade é parte do dever, uma escolha dentro de uma realidade definida. Contudo, Boaz e Ruth foram capazes deste salto, transformando o *yibum* em uma das mais íntimas histórias de amor.

Este é o motivo pelo qual um livro que inicia com uma referência ao Homem e a Mulher como universais abstratos, se torna, ao final, a história de dois indivíduos em particular, dois seres humanos muito diferentes um do outro. Nós lemos: "E então Boaz pegou Ruth." Ruth e Boaz pegaram um relacionamento coercivo e impessoal e o tornaram em um amor genuíno. Para eles, a natureza involuntária da ligação por *yibum* representava a mais profunda de todas as escolhas – ser ou não ser, agir ou não agir. Eles perceberam que algumas vezes o sentimento de coerção é na verdade, o reconhecimento de que existe apenas uma escolha correta a ser feita, somente uma maneira de se tornar você mesmo. Ser capaz de agir neste nível fundamental é a realização da verdadeira liberdade.

Ploni Almoni rejeitou a obrigação involuntária do *yibum*, mas esta escolha foi um resultado de uma *inabilidade* de agir. Ao precisar manter controle total, ele sacrificou seu *anochi*, seu "eu" existencial. Ruth, em contrapartida, apagou seu *elai* – seu ego, a necessidade de conseguir as coisas para si mesma. No entanto, no momento em que ela desiste se seu *elai*, descobre seu *anochi* no seu relacionamento com Boaz: "Eu sou (*anochi*) Ruth, sua serva. Eu não preciso de outras escolhas. Para mim, a avassaladora descoberta de saber exatamente quem eu sou, não é limitante: é libertadora!"

A redefinição de Ruth da experiência de *yevamá*, sua habilidade em encontrar a liberdade – e de se encontrar – dentro do contexto das obrigações que poderiam ter sido sentidas como coercivas, é a razão pela qual lemos esta Meguilá em Shavuot, o dia em que a Torá foi outorgada. A outorga da Torá inicialmente falhou porque D'us ameaçou enterrar a nação debaixo do Sinai se a mesma recusasse a

Torá. (Shabat 88a).

A experiência no Sinai foi sentida como coerciva, como uma imposição opressiva. O Maharal[284] nos oferece uma interpretação dramática desta descrição Talmúdica, que ilumina o relacionamento de Ruth ao *yibum*.

כי איך תהיה התורה שהיא שלמות כל המציאות על ידי שכך בחרו ישראל לקבל התורה, ואם כן שלמות העולם היה תולה בדבר אפשרי שהיה אפשר שיקבלו ואפשר שלא יקבלו, ולכך כפה עליהם ההר כגיגית שאם לא היו מקבלים התורה שם תהא קבורתם. וכל דבר שהוא מוכרח ומחויב אין כאן הסרה וביטול, אחר שהוא מוכרח. וכך מוכח במדרש בפסוק ולו תהיה לאישה לא יוכל שלחה כל ימיו. כשבא הקדוש ברוך הוא לתת תורה על הר סיני כפה עליהם ההר כגיגית שיקבלו תורתו, וכיון שכך הרי ישראל אנוסתו של הקדוש ברוך הוא, ואצל אנוסתו כתיב ולו תהיה לאישה לא יוכל שלחה כל ימיו, ולא כן אצל מפתה

É inconcebível que a Torá, que é a realização de toda a existência, seja o resultado da escolha de aceitação dela por Israel. Se este fosse o caso, então a concretização da Criação teria sido contingente [pela escolha deles] – eles poderiam tê-la aceitado, ou não. Portanto, Hashem segurou a montanha sobre a cabeça de Israel, e se não tivessem aceitado a Torá, eles teriam sido enterrados lá…

Pois, algo que é uma necessidade inalterável, não pode ser nulificado. Uma vez forçada, não pode ser revertida. Esta interpretação é corroborada por um midrash do versículo [que discute o caso de um estupro], "Ela se tornará a esposa dele; ele nunca poderá se divorciar dela" (Deuteronômio 22:29). Quando D'us veio para outorgar a Torá do Sinai, Ele segurou a montanha sobre as cabeças das pessoas, para que elas tivessem que aceitar a Torá Dele. Isto implica que Israel sofreu um estupro praticado pelo Santíssimo, e a Torá estipula que o estuprador deve se casar com sua vítima e nunca poderá se divorciar dela. Este não é o caso, contudo, se a mulher foi seduzida [e para assegurar a natureza inalterável e duradoura do relacionamento entre Hashem e Israel, tinha que haver um elemento de coerção].

(Tiferet Israel, 32)

O Maharal aborda uma contradição na leitura que o Midrash faz do Sinai. Depois de tudo, Israel entusiasticamente e por livre e espontânea vontade respondeu a oferta de D'us com *"Naassê venishmá"* (Êxodo 24:7) – um compromisso aberto e de todo-coração! Por que então o Midrash define o Sinai como coercivo?

A resposta do Maharal é incrível. A Torá tinha sido tão real, tão indiscutível, que precisava ser experienciada como uma necessidade que iria transcender a preferência pessoal. Tinha ficado absolutamente claro para Israel que não havia alternativa. Não porque alguém – neste caso, D'us – segurou uma arma, ou uma montanha, sobre as cabeças deles, mas porque eles reconheceram que precisavam da Torá como um peixe precisa de água.[285] Eles entenderam, com cada fibra de seus corpos, que eles tinham que ter a Torá. No deserto do Sinai, eles encontraram a si mesmos; viram sua identidade nacional e individual com uma clareza absurda. Esta demanda foi tão eminente, tão impressionante, que eles sentiram como se tivesse sido imposta. Neste nível de relacionamento, não havia outra escolha. Israel e Hashem tornaram-se intrinsecamente ligados um ao outro.

Este é um nível de realidade profundamente assustador. Se não for aceito, é sentido como coercivo. No entanto, se for aceito, a ligação inescapável faz de Israel parceiros na Criação.

מאי דכתיב {בראשית א-לא} ויהי ערב ויהי בקר יום הששי ה'
יתירה למה לי מלמד שהתנה הקב''ה עם מעשה בראשית ואמר
להם אם ישראל מקבלים התורה אתם מתקיימין ואם לאו אני
מחזיר אתכם לתוהו ובוהו

> Qual é o significado da enfática letra *hei* (que significa
> "o") no versículo, "e foi manhã e foi noite o sexto dia"
> (Gênesis 1:31)? Ela nos ensina que D'us fez a Criação
> condicionada à aceitação da Torá por Israel [no sexto dia
> de Sivan]. Se Israel a aceitasse, o mundo iria perdurar, e
> se não, iria retornar ao caos e ao vazio.

Shabat 88a

A subida da *yevamá* até o portão da cidade é a expressão de sua aceitação de uma ligação da qual não há escape: ela está tomando sobre si a responsabilidade pelo *yibum*. Ao escolher agir, ela não mais sente que o relacionamento é coercivo, mas empoderador. Esta realidade existencial do relacionamento permite que ela tenha atitudes que minam completamente a dinâmica do casamento habitual pós-queda do homem "seu homem irá subjugá-la." É ela que suscita o *beit din* a agir. O *yibum* não é sobre um relacionamento pessoal entre um homem e uma mulher específicos; ao contrário, é sobre um relacionamento mútuo que transcende ambos, no qual o *yavam* e a *yevamá* são redefinidos a fim de reconstruir o morto para satisfazer a Criação. Ruth, como uma *yevamá*, encontra seu *anochi* no momento em que escolhe dar início ao processo de *yibum*.

O povo de Israel fracassou ao não internalizar que não seria diminuído pela mutualidade com Hashem, assim como a Lua não pôde aceitar que não havia sido diminuída pela mutualidade com o Sol.[286] Pode ser penoso aceitar o que você é, pois aceitar a realidade sempre produz uma sensação de que as opções são limitadas. Contudo, para Boaz e Ruth, ao se descobrirem e saberem quem eram, resultou no nascimento de seu amor, o começo da liberdade completa. Para eles, a realidade coerciva do *yibum* era o amor apaixonado de *kidushin*, e a natureza impessoal das realidades de Homem e Mulher tornaram-se a intimidade pessoal de "E Boaz pegou Ruth."

וַיִּתֵּן ה' לָהּ הֵרָיוֹן וַתֵּלֶד בֵּן

E D'us deu a ela concepção, e ela gerou um filho.

Este é o único momento no Tanach no qual o Nome de D'us "dá uma concepção." D'us não somente Se envolve de uma maneira sem precedentes, mas o Talmud define esta concepção como o paradigma da gestação!

אמר שמואל אין אשה מתעברת ויולדת אלא למאתים ושבעים ואחד יום או למאתים ושבעים ושנים יום או למאתים ושבעים ושלשה הוא דאמר כחסידים הראשונים דתניא חסידים הראשונים לא היו משמשין מטותיהן אלא ברביעי בשבת שלא יבואו נשותיהן לידי חלול שבת ברביעי ותו לא אימא מרביעי ואילך אמר מר זוטרא מאי טעמייהו דחסידים הראשונים דכתיב {רות ד-יג} ויתן [ה'] לה הריון הריון בגימטריא מאתן ושבעים וחד הוו

Uma mulher pode conceber e dar à luz somente no 271 dia [antes do nascimento, nove meses completos de trinta dias mais um dia após a relação], ou no 272 dia, ou no 273 dia [a concepção pode atrasar até dois dias]. Isto está de acordo com os *chassidim rishonim*, os homens pios do passado, e assim é ensinado: "Os homens pios de antigamente somente teriam relações as quartas-feiras, para que suas esposas não viessem a violar o Shabat [271, 272, e 273 dias são iguais a 38 semanas mais 5, 6, ou 7 dias respectivamente, para que a concepção na quarta-feira resultasse em um nascimento em um domingo, segunda, ou terça].

Em uma quarta, mas não depois? [Uma concepção em uma quinta, sexta, ou Shabat resultaria em um nascimento em um dia da semana.]

Qual era o raciocínio dos homens pios do passado? Porque está escrito, "E D'us deu a ela concepção (*herayon*

– הריון‎)." O valor numérico de *herayon* é 271.[*]

(Nidá 38a)

Um embrião contém todo o potencial latente da vida humana. Neste caso, o embrião continha todo o potencial de *malchut* em si. O rei iria incorporar o potencial integrado de todo um povo. O Rei Messias, que chegará no final desta linhagem, incorpora o potencial integrado da humanidade como um todo. Esta concepção, este *herayon*, é o começo de um mundo novo. É equivalente a *hayom* **harat olam** - "o dia da *concepção* do mundo,"[287] e demanda o envolvimento direto do Próprio Criador.

וַתֹּאמַרְנָה הַנָּשִׁים אֶל נָעֳמִי בָּרוּךְ ה' אֲשֶׁר לֹא הִשְׁבִּית לָךְ גֹּאֵל הַיּוֹם

14. E as mulheres disseram a Naomi, "Abençoado seja D'us que não reteve um redentor de você hoje.

As mulheres de Beit Lechem, que tinham rejeitado Naomi anteriormente, agora aparecem em massa para celebrar o nascimento da criança de Ruth. Ao falar com Naomi como se *ela* mesma tivesse dado à luz ao bebê, elas expressam seu entendimento claro de que Ruth agiu como uma mãe de aluguel para ela; que na realidade, Naomi havia sido redimida. Com esta benção, as mulheres de Beit Lechem garantiram que aquela linhagem da família, começando com aquela criança, não será interrompida até o advento do Messias:

מָה הַיּוֹם הַזֶּה רוֹדֶה בָּרָקִיעַ, כָּךְ יְהֵא בְּזַרְעֶךָ, רוֹדֶה וְשַׁלִּיט בְּיִשְׂרָאֵל לְעוֹלָם. אָמַר רַבִּי חוֹנְיָא מִבִּרְכוֹתֵיהֶן שֶׁל נָשִׁים לֹא נִתְקַעְקְעָה בֵּיצָתוֹ שֶׁל דָּוִד בִּימֵי עֲתַלְיָהוּ. וְרַבִּי תַּנְחוּמָא בְּשֵׁם רַבִּי שְׁמוּאֵל אָמַר שֶׁמָּה כְּתִיב (בראשית יט, לב) : וּנְחַיֶּה מֵאָבִינוּ זָרַע, אֵין כְּתִיב כָּאן בֵּן, אֶלָּא זָרַע, אוֹתוֹ הַזֶּרַע שֶׁהוּא בָּא מִמָּקוֹם אַחֵר, וְאֵיזֶה זֶה, זֶה מֶלֶךְ הַמָּשִׁיחַ

---

[*] ‎ה=5 ; ר=200 ; י=10 ; ו=6 ; ן=50. Total: = 271.

"Assim como 'o dia' (*hayom* – היום) domina o céu, que um dentre os seus descendentes domine Israel para sempre": por causa da bênção destas mulheres, a semente de David não foi erradicada durante os dias de Ataliá [filha de Achav, e Yizevel, que pegou o trono de Yehuda para si, fazendo um massacre da linhagem inteira de David, com exceção de Yoash, que sobreviveu à eliminação e reinou como rei].

Lá [na história de Lot e suas filhas] está escrito, "que possamos dar vida a descendentes através de nosso pai" (Gênesis 19:32). A palavra filho (*ben*) não aparece neste versículo. Ao invés a palavra "descendente" (*zera* / semente) é utilizada. Isto é uma alusão ao mesmo descendente que virá para Israel "de outro lugar." E quem é ele? É o Rei Messias!

(Ruth Rabá 7.16)

וְיִקָּרֵא שְׁמוֹ בְּיִשְׂרָאֵל

"Que seu nome seja chamado em Israel!

Como vimos através desta história de *yibum*, um nome, um "*shem*," expressa a essência de cada membro da comunidade pactual de Israel.[288] É o elemento eterno que pode sobreviver à morte. É interessante, o Talmud discute este conceito especificamente em relação a própria Ruth!

מאי רות א''ר יוחנן שזכתה ויצא ממנה דוד שריוהו להקב''ה
בשירות ותשבחות מנא לן דשמא גרים אמר רבי אליעזר דאמר
קרא {תהילים מו-ט} לכו חזו מפעלות ה' אשר שם שמות בארץ
אל תקרי שמות אלא שמות

Qual é o significado do nome Ruth?

Que ela teve o mérito de ser a fonte de David, que satisfez ("*rivahu*" - ריווהו) Hashem com suas músicas e elogios. [Ruth é um cognato da palavra *rivahu*, que significa satisfazer com uma bebida].

Como sabemos que um nome causa ocorrências futuras [que se tornam a essência das conquistas do indivíduo]? O versículo diz, "Venha e veja o que D'us fez, como Ele trouxe *shamot* para a terra" (Salmos 47:9). Não pronuncie a palavra *shamot* [que significa desconsolo], mas sim, *shemot* [que significa nomes].

(Berachot 7b)

De acordo com o Talmud, D'us age na terra através de nomes, mas um nome só é eterno quando está "dentro de um lugar." Um *shem* beIsrael coloca a criança dentro da saga de Israel, a essência concentrada da saga da humanidade. As mulheres de Beit Lechem afirmam que a criança nascida de Ruth de Moav receberá um nome em Israel.

וְהָיָה לָךְ לְמֵשִׁיב נֶפֶשׁ וּלְכַלְכֵּל אֶת שֵׂיבָתֵךְ

15. "Ele irá restituir sua vida e sustentar sua idade avançada,

Finalmente, chegamos ao momento tão esperado pela história: o nascimento do filho de Ruth e Boaz. O casamento é colocado em um importante fluxo da história, vindo de Rachel e Leá, passando por Yehuda e Tamar. A chegada da criança é abençoada pelo povo de Beit Lechem com conversas sobre *malchut* e *gueulá*. E agora, estas mesmas pessoas continuam com sua benção que asseguram que a criança será capaz de executar pequenas tarefas para Naomi quando estiver velhinha! Que dissonância!

כִּי כַלָּתֵךְ אֲשֶׁר אֲהֵבַתֶךְ יְלָדָתּוּ

"porque ele nasceu de sua nora que a ama

O Amor de Ruth por Naomi é citado como a razão pela qual seu filho irá sustentar Naomi em sua velhice. Como pode ser que um amor que dá forças a *gueulá* e *kriat shem* seja mencionado em um contexto tão trivial?

אֲשֶׁר הִיא טוֹבָה לָךְ מִשִּׁבְעָה בָּנִים

"e é melhor para você do que sete filhos."

Aqui chegamos ao ponto crucial da questão. As palavras faladas aqui ecoam aquelas ditas por Elkaná para sua esposa estéril, Haná, no início do Livro de Shmuel:

הֲלוֹא אָנֹכִי טוֹב לָךְ מֵעֲשָׂרָה בָּנִים

"Não sou melhor para você do que dez filhos?"

(Shmuel I 1:8)[*]

É uma alusão estranha. Naomi não precisa que Ruth seja "melhor do que sete filhos," ou mesmo dez. A criança de verdade de Ruth e Boaz está no colo dela. Ela precisa ser confortada da forma que Elkaná tentou confortar Haná.

Mas o que ele disse contém um argumento importante que transcende o contexto específico. O foco deste argumento está no relacionamento mais do que na fecundidade. O amor, ele diz, pode

---

[*] Acredita-se que o profeta Shmuel seja o autor tanto da Meguilá quanto do homônimo Livro de Shmuel (veja o prelúdio no primeiro ato). Em outras palavras, isto é uma alusão intertextual calculada, na qual o autor faz referências a palavras que ele usou em outro lugar.

ser "mais para você" do que crianças físicas:

וַיְהִי אִישׁ אֶחָד מִן הָרָמָתַיִם צוֹפִים מֵהַר אֶפְרָיִם וּשְׁמוֹ אֶלְקָנָה ...׃
וְלוֹ שְׁתֵּי נָשִׁים שֵׁם אַחַת חַנָּה וְשֵׁם הַשֵּׁנִית פְּנִנָּה וַיְהִי לִפְנִנָּה יְלָדִים
וּלְחַנָּה אֵין יְלָדִים׃ וַיְהִי הַיּוֹם וַיִּזְבַּח אֶלְקָנָה וְנָתַן לִפְנִנָּה אִשְׁתּוֹ
וּלְכָל בָּנֶיהָ וּבְנוֹתֶיהָ מָנוֹת׃ וּלְחַנָּה יִתֵּן מָנָה אַחַת אַפַּיִם כִּי אֶת חַנָּה
אָהֵב ... תַּכְעִסֶנָּה וַתִּבְכֶּה וְלֹא תֹאכַל׃ וַיֹּאמֶר לָהּ אֶלְקָנָה אִישָׁהּ חַנָּה
לָמֶה תִבְכִּי וְלָמֶה לֹא תֹאכְלִי וְלָמֶה יֵרַע לְבָבֵךְ הֲלוֹא אָנֹכִי טוֹב לָךְ
מֵעֲשָׂרָה בָּנִים

Havia certo homem de Ramataim-Tzofim, da colina chamada Efraim, cujo nome era Elkaná...

Ele tinha duas esposas, o nome de uma era Haná, e o nome da outra era Peniná. E Peniná tinha filhos, mas Haná não...

Um dia, quando ele trouxe *korbanot*, ele deu porções à sua esposa Peniná e para todos os seus filhos e filhas.

Mas, para Haná, ele deu duas porções, porque ele a amava...

Haná chorava e não conseguia comer.

E Elkaná, seu marido, disse a ela, "Haná, por que você chora? E por que não come? E por que seu coração está triste? Não sou melhor para você do que dez filhos?"

(Shmuel I 1:1-8)

As mulheres de Beit Lechem usam exatamente os mesmos argumentos. Com estas palavras, elas estão dizendo a Naomi, "Lembre-se do que você disse quando retornou de Moav? Como você declarou, "Eu fui repleta e D'us me trouxe de volta vazia"? Você não poderia estar mais enganada, pois não voltou vazia. Voltou com a pessoa que é melhor do que "sete" - uma outra alusão a *malchut*.[289] Você retornou com algo melhor do que *malchut*! Temos certeza de que é maravilhoso para você ter um filho – ele pode fazer pequenos serviços e lhe ajudar quando você envelhecer – mas você deve entender que a grande conquista de sua vida é Ruth e o amor mútuo entre vocês!" Elkaná estava certo: é o relacionamento que é essencial, e a criança é a expressão daquele amor.

Em uma reviravolta final, vemos agora que quando Naomi entrou em Beit Lechem vinda de Moav, ela declarou mesmo sem saber que estava carregando *malchut* com ela. *Malchut* significa "aquele que não tem nada que lhe pertence,"[290] aquele que, como Ruth, não tem *elai*. Então, quando Naomi declarou que estava "vazia, desprovida," ela estava, de certa forma, correta. Ela simplesmente não sabia do que estava falando.

וַתִּקַּח נָעֳמִי אֶת הַיֶּלֶד וַתְּשִׁתֵהוּ בְחֵיקָהּ וַתְּהִי לוֹ לְאֹמֶנֶת

16. Naomi pegou a criança e a segurou em seu peito, e se tornou sua ama.

Surpreendentemente, Naomi é restituída à sua juventude e se torna a ama de leite da criança.[291]

וַתִּקְרֶאנָה לוֹ הַשְּׁכֵנוֹת שֵׁם לֵאמֹר יֻלַּד בֵּן לְנָעֳמִי

17. E as vizinhas deram-lhe um nome, dizendo, "um filho nasceu para Naomi!"

O casamento de Boaz com Ruth aconteceu sob os auspícios dos anciãos de Beit Lechem e com a participação dos líderes locais. Agora, com o nascimento do filho do casal, a comunidade inteira continua envolvida. *Eles* são aqueles que anunciam a chegada da criança, e são eles que dão o nome a ele, fruto do *yibum*.

Em uma visão secular de *malchut*, o reinado faz uma unificação de todos os elementos, e, por implicação, todos os elementos se tornam nulos para o *malchut*. A visão de *Malchut* Israel é o oposto, pois para o mesmo, *malchut* traz o contexto no qual cada elemento se torna completamente realizado. O indivíduo não é nulo pelo *malchut*. Ao contrário, em *Malchut* Israel o indivíduo atinge realização completa através de *malchut*. Este é o motivo pelo qual o *malchut* verdadeiro nunca pode ser imposto, porque não pode ser criado de cima para baixo. *Malchut* Israel precisava surgir de baixo para cima, do "ninho" dos indivíduos, dos elementos, cada um em seu lugar próprio, dentro de um contexto exato. Nós não nos tornamos o *malchut*, ao contrário, *malchut* nos torna.[292]

Portanto, o nome da criança que começa a linhagem de *malchut* que nos torna pode somente vir de todos nós, do contexto inteiro. É apropriado então, que o bebê de Ruth e Boaz receba o nome das *shchenot*, das mulheres da vizinhança. O nome é dado por um grupo nada específico, porque tinha que surgir do contexto do nascimento da criança. Este contexto, como já vimos, inclui Yehuda, Tamar e Peretz; Lot, sua filha, e Moav; e finalmente, Elimelech, Naomi, e Beit Lechem. É um contexto tão rico e abrangente quanto o *malchut* que forma e informa. O bebê não recebe o nome de um único indivíduo, que, por definição, tem uma visão limitada, mas, pela sabedoria coletiva dos indivíduos que viveram a saga de seu nascimento. As mulheres agem como um *klal*, uma unidade única. Elas sentem o rei incipiente, a pessoa que virá para representar o povo de Israel como um todo, e logo, como lemos, "A.... vizinhança deu o nome a ele, dizendo, 'Um filho nasceu para Naomi!'"

E é precisamente neste sentido que "Um filho nasceu para Naomi" é considerado um nome, porque é um nome em um contexto, e define de onde a criança veio, proporcionando um cenário para o entendimento de seu nome próprio – elas o chamaram "o filho de Naomi," com toda a história que ela representa.

וַתִּקְרֶאנָה שְׁמוֹ עוֹבֵד

E elas o chamaram de Oved;

Elas "o chamam" por um segundo nome também. Esta é uma outra alusão ao discurso de Naomi ao adentrar Beit Lechem:

Ela disse a eles, "Não me *chamem* de Naomi, *chamem*-me de Mará (a que mudou, a amarga), pois o Santíssimo me tratou com amargor. Eu era repleta quando fui embora, mas D'us me trouxe de volta vazia, desprovida. Por que me chamam de Naomi quando D'us testemunhou contra mim e o Todo-Poderoso trouxe infortúnios sobre mim?"

(Ruth 1:20-21)

Nesta passagem do início da Meguilá, nós escutamos uma Naomi desesperada implorando para ser chamada de algo diferente, *qualquer coisa*, mesmo que somente de *Mará*, em reconhecimento ao amargo revés de seu destino. No entanto, apesar de seu pedido patético, as pessoas continuaram a ignorá-la.

Agora, no final da história, lemos um segundo cognato para **Mará**, *temurá*, outra reviravolta. As mulheres de Beit Lechem "dão o nome à criança" duas vezes.

Um nome repleto de significado: *Oved* (עבד) vem da mesma raiz de *avodá* – trabalho, serviço a D'us. Maimônides discute o conceito de *avodá* no final das Leis de Arrependimento.

אַל יֹאמַר אָדָם הֲרֵינִי עוֹשֶׂה מִצְווֹת הַתּוֹרָה וְעוֹסֵק בְּחָכְמָתָהּ כְּדֵי שֶׁאֲקַבֵּל כָּל הַבְּרָכוֹת הַכְּתוּבוֹת בָּהּ אוֹ כְּדֵי שֶׁאֶזְכֶּה לְחַיֵּי הָעוֹלָם הַבָּא... אֵין רָאוּי לַעֲבֹד אֶת ה' עַל הַדֶּרֶךְ הַזֶּה

הָעוֹבֵד מֵאַהֲבָה עוֹסֵק בַּתּוֹרָה וּבַמִּצְווֹת וְהוֹלֵךְ בִּנְתִיבוֹת הַחָכְמָה לֹא מִפְּנֵי דָּבָר בָּעוֹלָם וְלֹא מִפְּנֵי יִרְאַת הָרָעָה וְלֹא כְּדֵי לִירַשׁ הַטּוֹבָה אֶלָּא עוֹשֶׂה הָאֱמֶת מִפְּנֵי שֶׁהוּא אֱמֶת

Uma pessoa nunca deve dizer que faz mitzvot e estuda Torá para receber as bênçãos prometidas nas mesmas, ou para que tenham mérito de um lugar no Olam Habá…

não é apropriado servir (*laavod* / לעבד) à D'us desta maneira.

Aquele que serve (*oved* - עבד) à D'us por amor, se envolve em Torá e mitzvot e viaja pelos caminhos da sabedoria sem razões escusas, não por medo do castigo, nem para que herde o bem, mas sim, porque persegue a verdade porque é a verdade.

(Mishnê Torá, Leis de Arrependimento 10.1-2)

Apesar de que uma pessoa pode pensar que a obtenção de um lugar no Mundo Vindouro é o propósito de nossa existência, Maimônides afirma que tal objetivo nunca deveria ser mencionado. "Não diga isso mesmo que sinta isso." É uma violação da natureza fundamental da *avodá*.[293] A única questão com a qual você deve se preocupar é se você se importa ou não com sua existência. Se sim, então você possui a única motivação que precisa para fazer o que quer que seja – você está apaixonado. O amor de Hashem é a força motriz da verdadeira *avodá*.

A *avodá* era também a incumbência original do Homem:[294]

וַיִּקַּח ה' אֱלֹהִים אֶת הָאָדָם וַיַּנִּחֵהוּ בְגַן עֵדֶן לְעָבְדָהּ וּלְשָׁמְרָהּ

O Senhor D'us pegou Adam e o colocou no Jardim do Éden para trabalhá-lo e cuidar do mesmo (*leovdá uleshomrá*).

(Gênesis 2:15)

Este é o primeiro mandamento dado ao Homem, e define a iniciativa humana no seu estado mais puro. De acordo com o Talmud (Chulin 60b, que foi citado anteriormente no prelúdio do terceiro ato e foi comentário do versículo 7 deste ato), D'us diz a Adam, "Você estava aqui para fazer o mundo viver. Você deve se importar com tudo com paixão." A terra não veio à vida até o momento em que

Adam viu que a chuva era necessária e fez *tefilá* pela vida. O estímulo para a verdadeira *avodá* pode ser somente o amor – amor por toda a existência. E se uma pessoa está apaixonada pela existência, então, esta pessoa, por definição está apaixonada por Hashem, a Primeira Existência.

Assim como um *oved* não tem uma agenda, uma pauta, ele não quer nada para si mesmo (*elai*) e não tem nenhum motivo escuso, ele está interessado somente naquilo que vai trazê-lo para mais perto da verdade, naquilo, seja lá o que for, que irá ajudá-lo a aproximar-se de Hashem. Nada pode ser uma barreira entre ele e a realidade, uma barreira que cria um "eu" nuclear e um universo-ilha que o separa da verdadeira realização.[295] Um *oved* verdadeiro não está interessado no Mundo Vindouro, ele não quer nada para si, exceto amor.

Ruth personifica esta devoção pura ao relacionamento. E então, pela primeira vez na história, uma criança nasce, uma que pode ser um *Oved* de verdade. Ele é o primeiro a nascer de uma *avodá meahavá* – o serviço levado pelo amor.

Ser um *oved* requer um nível de compromisso que é ainda mais profundo do que o compromisso de um *tzadik*, pois o serviço verdadeiro vai além da integridade:

א''ל בר הי הי להלל מאי דכתיב {מלאכי ג-יח} ושבתם וראיתם בין צדיק לרשע בין עובד אלהים לאשר לא עבדו היינו צדיק היינו עובד אלהים היינו רשע היינו אשר לא עבדו א''ל עבדו ולא עבדו תרוייהו צדיקי גמורי נינהו ואינו דומה שונה פרקו מאה פעמים לשונה פרקו מאה ואחד

Qual é o sentido do versículo, "Retornem e vocês verão a diferença entre os íntegros e os perversos, entre aquele que serviu (*oved*) a D'us e aquele que não O serviu" (Malachi 3:18). [O versículo soa repetitivo.] Não são os íntegros equivalentes a "aqueles que servem à D'us" e os perversos [equivalente a] "aqueles que não servem à D'us"?

Não. Aqueles que "servem a D'us" e aqueles que "não servem" são os dois completamente íntegros. No entanto, não há comparação entre aquele que revisa seu estudo cem vezes e aquele que o revisa cento e uma vezes.

Chaguigá 9b

A diferença entre um e outro é tão tênue que pode ser até no revisar o estudo uma vez mais, ou menos – porque a *avodá* não é sobre fazer o que está certo, é sobre estar em uma busca profunda. Uma busca deste tipo tem relação com viver uma vida de abertura para novas possibilidades e estar em busca delas também. Integridade é uma conquista; *avodá* é o próprio caminho.

Se seu foco é a conquista, você deve definir primeiramente qual será a conquista a fazer, você deve ter uma pauta, um programa de ação com objetivos pré-determinados. Isto é perigoso, mesmo que seja para o estudo da Torá.

אמר עולא מחשבה מועלת אפילו לד׳׳ת שנאמר {איוב ה-יב}
מפר מחשבות ערומים ולא תעשינה ידיהם תושיה

Os planos afetam até mesmo palavras da Torá, como afirma o versículo, "Ele desvirtua os pensamentos do inteligente de forma que suas mãos não possam atingir o sucesso" (Yov 5:12).

(San'hedrin 26b)

מחשבה שאדם מחשב כך וכך אעשה כך וכך תעלה בידי מועלת
להשבית הדבר שאין מחשבתו מתקיימת אפילו לדבר תורה כגון
האומר עד יום פלוני אסיים כך וכך מסכתות בגירסא

Os planos de uma pessoa de fazer exatamente isto ou aquilo – e para conseguir exatamente isto e exatamente aquilo – contrariam seus próprios projetos. Estes planos não são efetivos nem no estudo da Torá, assim como quando uma pessoa diz que em certa data, irá completar certos tratados.

(Rashi, San'hedrin 26b)

Um *oved*, contrariamente, não está interessado em atingir algo específico. Está interessado em fazer o que é preciso ser feito, seja lá quando for que possa fazê-lo. "O que precisa ser feito" não pode ser definido anteriormente, pois o mesmo surge como parte do processo. Quando se está em uma busca profunda por *avodá*, não há um ponto final, um destino final que se deseje chegar. Na *Avodat Hashem* nunca há um momento no qual se pode dizer "Cheguei." Por definição, ela é um processo de descoberta, uma missão de "ir corajosamente aonde nenhum outro homem já tenha ido antes"! Isto é terrivelmente frustrante para aqueles que sentem a necessidade de saber exatamente para onde a vida vai.

A Meguilát Ruth nos ensina, todavia, que para onde a vida vai não pode ser previsto. O que é importante é que você nunca se entregue, nunca se canse, nunca diga "Não há nada para eu fazer." No momento em que uma pessoa diz isso, não é mais um *oved*. A diligência incansável e a disponibilidade de abertura para novas fronteiras é que fazem a diferença entre "um que revisa seu estudo cem vezes" daquele que "revisa cento e uma vezes." Nós somos tão predispostos a resultados exigidos, que vêm por demanda, que fica difícil para nós vermos a diferença entre estas duas pessoas. O profeta Malachi, citado pelo Talmud (Chaguigá 9b, acima), nos incita "Retornem e verão." Pense sobre isso, bastante e profundamente, e você conseguirá entender a distinção. A conquista de *malchut* não conhece limites; somente a paixão de *naassê venishmá* e a alegria da *avodá* pura, trabalhando rumo ao futuro que não consigo conceber agora. O caminho para *malchut* deve ser feito através de *Oved*, no seu caminho para Yishai e David.

הוּא אֲבִי יִשַׁי אֲבִי דָוִד

ele é o pai de Yishai, o pai de David.

Ao se tornar um *oved* de verdade, a pessoa atinge um estado de *yishut* (ישות), um estado de "ser" no qual está completamente presente e em posse total de si mesma. Em um estado de *yishut*, uma pessoa não vendeu pedaços de si mesma em busca de objetivos exteriores, que estão além de seu controle. Se você chega ao nível de Yishai, portanto, você está livre do pecado. Não há nada que possa lhe tirar do caminho, mas, ainda há o conselho do Serpente para combater.[297] Ainda há um sentimento de que o mundo é externo a você, um objeto a ser manipulado à sua vontade. Tal agenda destrói relacionamentos. Estar livre de pecados traz você para *yishut*, para a presença, mas não para o amor. Para atingir o amor, você precisará chegar até David, o "que ama."

Epílogo

וְאֵלֶּה תּוֹלְדוֹת פֶּרֶץ פֶּרֶץ הוֹלִיד אֶת חֶצְרוֹן

18-22. E estas são as gerações de Peretz: Peretz gerou Hetzron.[*]

---

[*] Esta é a linhagem que leva a David e *malchut*, através da qual a Criação finalmente cumpre seu propósito.

אַתָּה מוֹצֵא כָּל תּוֹלְדוֹת שֶׁבַּמִּקְרָא חֲסֵרִים חוּץ מִשְׁנַיִם (בראשית ב, א) : אֵלֶּה תוֹלְדוֹת הַשָּׁמַיִם וְהָאָרֶץ, (רות ד, יח) : וְאֵלֶּה תּוֹלְדוֹת פֶּרֶץ, וְטַעַם גָּדוֹל יֵשׁ לָהֶם, לָמָּה אָמַר אֵלֶּה תוֹלְדוֹת הַשָּׁמַיִם וְהָאָרֶץ מָלֵא, מִפְּנֵי שֶׁבָּרָא הַקָּדוֹשׁ בָּרוּךְ הוּא אֶת עוֹלְמוֹ וְלֹא הָיָה מַלְאַךְ הַמָּוֶת בָּעוֹלָם, וּבִשְׁבִיל כָּךְ הוּא מָלֵא, וְכֵיוָן שֶׁחָטָא אָדָם וְחַוָּה חָסֵר הַקָּדוֹשׁ בָּרוּךְ הוּא כָּל תּוֹלְדוֹת שֶׁבַּמִּקְרָא, וְכֵיוָן שֶׁעָמַד פֶּרֶץ נַעֲשָׂה תוֹלְדוֹת שֶׁלּוֹ מָלֵא, שֶׁהַמָּשִׁיחַ עוֹמֵד הֵימֶנּוּ וּבְיָמָיו הַקָּדוֹשׁ בָּרוּךְ הוּא מַבְלִיעַ הַמָּוֶת, שֶׁנֶּאֱמַר (ישעיה כה, ח) : בִּלַּע הַמָּוֶת לָנֶצַח

Você encontrará que em cada ocorrência da palavra *toldot* (gerações, ou, mais literalmente descendência) na Torá ela é soletrada de forma faltante [por exemplo, com pelo menos um *vav* a menos]. As duas exceções são: "Estas são as gerações, as *toldot* do céu e da terra quando eles foram criados" (Gênesis 2:4) e "Estas são as *toldot* de Peretz" (Ruth 4:18). Há uma razão importante para [estas exceções] … pois, quando Hashem criou Seu mundo, não havia um Anjo da Morte, e por esta razão [no primeiro caso] a palavra é soletrada corretamente [pois não faltava nada no mundo]. Mas, quando Adam e Chavá pecaram, D'us fez todas as *toldot* subsequentes na Torá imperfeitas. E foi assim até a ascensão de Peretz, cujas *toldot* são novamente perfeitas: pois o Messias virá dele, e na era Messiânica, Hashem fará com que a morte seja engolida. Como diz o versículo (Isaías 25:8), "Ele irá engolir a morte para sempre." (Êxodo Rabá, 30:3)

וְחֶצְרוֹן הוֹלִיד אֶת רָם וְרָם הוֹלִיד אֶת עַמִּינָדָב

E Hetzron gerou Ram, e Ram gerou Aminadav.

וְעַמִּינָדָב הוֹלִיד אֶת נַחְשׁוֹן וְנַחְשׁוֹן הוֹלִיד אֶת שַׂלְמָה

E Aminadav gerou Nachshon, e Nachshon gerou Salmá.

וְשַׂלְמוֹן הוֹלִיד אֶת בֹּעַז וּבֹעַז הוֹלִיד אֶת עוֹבֵד

E Salmá gerou Boaz, e Boaz gerou Oved.

וְעֹבֵד הוֹלִיד אֶת יִשַׁי וְיִשַׁי הוֹלִיד אֶת דָּוִד

E Oved gerou Yishai, e Yishai gerou David.

Nossa Meguilá termina com os que talvez sejam os versículos mais dramáticos no Tanach: as dez gerações de Peretz a David. Este conjunto de dez gerações é um dos dez conjuntos de gerações que levaram a uma nova definição de humanidade. E estes conjuntos começam com Adam:

עֲשָׂרָה דוֹרוֹת מֵאָדָם וְעַד נֹחַ... עֲשָׂרָה דוֹרוֹת מִנֹּחַ וְעַד אַבְרָהָם

Há dez gerações de Adam até Noach. Há dez gerações de Noach até Avraham.

(Avot 5:2)

Os capítulos iniciais do livro de Gênesis recontam a marcha das gerações desde o Éden até a queda do Homem, que culminou com o mundo extremamente conturbado de Noach até o bravo novo mundo de Avraham e o começo da solitária busca para a volta ao Éden. Aquela busca atinge um momento crítico com o nascimento de David, que inicia a linhagem do Messias, que será coroada com o retorno ao Éden.

Há uma ressonância profunda a estes versículos finais.

Peretz gerou Hetzron.

E Hetzron gerou Ram, que gerou Aminadav...

E *Oved* gerou Yishai, e Yishai gerou David.

A listagem das gerações tem um ritmo quase poético. Ressoa como a Mishná em Avot. Dez gerações. Dez gerações. Cada conjunto de gerações produziram um marco na história que trouxe junto todas as complexidades dos inter-relacionamentos daquele período na forma de uma única e heroica pessoa:

Dez gerações de Adam até Noach.

Dez gerações de Noach até Avraham.

E agora, dez gerações de Peretz até David.

No ritmo de refinação destas gerações, sentimos o poder imenso da história que culmina com o nascimento de David. Começamos a sentir o que está implicado no desenvolvimento de *malchut*; como *malchut* é o cumprimento da Criação; como podemos somente ter uma pequena noção dos elementos que compõem esta história. O Livro de Ruth nos ensina como pode ser a derrota do Serpente Interior e viver como seres humanos em uma busca por verdade e amor.

Nota

1. Veja: סנהדרין קה. cf. ;הוריות י ;סוטה מז. ;נזיר כג

2. Acrônimo para R. Shlomo Itzhaki do século 11, França, mundialmente conhecido como o mais importante de todos os comentaristas Bíblicos e Talmúdicos.

3. בבא בתרא צא.

4. Veja I Shmuel 10:1 e 16:13.

5. As 3 peregrinações são pessach, Shavuot, e Succot. Veja Deuteronômio 16:16.

6. Veja Juízes 19 para a história completa.

7. Veja o comentário de Rambam sobre Gênesis 19.8; compare também Gênesis 19:20-24 até Juízes 19:2-8.

8. Para uma discussão sobre o porque a história aparece ao final do livro, veja o comentário de Rashi sobre Juízes 17:1; e compare com o comentário de Radak sobre o mesmo versículo.

9. Veja o Mechilta citado acima.

10. Veja o final do primeiro ato e início do segundo, além do comentário lá.

11. Veja I Shmuel 16.21 para ler sobre o amor incomum de Shaul por David; I Shmuel 18:11, para os primeiros sinais de ódio por David; e I Shmuel 19:11; para o início de sua incansável perseguição a David; que iria continuar para o equilíbrio de seu reinado.

12. Veja. רות רבה ב ;סוטה מב: ;סנהדרין צה.

13. Veja, por exemplo, Êxodo 15:26; Deuteronômio 12:28 e 13:19.

14. Veja I Reis, capítulo 10, e II Crônicas, capítulo 9 para vários exemplos.

15. V.S Ramachandran, http://goodreads.com/author/quotes/17674.V_S_Ramachandran, 11/19/13.

16. Veja também יבמות עז.

17. Veja a história completa em I Shmuel, capítulo 8.

18. Este problema clássico é discutido amplamente entre os comentaristas – veja, por exemplo, רד״ק, רלב״ג, אברבנאל, מלבי״ם

19. ‏בבא בתרא טו‎:

20. Veja também, ‏ויקרא רבא יא, ז‎, com relação a ideia de um relacionamento casual entre o estado de ‏שפוט‎ e o estado de fome.

21. Veja I Shmuel 16:1, 16:18, e 17:58, nos quais se refere ao pai de David, Yishai, como Beit HaLachmi (O Beitlemita); veja também II Shmuel 21:19, que usa o termo Beit HaLachmi que é entendido em Ruth Rabbah 2 como uma referência a David.

22. Veja ‏ילקוט שמעוני רות, רמז תר‎

23. Ou considere ‏בראשית כג, ד‎, que faz o contraste entre ‏גר‎ e ‏תושב‎ e o deixa claro.

24. Os Midrashim e os comentaristas fazem disso a questão importante. Veja, por exemplo, ‏אלשיך‎ e ‏ילקוט שמעוני רמ״ז‎ sobre este versículo.

25. Aparentemente, Maimônides entende a palavra ‏אפרתים‎ (nobres) como que modificando Machlon e Khilion especificamente. Esta fonte para isto parece seguir o seguinte midrash:

‏דָּבָר אַחֵר, אֶפְרָתִים, רַבִּי פִּנְחָס אָמַר כָּל אוֹתָהּ הָעֲטָרָה שֶׁנִּתְעַטֵּר אֶפְרַיִם מִיַּעֲקֹב אָבִינוּ בִּשְׁעַת פְּטִירָתוֹ מִן הָעוֹלָם, אָמַר לוֹ, אֶפְרַיִם רֹאשׁ הַשֵּׁבֶט, רֹאשׁ הַיְשִׁיבָה, הַמְעֻלֶּה וְהַמְשֻׁבָּח שֶׁבְּבָנַי יִהְיֶה נִקְרָא לִשְׁמָךְ, (שמואל א א, א) : בֶּן תֹּחוּ בֶן צוּף אֶפְרָתִי. (מלכים א יא, כו) : וְיָרָבְעָם בֶּן נְבָט אֶפְרָתִי. (שמואל א יז, יב) : וְדָוִד בֶּן אִישׁ אֶפְרָתִי. מַחְלוֹן וְכִלְיוֹן אֶפְרָתִים‎

26. Veja Ruth 1:22 e 2:23. Este é o período de s'firat haomer.

27. Veja Levítico 23:9 e Deuteronômio 16:9-12.

28. Veja a história em I Shmuel, capítulo 21.

29. Data foi suprida pelo United Nations' World Food Programme, http://www.wfp.org/hunger, que foi acessado em 11/19/13.

30. Data foi suprida por Central Intelligence Agency, The World Factbook, htpp://www.cia.gov/library/publications/the-world-factbook/fileds/2201.html, que foi acessado em 11/1/14.

31. Veja ‏רות רבא ב, ה‎

32. Veja ‏רות רבא א, ד‎

33. Veja a história do Fruto Proibido em Gênesis 3, assim como o comentário sobre esta história no prelúdio do segundo ato.

34. Veja o comentário do Alshich, cuja interpretação extraordinária é baseada na palavra *vatishaeir*, "e ela permaneceu [em Moav]":

‏כיון שכל מגמת אלימלך היתה למצא את האשה שממנה יולד משיח צדקנו שהיה קבלה בידם שהוא יצא ממשפחת מואב והנה מת קדם שמצאה על כן השתדלה נעמי ונשארה במואב אולי אחד מבניה יזכה למצאה‎

Na verdade, foi este o caso!

35. Veremos mais sobre o significado deste nome ao procedermos

36. Veja: ‏ירושלמי סוטה ה,כ‎:

נחמיה עמסוני שימש את רבי עקיבה עשרים ושתים שנה הוא היה אומר אתים גמין
ריבויין אכין ורקין מיעוטים

37. Veja o comentário de Rashi sobre בראשית כג,יז, ד"ה ויקם שדה para um
conceito parecido.

38. O versículo poderia ter dito simplesmente, ותקם ושתי כלתיה

39. Este é parecido com a passagem em : ראש השנה כה que expressa o mesmo
nível de preocupação:

ואומר {דברים יז-ט} ובאת אל הכהנים הלוים ואל השופט אשר יהיה בימים ההם וכי
תעלה על דעתך שאדם הולך אצל הדיין שלא היה בימיו הא אין לך לילך אלא אצל שופט
שבימיו ואומר {קהלת ז-י} אל תאמר מה היה שהימים הראשונים היו טובים מאלה

40. Veja, por exemplo, Gênesis 21:1 e 50:24; I Shmuel 2:21; Ezra 1:2.

41. Se a intenção dos versículos fosse dizer que a subida e retorno dela tinham
sido devidos as notícias de que a economia em Israel havia melhorado, a ordem dos
versos teria sido revertida. A frase que inicia com כי שמעה teria precedido ותשב ...
ותקם

42. Veja הירא רוג para esta explicação do midrash como apresentado por Rashi:

בראשית כח,י, ד"ה ויצא

לא היה צריך לכתוב רק וילך חרנה. כדכתיב לעיל (ר' פסוק ז) "וילך יעקב פדנה ארם", ולא
כתב 'ויצא יעקב מבאר שבע וילך חרנה'. ובב"ר (סח, ו) קאמר 'ויצא יעקב, וכי הוא בלבד יצא
והלא כמה גמלים וכמה חמורים יצאו'. וכך פירושו - דכיון דהכתוב בא לספר מעניין יעקב
שהלך לחרן, לא הוי ליה למכתב רק ההליכה לשם, לא ענין היציאה מבאר שבע, שזהו העניין
לא שייך לענין יעקב, דהרי כמה גמלים יצאו משם, ואין דבר זה שייך ליעקב במה שהלך לחרן,
ואין דרך הכתוב לספר רק בעיקר העניין שהוא מדבר, שהרי אין דבר נזכר בזה במה שיצא
מבאר שבע, דאי בא להזכיר מאיזה מקום יצא - הוי ליה לומר 'וילך מבאר שבע', כדכתיב
(רות א, א) "וילך איש מבית לחם", אבל יציאת המקום לא הוי מידי, דכמה גמלים וכמה
חמורים יצאו, אבל הליכה בודאי שפיר, משום דהוא נאמר על כל ההליכה מה שהלך ממקום
שהיה למקום שהלך לשם, ולכך דרשו (ב"ר סח, ו) כי 'יציאת צדיק עושה רושם', וכך פירושו
- כי יציאת יעקב נקרא 'יציאה' ולא יציאה אחרת, מפני שיציאתו נראה ומורגש לכל שעושה
רושם:

43. Verdade, nós sabemos o nome dela e que é significativo, como vimos
anteriormente, mas não é evidência suficiente para explicar o comportamento
subsequente de Orpah e Ruth, como veremos.

44. Isto se refere ao uso da frase em Gênesis 3:24.

45. מדרש לקח טוב, רות א

46. A interpretação é consistente com (apesar de ser um pouco diferente do
que) a explicação sugerida acima para o uso incomum das palavras no versículo 4.

47. Veja רות רבה ב para uma explicação diferente.

48. רות רבה ב

49. Veja Êxodo 19:15.

50. O ritual de pureza das mulheres poderia ter ficado comprometido se
tivessem tido relações três dias antes de a Torá ter sido outorgada.

51. Veja o versículo 7 neste ato e o comentário lá.

52. Veja o versículo 7 neste ato e o comentário lá.

53. Veja o prelúdio deste ato.

54. Veja Gênesis 19:30-37; a segunda filha de Lot também deu a ele um filho, Ammon.

55. A associação de Avraham com *chessed* é comum em tradicionais e especialmente em fontes cabalísticas. Veja, por exemplo, a seguinte afirmação do Zôhar:

כל חד וחד מאבהן ידע ליה לקודשא בריך הוא מגו דרגא דיליה ואחיד ביה בההוא דרגא, אברהם ידע ליה לקודשא בריך הוא מגו אספקלריא דיליה דאיהי מדת הגדולה מדת החסד ימינא דמלכא ועל דא אחיד בה ולא שביק לה לעלמין ועביד טיבו עם כל בני עלמא ואוקמוה דהא עובדוי סליקו ליה

זוהר, תוספת ג, שב

56. Este "discurso" é um apanhado de citações que foram ligeiramente modificadas do seu comentarista americano e conservador, Rush Limbaugh. Foram tiradas da Internet. htpp://brainyquote.com/quotes/authors/r/rush_limbaugh. html, que foram acessadas 11/19/13.

57. Veja, por exemplo:

מבוא לחכמת הקבלה, חלק ב, מאמר ג, וקרן אורה על מסכת מועד קטן ט: ובית עולמים קכח

58. Uma pessoa pode entender, assim como os comentaristas que o Talmud Yerushalmi se refere ao pão porque é a comida mais básica, o produto mais comum em qualquer casa.

59. Tirado de The Fountainhead por Ayn Rand (New York: Penguin 1994), 712-14.

60. Uma vez que citei Ayn Rand no texto, farei uma referência aqui a cidade idealizada, Galt's Gulch, em sua grande obra, Atlas Shrugged. Sodoma foi a precursora de todos os locais como este, reais ou fictícios.

61. Baseado em San'hedrin 58b

62. Veja: Yevamot 34b

63. Veja Gênesis 38:8 e o comentário de Nachmânides lá, que é citado acima.

64. Veja Gênesis 38:9.

65. A explicação de Rashi é esta:

כל העולם כולו נזונין בצדקה - בצדקתו של הקדוש ברוך הוא, ולא בזכות שבידן והם נזונין בזרוע - בזכות שבידם, ובצדיקים משתעי קרא וקרי להו רחוקים מצדקתו של הקדוש ברוך הוא

66. Veja o versículo 9 deste ato.

67. Rashi explica a base para este ensinamento de que Orpah derramou quatro lágrimas:

ותבכינה עוד - פעם שניה דלעיל מיני' כתי' ותשאנה קולן ותבכינה. ארבע דמעות - שתי בכיות משתי עינים

68. מאי נינהו? אמר רבא: סף, ומדון, גלית, וישבי בנוב - סוטה מב

69. Ou um dos subordinados de David. Veja I Shmuel 21:15-22.

70. Veja a história da morte do moradores de Nov em San'hedrin 95a

71. Veja a continuação do midrash no lugar citado.

72. A palavra não é realmente soletrada assim. Deveria ser עורף, com ף no final. Eu a soletro aqui com um פ para que o relacionamento entre as palavras ערפה e עורף esteja claro.

73. A frase לשוב מאחריך parece ser a fonte da explicação do Midrash. "Eu posso me afastar de você, mas não de meus planos de me converter."

74. O código mais abalizado da Lei Judaica, compilado por R. Yossef Karo de Safed em 1563.

75. Ao final deste versículo.

76. A guerra foi iniciada por Balak, rei de Moav, durante a qual ele contratou o profeta Bilam para amaldiçoar Yisrael. Veja Números, capítulos 22-26.

77. Naamah de Amon era a mãe de Rahavam, filho e sucessor do Rei Salomão. Veja I Reis 14.21.

78. Veja Yevamot 47a, para a fonte da Mishneh Torá.

79. Veja Gênesis 12:1.

80. Veja Shulchan Aruch, Yoreh Deáh 268

81. Veja מלבי"ם, יהושע ב, יז - ומבואר אצלנו שמדרך לציים עצמים חזקים בסימן הזכרות que fala sobre a estranha fêmea/homem híbrido, שתיחם

82. Um comentário clássico sobre a Meguilat Ruth escrito pelo R. Shmuel Di Uzeda (1545-1604), um discípulo do Ari HaKadosh de Safed, talvez o maior Kabalista dos últimos quinhentos anos.

83. Veja Yalkut Shimoni 601 e Ruth Rabá 3

84. Veja Ruth Rabá 3 para uma explicação do contraste entre o tratamento amargo que Noemi teve nas mãos de D'us e seu nome, Naomi, que se refere à doçura de seus atos (veja comentário do versículo 2).

85. Veja Tanchuma, Bereshit 3

86. Veja o comentário do versículo 7 e Ruth Rabbah 2:12, citado aqui.

87. Veja Primeiro Ato, Interlúdio II: Sobre a crueldade da Bondade.

88. Veja Primeiro Ato, Interlúdio II: Sobre a crueldade da Bondade.

89. Veja Primeiro Ato, Interlúdio II: Sobre a crueldade da Bondade.

90. Um estudioso do século 13 na Espanha, Rabbeinu Bahya é um dos mais distintos comentaristas da Torá. Na sua explicação, ele segue a interpretação de seu professor R. shlomo ben Aderet (conhecido como Rashba); veja responsa do Rashba que foi citado no biur do Ein Yaakov massechet Shavuot 9a.

91. Veja o comentário do versículo 3, primeiro ato.

92. Veja Gênesis 2:16 e Kohelet Rabá 7

93. Veja Gênesis 2:17 e o comentário mais extenso sobre esta ideia no prelúdio do 2 ato.

94. Veja o ato 1, Interlúdio II: Sobre a Crueldade da Bondade.

95. Comentaristas medievais do Talmud, cujos comentários estão impressos na página modelo do Talmud junto com Rashi, que foi o professor e ancestral de muitos deles.

96. Opondo-se a referência a Elimelech como seu *"baal"*- veja o comentário do ato 1, versículo 9.

97. Veja Ruth Rabá 6, 3 onde uma disputa está registrada com relação ao relacionamento entre Boaz e Elimelech, assim como os comentários de Rashi sobre Gênesis 18:19 no qual ele traduz ידעתיו (parecido com מודע aqui) como לשון חיבה.

98. Veja o prelúdio do 1 ato.

99. Baba Batra 91a

100. Assim como em הוי עז כנמר de Avot 5, 20

101. Veja também Baba Batra 91a

102. Veja o comentário sobre o 1 ato, versos 19-22.

103. Veja ato 1, versículo 22.

104. Veja o comentário sobre o 1 ato, versículo 6.

105. Os comentaristas disputem se o versículo se refere a Amalek ou Yisrael como não sendo temente à D'us. Veja os comentários de Rashi, Ibn Ezra, e Chizkuni sobre este versículo.

106. Veja Êxodos 17:14-16 e Tanchuma, Yitro 3. Em seu nível mais básico, ליצנות leva ao descuido. Para uma discussão sobre esta ideia, veja Pachad Yitchak, Purim 1.

107. Como em "A terra estava vã e vazia" Gênesis 1:2. Veja Chaguigá 12a.

108. Veja שורש ישי, baseado em Yerushalmi Ktuvot 1:25 (que é citado aqui, no comentário sobre o versículo 2, no ato1).

109. O comentário do Malbim sobre este versículo vê a palavra והנה como um outro exemplo de מקרה no trabalho:

מורה דבר חדש, שבועז לא היה רגיל לבא אל השדה והיה גם זה מקרה חדש בהשגחה ה' שבועז בא מבית לחם

110. Os comentaristas disputam se foi o anjo ou D'us, Ele mesmo que abençoou Gideon e o apontou como um líder. Veja Malbim, Metzudot e Rashi sobre este versículo.

111. Veja também Meshiv Nefesh sobre este versículo.

112. Veja Ruth Rabá 4,6 cf. Midrash Zuta 2. Esta diferença de abordagem está refletida no comentário deste e do próximo versículo.

113. Veja Ruth Rabá 4,7 e Midrash Lekach Tov Ruth 1, que lutam com a sintaxe deste versículo.

114. Veja ato 1, comentário sobre o versículo 14.

115. Veja ato 1, versículo 22, e o comentário lá, assim como o versículo 2 acima.

116. O Midrash entende a palavra להכירני no sentido de reconhecimento, ou

saber, como em Gênesis 4:1 וידע אדם את חוה

117. Veja o comentário sobre o ato 1, versículo 17.

118. Veja o comentário sobre o ato 1, versículo 17.

119. Veja o comentário sobre o ato 1, versículo 14.

120. Na verdade, *neshuká* significa: "aquele que foi beijado".

121. Esta ideia foi discutida mais longamente no prelúdio deste ato.

122. Veja Minchat Erev sobre este versículo.

123. Veja Suká 49b.

124. Veja o comentário sobre o versículo 8 acima.

125. Veja ato 1, versículo 6.

126. Veja a nota de rodapé no ato1, página 37.

127. Para alguns exemplos, veja Gênesis 5:29 e Êxodo 13:17, 32:12.

128. Citado no comentário sobre o ato 1, versículo 17.

129. A palavra לה aparece com um ponto no ה que indica como pronunciar o ה em todo o Tanach, exceto em 3 lugares. Este é um deles. Veja Ruth Rabá 5, 5.

130. Veja Midrash Hagadá Bereshit 83; Ruth Rabá 5; Shabat 113b para muitas outras dicas sobre *malchut* no versículo.

131. Veja I Reis, capítulo 21, para uma descrição das más ações de Menasshe.

132. Veja I Reis, capítulo 12.

133. Esta observação aparece em uma interpretação de Mishlei 19:23 que fala de uma pessoa que é temente à D'us. A explicação literal do versículo é que tal pessoa dormirá satisfatoriamente e não será lembrada pelo mal. R. Zeira, no entanto, vê um sentido totalmente diferente nas entrelinhas do texto: a palavra *vesavá* (ושבע) significando "satisfeito," deveria ser lida como se houvesse um *veshevá* (ושבע) que significa "sete." O versículo então estaria deixando implícito que se uma pessoa dormisse sete noites sem ser lembrado (ex.. sem ter tido um sonho), seria uma indicação de que ele é mal. O sentido da interpretação de R. Zeira não é pertinente a nossa análise.

134. Veja acima, versículo 7.

135. Talvez ela estivesse perguntando, em um jogo de palavras, איפה que איפה - De onde aquela איפה de cevada veio?

136. Veja acima o versículo 8, e o comentário lá.

137. Veja acima o versículo 12, e o comentário lá.

138. Veja ato 1, Interlúdio II: Sobre a Crueldade da Bondade.

139. Veja ato 1, versículo 22, e o comentário lá.

140. Veja Ruth Rabá 6

141. Veja o comentário sobre o versículo 1 neste ato.

142. Veja o comentário sobre o versículo 1 neste ato.

143. Como veremos no ato 3.

144. A explicação deste Midrash é baseada em Igueret Shemuel.

145. Veja o comentário sobre o versículo 19 acima.

146. Veja, por exemplo, ato 1, versículo 16, e o comentário lá.

147. Veja Sefer HaChinuch, *mitzvá* 611

148. Para mais sobre este assunto, veja o comentário sobre o versículo 17, ato 4.

149. William Shakespeare, Macbeth, Ato 5, cena 5.

150. Veja ato 1, Interlúdio II: Sobre a Crueldade da Bondade, para um tratamento extensivo sobre este paradoxo.

151. Veja ato 1, Interlúdio II: Sobre a Crueldade da Bondade, e o prelúdio para o ato 2 para uma explicação mais extensa destes problemas.

152. Veja o prelúdio do ato 2.

153. Veja o comentário do ato 2, versículo 14.

154. Veja o comentário do ato 2, versículo 1.

155. Yirmiahu 2:2.

156. Veja o comentário sobre o ato 2, versículo 20.

157. De acordo com um midrash, o casamento duraria apenas uma noite. Veja Midrash Zuta, Ruth 4.

158. Veja o comentário sobre o ato 1, versículo 9.

159. Acrônimo para R. Shmuel ben Meir do século 12, França. Ele era o neto de Rashi e um importante comentarista bíblico e do Talmud.

160. Juízes 17.6 e 21.25.

161. Veja ato 1, Interlúdio II: Sobre a Crueldade da Bondade.

162. Brachot 7b.

163. Veja também Yomá 72b.

164. Veja o prelúdio deste ato.

165. Veja o prelúdio deste ato.

166. Veja ato 2, versículo 9.

167. Veja ato 2, versículo 1, e o comentário lá. Veja também Yomá 72b:

א''ר יוחנן שלשה זירים הן של מזבח ושל ארון ושל שלחן של מזבח זכה אהרן ונטלו של
שלחן זכה דוד ונטלו של ארון עדיין מונח הוא כל הרוצה ליקח יבא ויקח שמא תאמר
פחות הוא ת''ל {משלי ח-טו} בי מלכים ימלוכו

168. Veja o comentário do ato 2, versículo 21, onde esta mesma questão é levantada. A resposta dada é consistente com os temas do ato 2. a resposta que iremos considerar é relevante à natureza do *yibum* extraordinário que Naomi pede que Ruth inicie.

169. Veja ato 1, versículo 22, e o comentário lá.

170. Veja o comentário do ato 2, versículo 4.

171. Veja ato 4, Interlúdio: O Milagre do *Yibum*, para mais sobre este assunto.

172. A fonte para isto é o Midrash (e Talmud Yerushalmi Peá 8) que se aprende

aqui que uma pessoa deve ter roupas especiais para Shabat:

וכי ערומה היתה, אלא אלו בגדי שבתא, מכאן אמר ר' חנינא צריך אדם להיות לו שני עטפים אחד לחול ואחד לשבת

173. Veja ato 1, versículo 8, e o comentário lá.

174. Veja Gênesis 38.6-9.

175. Veja Gênesis 38.10.

176. Veja o comentário sobre o ato 2, versículo 12.

177. Veja o prelúdio do ato 1 para outros exemplos. *Malchut* está ativo em tudo à nossa volta e em nós.

178. Veja ato 1, versos 17 e 22, e o comentário lá. Veja também a segunda nota de rodapé na página 107.

179. Veja Interlúdio I: Rumo à Independência, acima.

180. Veja o prelúdio para o ato 2.

181. Veja Deuteronômio 23.19.

182. R. Isaiah Horowitz (1565-1630), um dos pensadores mais influentes e místicos dos últimos 500 anos, conhecido como o Sh'l"a, o acrônimo de seu trabalho mais importante, Shnei Luchot Habrit.

183. Veja também Midrash Tanchuma, Behar 8:

היא לא עשתה כמו שאמרה לה חמותה, מה עשתה רות, לאחר שירדה הגורן עשתה

שנאמר ותרד הגרן ותעש ככל אשר צותה חמותה (רות ג,ו), למה, אלא אמרה הדור

פרוץ בעריות הוא, **שמא יראו אותי מקושטת, ויאמרו שמא זונה היא**

Rashi baseia sua interpretação de nosso versículo neste midrash. Acredito que o Midrash Rabá, citado no texto, expressa a mesma ideia.

184. Veja o versículo 1 deste ato para uma análise mais extensa sobre manoach.

185. Um comentário sobre Meguilat Ruth do século 17, escrito por R. Eliyahu ben Shlomo Avraham HaCohen de Izmir, na Turquia.

186. Parece que a palavra deveria ser בשמחת com um ת, não um ה

187. Veja o comentário no ato 1 sobre versículo 9.

188. Este poema foi composto do século 6 pelo poeta litúrgico Yannai.

189. Veja Rashi, San'hedrin 19b, Shenaasa Besaro.

190. Veja o comentário sobre o ato 2, versículo 10, e a nota de rodapé.

191. Veja Smag, Assin 1.

192. Veja, por exemplo, Levítico 18:5.

193. Veja o comentário sobre o ato 2, versículo 10.

194. Veja Ruth Rabá 5.

195. Veja o prelúdio do ato 2.

196. Veja Bereshit Rabá 51, 8.

197. Veja o comentário sobre o versículo 7 deste ato.

198. Veja Provérbios 31:13-31.

199. Veja Ruth Rabá 6, 3 e o comentário sobre o versículo 7.

200. Um Talmid Chacham não pode ser *Morê Halachá LeAtzmo*, veja , por exemplo, Bechorot 38b.

201. Veja Midrash Hagadol, Bereshit 39, 8 que oferece uma interpretação surpreendente da frase "durma aqui até de manhã":

מלמד שנטלה אמה שלו ונתנה על פי הקבר והשביע יצרו שלא יעשה

202. Veja o comentário sobre o versículo 2 neste ato.

203. Esta frase é o título da música "Fields of Gold" de Sting, do álbum Ten Summoner's Tales (A&M Records, 1993).

204. Veja Gênesis 2.16-17.

205. Veja, por exemplo, o comentário de Rashi para Vaikrá 19, 2

206. Para uma discussão mais extensa do conceito de tz'niut, veja R. Matis Weinberg, Frameworks, Êxodos (Jerusalém FJP Publishing, 19990, 274-275).

207. Não tenho ideia de que seja Lazlo. Minha pesquisa me leva a acreditar que ninguém mais sabe também. Ele, no entanto, fez uma contribuição preciosa à coleção mundial de aforismos.

208. Bereshit Rabá 8, 1.

209. Veja Bereshit 2:24 e o comentário sobre o versículo 10 acima.

210. Veja Tossafot, Shabat 55b D.H. Arbaá.

211. Veja a seção "O Zelador Cósmico," no prelúdio do ato 2.

212. Veja Brachot 7b. Para mais sobre Ruth e a descoberta da satisfação, veja o comentário sobre o ato 2, versículo 14.

213. Para manter a simplicidade, extraí a passagem Talmúdica. Na versão integral, há uma resposta pronta adicional.

214. Veja o comentário sobre o ato 1, versículo 17.

215. Veja Igueret Shmuel sobre este versículo.

216. Veja ato 1, versículo 19, e nota final 81.

217. Veja o comentário sobre o ato 2, versos 12 e 14.

218. Veja o prelúdio do ato 4 para uma discussão mais extensa sobre Ruth como a resposta ao ciúme e competição que levou Cain a assassinar Abel.

219. Veja San'hedrin 20b.

220. Yaakov havia previsto que reis iriam descender de Yehudá. Veja Gênesis 49.10.

221. Veja versículo 5 e o comentário acima.

222. Um estudioso Espanhol do século 14 que se acredita, foi aluno de R. Yaakov ben Asher, o "*Baal* HaTurim."

223. De acordo com algumas tradições (ex. Nusach Sefard e Edot HaMizrah) estas palavras aparecem pela primeira vez na amidá de maariv. Na tradição Ashkenaz, elas aprecem na amidá de Shacharit.

224. Esta frase poderosa aparece na canção "Fields of Gold" de Sting.

225. Veja o prelúdio do ato 2.

226. Veja Chulin 60b.

227. A palavra ‏מ(קץ)‎ literalmente, "no final," é consistentemente usada em todo o Tanach para se referir a algo escatológico. A tradução de "no final dos dias," deixa claro que assuntos referentes a "final dos dias" estão implícitos aqui.

228. Apesar de que o período entre Succot e Chanukah é maior do que cinquenta dias, o Midrash não identifica precisamente as datas de nascimento e morte de Abel. Ao invés disso, identifica o período em que ele viveu.

229. Veja Números 28:26.

230. Veja Gênesis Rabbah 22:4, que foi citado anteriormente neste prelúdio.

231. Veja o comentário sobre o versículo 13, no ato 3.

232. Veja a seção "*Malchut* e Espontaneidade," no prelúdio do ato 1.

233. Veja, por exemplo Yevamot 67a e Ktuvot 7b.

234. Como vimos, isto é exatamente o que aconteceu e, em gerações no futuro, o assunto do casamento de Boaz com Ruth ainda era uma controvérsia. Veja a comentário sobre o ato 3, verso 14.

235. Este conceito é discutido em Brachot 24a, Yevamot 62b, Bechorot 35b.

236. Veja o prelúdio do ato 1.

237. Veja o comentário sobre o ato 3, versículo 12.

238. Veja o comentário sobre o ato 2, versículo 10, e nota de rodapé na página 147.

239. Este problema ‏שרש ישי‎ (um comentário sobre a Meguilat Ruth por Shlomo Alkabetz, um poeta e cabalista do século 16, em Safed) para sugerir que "‏מכרה נעמי‎" significa que o campo estava sendo oferecido para venda por Naomi, mas ainda não havia sido vendido. Veja o JPS e as traduções da Artscroll, que propõe que este é o verdadeiro e simples significado do versículo.

240. Cf. Ramban, Vaykrá 25, 33 , que sugere que a redenção também pode se referir a proteger um campo de cair nas mãos de estranhos. Portanto, isso não necessariamente sugere que o campo já foi vendido.

241. Veja o comentário sobre o versículo 3 deste ato para uma outra, e complementar explicação.

242. Veja Brachot 13a, Psachim 114b, Rosh Hashaná 28b, onde a pergunta se o cumprimento das mitzvot requer Kavaná ou não é discutido.

243. Para mais sobre este assunto, veja ato 3, Interlúdio II: Identidade e Ego.

244. Enquanto é verdade que a palavra *u'lkaha* também aparece no versículo sobre o *yibum*, o leitor irá notar que ela aparece depois da palavra que denota uma relação sexual. Portanto, a palavra que denota relação sexual, *v'yib'mah*, define a natureza da relação como coerciva. Enquanto que no versículo sobre casamento, a palavra *yikah* aparece antes da palavra que denota relação sexual, *u'vealah*, e, portanto, é a palavra que define a natureza do relacionamento como consensual.

245. O Professor Marcus Jastrow, Dicionário de Targumim, Talmud Bavli, Yerushalmi e Literatura Midráshica (New York: The Judaica Press, 1971).

246. Veja o prelúdio do ato 2.

247. Veja o comentário de Malbim sobre Tehilim 89, 3 Cf. E Ibn Ezra, sobre o mesmo versículo, que o vê como uma referência ao estabelecimento de *malchut* beit David. Veja também: San'hedrin 58b, que entende que o versículo se refere ao casamento de Cain com sua irmã, sem o qual a humanidade não poderia ter sobrevivido – um ato muito antigo de *yibum*. É interessante vermos que este versículo une *chessed*, *malchut*, e *yibum*!

248. Veja Rambam, Yad Hachazaká, Iessodei Hatorá 1,1.

249. Veja Brachot 58b.

250. Veja ato 1, Interlúdio II: Sobre a Crueldade da Bondade.

251. O Zôhar oferece aqui uma vívida incorporação da ideia de *malchut*. David nos é apresentado como não tendo uma identidade pessoal: לית ליה מגרמיה כלום האי נער - "Este jovem que não tem nada dele mesmo." Nem mesmo os anos de sua vida. Em um senso muito real, o melech é o membro mais pobre do reino. Ele é um escravo da nação que representa. David é o melech consumado, porque ele representa Yisrael, e Yisrael representa a humanidade. Portanto, seu presente de anos deve vir de ninguém menos do que Adam – a incorporação da espécie humana. Veja o comentário sobre o ato 3, versículo 5.

252. Veja ato 3, versos 5 e 17, e o comentário lá.

253. Veja o comentário sobre o ato 1, versículo 2.

254. Esta é uma reminiscência da linguagem usada em um versículo que discute Gueulah: "או דודו או בן דודו יגאלנו - "seu tio ou seu primo (*ben dodo*) deverá redimi-lo" (Levítico 25.49).

255. Apesar de falar de documentos variados, o trecho que citei só menciona um. Eu, portanto, traduzi o versículo no singular.

256. Para uma leitura mais detalhada sobre a reação de Lot diante da sugestão de escapar de Sodoma e ir de encontro a Avraham, veja ato 1, Interlúdio II: Sobre a Crueldade da Bondade.

257. Veja ato 1, Interlúdio II: Sobre a Crueldade da Bondade.

258. Veja ato 1, Interlúdio II: Sobre a Crueldade da Bondade, com relação ao papel de Tamar em nossa história.

259. Veja Ruth Zuta 1.

260. Veja o comentário do ato 1, versículo 10.

261. Veja Maharshá em Shabat 152a , que explica que uma vez que R. Yehoshua não estava usando sapatos, deveria ser Yom Kippur ou Tisha B'Av, dias nos quais é proibido usar sapatos (de couro).

262. Veja os comentários de Rasag e Iben Ezra sobre este versículo.

263. Veja Tanach: The Holy Scriptures (Philadelphia: Jewish Publications Society, 1985). A palavra "entendimento" é dada para teudah no sentido de *adah*, em Árabe, e *yada*, em Sírio.

264. Apesar deste versículo aparecer depois da narrativa da Torá sobre o pecado do ato de comer do Fruto Proibido, o Midrash sustenta que Cain nasceu antes do pecado. Veja Tanchuma Trumá 8, Ruth rabá 4, Sifri Behalotechá 6, Pessachim 6b, assim como muitas outras fontes. Este é um exemplo da cronologia fluída da Torá - אין מוקדם ומאוחר בתורה

265. Veja Gênesis 2:19-20.

266. Veja ato 2, Interlúdio: O Beijo da Morte

267. Veja Rambam, Morê Nevuchim 3, 27.

268. Veja também o comentário do Alshich e Shoresh Yshai sobre este versículo.

269. O precedente para requerer tanto autoridade legal local quanto nacional é a mitzvah de Eglá Arufá - o bezerro cujo pescoço é quebrado como parte da expiação por um crime não resolvido. Veja Deuteronômio 21:2-3 e Sotá 44b.

270. Ou o acordo de todo Yisrael. Veja Introdução do Rambam para o Mishnê Tora.

271. Veja Sifri, Vaetchanan 8.

272. Veja nota final 81. As mesmas andróginas, híbridas formas de masculino e feminino que foram usadas para descrever Naomi e Ruth no ato 1, versículo 19, são usadas aqui para descrever Rachel e Leah!

273. Veja Ruth Raba 7.

274. Um tratamento adequado dos paradigmas diferentes personificados por Rachel e Leah iriam demandar um ensaio só para este fim, pelo menos. O ponto é que o conflito entre Yehuda e Yossef que surgiu sobre as diferenças entre suas mães foi, e ainda é, o conflito importante na história de Yisrael.

275. Veja, por exemplo, I Reis 15:30.

276. Chayil é o termo usado para referir-se tanto a Boaz quanto a Ruth. Veja o comentário no ato 3, versículo 11.

277. Veja ato 1, versículo 2.

278. Veja o comentário de Rashi sobre o ato 1, versículo 2, onde ele compara esta palavra a אפריון

279. Veja o comentário sobre o versículo 7 neste ato.

280. Veja Yevamot 76b que é citado no comentário do ato 3, versículo 16.

281. Veja Yevamot 44a e o comentário do ato 3, versículo 2.

282. Veja ato 1, Interlúdio I: Sobre Comida, Relacionamentos e *Malchut*.

283. Veja, por exemplo, o comentário sobre o versículo 2, no ato 3.

284. R. Yehuda Loew (1525-1609) de Praga, era um importante filósofo e estudioso do século 16.

285. Veja Brachot 61b.

286. Veja o prelúdio do ato 2 e deste ato.

287. Esta frase aparece na *tefilá* de Mussaf de Rosh Hashaná

288. Veja o comentário sobre o versículo 1, ato 2, e a seção "De *Chessed* a

Mutualidade" no prelúdio do ato 3.

289. *Malchut* é consistentemente associado ao número 7. Por exemplo, veja Brachot 58a.

פתח ר' שילא ואמר {דברי הימים א כט-יא} לך ה' הגדולה והגבורה וגו' אמרי ליה מאי קאמרת אמר להו הכי קאמינא בריך רחמנא דיהיב מלכותא בארעא כעין מלכותא דרקיעא

290. Veja ato 3, Interlúdio II: identidade e Ego.

291. Veja Alshich, Meguilat Eliahu.

292. Para mais sobre o conceito de malchut, veja prelúdio do ato 1, comentários do ato 1 versículo 2; ato 2 versículo 3; e ato 3 versículo 9. E ambos interlúdios no ato 3.

293. Veja ato 3, Interlúdio II: identidade e Ego.

294. Veja o prelúdio do ato 3.

295. Veja o comentário sobre os versos 17 e 22 no ato 1.

296. Agradecimentos a Shmuel Peeples, Gene Rodenberry, e outros que trabalharam na série original Star Trek.

297. Veja o comentário do versículo 13, ato 3.

Glossário

Avodat Hashem – Serviço Divino

bayit – lar, a casa de uma pessoa

Beit din – corte judicial

brit – uma aliança

brit milá – a aliança da circuncisão

daat – conhecimento

derech – caminho, se refere à um caminho rumo a um objetivo

gueirut – conversão

guer (gueirim, pl) – convertido(s)

gueulá – redenção, pode se referir a redenção Messiânica

gueulat sadê – redenção do campo, terra de um ancestral

goel – redentor

halachá (halachot pl.) - lei judaica, pl. o conjunto de leis judaicas

chalifin – uma maneira de trocar uma propriedade

chalitzá – cerimônia na qual o compromisso de yibum é desfeito (Deuteronômio 25.7-10)

chen – graça, favor aos olhos de alguém

chessed – bondade, justiça social

chessed shel emet – uma bondade feita à um morto (lit. bondade verdadeira)

chessed shel chinam – bondade feita de pura e espontânea vontade

ish – homem, no primeiro e único sentido

ishá – mulher, no primeiro e único sentido

itio shel nachash – conselho do Serpente

Kabalat haTorá – recebimento, outorga da Torá

kinyan – uma aquisição, uma forma de aquisição

kri – a maneira como uma palavra é lida na Torá

***Ktiv*- A maneira pela qual uma palavra é escrita na Torá

malchut – reinado, monarquia

Malchut Israel – o Reinado de Israel

melech (melachim pl.) - rei, rei(s)

memshalá – uma dominação, controlo através de poder

***menuchá*– descanso, paz interior

metziá – algo que é encontrado, uma descoberta inesperada

metziat chen – a descoberta da graça

Midrash (midrashim pl.) - quando em letra maiúscula, se refere a coleção de estudos interpretativos da Torá, quando em letra minúscula, se refere a um único estudo interpretativo de uma parte do Midrash.

mitzvá (mitzvot pl.) - um mandamento da Torá

***Naassê venishmá*- "Faremos e depois ouviremos," a resposta de Israel para Hashem à oferta da Torá

nachalá – uma herança, especialmente na terra de Israel

nachamá dekissufa – literalmente, o pão da vergonha, a expressão usada pelo Zohar para expressar o paradoxo de chessed

omer – a oferenda de cevada feita no Templo à partir do segundo dia de Pessach até o dia de Shavuot

sefirat haomer – a contagem de 49 dias iniciada no segundo dia de *Pessach*, (quando o *omer* era levado ao Templo)

Shavuot – literalmente semanas, que culmina na sétima semana da contagem do *omer*, e é também o dia do recebimento da Torá

shem – um nome

shoftim – líderes tribais – literalmente juízes, que comandaram Israel por quase quatro séculos depois da morte de Yoshua até a monarquia de Shaul

sova – satisfação

Talmud – o livro mais importante no judaísmo depois do Tanach; o código de leis, tradição, sabedoria, filosofia, e ética que foi compilado no século 3 e 6 em Israel e na Babilônia

Tanach – um acrônimo em hebraico para Torá, Profetas (*Neviim*), e Escrituras (Ketuvim), o "chamado "Velho Testamento"

temurá – mudança, substituição, transformação

yavam – o irmão que tem por obrigação redimir (no yibum) a memória de seu irmão morto sem filhos

yevamá – a cunhada do yavam

yibum – a *mitzvá* do Levirato, no qual o irmão do falecido que morreu sem deixar filhos, deve casar-se com a yevamá a fim de ter filhos com ela para perpetuar o nome de seu irmão no povo de Israel

Yisrael – Israel, o povo judeu

zekenim – os sábios, os homens mais velhos da comunidade

Zohar – um comentário, concentrado mais no Pentateuco, que é considerado o mais importante texto místico do judaísmo